# 현대사회와 젠더

# Gen der

## Modern society and 현대사회와 젠더

박인숙 저

동문사

# 머리말

여성과 남성, 이 두 성의 인간이 세상을 지배하고 만들어 가고 있다. 그래서 남성, 여성에 관한 이야기는 우리 주변뿐만 아니라 이 세상의 모든 문제와도 떼려야 뗄 수 없는 관계라고 할 수 있다.

하지만 우린 진정 남녀에 관해 제대로 알고 있을까? 사회가 만들어낸 그릇된 고정관념에 얽매여 서로를 잘못 보고 있는 것은 아닐까? 그것이 생물학적인 이유든, 사회학적인 이유든 서로는 차별 혹은 역차별받고 있다고 끝없는 논쟁을 펼치면서 말이다. 그런데 분명한 사실은 이 둘은 너무 밀접해서 오히려 서로에 대해 모르고 놓치고 있는 것이 더 많다는 것이다.

그 끝없는 논쟁의 한 단면이 젠더(성)의 문제이다. 이에 대한 대안으로 여성학, 여성해방, 그리고 어느덧 남성학, 남성해방이라는 표현까지 우리에게 바짝 다가와 있다. 기존의 남성주의적 시각에서 벗어나 여성주의적 관점에서 여성역사의 발전을 통찰하고 사회현상을 해석하고자 하는 여성학이 과거 가부장적 사회제도 속에서 억눌려 있었던 여성의 사회적 · 법적 · 경제적 · 문화적 차원 등에서 그들의 지위, 능력 등을 바로 세우는 데 혁혁한 공헌을 한 것은 사실이다. 여성학의 실천적 활동으로서 여성운동 또한 이와 맥을 같이하였다.

여성의 관점에서 차별은 남성이 원인이라는 사실을 제시하여 여성은 피해자, 남성은 피의자로 낙인을 찍어왔다. 그러다가 남성의 속내를 표현하고 싶은 남성학, 남성운동이라는 움직임이 등장하기 시작하였다. 남성은 왜 남자만 가정의 생계를 책임져야 하느냐, 관계의 시작에서 왜 남자만 주도권을 쥐고 이끌어야 하느냐, 실직을 당해도 왜 '아빠, 힘내세요'라며 내 어깨와 등만 떠미느냐, 왜 '남자답지 못하다'는 비난을 들을까 봐 힘든 내색도 하지 말아야 하느냐, 왜 남자만 부모의 노후를 책임져야 하느냐, 그러면서도 늙을수록 가족구성원에게 미운털 박힌 것처럼 소외되어야 하느냐 등의 기치를 내걸고 목소리를 내기 시작하였다.

남자도 이제 억압과 소외에서 벗어나 행복하게 살고 싶다고 외치는 것이다. 하지만 모든 사람에게 전부 들릴 정도로 소리 높여 외치지는 않는다. 단지 은밀

# PREFACE

하게 간접적으로 '내 아내도 직업이 있었으면…….', '내 아내도 돈을 벌었으면…….' 하고 바랄 뿐이다.

여성학이든 남성학이든 분명한 것은 세상에 단둘인 젠더 속의 남·여가 더 행복하고자 하는 데 목적이 있는데, 각자 다른 곳을 향해 달려가고 있는 듯하다. 이를 위해 이 책을 집필하는 동안 초지일관 다짐한 것은 보편적 이론의 적용과 특수한 상황에 대한 이해 및 통찰에 관한 균형을 끝까지 유지하자는 일념이었다. 이 다짐으로 지난 몇 년간 여성학과 젠더의 문제를 강의하면서 남녀의 다양한 성 역할에 관심을 가졌던 문제들을 이해하고 정리하려고 노력하였다.

이 책을 집필하면서 당부하고 싶은 것은 남과 여, 그중에서도 젠더의 문제, 여성학, 남성학이라는 광범위한 주제를 정했지만 남성학의 목적은 남성 연구가 아니고, 여성학의 목적도 여성 연구가 아니라는 점이다. 또한 남성학과 여성학 모두 궁극적으로 성정체성을 찾는 것을 목적으로 해야 하며, 남녀를 보는 관점 또한 이제는 통합해야 함을 기대한다.

이 책은 젠더를 주제로 전체 3부로 나누어 사회변화에 따라 젠더의 역할이 어떤 모습을 띠고 있는지에 대한 이해와 함께 우리가 추구해야 할 새로운 성 역할이 어떤 모습이어야 하는지를 다루고자 하였다.

제1부에서는 '젠더라는 이름으로'라는 대주제로 사회 속의 젠더, 사회변화와 성차, 젠더의 성차발달, 젠더의 성격 및 사회적 행동의 차이, 젠더의 사회적 편향, 젠더의 성, 젠더의 사랑, 젠더와 가족의 영역을 다루었다. 그리고 제2부에서는 '젠더 안의 여성'이란 대주제를 놓고 여성학의 이해, 여성주의의 다양한 패러다임을 다루었으며, 제3부 '젠더 안의 남성'에서는 남성학의 이해, 남성학의 다양한 패러다임, 남성에 대한 진실 등의 내용을 다루었다.

이 책을 집필하는 동안 한정된 지면 내에서 사회의 변화 조류에 따른 젠더의 문제를 논의한다는 것이 자칫 주마간산 격으로 소홀히 다뤄지지나 않을까 걱정이 앞선 것도 사실이다. 이러한 부분은 앞으로 강의실에서 직접 강의를 통해 그리고 학생들과의 탐구와 토론을 통해 더욱 보완되리라 기대해 본다. ≪현대사회와 젠더≫라는 제목에 충실한 내용을 담기 위해 머리를 맞대고 고민하면서 한결같이 바라던 것은 이 책으로 인해 학생들이 각자가 지닌 성을 되돌아보면서 더욱 진취적인 성에 대한 가치관을 확립해 주었으면 하는 바람이다.

마지막으로 이 책이 출판되기까지 따뜻한 마음으로 협조를 아끼지 않으신 도서출판 동문사 편집진 남혜주 팀장님을 비롯한 여러분께 진심으로 감사드립니다.

2023년 8월

저자 드림

# CONTENTS

# 차 례

CONTENTS

## PART 03 | 젠더 안의 남성

PART 01

# 젠더라는 이름으로

CHAPTER 01

# 사회 속의 젠더

## 01 젠더의 등장

남녀 간의 신체적 차이가 여성성과 남성성의 이분화를 성립시킨다는 통념을 거부하며 등장한 것이 젠더(gender) 개념이다. 젠더는 언어분류 체계에서 여성과 남성을 지칭하는 문법적 용어였다. 그러나 1960년대부터 생물학적 차이를 나타내는 섹스(sex)와는 구별되는 의미로, 사회문화적 · 역사적으로 만들어진 '성적 차이'라는 의미로 사용되었다. 섹스(여자/남자)가 생물학의 영역이라면, 젠더(여성성/남성성)는 문화의 영역이다.

신체적 차이인 섹스는 인간이 태어나자마자 부여받는 가장 기초적인 몸의 분류 체제로 남자, 여자로 분류될 수 있다. 이러한 강한 믿음 때문에 남녀 간 신체 차이는 극대화되어 왔고 그것으로 인성, 기질, 역할을 범주화하고 구분해 왔다. '남자로 태어나', '여자가'라는 주어로 시작하는 표현은 남자나 여자의 신체를 갖고 태어났으니 사회적으로 기대되는 어떤 역할이나 행동을 해야 한다는 강한 믿음을 반영한다. 그러나 사람들이 젠더, 즉 남성다움과 여성다움에 대해 갖는 느낌이나 관념은 반드시 신체적 차이로 인해 자동적으로 획득되는 것은 아니다.

### 1) 젠더의 정의

젠더가 사회문화적 구성물이라 일컫는 것은 여성성/남성성이 그 사람이 속한 사회나 집단에 의해 문화적으로 구성된다는 것을 의미한다. 또한 젠더는 인지적 · 심리적 · 상징적인 구성물로서 인간이 특정 환경 속에서 다른 사람들과 교류하면서 습득하는 일종의 정체성과 자아에 대한 관념을 의미한다. 따라서 각 집단의 사회문화적 환경에 따라 젠더에 대한 정의가 매우 다양하다.

젠더는 특정 사회에서 남성과 여성에게 기대하고 적합하다고 믿는 남성적 · 여성적 태도와 가치, 행동 양식을 습득시킨 결과로 개인이 갖게 되는 성적 태도나 정체성을 의미한다. 따라서 젠더는 여자와 남자가 '사회화'되면서 학습해 가는 일종의 역할이다. 우리는 왜 남자와 여자의 이름이 구별되어야 하는지, 왜 남자가 치마를 입으면 우스꽝스러운지, 왜 여자가 말이 많으면 예의가 없다고 하는지 그 이유를 알 수 없지만 알게 모르게 이런 규칙들을 습득해 간다. 이 규칙을 내면화하면 '여자답다' 또는 '남자답다'는 의미로 사회적 인정을 받게 된다. 결국 젠더화된다는 의미는 특정 사회가 여자와 남자에 대해 다르게 기대하는 역할을 습득하고, 그런 역할을 다른 사람과의 관계 속에서 수행함을 뜻한다.

중요한 것은 젠더가 단순히 여성성과 남성성의 동등한 '차이'를 구조화하는 것이 아니라는 점이다. 남자와 여자의 차이는 존재하지만 그 차이를 서로 반대이거나 결합할 수 없는 이질적인 요소 등으로 구분하고, 가치 판단이 개입되면서 그 과정에서 둘 간의 '위계'가 만들어진다. 즉 '차이'가 '차별'이 된다. 1948년 보봐르(Simone de Beauvoir)는 그의 저서 ≪제2의 성≫에서 "여성성(남성성)은 태어나는 것이 아니라 만들어진다"는 의미로, 젠더 개념을 제시한 바 있다(Beauvoir, 2009). 보봐르는 여성성과 남성성이 단순한 성적 차이가 아니라 남성 중심적 가치와 규범을 반영하면서 성립된 남성성과 여성성이라는 점을 강조하였다. 즉 강한 성(strong sex) 또는 제1의 성(the first sex)으로 스스로를 정의해 온 남성에게 여성은 남성의 '타자', 즉 제2의 성(the second sex)으로 간주되면서 남성에 의해 정의되고, 정체성과 역할이 규정되는 대상이 된다.

## 2) 젠더의 특성

이성애를 가진 남성이 남성 정체성을 획득하는 과정은 자동적이거나 자연스러운 과정이 아니다. 그는 성장하면서 그의 '타자', 즉 여성이나 기타 성 소수자와의 '차이'에 과도한 의미를 부여하면서 남성성의 의미를 획득해 간다. 즉 타자에 대한 우월성을 내재화하면서 정체성을 획득한다. 이러한 맥락에서 젠더의 특성을 다음과 같이 요약할 수 있다.

첫째, 보봐르가 제기하였듯이 젠더는 '만들어진다'는 특성을 함축하고 있는데, 이는 남녀 간 구조적 불평등을 '자연스러운 것'으로 받아들이게 만드는 과정으로 해석할 수 있다. 이 과정에는 차등, 불평등, 위계화를 포함하고 있지만 일반적으로 이것을 자연의 질서, 신의 창조물, 전통이나 관습, 오랜 문화라고 생각하기 때문에 젠더를 권력의 문제로 연결하지 못하는 경향이 있다. 따라서 성차에 의한 불평등의 문제를 제기하면 남성은 자신의 자아가 도전받고 위협당한다고 느끼거나 여성의 경우에는 무슨 문제라도 일어날 것처럼 전전긍긍하거나 불편해한다. 젠더 정체성은 가족, 학교, 미디어, 정치 등 다양한 영역에서 다른 사람들과 관계를 맺고 성장하면서 구성된 정체성이기 때문에 남녀 모두 이 과정이 내면화된 억압의 결과라는 점을 보지 못하였다.

둘째, 젠더는 여자와 남자는 누구인가의 문제가 아니라 소위 여성성과 남성성, 이성애와 동성애 등의 이분법이 만들어지는 과정에 관한 문제이며 그 관계는 결코 중립적이거나 조화로운 과정을 통해 만들어지지 않는다는 것이다. 신체적 차이에 기반을 둔 본질론적 사고와 일상에 깊이 스며들어 있는 성 역할 규범들 때문에 젠더 문제를 권력의 문제로 이해하는 것은 쉽지 않다. 이 때문에 젠더가 구성되는 방식에 따라 한 성이 사회 내에서 불이익을 받고, 억압을 받을 수 있다는 점은 오랫동안 간과되어 왔다.

**혹시 아시나요? 글로벌 성 격차 보고서 2022(GLOBAL GENDER GAP REPORT 2022)**

세계경제포럼(World Economic Forum)은 2006년부터 매년 글로벌 성 격차 보고서(Global Gender Gap Report)를 발간하고 있다. 글로벌 성 격차 보고서는 전 세계 국가들의 성 격차를 경제, 정치, 보건 및 교육 네 분야에 대해 글로벌 성 격차 지수를 통해 매년 조사 및 추적하고 있다. 글로벌 성 격차 지수는 네 개의 세부 지표(경제적 참여 및 기회, 교육적 성취, 보건 및 생존, 그리고 정치적 권한 부여)에 걸친 성 격차의 현황과 진전을 벤치마킹하며, 이러한 격차를 해소하기 위한 진전을 시간의 경과에 따라 추적하는 가장 오래된 지수이다.

2022년 글로벌 성 격차 지수는 146개국을 대상으로 조사했으며, 이 중 102개국은 조사가 처음 이루어진 2006년부터 모든 보고서에 대표되어 있어 시계열분석을 위한 일정한 표본을 제공한다. 글로벌 성 격차 지수는 0부터 100까지의 척도로 점수를 측정하며 점수는 균등을 향한 거리(좁혀진 성 격차의 백분율)로 해석될 수 있다. 국가 간 비교는 성 격차를 줄이기 위한 가장 효과적인 정책 식별을 지원하는 것에 목적이 있다.

2022년 글로벌 성 격차는 68.1%로 줄어들었으며, 현재 추세대로라면 완전한 균등에 도달하는 데 132년이 걸릴 것으로 예상된다. 이는 2021년의 예상치(136년)보다 4년 정도 개선된 것이다. 그러나 이는 2020년과 2021년 사이에 발생한 손실을 보완하지 않고 있다. 2020년까지의 추세에 따르면 성 격차는 100년 이내로 없어질 예정이었다.

출처: 유엔글로벌콤팩트 한국협회, Gender Equality Korea

## 02 젠더 불평등

젠더의 관점에서 세상을 이해한다는 것은 어떤 의미일까? 기존에 당연하게 여겼던 것들이 이상하게 느껴지는 이유는 무엇일까? 젠더는 사랑, 결혼, 가족 구성, 출산, 양육, 노령화를 포함한 사적인 영역부터 경제, 종교, 정치, 미디어, 학교 등의 모든 공적 영역에 이르기까지 폭넓게 작동하는 강력한 '체제'이다. 남성성과 여성성의 차이가 생물학적 차이에 따른 자연스러운 결과가 아니라는 자각이 제기되면서 '성차', 즉 젠더는 '분석적인 대상'이며 실천에 따라 변화될 수 있는 삶의 일부라는 인식이 확산되었다. 젠더 개념이 등장한 이후 이제까지 당연하게 여겨졌던 여성과 남성의 차이나 공사 영역의 성 역할 구분 등을 비판적으로 분석하고 변화를 위한 대안을 만들기 위해 체계적인 조사와 연구, 즉 젠더 연구가 활발하게 진행되었다. 학계에서는 섹스가 어떻게 젠더라는 사회적 권력관계로 만들어지는지에 대해 둘 간의 연관성을 분석하였다.

## 1) 젠더 무감성

젠더는 남녀 간 위계를 만드는 사회적 맥락을 분석하고 해결책을 모색하는 페미니즘 이론과 운동의 가장 중심적인 아이디어로 등장한다. 1970년대부터 1980년대까지 남녀평등을 주장하는 다양한 여성주의 운동과 개혁들이 일어났다. 1970년대에는 거대한 물결이라 불리는 제2차 페미니즘 운동이 크게 유행하였고, 이후 페미니즘을 체계적으로 교육하는 여성학 수업이 대학에 개설되기 시작하였다. 서구와 거의 동시대적으로 1977년에는 한국에서도 이화여대를 시작으로 대학에 여성학 수업이 개설되었다. 여성학은 지식 생산 및 교육 체계 내부에 깊숙이 자리 잡은 젠더 무감성(gender blindness)에 대한 인식을 확산하였다.

젠더 무감성이란 결정적이거나 중요한 의미가 있는 젠더에 근거한 차이가 무엇인지 알지 못하거나 그 차이의 존재를 인정하지 못하는 것을 의미한다. 젠더 무감성은 사람, 지식, 학문의 경향, 제도적 상황 등에 두루 쓰인다. 젠더가 어떤 것을 해석하거나 인지할 때 중요한 변수나 고려 요인이 되어야 함에도 불구하고 이를 눈감아 버리거나 젠더가 중요한지조차 알지 못할 때 젠더 무감성이란 표현을 쓴다. 똑같은 상황이나 현상도 성별에 의해 다르게 받아들여지고 해석될 수 있다는 점을 이해하지 못하는 것은 젠더에 무감각한 것이다. 젠더에 대해 무감각한 사람은 여성을 비하하는 성적 농담을 하면서도 모두가 즐거워할 것이라 생각한다. 반대로 젠더 감수성을 가진 사람은 젠더가 현상을 이해하는 데 중요한 관건이라고 본다. 최근까지 의학 교육에서 남성의 몸을 '표준'으로 간주하며 교육과 실험이 이루어지면서 여성의 신체적 상황과 질병에 대해 연구나 관심이 부족했던 것은 젠더 무감성의 대표적 예다. 학교에서 배우는 지식이나 교과서의 많은 부분은 인간과 남성을 동일시함으로써, 여성이나 소수자의 관점을 반영하지 않거나 이들에 대한 편견을 지속시키기도 하였다.

## 2) 젠더 불평등

젠더 불평등(Gender inequality)이란 여성과 남성 간의 불평등한 권력관계에 일조하고 이를 지속시키는 젠더규범(역할, 문화적 관행, 정책, 법, 경제적 요인, 및 제도적 관행)을 의미한다. 젠더 불평등은 모든 사회의, 거의 모든 삶의 영역에서 여성에게 불균형적으로 부정적인 영향을 미친다. 이러한 사회적 분위기는 무시되었던 '여성의 역할'과 '경험'에 대한 관심을 고조시켰고, 보편적으로 드러나는 여성 종속의 기원과 기제를 연구하기에 이르렀다. 연구뿐만 아니라 남녀 불평등 상황을 개선하려는 여성운동도 조직화되면서 사회적 반향을 일으켰다. 왜 정치적 영역에 여성은 진출하지 못할까? 임금이나 지위가 높은 직종일수록 왜 남성이 다수일까? 여학생과 남학생이 택하는 과목이나 전공은 왜 차이가 날까? 등 이제까지 본질적인 여성성이나 여성의 역할, 여성의 무능으로 이해되어 온 많은 것에 의문이 생기면서 불평등을 무능으로 이해해 온 많은 것에 의문이 생기면서 불평등을 만드는 사회적 기제들에 대한 연구가 활발하게 진행되었다.

그렇다면 '불평등'의 의미는 무엇일까? 여성학자 주디스 로버(Judith Lorber)는 젠더 불평등의 양상이 사회마다 다르다고 말한다(로버, 2005). 젠더 불평등은 한 성이 다른 성으로 인해 특정 영역에서의 참여가 배제되거나, 하는 일의 가치가 평가 절하되고 사회적 기여도를 인정받지 못하는 상태가 지속되면서 구조화됨을 의미한다. 불평등이란 말의 의미를 이해하기 위해서는 '준거', '판단'의 기준을 가져야 하며, 남성과의 관계에서 여성이 불평등한 지위에 있다는 것을 다음과 같은 상황을 통해 불평등 특성을 엿볼 수 있다.

첫째, 동일한 조건의 경우에 혜택이나 보상에 있어 차별을 받는 것이다. 비슷한 상황에 처한 남성에 비해 여성이 혜택을 받지 못하는 것을 의미한다. 교육 수준, 환경, 배경, 종교, 민족 범주가 비슷한 경우 여성이 남성에 비해 사회적 지위가 낮고 혜택을 적게 받는다면 젠더 불평등한 경우이다. 동일한 상황이라도 판단의 기준이 다른 경우도 많다. 여성은 남성과 같은 일이나 유사한 일을 하더라도 남성보다 적은 임금을 받고 승진 기회에 제약을 받는다. 흔히 성공한 남성은 그의 '능력'으로 평가받지만 성공한 여성은 그녀의 성공을 '외모'나 집안 배경과 연관해 제대로 평가받지 못하는 것 또한 젠더 불평등에 속한다. 같은 학력과 조건을 갖추었지만 남성은 정규직에, 여성은 계약직을 포함한 비정규직이나 임시직에 배정하는 경우도 마찬가지다. 아내와 남편이 가정 밖에서 하는 임금노동의 시간이 같아도 남편에 비해 아내의 가사노동과 육아의 양이 훨씬 많은 것도 젠더 불평등이 일어난 경우다. 같은 사회적 계급에 속한 딸이 아들보다 교육을 적게 받고 그것을 당연하게 생각하는 경우도 마찬가지이다. 국가가 세금을 통해 확보된 재원을 어떻게 사용하느냐의 문제 또한 젠더 불평등을 지속시킨다. 미국에서는 생명에는 별 지장이 없는 남성 탈모와 대머리에 대한 연구가 유방암이나 자궁암처럼 생명과 직결된 '병'에 대한 연구보다 훨씬 많은 국가 연구비를 지원받고 관심을 받는다. 이것 또한 젠더 불평등의 예이다.

둘째, 특정 성에 속한다는 이유로 강요되는 억압과 착취이다. 젠더 불평등은 혜택이나 보상에서의 차별만을 의미하는 것이 아니라 젠더의 특정적인 억압과 착취의 형태로 나타난다. 예를 들어 과거에는 남아 선호 사상 때문에 임신 중 여아로 밝혀지면 낙태를 하거나, 태어나도 여아를 살해하는 경우가 많았다. '한 자녀 운동'을 벌인 중국의 경우 사회주의 양성평등 의식 덕분에 많은 변화가 있었지만, 한 자녀만 낳아야 한다면 남아를 낳아야 한다는 사상이 지배적인 지역에서는 여아 낙태의 비율이 매우 높은 것으로 나타났다. 남편이나 남자친구가 구타나 강간 등 폭력으로 여성을 지배하는 경우, 남성 중심의 지배적 쾌락을 위해 어린 소녀와 여성의 몸이 포르노와 성매매 같은 성 산업에 대규모로 이용되는 경우, 여성에게 치명적인 피해를 줄 수 있는 '할례' 의식 등이 전통이나 종교라는 이름으로 지속되는 경우, 그 사회는 젠더의 특정적인 차별을 지속시키는 사회라 할 수 있다(로버, 2005).

남성의 경우, 흔히 남자보다 여자, 엄마나 여자 형제 또는 여자친구들과 잘 어울리면, 종종 '마마보이'라고 불리며 놀림과 의심의 대상이 된다. 이러한 여성 친화적인 관계는 비정상적인 것으로 여겨지고 빨리 남성의 세계로 진입해 남성과 어울리라는 압력을 받는다. 남성이 자신의 어머니나 다른 연장자 여성으로부터 심리적으로 독립해야 한다는 것은 사회적 동의가 이루어진 반면, 과도하게 남성끼리만 교류해서 생겨나는 초남성성의 획득은 오히려 자연스럽고 당연한 것으로 간주되었다.

셋째, 성에 따라 가치와 의미를 부여하는 방식이 차별적이면 젠더 불평등이 지속된다. 똑같은 일이라도 누가 행하느냐에 따라 다른 가치가 부여되기도 한다. 많은 사람들이 식당에서 남성이 주문을 받거나 서빙을 하면, 그 식당을 '고급 식당'으로 평가하고, 남성 요리사는 여성 요리사와는 달리 전문 직종 종사자로 평가한다. 여성이 출산을 할 수 있다는 이유로 여성에게 육아와 양육의 고된 노동을 기대하지만, 사회적으로 가장 제대로 된 평가를 받지 못하는 일 또한 가사나 돌봄노동이다. 가족 내에서 '무임'으로 행해지는 일들이 사회로 나와 '시장화'되더라도, 노동의 값어치가 낮게 책정된다.

현대인들은 전 세계가 이미 성평등을 이루었거나 성차별이 존재하지 않는다고 믿지만, 사실 전 지구적 차원에서 축적된 젠더 불평등의 상황은 크게 달라지지 않았다. 1980년 <유엔 보고서>는 "여성이 전 세계 일의 3분의 2를 하면서도 전체 수입의 10%밖에 받지 못하고 세계 자산의 1%만을 소유하고 있다"(로버, 2005)라고 발표하였다. 2022년 <글로벌 성 격차 보고서>에 따르면 2022년 글로벌 성 격차는 68.1%로 줄어들었으며, 현재 추세대로라면 완전한 균등에 도달하는 데 132년이 걸릴 것으로 예상되며, 이 같은 추세에 따르면 성 격차는 100년 이내로 없어질 예정이다.

혹시 아시나요? **젠더 프리와 문화다양성**

젠더 프리 캐스팅은 배우의 성별과 관계없이 배역을 정하는 캐스팅을 말한다. 공연의 기획 단계부터 배역에 젠더를 정해놓지 않거나, 성별이 고정된 역할이더라도 이를 연기할 수 있다면 누구나 캐스팅하는 것이다. 여성이 남성의 연인, 딸, 엄마 역할로만 존재하는 남성 중심 서사의 작품이 대다수인데, 이러한 남성 중심 공연계의 성비 불균형을 해소하기 위해 도입되는 추세다. 고뇌하는 햄릿, 엄마가 죽었는데도 눈물 흘리지 않는 뫼르소가 여성이면 안 될 이유가 무엇이 있는가? 이런 사람도, 저런 사람도 있는 것이다. '실존은 본질에 앞선다'는 명제를 믿는다.

출처: 한겨레. 칼럼 [삶의 창].

## 03 젠더형성이론

젠더형성에 관한 논의는 학자별로 다양한 주장이 전개되는 가운데 크게 생물학 이론, 젠더 사회화에 관련된 대인이론, 그리고 포스트모더니즘 이론으로 분류할 수 있다(Wood, 2006).

### 1) 생물학 이론

젠더에 관한 생물학 이론은 성의 생물학적 특성이 젠더의 차이를 가져온다고 주장하였다. 여성과 남성은 XX, XY처럼 서로 다른 성 염색체를 가지고 있으며, 에스트로겐과 테스토스테론 같은 성호르몬의 영향으로 다른 성격적 특징을 가질 수밖에 없다고 여러 연구 자료를 토대로 그들의 주장을 입증하였다. 그리고 뇌구조와 뇌 발달과 관련하여 사람은 한쪽의 뇌만을 발달시키는 경향이 강한데 여성은 우뇌, 남성은 좌뇌가 더 발달하였다는 실험결과를 지적하였다. 하지만 최근 이러한 생물학적 설명은 사회화를 강조하는 이론에 의해 그 의미가 많이 퇴색하였지만, 생물학적 가치를 완전히 무시할 수는 없다.

### 2) 젠더 사회화에 관련된 대인이론

젠더 사회화와 관련된 대인이론은 타인과의 관계 속에서 젠더가 형성됨을 주장하였다. 어렸을 때 젠더형성에 영향을 주는 가족 간의 대인관계를 강조하며, 대부분 영유아에게 가장 중요한 초기 관계는 주로 양육자, 즉 전형적인 어머니와의 관계라고 한다. 또한 영유아와 부모님을 포함한 주변의 성인들 사이에서 주입되는 학습과 역할모델에 주안점을 두어 개개인은 관찰, 실험 혹은 다른 사람의 반응을 통해 남성답게 또는 여성답게 성장한다고 설명하였다.

### 3) 포스트모더니즘 이론

포스트모더니즘 이론에서는 그동안의 젠더는 데카르트식으로 쉽게 젠더를 섹스로부터 독립적인 것으로 형성된다고 간주하여 비판하였다. 마치 육체와 정신을 구분 지어 이성의 합리성을 강조하는 것처럼 말이다. 젠더를 섹스로부터 추상화하지 않고 섹스와의 연관성에서 형성되는 것으로 이해하여 젠더와 섹스는 정체성이라 했던 것에 대한 서로 다른 주장들에 의해 구성되는 담론적 영역의 부분이라고 보았다.

특히 버틀러(Butler, 1991)는 섹스와 젠더의 구분을 허물기 위해 노력하며, 다소 극단적 섹스도 역시 문화적으로 구성된 것이며 그런 측면에서 젠더로 보아야 한다고 주장하였다. 보봐르의 “여성은 태어나는 것이 아니라 만들어진다”라는 것 역시, 태어나는 여성과 만들어진 여성을 구분하고 몸과 정신을 이원화한다고 비판하였다.

따라서 젠더는 다른 사람과의 관계 속에서 사회적으로 구성되지만 생물학적인 요소를 완전히 배제할 수 없으며 그 자체로써 정체성과 주체성의 영역에서 중요한 역할을 하고 있다고 설명할 수 있겠다.

# 04 젠더관의 성별차이

## 1) 프로이트 이론

프로이트(Freud)는 아이가 부모 중 누구와 동일시하여 어떻게 성장할지가 생물학으로 결정된다고 하였다(Wood, 2006). 프로이트에 의하면 처음에 남아와 여아 모두 남근에 집중된다고 하였다. 소년은 자기처럼 남근을 가진 아버지와 동일시하는 반면, 소녀는 남근을 가지고 있지 않은 엄마와 비슷하다는 것을 인식한 것이다. 프로이트 이론에 의하면 소녀는 남근 부재가 엄마의 탓이라고 규정하는 반면, 소년은 아버지를 자신을 거세할 수 있는 힘을 가진 자로 본다는 것이다. 남・여아 모두 아버지와 남근을 권력으로 본다고 할 수 있겠다.

일부 연구자는 프로이트 이론에 대하여 흥미롭지만 이론을 위한 실증적인 증거가 거의 없고 이론의 최소한 부분도 타당하지 않다고 비판하였다. 최근 이론에 의하면 여성은 문자 그대로 남근을 선망하지 않는다고 주장한다. 여성이 선망하는 것은 우리 사회가 남성에게 부여한 특권과 권력, 즉 생물학적인 것이 아닌 사회적 존재로서의 가치를 인정받는 것이다.

## 2) 젠더 정체성과 자아경계

그러나 남아와 여아는 성장하면서 젠더 정체성을 구축한다. 젠더 정체성이란 각 개인이 속해 있는 사회에서 그 성에 적절하다고 인정하는 특성이나 태도 혹은 흥미와 동일시 하는 것을 의미한다. 자아경계란 자신에 대한 사고를 멈추고 세상의 다른 부분과 역할을 개입시키는 것으로 해석할 수 있다. 자아경계가 젠더 정체성과 연관되어 있기 때문에 그와 동시에 진화하여 남성적 자아경계와 여성적 자아경계는 달라진다. 다른 사람과의 교류를 강조하는 여성적 젠더 정체성을 발달시키는 사람은 자아경계가 상대적으로 약하고 유연하다.

소녀는 여성적 젠더 정체성을 발달시키기 위해 어머니와 행동을 달리할 필요가 없어서 그들 자신과 다른 사람 사이의 명확하고 절대적인 경계를 인식하지 못한다. 그러므로 부모는 아이에게 남성성과 여성성의 전통적 가치를 심어주기 위하여 노력하면서 직업선택에 있어서 여아와 남아 사이의 사회적 역할에 대하여 많은 신중함을 보여준다. 그리고 남성성과 여성성, 남성과 여성의 관계에 대하여 모범을 보여주며 사회로의 진출을 위해 많은 준비과정을 거치게 한다.

### 3) 남성의 우정과 여성의 우정

젠더에 따른 우정의 유형을 살펴보면 여성우정은 대화의 친밀함으로 나타나는데 인종과 민족을 초월해 여성은 우정을 쌓고 발전시키기 위해 대화를 한다. 여성은 서로를 알고 알리기 위해 개인적 감정, 경험, 두려움의 문제를 함께 나눈다.

남성우정의 첫 번째 특징은 행동하면서 생기는 친밀감이다. 여성처럼 남성도 우정을 가치 있게 생각하고 그들에게 필요할 때 언제든지 도움을 주는 친구에게 의존한다. 또한 대화보다 행동이 대부분 남성우정의 중심을 이룬다. 남성우정은 어린 시절에 시작하여 흔히 함께 행동하면서, 특히 스포츠를 함께 하면서 우정을 발전시킨다. 두 번째 특징은 누군가를 돕는 데 초점을 맞춘다는 것이다. 즉 남성우정은 서로 도움을 주고받는 상부상조를 수반한다. 마지막으로 은근한 친밀성을 수반한다. 남성 친구들은 농담, 선의의 경쟁, 짓궂게 몸치기를 함으로써 애정을 표시한다.

여성과 남성 사이의 우정은 독특한 도전을 제기하고 성장을 위한 특별한 기회를 제공해준다. 우리 문화가 너무 지나치게 젠더를 강조하기 때문에 여성과 남성이 성적인 면을 떠나 서로를 이해하기는 어렵다는 문제도 존재하고 있다.

### 4) 남성 젠더관

남성 젠더관의 특징은 역사적 흐름과 사회문화적 다양성에 따라 달라지고 있다. '남자도 때로는 보호받고 싶어 하고 위로받고 싶어 한다'라는 남성의 속내를 털어놓는 표현들이 남성을 이제 과거의 그들이 아니라는 것을 대변해 주고 있다. 그렇다면 새로운 아버지상에 대한 호소에서 남성 속의 여성과 모순된 남성의 미래에 대한 현실 파악을 거쳐 출세를 의식하는 남성에게 이미지 가이드나 인성 스타일에 이르기까지 심도 있게 검토해 볼 만한 것들이 산재해 있다. 강한 남자의 이미지를 보여주는 것이 당연한 것 같지만 부드러움과 연약함, 여성스러움이 사회 전반에 걸친 주제이고 의식적 가치이기 때문이다. 이는 곧 이미 습관화된 남성에 대한 대립 개념들은 암수한몸처럼 그 대립이 희미해졌는데 이것이 여러 곳에서 남성을 각성시키고 자신의 감정을 새로 발견하게 만든다. 남아는 그런 환경 속에서 성장하기 때문에 여성적 사고방식을 지니게 될 가능성이 높은 것이다.

남성성과 여성성은 영원히 고정되어 있는 것이 아니라 만들어진다는 사실은 다양한 문화와 역사의 변천을 통해 알 수 있는 부분이다. 성은 문화적 범주인 동시에 정치적 범주이기도 하다. 그런 범주에서 외모가 개인 삶의 질을 좌우할 수 있는 자원으로 인식되고 있는 사회는 편견과 차별이 존재하는 사회이다(임인숙 · 윤조원, 2007). 외모가 뛰어난 여성은 결혼 상대로 더 좋은 조건의 남성을 만날 수 있다거나 취업시장에서 유리하다고 생각하는 비율이 각각 78%, 88%이다(임인숙 외, 2007). 이런 맥락에서 한국 사회에서 과열된 몸관리 열풍은 차별적인 보상과 제재가 이루어지고 있음을 시사한다. 또 다른 측면으로 변화를 볼 수 있는데 지금 우리 사회는 기술혁신의 과정에서 남성적 문화가 불필요해지기도 하고, 특정한 노동 분야에서는 남성을 여성과 아이가 대체하도록 장려되었기 때문에 남성성보다는 여성성이 강조된 것이라고 보고 있다.

남성성의 위기들, 다시 말해 지금껏 지탱해 온 남성의 주도적인 이미지와 가치가 의문시되고, 남성적인 것으로 간주된 것이 불확실하고 불확정적인 것으로 되는 국면들이 지금의 현실이라 할 수 있겠다.

## 05 확장된 젠더개념

1960년대 젠더라는 개념이 등장하면서 여자와 남자의 본질 차이에 기반을 둔 생물학적 결정론은 후퇴하였다. 무엇보다 여성성이나 남성성은 고정된 관념이나 역할이 아니라 특정 맥락에서 행위자들에 의해 타협, 중재, 갈등을 하는 각축의 장이라는 것이 강조되었다. 이후 평등과 차이를 중심으로 활발하게 진행된 페미니즘운동은 주로 가부장제나 자본주의 같은 총체적 구조에 대한 분석을 통해 여성 억압의 기원과 해결책을 모색해 왔다.

그러나 1980년대 이후에는 여성과 남성의 차이를 기반으로 한 억압뿐만 아니라 여성들 간 차이에 관심을 갖게 되면서 계급, 인종, 섹슈얼리티, 국적, 세대 등 다른 사회적 차별화 기제와의 관련성을 통해 여성의 다양한 억압 경험을 연구하였다. 또한 앞에서 언급한 것처럼 가부장제가 여성과 남성의 위계를 강화하는 제도일 뿐만 아니라 남성 간 위계와 정상과 비정상의 구분을 강화하는 제도임을 강조하면서 남성성에 대한 연구도 등장하였다.

이후 여성과 남성 범주의 동일성과 경험의 공통성에 의문을 제기하는 이론들이 등장하였다. 또한 젠더에 대한 실증적이고 경험적인 연구로부터 젠더라는 성차를 구성하는 의미 체제를 분석하는 문화 비평과 해석적 연구도 등장하였다. 이러한 변화들은 젠더를 통한 사회적 억압 체제를 분석할 뿐만 아니라 젠더와 다른 사회적 관계들이 만드는 정체성에 대한 문제로 확산되었다.

특히 개인의 정체성을 어떤 고정된 신체적·심리적 속성에 고착시키는 담론을 비판하는 후기구조주의 사조를 받아들이게 된다. 이후 젠더 연구는 후기구조주의의 이론적 경향들과 접목되어 개인의 정체성이 어떤 고정적 범주인 젠더, 인종, 종족, 성적지향성에 의해 동질적 정체성의 범주로 귀결되는 것에 회의를 갖게 되었다(김수정, 2006). 이러한 흐름 속에서 젠더 연구는 여성과 남성의 정체성을 구성하는 일종의 사회적 현실뿐만 아니라 이 둘 간의 관계나 차이가 왜, 그리고 어떻게 구성되는지를 밝히는 것에 주목하였다. 1990년대 이후 젠더와 다른 사회적 기제들을 연결하여 형성된 문화적 구성주의, 교차이론, 퀴어 이론 등은 젠더 분석의 주류가 되고 있는데 이런 젠더 분석의 경향은 다음과 같다.

## 1) 문화적 전환: 문화적 구성주의

1980년대 이후 젠더 연구의 큰 변화 중 하나는 문화적 구성주의이다. '문화적 구성주의'란 기존의 페미니즘이 학교, 정치, 경제 영역 등에서 불평등을 만드는 구조적 요인에 초점을 맞춘 것에 비해, 성적 차이가 표상되는 방식, 즉 재현되고 소비되고 재생산되는 방식에 관심을 기울인다. 재현이란 기존의 관계를 반영하는 것이 아니라 끊임없이 재구성한다는 의미를 지니고 있다. 이 때문에 영화, 드라마 등의 대중문화나 문학작품(텍스트), 인터넷 등이 주요한 분석의 범주로 등장하였다.

예를 들어, 1970년대 여성의 미디어 이미지에 대한 비판은 이미지가 사회에 실재하는 여성을 왜곡하여 나타냄으로써 여성에 대한 차별과 편견을 지속시킨다는 것이었다. 그러므로 여성을 더 긍정적이고 사실대로 그려내야 한다는 운동이 활발하게 전개되었다. 그러나 1980년 이후 문화 연구의 경향은 성적 차이가 화두로 떠오르면서 그것이 의미하는 것에 초점을 두게 되었다. 즉 재현의 영역인 영화나 미디어는 이미지를 통해 여성성과 남성성의 차이를 왜곡되게 보여주는 것뿐만 아니라 지속적으로 그 차이를 생산하고 의미를 만들어 낸다는 것이다(월터스, 2009).

문화적 구성주의에서 젠더는 남녀 간의 사회적 관계이기도 하면서 역사적으로 변화하는 담론적 구성물이며 효과라는 관점을 취하였다. 테레사 드 로레티스(Teresa de Lauretis)는 <젠더의 기술>이라는 논문에서 젠더를 재현이라는 의미로 재해석하면서 여성성과 남성성이 전통 예술, 문학작품, 미디어나 대중매체에서 어떻게 재현되는가에 주목해야 한다고 주장하였다. 젠더의 재현이 기존의 젠더 관계를 반영하는 것이 아니라 젠더를 끊임없이 구성해 간다는 점을 강조하였다. 일반적으로 재현 체제 내에서 남성과 여성은 상호 보완적이지만 배제적인 별개의 범주로 간주하기도 한다. 재현을 통해 이러한 차이를 만들고 공고화함으로써 모든 개인은 남성이거나 여성이라는 범주로 자신을 귀속시킨다. 예술, 미디어, 학교, 법정, 가족 담론뿐만 아니라 페미니즘에서 재현되는 여성성이나 남성성은 철학자 루이 알뛰세(Louis Pierre Althusser)가 말한 '이데올로기적 장치들'로 기능함을 강조하였다. 이러한 맥락에서 젠더는 남녀 간의 관계를 구성하고 관계를 만드는 재현의 효과라는 의미로 나타났다. 여성이나 남성이라는 범주가 담론의 효과로 인해 구성되어 여성과 남성, 여성성과 남성성이 선험적으로 존재했던 것이 아니라 역사를 통해 여성성과 남성성의 차이와 의미가 끊임없이 구축된다는 것을 의미하였다.

페미니즘에서 매체나 텍스트에 개입하는 방식을 두 가지로 분류해 볼 수 있다. 첫째, 여성이 어떻게 남성문화의 구성물이 되는지 분석하는 것이다. 여성이 부정적으로 그려졌다거나 고정된 성 역할을 강조하는 방식으로 그려졌다는 단순한 비판에서 벗어나 여성이 어떠한 방식으로 남성적 욕망에 의해 끊임없이 차이의 상징으로 등장하는가를 분석하는 것이다(월터스, 2009). 예를 들어 여성은 남성적 욕망이 구성되는 사회적 맥락에 따라 때로는 매우 수동적이고 피해자적인 방식으로 그려지기도 하고, 때로는 자신의 성적 욕망을 과시하거나 적극적인 성적 행위자로 그려지는 것이다. 이것은 여성의 현실이 변했다기보다는 남성과의 관계에서 여성을 규정하는 방식과 남성의 욕망에 따라 여성의 이미지가 구성된 것이라 할 수 있다. 여성과 아동에 대한 성적 학대를 담은 포르노에 대해서도 논쟁이 일어날 수 있다. 한국사회도 일부 진보를 자처하였던 남성은 포르노가 한국사회의 도덕적 엄숙주의를 조롱하고 성에 대한 해방을 가져오는 표현의 자유에 대한 산물이 될 수 있다고 주장하였다. 즉 포르노를 자유롭게 생산하고 유통하고 소비하는 것이 표현에 대한 자유의 확장이며, 여성 또한 성적 주체로서 자신을 자유롭게 드러내는 행위라고 하였다. 이들은 여성과 아동에 대한 학대와 폭력을 조장한다는 이유로 포르노의 규제를 주장하는 페미니즘운동에 대해 여성도 포르노의 적극적인 소비자이기 때문에 이것이 남성만의 전유물이 아니라는 점을 강조하였다. 여전히 남성 중심적인 문화 산업에서 '포르노적 시선'을 유도하는 이른바 '걸그룹'의 폭발적인 증가는 남성 욕망이 공공연하게 대중매체를 장악하고, 소녀들 또한 스스로 성애화된 주체가 되는 것을 갈망하는 상황을 낳는다. 여성이 교육, 법이나 제도 등 공적 영역에서 예전보다 높은 수준의 평등을 이뤄냈다고 해서 남녀 간 상호 존중이나 배려의 수준이 높아지는 것은 아니다. 즉 문화적 구성주의는 다양한 문화적 텍스트가 여성이나 사회적 약자를 끊임없이 남성의 소비물로 생산하고 소비하게 함으로써 성차에 의한 권력관계를 지속적으로 재생산한다고 보고 이를 비판하는 것이다.

둘째, 페미니즘은 확장된 문화 산업에서 소비자로서 여성의 힘을 재해석하는 일에 관심을 기울였다. 문화주의 페미니즘의 관심사는 대중문화를 지배 이데올로기가 관철되는 장으로 규정하기보다는 왜, 그리고 어떤 맥락에서 사람들이 그것을 소비하거나 수용하는지를 구체적으로 해석하는 것이다. 관객이나 이미지 소비자의 해석이 주요한 분석의 대상이 되고 이미지가 재현되고 해석되는 맥락이 중요시된다. 또한 여성이 여성을 겨냥한 텔레비전 드라마나 낭만적 소설을 소비하는지에 대한 이유와 이러한 문화적 텍스트를 소비하는 여성의 현실에 대한 인식과 저항의 가능성을 탐색한다. 즉 여성이 소비하면서 만들어내는 해석이나 담론에 정치적 의미를 부여하고 분석하였다. 문화적 텍스트는 단순히 언어, 상징, 기호로 구성된 담론의 총체가 아니라 자본주의 확장의 중요한 도구라는 점을 이해하는 것이 무엇보다 중요하였다. 주로 남성 기득권층에 의해 독점되어왔던 미디어나 대중매체는 소비자본주의를 확산시키기 위해 여성이나 소수자를 성적 소비물로만 재현해 왔다. 그러나 최근 여성이나 성소수자가 영화나 드라마 등 대중문화의 생산, 유통, 해석 과정에 활발하게 진출함으로써, 기존의 젠더와 섹슈얼리티에 관한 관념을 해체시키고 좀 더 다양하고 중층적인 의미를 만들어냈다.

## 2) 다중적 정체성: 교차이론

1980년대 후반까지 페미니즘은 서구 백인 여성이 주도하였으며 서구 중산층 여성의 경험을 중심으로 여성학적 지식과 여성운동의 방향이 결정되었다. 백인 중산층 여성의 경험을 대표적 여성 경험으로 이해하고 이러한 경험적 맥락에서 구성된 페미니즘 이론이나 여성운동은 본의 아니게 많은 여성을 소외시키는 결과를 낳았다. 인종 차이에 따른 계급 경험을 주장한 흑인 여성운동가로부터 이러한 페미니즘 이론이나 여성운동은 가장 큰 도전을 받았다(콜린스, 2009). 흑인 여성주의 운동가는 '블랙 페미니즘'이라는 이름으로 인종과 연루된 계급적 차별 경험을 배제한 백인 중산층 중심의 자유주의 페미니즘을 강하게 비판하였다. 이즈음 등장한 이론이 교차이론으로, 교차(intersectionality)란 여성과 남성의 차이만을 강조하는 젠더 이론의 한계를 지적하기 위함이었다(Crenshaw, 2001). 교차이론은 남성과 여성의 젠더 불평등뿐만 아니라 여성 간 차이를 구성하는 나이, 인종, 종족, 국가, 계급, 성적 지향성, 장애 여부 등의 사회적 범주들이 어떻게 여성의 현실을 다르게 만드는지에 관심을 가진다. '한 개인에 대한 사회적으로 승인된 젠더 정체성을 분석하는 것'이 교차이론의 핵심이다.

교차성의 관점에서는 특히 다양하고 주변적인 입장에 관심을 두고(Knudsen, 2007), 개인은 젠더 정체성뿐만 아니라 지속적으로 다른 사회적 정체성들을 획득하고 변화하면서 매우 복잡하고 유동적인 정체성이나 입장을 가지게 되었다. 교차이론은 여성성이라는 젠더 경험과 다른 사회적・문화적 범주가 어떻게 교차하면서 복잡한 정체성과 입장을 구성해 가는지 고민하였다. 이런 다중적 정체성에 기반을 둔 페미니즘을 위해 어떻게 지식을 만들고 실천적인 운동을 구성할지를 고민하였다. 교차이론이 등장하면서 기존 페미니즘의 젠더 단일주의는 많은 도전을 받았다. 인종, 계급 차이에 대한 몰이해와 이성애중심주의가 만드는 여성 간 권력도 간과할 수 없는 문제가 된 것이다. 즉 여성이란 단일한 정체성으로는 포섭하기 어려운 인간 경험의 복잡한 권력관계에 기반을 둔 실천 운동을 주장한 것이 교차이론이다.

### 3) 이성애중심주의에 대한 도전: 퀴어이론

교차이론의 등장에 기여한 또 하나의 흐름은 이성애중심주의(heterosexism)에 대한 비판이다. 이성애중심주의는 인종차별주의, 성차별주의 등과 비슷한 개념으로 오로지 이성애만이 옳다고 여기는 태도를 말한다. 따라서 이성애적이지 않은 행동이나 정체성, 교제, 커뮤니티 등을 부정하며 모욕하고 낙인찍는 이데올로기적 구조를 가졌다.

이성애중심주의는 성차별주의, 인종차별주의 등에서 보이는 편견의 기제에 이성애가 우월적이라는 감정이 더해진다. 이성애중심주의는 사회적으로 전반적인 관습과 제도 내에 뿌리 깊게 자리 잡고 있어, 비가시성과 폭력, 즉 '드러내지 말아야 하거나, 드러내면 폭력을 당하는' 이중 작용으로 나타났다. 특히, 이성애중심주의는 단순히 이성 간의 교제만이 유일하다는 주장과 함께 이성 간의 관계에서 일어나는 남성우월적인 태도 및 전통적인 성 역할의 강화도 포함된다. 그러므로 사회-문화화의 상호작용 내에서 이성애중심주의를 의식 혹은 무의식적으로 배우게 되고, 이성애중심주의는 성 정체성을 구분하지 않았다. 그러므로 이성애자뿐만 아니라 동성애자, 양성애자, 트랜스젠더도 이러한 이데올로기에 묶일 수밖에 없었다.

기존의 젠더 개념은 남성성과 여성성이라는 이분법적 틀 안에서 사유함으로써 이성애중심주의를 전제하였다. 신체적 특징으로서 여자/남자(sex)와 자신을 여성/남성으로 인지하는 성정체성(gender identity)과 성적 욕망과 실천을 의미하는 성적 지향성(sexual orientation)은 일치하지 않는 경우가 많다. 그러나 여전히 남성/여성으로 구분하는 젠더 이분법으로 인해, 신체적 결정론을 부정하는 페미니즘에서조차 여성성/남성성이란 성 정체성을 본질적인 정체성으로 이해하였다. 그러므로 이 둘 간의 이성애도 자연스러운 결과로 보는 경향이 강했다. 애드리언 리치(Adrienne Rich)는 <서구 사회의 강제적 이성애>란 글에서 남성과 여성의 위계적 이분법이 여성, 레즈비언, 게이, 남성에게 불이익을 주는 가부장제와 이성애, 남성의 성적 특권을 강화한다고 비판하였다(Rich, 2006).

이성애중심주의를 주장하는 젠더 단일주의 이론은 퀴어이론(queer theory)의 도전을 받는다. 퀴어 이론이란 사람을 하나의 분류에 넣어 구분하는 논리를 비판하고, 특히 특정 관습이나 삶의 방식에 기반하여 사회적으로 정의된 분류를 일방적으로 적용하는 실천을 거부하는 것을 의미한다. 다시 말해 퀴어(queer)는 젠더를 남성과 여성 둘로만 분류하는 젠더 이분법과, 지정받았거나 또는 생물학적 성의 젠더 규범을 따라야 한다는 시스젠더(cisgender) 규범성에 저항하는 젠더 정체성을 가리키는 개념이다.

이러한 맥락에서 퀴어이론은 한 개인이 가지는 자신의 성적 지향이나 성적 이끌림에 대해 확립된 정체성을 의미하는 성 정체성(sexual identity)과 자신의 젠더에 대한 자각, 자아의식을 의미하는 젠더 정체성(gender identity, 성정체성)으로 구성됐으며, 한 개인을 동성애자 이성애자, 남성, 또는 여성 등의 단정 짓는 표현을 이용하여 설명할 수 없음을 주장하였다.

대표적인 이론가인 버틀러(Butler)는 1990년 미국에서 출간된 ≪젠더 트러블≫이란 저서에서 생물학적 차이로서 섹스, 문화적이고 사회적인 동일시 양식으로서의 젠더, 근원적 욕망으로서의 섹슈얼리티라는 전통적인 구분에 반대하였다. 버틀러는 젠더 차이가 왜 만들어지는가라는 질문이 여전히 젠더 이분법의 틀 안에서 구성되는 질문이기 때문에 젠더를 생물학적 이분법처럼 본질화시킨다고 비판하였다(Butler, 2008). 버틀러는 젠더에 대한 우리의 문화적 상상력을 해체하고자 젠더에 대한 의문을 제기하였다. 몸에 대한 인식(sex)과 욕망(sexuality)을 만들어내는 것도 문화적이고 사회적인 양식이기 때문에 결국 섹스, 젠더, 섹슈얼리티가 모두 사회적으로 구성된 젠더라고 주장하였다. 이 셋 모두 사회적 구성물이고 담론의 결과라는 의미에서(임옥희, 2006) 신체적 차이가 본질적이라는 생각도 사실은 문화적으로 구성된 관념이라고 하였다. 상반되는 신체를 가졌기 때문에 남자는 여자를, 여자는 남자를 필요로 하고 둘이 사랑한다는 이성애는 본질적인 관념으로서의 젠더에 기반을 두고 생겨난 것이고, 이것이 반복되면서 젠더를 더욱 고정적인 상태로 강화한다고 보았다. 버틀러는 젠더 개념 자체도 기존의 이성애중심주의를 강화하는 데 사용되어 왔다고 비판하였다. 즉 섹스와 젠더의 이분법에 의거한 섹슈얼리티는 당연히 이성애 중심성만을 강화한다는 것이다.

또한 저서 ≪젠더 트러블≫을 통해 안정된 젠더 정체성은 존재하지 않는다고 주장함으로써 불가능하다고 여겼던 성적 가능성을 열어 놓고 개개인이 선택하는 성적지향을 확장하고자 하였다. 버틀러에 의하면 이성애는 자연스러운 욕망이라기보다는 젠더 강압성에 기반을 두었기 때문에 내부적으로 늘 불안정하고 일관적이지 못하다. 때문에 그것의 타자인 동성애에 의해 언제나 그늘이 드리워져 있다. 예를 들어 여성이 어린 시절 어머니 또는 어머니 같은 존재에 의해 에로틱한 욕망을 처음으로 획득하고 경험한 기억과 만족감은 여성의 성적 욕망 속에 잠재된 강력한 욕망일 수 있다. 즉 젠더 역할을 수행하고 강압적 이성애를 흉내 내며 수행하는 여성에게 또 하나의 잠재된 욕망일 수 있다. 버틀러의 난해한 논의는 섹스, 젠더, 섹슈얼리티의 삼중 체제의 연결고리를 끊어 내며 큰 반향을 얻게 된다.

**혹시 아시나요?** **'아빠'가 임신을 했다… 젠더 경계를 허무는 '논바이너리'의 삶**

<젠더퀴어>와 <논바이너리 마더>. 모두 낯선 제목의 책이다. 영어로 조합된 용어를 한국어로 정확히 대체할 단어를 찾기란 어렵다. 이질적인 용어만큼, 그 존재 또한 이질적이다. 하지만 분명히 존재한다. 그동안 우리 사회에서 이들에게 적당한 '이름'을 부여하지 않았고, 제도적 '자리'를 마련하지 않았기에 '보이지' 않았을 뿐이다.

<젠더퀴어>는 논바이너리에 에이섹슈얼로 자신을 정체화한 퀴어 작가 마이아 코베이브의 자전적 이야기를 담은 그래픽노블이다. 논바이너리는 남성 또는 여성으로 이원화된 젠더체계를 따르지 않는 성별정체성을 뜻하는 말이다. 논바이너리와 같이 이원적 젠더 체계로 구획되지 않는 이들을 포괄해 젠더퀴어라고 부른다. 에이섹슈얼은 무성애자로, 누구에게도 성적 끌림을 느끼지 않거나 관심이 적은 성적 지향을 일컫는다.

<논바이너리 마더>의 저자 크리스 맬컴 벨크는 좀 더 복잡한 정체성의 길항을 보여준다. 논바이너리 트랜스매스큘린(지정성별 여성으로 태어났으나 남성성이 더 크다고 인식하는 사람)으로 자신을 정체화한다. 아이를 갖기 위해 성확정(트랜지션)을 미루고, 임신과 출산·수유가 끝난 뒤 호르몬요법을 시작한다. 그의 정체성과 신체가 맺는 관계는 이 책에서 계속해서 변화하며 요동친다.

두 사람의 이야기는 젠더퀴어에 대한 이야기이기도 하지만, 무엇보다 '진정한 나'로 존재하기 위해 지독하게 노력한 사람들의 이야기이기도 하다. 그 과정에서 이들은 결코 혼자가 아니었다. 앞선 성소수자 인권운동, 주변의 성소수자 동료로부터 앞으로 딛고 나갈 디딤돌을 마련하고 친밀한 이들의 지지로 쓰러지지 않을 버팀목을 마련했다. 두 책이 누군가에겐 디딤돌과 버팀목이 되어줄 것이다.

출처: 경향신문 [책과 삶](2023.05.19.).

### [젠더감수성 체크리스트]

■ 귀하의 '성인지감수성'은 몇 점인가요?
4: 매우 아니다, 3: 아니다, 2: 보통이다, 1: 그렇다, 0: 매우 그렇다

| 번호 | 항목 | 0 | 1 | 2 | 3 | 4 |
|---|---|---|---|---|---|---|
| 1 | 애인에게 화가 날 때 나의 불만을 말하기보다 참는 편이 좋다고 생각한다. | | | | | |
| 2 | 남성은 남성의 역할을, 여성은 여성의 역할을 잘 수행하는 것이 바람직한 사회이다. | | | | | |
| 3 | '민폐녀', '진상녀' 등 ㅇㅇ녀의 등장은 한국 여성들의 도덕적 해이 때문이다. | | | | | |
| 4 | 배우자가 없는 남성들을 위한 국제결혼 사업은 불가피하다. | | | | | |
| 5 | 노출이 많은 옷을 입은 여성은 성관계에 대해서도 개방적일 것이다. | | | | | |
| 6 | 여성은 남성보다 성욕이 적다. | | | | | |
| 7 | 키스 등 스킨십을 하기 전에 상대의 의사를 물으면 분위기만 깰 뿐이다. | | | | | |
| 8 | 결혼하지 않은 여성이 임신중절을 경험했다면 약혼자에게 말하는 편이 옳다. | | | | | |
| 9 | 성폭력은 여성에게 평생 씻을 수 없는 고통을 안겨줄 것이다. | | | | | |
| 10 | 성폭력 가해자는 전과자이거나 사회부적응자인 경우가 많을 것이다. | | | | | |
| 11 | '몸매 좋은데' 정도의 발언은 성희롱이 아니다. | | | | | |
| 12 | 성매매가 금지될수록 성폭력은 증가할 것이다 | | | | | |
| 13 | 비(미)혼모 가정이나 이혼 가정은 불완전한 가족이다. | | | | | |
| 14 | 십 대의 동성애는 과도기적 현상이다. | | | | | |
| 15 | 비만이나 과체중인 사람은 건강하게 자기관리를 하지 않으므로 비난받는 것이다. | | | | | |

〈채점방법〉

▸매우 그렇다 0점, 그렇다 1점, 보통이다 2점, 아니다 3점, 매우 아니다 4점

① 30점 이하: 당신의 젠더감수성은 매우 위험합니다. 주변의 성폭력피해자에게 나도 모르게 편견에 가득한 말로 상처를 주었을지 모릅니다. 하지만 늦지 않았어요. 지금 바로 젠더감수성 훈련을 시작해 보세요.

② 40점 이하: 이제 막 젠더감수성의 감을 잡게 된 상태

③ 59점 이하: 정말 멋진 당신! 하지만 아직 깨지지 않는 편견들이 있으시다구요? 완전 멋진 나에게 있는 단 하나의 결점을 그냥 넘기지 마세요.

④ 60점: 젠더감수성 없는 성문화 통념에 NO라고 당당하게 말하는 당신은 젠더감수성 마스터!

CHAPTER 02

# 사회변화와 성차

남성과 여성, 이 양성 간의 성적 차이를 '성차'라고 한다. 생리적 관점에서의 남녀는 모두 남성호르몬과 여성호르몬을 동시에 가지고 있다. 남녀의 차이는 성에 따라 그리고 개인에 따라 이 두 호르몬 사이의 균형이 달리 이루어지고 있을 뿐이다.

심리적으로도 이러한 남성성과 여성성은 한 개인의 내부에 공존해 있다. 심리학자 벰(Sandra Bem)은 남성성과 여성성은 서로 상반되거나 모순되는 것이 아니라 이 두 특성이 한 사람 안에서 얼마든지 공존할 수 있으며, 둘 사이의 균형 정도는 각 개인의 성격이 다양한 것과 마찬가지로 다양한 형태로 이루어질 수 있음을 밝혀냈다. 이렇게 달라지는 성은 사회의 시공간적 변화에 따라 다양한 모습으로 전개되고 있음을 인정하지 않을 수 없다.

## 01 남녀 간의 차이

남녀 간의 차이는 남녀 간에 존재하는 행동이나 남성 지배현상의 원인을 생물학적 요인에서 찾으려는 생물학적 환원론이 자주 성편견과 성차별의 정당성으로 이용되는 데에 대한 부당함과 있는 그대로의 객관적 사실의 의미를 가지는 인간의 '해석' 여하에 달려 있음을 이해해야 할 것이다.

### 1) 생물학적 측면

태어날 때 사람을 XY 염색체, 남근, 고환, 정액의 소낭, 전립선, 남성 · 여성 호르몬으로 분리하는 것은 'Sex'의 개념에 의한 접근이다. 또한 태어날 때 XX 염색체와 여성의 내 · 외적인 생식기관을 가지고 있다고 여성으로 분류하는 것도 'Sex'의 개념에 기초한 접근이다. 즉 각기 남성과 여성의 범주로 나누는 것은 염색체, 호르몬, 생리학 등의 생물학적인 특징에 기초한 것이다. 사람이 태어났을 때 남성과 여성의 범주로 분류하는 것은 중요하지만, 이렇게 분류된 생물학적인 특성이 두 성(Sex) 사이에 발생하는 행동의 차이에 결정적인 역할을 하는 것은 아니다. 남성과 여성이 다른 호르몬 구성을 가지고 있지만 이런 차이점들만이 남성과 여성의 행동 차이를 일으키는 것은 아니다. 그들은 다른 방식으로 행동하도록 그 성을 미리 결정할 수도 있다. 만약 이러한 차이점들이 환경적 요인에 의해 형성되고 양육되었다면 그것들은 아마 남성과 여성에게 다른 행동들이 나타나게 할 수도 있을 것이다. 다시 말해 만일 그러한 차이가 환경에 의해 양육된 것이 아니라면 남성과 여성의 행동은 현저하게 유사할 수 있다. 그러므로 'Sex'는 생물학적인 개념이지 사회적 · 문화적 개념은 아니라는 것이다.

### 2) 사회학적 측면

만일 많은 남성과 여성의 행동이 생물학적인 결과가 아니라면 남성과 여성의 행동을 일으키는 것은 무엇인가? 이 질문에 대한 대답은 사회적 · 문화적 · 심리적 구조를 가지고 있으며 사회화의 작용으로 성취된 상태인 'Gender'의 개념에 있다. 'Gender'는 남성다움은 무엇이고 여성다움은 무엇인가 하는 사회학적인 개념을 말한다.

예를 들어 우리 사회에서는 대부분의 사람은 남성이 비서의 지위를 얻는 것은 남성답지 못하며, 여성이 축구를 하는 것은 여성답지 못하다고 느끼는 듯하다. 곧 남성과 여성에 대한 사회적 기대 때문이다. 이는 성별 차이에서 나타나는 인간행동이 각각의 생물학적인 특성을 단편적으로 반영하는 것이 아니라 환경이라는 외부적인 상황에 영향을 받기 때문에 남녀에게서 각기 다르게 발견되는 심리학적인 특성, 생물학적인 특성과 더불어 문화・사회적 구조의 복합적인 결과라는 것을 염두에 두어야 한다는 것이다. 즉 'Sex'는 생물학적인 개념인 반면 'Gender'는 사회학적인 개념이다. 그리고 우리는 우리 사회에서 남성과 여성 행동의 많은 차이가 생물학적인 차이보다는 사회적・심리적 차이에 더 연관이 있다는 것을 점차 발견해 왔다.

이처럼 남성과 여성의 특징은 생물학적인 차이에 직접 대응하는 것이 아니라 이차적으로 성립된 복합적 특성으로 규정짓고 남녀 간의 성에 대한 심리, 인격적 특성 능력과 상관관계가 있음을 알 수 있다. 이러한 측면을 비교해 보면, 첫째 성 심리의 차이이다. 이것은 성 생리의 차이에서 기인하므로 여기에 환경적인 요소가 영향을 미쳐 여성은 호르몬 주기에 따라 정서적으로 예민하고 감정적으로 굴곡이 있는 반면, 남성의 성 심리는 성호르몬과 정낭의 저장 상태에 따라 직선적이고 적극적인 특성을 갖는다. 한편 지적인 능력은 학교나 직장 등에서 실제로 부딪히는 구체적인 문제로서 매우 중요시되는데, 이는 완전히 생득적이지도 않고 훈련에 의해서만 생기는 것도 아니며 사회적 기대에 따라 지적 능력과 인격적 특성이 상호작용을 한 결과인 것이다. 그러므로 지적 능력의 남녀차를 파악하려 할 때 그 사회의 남녀에 대한 통념적인 특성을 고려하지 않고 단순히 남녀의 우열을 판단하는 것은 위험한 일인 것이다.

다음으로 인격에서 나타나는 남녀의 차이는 흥미, 가치관, 태도, 정서적 요구 등에서 찾아볼 수 있는데, 특히 남성다움, 여성다움이라는 특성을 가지게 되는 성 역할의 습득 과정에 초점을 맞추어야 한다. 왜냐하면 유・아동기에 성 역할을 선택하고 동일화함으로써 이를 습득하여 청년기는 다시 한번 이를 확인 재조정하는 시기인 것이다. 다시 말해 인격적 특성이야말로 사회적 산물임이 강조되고 있는 것이다.

마지막으로 남녀 성인에 있어 신체적・정신적으로 조숙했던 여성이 성인이 되면서 사회적으로 남성에게 열세에 놓이게 되는 문제는 바로 사회생활의 경험 폭과 질의 차이에서 기인하는 것이다. 남성은 직업이나 사회생활을 통한 훈련을 통해서 사회적으로 성숙할 수 있는 기회가 부여되나 대부분의 경우 주부로서 사회로부터 고립되어 있는 여성의 경우 사회적으로 미성숙한 경향이 있다는 점이다.

**혹시 아시나요?** **"뇌 연결망 구조, 남녀 차이 있다"**

남녀 간의 차이 못지않게 동성 간에도 개인 차이가 크지만, '화성 남자, 금성 여자'라는 말이 유행어로 굳어졌듯이 남녀가 어떻게 얼마나 다르게 생각하고 행동하는지는 언제나 관심을 끄는 주제다. 흔히 남자는 운동과 공간지각 면에서 뛰어나며 여자는 언어 매개의 기억과 사회적 인지 능력에서 뛰어나다는 연구 결과가 제시돼 눈길을 끌기도 했다(2012년의 한 연구논문은 "(과제의 수행 시험에서) 성별 차이는 (연령별 차이에 비해) 훨씬 작긴 하지만 분명하게 나타나는데, 여자는 집중, 언어, 얼굴 기억, 추론 속도 면에서 남자보다 나은 수행력을 보였으며, 남자는 공간 처리와 감각운동, 운동속도 면에서 여자보다 나은 수행력을 보였다"고 전했다). 최근에는 남녀 간의 차이를 뇌 연결망 구조의 차이로 확인해주는 새로운 신경과학 연구결과가 나왔다. 1000명 가까운 남녀의 뇌 영상을 비교분석한 결과라니 주목할 만하다.

영국 일간지 <가디언> 보도를 보면, 남자 뇌의 구조는 감각인지(perception)와 통합 행동(coordinated action)에 적합하며, 여자 뇌는 기억과 직관, 사회성에 더 어울림을 보여주는 것이라고 해석했다.

"남자 뇌에선 대뇌 반구 내부의 연결구조가 발달하고 소뇌 좌우 반구 간의 연결구조가 발달해 있는데, 이 둘이 결합한 구조는 통합 행동에 효율적인 시스템으로 여겨질 수 있다. 대뇌 좌우 반구 간의 연결이 발달한 여자 뇌의 구조는 좌반구에서 일어나는 분석적이며 순차적(sequential) 추론 방식, 그리고 우반구에서 일어나는 공간적, 직관적 정보 처리의 통합을 촉진한다. 이번 뇌 영상 분석과 더불어 행한 다른 행동 연구에서는 여자가 집중력, 단어, 기억, 사회적 인지 시험에서 남자보다 나은 수행력을 보여주었으며 남자는 공간 처리와 운동, 감각운동 속도에서 더 나은 수행력을 보여주었다. 이런 차이들은 주로 청소년 중간시기(12~14세)에서 주로 관찰됐는데, 이 시기에 남자는 운동 과제를 눈에 띄게 더 빨리 수행했으며 공간 기억 과제를 훨씬 더 정확하게 수행했다. 다른 행동 연구들에서도 이와 비슷한 성차를 보여주고 있다."

이번 연구에서, 이런 뇌 연결 구조의 남녀 차이는 13세 이하에선 잘 나타나지 않았으며 14~17세 청소년기에 점점 더 두드러지게 나타나, 이런 남녀 차이가 발달 과정에서 생긴다는 것을 확인해주었다. 연구팀은 "남녀의 뇌는 놀라울 정도로 상호 보완적"이라며 "이런 뇌 연결 지도는 남녀의 사고방식이 얼마나 다른지 보여주며 또한 성차와 관련한 신경질환을 이해하는 데에도 도움을 줄 수 있다"고 말했다.

출처: 오철우(2023). 사이언스 온

## 02 성차별의 근원

어느 사회에서나 남녀 간 역할의 분담은 존재한다. 일반적으로 출산과 육아 등은 여성 고유의 역할이고 수렵이나 전쟁 등은 남자에게 주어진 역할이라면 가정 돌보기, 요리, 경제활동 등은 각 사회마다 그 내용과 분담의 정도가 다양한 형태로 분담을 이루고 있다. 따라서 남녀 간의 문자 그대로의 완전한 평등이란 이론적으로나 실천적으로 불가능한 것이다.

### 1) 인류학적 고찰

대부분의 인류학자는 원시사회에서의 남녀 역할분담을 공적인 영역과 사적인 영역의 분리로부터 전자를 담당한 남성이 그 사회를 지배하는 우월한 위치에 있게 된다는 점에 동의하고 있다. 따라서 이들은 다양한 원시문화 속에 성차별은 이미 존재했던 것으로 가정하고 역할분담에 우열의 위치가 부여되는 과정에 초점을 맞추고 있는 데 비해, 일부 마르크스주의 인류학자는 남성 지배사회의 출현은 자본주의 발달 과정에서 사유재산제의 확대에 그 직접적인 이유가 있음을 주장하여 남성 지배사회의 보편성을 주장하기도 한다. 남성 지배의 보편성을 주장하는 입장에서는 남녀 간의 차이는 역할의 분화 자체가 아니라 그 차이에 대한 해석과 상징적 의미의 부여에 의해 결정된다고 보고, 관념적인 차원에서 자연과 문화의 이분을 통해 여성은 자연에, 남성은 문화에 가까운 존재이기 때문에 문화를 우월시하는 인간의 보편성에 따라 성차별이 존재한다고 주장하였다. 이러한 시각 역시 근본적인 남녀 간의 차이를 상징체계와 연관시킴으로써 남성의 공적·사회적 영역이 보다 많은 가치를 부여하게 되는 원인을 밝혀내게 된다는 점에서 기여했다고 평가된다.

한편 마르크스주의적 시각에서는 남녀 간의 성차별은 비교적 평등한 사회로부터 특정 사회조직, 경제구조의 발달과 함께 이루어진 것이라고 설명한다. 특히 사유재산제와 자본주의의 발달은 사적 기능과 공적 기능의 분리, 생산과 소비활동의 분리를 야기하여 남녀 간의 불평등을 심화시킨다는 것이다. 이러한 사유재산제의 발생 자체가 성차별의 근본적인 원인이 될 수는 없으나 사유재산제의 확대, 상품 생산에 기반한 경제구조, 국가라는 정치조직의 발달 등 남성에 대한 여성의 예속적인 지위를 고착시키는 데 중요한 요인으로 작용하였음을 인정해야 할 것이다.

## 2) 사회학적 고찰

많은 다른 나라에서와 마찬가지로 우리 사회에서도 오랜 세월 동안 뚜렷한 성 고정관념이 존재해 왔으며, 이에 따라 여성에게 일정한 성 역할이 규정되어 왔고 또한 성차별이 이루어져 왔다. 물론 여성과 남성은 태어날 때부터 이미 상이한 생물학적인 특성을 가지고 태어난다. 그러나 여성답다거나 남성답다는 등의 성별 특성과 성 정체성은 타고난 선천적인 것에 기초한다기보다는 사회마다 각기 다르게 규정된 문화적 기대치를 학습함으로써 얻어지는 후천적인 것이다. 평생 동안 우리는 매일의 생활에서 성별에 따라 각기 다르게 요구되는 사회적 기대감을 경험하게 되며 이런 사회적 성관념은 성 역할 사회화를 통해 자아정체성으로 확립됨으로써 각 개인의 사회적 활동에 직접적인 영향을 미치게 된다. 따라서 사회에 만연해 있는 사회적 편견이나 고정관념, 그리고 여러 가지 성적 차별 요소를 극복하기 위해서는 이러한 성 역할 사회화 과정의 성격과 내용을 이해하는 일이 무엇보다도 중요한 과제라 할 수 있다. 또한 현대사회는 빠른 사회변동과 제도적 분화를 겪고 있으며 이에 따라 전통적인 성 역할의 개념도 바뀌고 있다.

성 역할 사회화에 대한 연구는 우리에게 여성이나 남성이 지니고 있는 대부분의 심리적·사회적 특성들이 타고났다기보다는 환경적 문화적 요인에 의해 형성되었음을 명확히 인식시켜줌으로써 급변하는 현대사회에 있어서 성 역할 변화에 따른 혼란이나 갈등을 최소화시킬 수 있을 것이다. 이러한 성 역할의 사회화 과정을 설명하는 이론에는 세 가지 관점이 있는데 즉, 동일시이론, 사회학습이론, 인지발달이론이 있다.

동일시이론은 프로이트의 정신분석학 관점에서 출발한 것으로 동성의 부모

행동을 아동이 무의식적으로 본받는 가운데 자아정체성이 형성된다고 본다. 반면, 사회학습이론은 부모만이 성 역할의 중요한 모델이 아니라고 비판하면서 주변 환경이나 문화적 제도의 요소들이 특정인의 성정체성을 향상시키는데 중요한 역할을 담당하고 있음을 강조한다. 인지발달이론은 성정체성 형성에 있어서 학습보다는 인지체계의 중요성을 강조하는 입장으로서 아동은 사회와 상호 작용하는 과정을 통해 스스로의 인지능력을 발달시키며 이에 따라 사회적 성을 확립해 나간다고 본다. 이렇게 성 역할의 사회화 과정을 설명하는 이론이 많음에도 불구하고 이들이 공통적으로 제시하는 것은 우리가 성정체성을 형성하고 성 역할을 수행하는 것은 선천적인 생물학적인 특성 때문만이 아니라 후천적인 사회적 요인이라는 것이다.

다음 절에서는 이러한 남성과 여성의 문제를 시대적으로 어떻게 다루었는지를 알아보고자 한다.

## 03 시대별 남녀관의 변화

### 1) 상고시대 및 삼국시대의 여성의 지위

상고시대는 모가장제도(母家長制度)의 흔적을 많이 찾아볼 수 있다. 예를 들어 고대인이 숭배하던 신중에 고구려 동명왕인 주몽의 어머니 유화(柳花) 부인이나 신라의 전설 속 여주인공인 선도성모(仙桃聖母)와 같은 여신이 있었을 뿐 아니라, 그 봉사의 성직을 맡은 이도 역시 여성이었음을 보면 삼국시대까지도 여성 중심의 사회적 유풍이 남아 있었고 여성의 사회적 지위가 상당하였음을 알 수 있다. 오늘날에 와서는 무당에 대한 시선은 그다지 긍정적이지 않지만 신라 초기에는 왕녀도 신궁의 수호를 삼았고 고구려에서도 여성으로 하여금 국사(國祠)의 신탁을 청하게 하였던 것을 보아도 알 수 있다.

여권사회의 흔적은 미신과 습속(習俗)을 통해 남아 있었다. 고구려에서는 약혼만 되면 여가(女家)에서 사위를 맞이하기 위해서 집 뒤에 조그마한 새집을 마련하여 혼인날 저녁에 신랑은 신부의 집으로 가서 그 문밖에 꿇어앉아 자기의 이름을 세 번 부르고 방에 들어가게 해 달라고 빌어서 여성의 집에 허락을 얻은 뒤에야 비로소 부부의 관계를 맺게 되었는데, 첫 아이를 낳을 때까지는 신랑이 신부의 집에 동거하다가 아이를 낳아 길러 가지고서야 신랑의 집으로 신부를 데리고 갔다. 이것은 여성 중심 시대에 남성이 여성의 집에 들어가 동거하던 유습이 남성 중심 시대에 와서도 남아 있었던 것이다.

신라는 삼국을 통합한 이후 유교정치이념을 내세워 왕권을 강화하고 통치체제와 제도들을 개편하면서 새로운 사회로의 변화를 모색하였다. 유교이념에서는 남성과 여성을 차별적으로 인식하고 남녀의 역할을 구분하는 관념에서 여성의 부덕과 도리를 강조하였다. 따라서 여성의 정치사회적 활동에 대해 부정적인 인식을 보이게 된다.

그러나 부여국에서는 사통한 남녀는 용서 없이 사형에 처하였고 질투하는 부인에 대한 형벌이 혹독하여 죽인 뒤에도 그 시체를 산 위에 버렸다는 것을 보면 성적 관계에 있어 법률적 제재가 여성에게만 편중된 것이 고대에 시작되었음을 짐작할 수 있다.

## 2) 고려시대

고려시대 여성의 지위 역시 비교적 높았던 것으로 기록되었다. 그러한 이유로 서류부가혼, 재혼의 자유로움, 내외법이 없어 성적인 억압 없이 자유로운 일상생활을 할 수 있었으며, 절부(節婦: 수절하는 부인)와 의부(義夫: 아내가 죽은 뒤 재혼하지 않고 혼자 사는 남편)도 표창 대상이어서 여성에게만 일방적으로 정절이 강요된 것이 아니었다.

서류부가혼은 처가에서 결혼식을 올린 뒤 아이를 낳고 살다가 아이가 장성한 후 시집으로 가는 제도로서 사위나 외손자, 처가, 외가 식구와의 관계가 매우 밀접하여 이들도 아들이나 친손자와 마찬가지로 음서(蔭敍)나 공음전(功蔭田)의 특권을 받고 처가나 외가의 제사를 지내주기도 하였다. 이에 고려시대에는 딸도 아들과 다름없는 역할을 할 수 있었으므로 아들이 없어도 대가 끊긴다는 관념이 없었으며 양자제도도 시행되지 않았다. 여성도 호주가 될 수 있었고 호적에도 남녀 순이 아닌 출생 순으로 기록되는 것이 가능하였다.

고려시대에는 재혼이 자유로웠다. 물론 절부는 효자와 마찬가지로 표창의 대상이었지만 재혼하는 데 대한 제약이나 재혼녀에 대한 사회적 비난 등은 거의 없었다. 그리고 부부간의 이혼도 부부의 합의에 의해 이루어지거나 부부 중 한쪽이 의절(義絕), 즉 남편이 처의 조부모나 부모를 때리거나 처가 시부모를 욕하거나 하여 부부간의 의리가 끊어져 이혼한 경우에 이루어졌다.

여성의 사회활동도 비교적 자유로웠는데 상례나 제례 등 종교행사에 여성이 참여할 기회가 많았던 점을 들 수 있다. 상속에 있어서도 자녀균분상속으로 남녀 구분 없이 똑같이 상속되었으며 제사를 맡게 된 자녀에게 제사 비용 정도로 조금 더 분배되는 풍습을 엿볼 수 있었다. 재산분배권이 여성에게 주어지기도 했고 제사 자체도 여성이 맡는 경우도 있었다.

또 한 가지 여성의 지위를 엿볼 수 있는 부분이 있었는데 그것은 고려시대 재상이었던 박유(朴褕)의 일부다처제의 건의이다. 당시 전쟁 등으로 인해 인구가 매우 감소하자 박유는 인구 증가와 국가재정을 위해 국왕에게 일부다처제를 건의하자 이 제안은 많은 여성의 지탄을 받았는데 이는 고려사회의 남녀가 비교적 평등함을 반증해주는 것이었다.

이와 같이, 고려시대에는 여성의 사회활동, 가정생활이나 경제운영에 있어서는 여성의 지위가 남성과 거의 대등한 위치에 있었던 것을 알 수 있다.

## 3) 조선시대

조선 초는 고려시대의 여성 지위가 이어져 비교적 자유로운 활동을 할 수 있었으나 점점 철저한 남성 중심의 사상 체계인 성리학이 들어오면서 성리학적 가족제도가 굳혀지고 가부장적 인식에 따라 여성의 지위는 약화되는 모습을 볼 수 있었다.

조선 초기는 여성 재가 허용, 여성 제사 허용, 자녀 균분상속 등 고려의 여성 지위와 흡사하였다. 혼인제도 또한 남귀여가혼(男歸女家婚: 남자가 여자 집에 가서 살게 하는 제도) 제도로 고려시대의 서류부가혼과 유사한 것으로 이전 시대와 거의 흡사하였다. 그러나 경국대전에 보면 재가하는 여성의 자녀는 과거에 응시할 수 없도록 하였다.

남귀여가혼이 성리학의 가족윤리로 바뀌게 되면서 친영제도(親迎: 결혼 후 무조건 남편 집에 가서 살아야 하는 제도)로 바뀌게 된다. 또한 여성의 재가는 금지되고 상속에 있어서 장남 중심 상속으로 변화되고 여성의 상속은 제외되었다. 제사에 있어서도 여성은 제외되었고 호주제도에 있어서 여성의 위치도 낮아졌다. 본처와 첩의 구분이 확연해지고 서얼은 정치권에 접근하지 못하였다. 이처럼 성리학적 가족윤리가 확립되어 가면서 부계중심의 가족제도가 확립되어 여성의 지위는 협소해지고 낮아지게 되었다.

가정 내에서의 여성의 지위는 아내가 그의 남편과 더불어 잠자리는 같이하되 식탁은 같이 하지 못하고 남편에게 일종의 주종관계 위에서 일방적 복종을 하게 되었다. 여성의 삼종지도(三從之道)는 출가하기 전에는 아버지를 따르고 출가 후에는 남편을 따르고 남편이 죽은 뒤에는 아들을 따르기를 요구하였고, 그밖에 칠거지악(七去之惡: 아내를 내쫓을 수 있는 이유가 되었던 7가지 허물. 시부모에게 불손함, 자식이 없음, 행실이 음탕함, 투기함, 몹쓸 병을 지님, 말이 지나치게 많음, 도둑질을 함) 역시 여성을 옭아매었다.

부부가 함께 애써 모은 재산이나 시집올 때에 가지고 온 지참금까지도 남편의 처분에 맡겼고 남편이 죽은 뒤에 아들이 있으면 그 재산을 상속하였고 아들이 없으면 친족의 남아를 양자로 삼아 그에게 재산을 상속하게 하였다. 이 밖에도 여성이 남성과 같이 교육균등의 기회를 가지지 못하고, 재산 상속의 기회를 가지지 못하고 부모가 마음대로 정하게 되는 불합리한 혼인법과 아울러 혼인을 지나치게 중요시함으로써 발생된 폐해는 대단했다. 또한 이씨조선에서의 내외법은 유교의 종주국인 중국보다도 더욱 철저하게 시행코자 하였다.

## 4) 일제시대

호주제가 우리나라에 들어온 것은 일제시대이다. 일제는 호주제가 조선의 관습이라고 왜곡하면서, 실제로는 1898년의 일본 명치민법에 규정되어 있었던 호주제를 도입한 것이다. 가족의 모든 권한을 호주에게 부여하였고 부계중심으로 이어졌다. 상속법은 호주상속의 경우 남자가 없는 경우 호주를 승계할 남자가 들어올 때까지 잠정적으로 여성이 호주상속을 할 수 있었다. 장남이 상속할 경우에 여자는 재산상속에서 제외되었고, 여성에게는 재산분할청구권을 주지 않았으며, 이미 출가한 여성은 재산상속에서 제외되었다. 상속법의 지위상에서는 조선시대보다 더 후퇴되었다. 여성의 법률행위가 금지되어 있었는데 남편이나 친족에게 허락을 받아야만 할 수 있었다.

혼인법을 살펴보면 1923년 혼인신고주의를 적용함으로써 혼인 당사자의 의사를 중히 여기게 되었으나, 당사자의 연령 여하를 묻지 않고 동의를 얻도록 하여 당사자만의 의사에 의한 자유로운 혼인의 성립은 인정하지 않았다. 혼인의 적령은 남자 만 17세, 여자 만 15세였다. 축첩을 처에 대한 중요한 모독이라고 하여 이혼의 사유로 인정을 하였다. 여성의 재가를 허용하였고 협의상의 이혼을 인정하였다.

여성에게 교육을 장려하였지만 그 범위는 현모양처를 육성하는 정책으로, 집안에서 가족을 부양하고 자식을 키워내는 데 한정시켰다. 실기교육은 여성을 도구로써 이용하기 위함이었으며 실질적인 여성의 처우개선은 이루어지지 않았다.

**혹시 아시나요?** **여성들, 자기 능력으로 일 · 사랑에 성공하는 '캔디렐라'에 열광하다**

■ 운명 개척하는 '캔디' 등장

<캔디 캔디>야말로 이후 우리나라 대중예술의 신데렐라 스토리에 가장 큰 영향을 준 작품이라고 단언할 만하다. 1990년대 중반 이후 TV 드라마에 신데렐라 스토리가 넘쳐날 때 '캔디렐라' 같은 신조어가 등장한 것이 그 방증이다. 고아원 출신의 성실하고 발랄한 소녀 캔디가 부잣집 하녀와 양녀 신분을 오가며 온갖 고생을 하다가 자신의 오랜 후원자인 귀족 남자와 진정한 사랑을 이루는 이야기가 큰 줄

기다. 이런 서사는 당시 한국 순정만화에서는 흔치 않은 새로운 것이었다. 왜냐하면 이전 한국 순정만화의 주된 내용은 부모 잃은 소녀의 가족 복원 이야기였기 때문이다. 그에 비해 <캔디 캔디>는 가족이 아닌 연애 이야기가 중심이다.

새로운 요소는 또 있다. 캔디형 신데렐라를 의미하는 '캔디렐라'라는 조어는 캔디가 설화 속 신데렐라와는 다른 성격을 지니고 있기 때문에 생겨난 말이다. 설화 속 신데렐라・콩쥐는 핍박 앞에서는 눈물만 흘리다 하늘의 도움을 받는다. 이와 달리 캔디는 '외로워도 슬퍼도' 눈물을 참으려 애쓰는 씩씩한 말괄량이, 도전적이고 자기성취 욕구가 강한 인물로 설정되어 있다. 하고 싶은 일을 위해서는 기존의 관행도 거스른다. 순종적 태도와도 거리가 멀다. 그는 이런 추진력으로 성장하며, 어렵사리 간호사가 되는 데 성공한다.

■ 운명을 개척해가는 여성에 매력 느껴

이런 작품의 폭발적 인기는, 1970년대 말과 1980년대 초의 사회심리 변화를 보여주는 것임에는 틀림이 없다. 수용자들은 무력하게 울면서 하늘과 가족의 보호를 기다리는 여자에게 싫증 내는 대신, 악조건에 굴하지 않고 자신의 운명을 개척해 나가며 성공하는 여자에게 매력을 느끼기 시작했다. 캔디의 말괄량이 같은 씩씩한 성격이야말로 온갖 귀족 도련님들을 매료시키는 요소이지 않은가. 이 시대의 소녀들은 보호해줄 부모가 아니라, 자립심과 성취욕 강한 말괄량이 여자를 그대로 인정하고 사랑하는 애인을 원하기 시작한 것이다. 자립, 사랑・결혼, 계층상승 이 모든 것을 이룰 수 있다는(혹은 이루어야 한다는) 희망이 여자들에게도 싹트기 시작한 것이다.

출처: 경향신문 [이영미의 대중예술 사랑과 돈의 변주](2016.09.19.).

## 5) 현대

자본주의 시대의 주요한 산업은 경공업이었는데 여기서 여성노동자가 대다수를 차지하였다. 근로여성이 많아지면서 여성의 인권문제 및 직업여성의 평등권 문제에 관해 여성들 사이에서 의식이 점차 고조되었다. 그리고 여성의 고등교육 인구가 증가하면서 여성으로서 전문가나 직업인의 수가 증가하였고 경제력이 상대적으로 높아진 것 또한 여성 지위 향상에 하나의 원인이 되었다. 헌법은 남녀평등권을 명문화하였으나, 오늘날 가족법의 개정을 둘러싼 논쟁을 통해서 볼 수 있듯이 완전한 평등권이 확보된 것은 아니었다. 아직도 법률상 많은 불리한 점을 안고 있으며, 여성의 지위를 낮게 만드는 축첩의 풍조가 변형된 형태로 남아 있으므로 여성의 지위 향상을 위해 계속적인 운동이 전개되고 있다.

## 04 현대사회에서의 남녀관

### 1) 양성평등의 헌법적 의미

#### (1) 성차별금지의 원칙

헌법의 관점에서 평등원칙은 헌법의 근본 가치로 볼 수 있는 인간존엄과 가치의 하위원칙이다. 즉 모든 인간이 평등해야 하는 이유와 근거는 모든 인간은 그 자신의 생물학적 · 사회적 차이와 관계없이 존엄한 가치를 가진 존재이기 때문이다. 이와 같이 헌법은 여성을 차별의 대상으로, 혹은 보호나 배려의 대상으로 볼 것이 아니라 남성과 동등한 인격체로 볼 것을 요구한다. 양성평등, 다른 말로 한다면 성차별금지와 관련된 우리 헌법 조항은 다음과 같다.

제11조 제1항 "모든 국민은 법 앞에 평등하다. 누구든지 성별 · 종교 · 사회적 신분에 의하여 정치적 · 경제적 · 사회적 · 문화적 생활의 모든 영역에 있어서 차별을 받지 아니한다", 제32조 제4항 "여자의 근로는 특별한 보호를 받으며, 고용 · 임금 및 근로조건에 있어서 부당한 차별을 받지 아니한다", 제36조 제1항 "혼인과 가족생활은 개인의 존엄과 양성의 평등을 기초로 성립되고 유지되어야 하며 국가는 이를 보장한다", 제34조 제3항 "국가는 여자의 복지와 권익의 향상을 위하여 노력하여야 한다".

이와 같이 양성평등이나 성차별금지의 원칙은 여러 조항에서 발견되는데, 우선 제11조 제1항은 모든 영역에서의 '성별에 의한 차별'을 금지하는 성차별금지의 일반원칙을 규정한 것으로, 제32조 제4항은 근로영역에서의 성차별금지의 원칙을, 제36조 제1항은 혼인과 가족영역에서의 성차별금지의 원칙을 규정한 것으로 볼 수 있다. 한편, 제34조 제3항은 국가의 여성권익향상의무를 규정함으로써 양성평등의 사실상 실현을 위한 국가의 적극적 조치까지도 가능함을 시사하고 있다.

제11조 제1항에 의하면 성별에 의한 차별금지는 문헌상 누구도 자신의 성에 의하여 불이익을 받거나 우대를 받아서는 안 된다는 소위 "절대적 차별금지"로 해석될 수 있다. 따라서 일반적 평등원칙에서 광범위하게 인정되는 입법형성의 자유가 성차별금지의 원칙에는 적용될 수 없다. 또한 평등원칙이 주관적 공권의 기능을 가지고 있으므로 성차별금지의 원칙으로부터 개인(여성 혹은 남성)이 구체적인 성차별사건에서 성차별금지를 청구할 수 있는 권리가 도출된다. 그러므로 성차별의 의미와 종류 그리고 정당화 사유에 대하여 살펴보면 다음과 같다.

## (2) 성차별의 의미와 종류

성차별이란 성별에 따라 불이익이나 이익을 부여하는 모든 공권력의 행위를 말한다. 이익이나 불이익이 있다면 그 종류와 관계없이, 즉 그것이 경제적인 것이든 정신적인 것이든 정서적인 것이든 차별이 발생한다. 또한 차별적 효과의 비중도 차별금지에 중요한 역할을 차지하지 않는다. 다른 방어권의 경우에는 침해가 가져오는 불이익의 중요성이 문제가 되는 반면에 차별금지에서는 차별과 관련된 이익의 중요성은 문제가 되지 않는다. 차별금지의 보호대상은 이익이 아니라 동등한 대우 그 자체이기 때문이다.

성차별은 직접차별과 간접차별로 나눌 수 있다. 직접차별이란 성별에 따라, 즉 성을 법적 불평등대우의 연결점으로 삼아 남성과 여성에게 서로 다른 법적 효과를 부여하는 행위를 말한다. 이에 반하여 간접차별이란 성별을 직접적인 차별기준으로 삼지 않고 외형상 성중립적인 기준을 차별기준으로 삼지만, 실질적으로 특정한 불이익이 초래되는 경우를 말한다. 직접차별은 그 차별을 인식하기가 용이한 반면 간접차별은 인식하기가 쉽지 않다. 간접차별법의 이론은 1971년 미국 연방대법원의 판결에 의해 처음으로 나타났으며 유럽의 경우도 현재 유럽사법재판소의 판결과 EU 지침 등에서 광범위하게 인정되고 있다.

우리나라의 경우도 1999년 남녀고용평등법개정을 통하여 처음으로 간접차별개념이 실정법에 나타나게 되었다. 동법 제2조 제1항에 의하면 '직접차별'이란 사업주가 근로자에게 성별, 혼인 가족 안에서의 지위, 임신 또는 출산 등의 사유로 합리적인 이유 없이 채용 또는 근로의 조건을 다르게 하거나 그 밖의 불리한 조치를 하는 경우를 말하고, '간접차별'이란 사업주가 채용조건이나 근로조건은 동일하게 적용하더라도 그 조건을 충족할 수 있는 남성 또는 여성이 다른 한 성에 비하여 현저히 적고 그에 따라 특정성에 불리한 결과를 초래하며 그 조건이 정당한 것임을 증명할 수 없는 경우에 해당한다. 예컨대 공직채용에 있어서 일정한 신체조건(키 170cm 이상)을 요구하여 특정 성이 이를 충족하기 어려운 경우에는 이를 성별에 의한 간접차별이라 할 수 있다. 직접차별과 간접차별의 차이는 다음과 같다.

첫째, 직접차별은 차별로 이어지는 조건을 달리하는 반면, 간접차별은 그 조건이 동일하다. 따라서 직접차별은 상대적으로 인식하기가 용이한 반면, 간접차별은 인식하기가 쉽지 않다. 적용되는 조건이 동일하기 때문에 차별의 입증을 위해서 통계적 입증방법이 유용한 경우가 많다.

둘째, 직접차별은 비교에 의한 조건이나 취급의 차이에 대해 '합리적 이유'가 있으면 차별로 인정되지 않으나, 간접차별은 조건이 남녀에게 동일하게 적용되기 때문에 '합리적 이유'인지 여부는 물을 필요가 없고 다만 기준 자체가 '정당'한 것인지 여부만 문제가 된다.

셋째, 직접차별은 사용자의 차별의사를 전제로 하는 반면, 간접차별은 사용자의 차별의사를 필요로 하지 않는다. 직접차별은 먼저 상이한 조건이나 취급에 대한 이유가 있고 다음으로 그것이 합리적인지 여부를 판단한다. 따라서 직접차별에는 다르게 취급하려는 사용자의 의도가 전제되어 있는 반면에 간접차별은 동일한 기준이 특정 성에 미치는 '결과'에 주목하고 있기 때문에 사용자의 주관적 의사는 전제되지 않는다. 따라서 간접차별은 사용자의 의식이나 인식과 관계없이 불평등한 결과나 영향에 대하여 위법을 인정한다. 이상과 같이 성차별은 그것이 직접적 차별이든 혹은 간접적 차별이든 모든 종류의 차별을 금지한다. 이러한 의미에서 성차별금지는 '절대적 차별금지'라 할 수 있다.

이렇듯 여성에 대한 차별이 법적으로 금지되면서 양성평등이 꾸준히 이루어져 왔는데 여기에 대한 제도를 구체적으로 알아보고자 한다.

## 2) 적극적 조치

적극적 조치(affirmative action)란 "현존하거나 계속되고 있는 차별을 제거하고 또는 과거에 행해진 고질적인 차별을 구제하기 위하여, 그리고 미래에 발생 가능성이 있는 차별을 방지하기 위한 제도나 절차의 마련을 위한 일련의 조치"를 의미한다. 헌법재판소는 '잠정적 우대조치'라는 표현을 통해 "종래 사회로부터 차별을 받아 온 일정집단에 대해 그동안의 불이익을 보상해주기 위하여 그 집단의 구성원이라는 이유로 취업이나 입학 등의 영역에서 직·간접적으로 이익을 부여하는 조치"로 적극적 평등실현조치를 이해하고 있다.

이 개념은 미국에서 흑인과 여성을 포함한 소수자의 권리를 보호하기 위해 시작된 조치로서 이 조치는 역사적으로 배제되어 있던 여성 및 소수자의 고용, 교육 및 사업 분야에서의 대표성을 증가시키기 위하여 채택하는 적극적 수단을 의미한다. 차별금지가 현재 진행되고 있는 차별을 중단시키는 것을 목적으로 하는 것이라면, 적극적 조치는 과거로부터 차별이 누적되어 나타나는 결과를 시정하려는 적극적인 목적을 가진다. 이와 같이 적극적 조치는 차별개념을 불평등처우(disparate treatment)에서 불평등효과(disparate impact)로 확대해석하여 간접차별을 적극적으로 보완함으로써 결과적 평등을 실현하고자 한다.

우리나라의 경우에도 여성발전기본법 제6조에서 "국가와 지방자치단체는 여성의 참여가 현저히 부진한 분야에 대하여 합리적인 범위 안에서 여성의 참여를 촉진함으로써 실질적인 남녀평등이 이루어질 수 있도록 관계법령이 정하는 바에 따라 적극적 조치를 취할 수 있다"라고 규정함으로써 적극적 조치의 실정법적 근거를 마련하였다. 본고의 주제와 관련이 있는 성차별을 해소하기 위한 적극적 조치의 예로서는 여성할당제, 양성평등채용목표제 등이 있다.

여성할당제란 여성에 대한 차별을 없애기 위한 제도로 정치·경제·교육·고용 등 각 부문에서 채용이나 승진 시 일정한 비율을 여성에게 할당하는 제도이다. 남녀평등을 실현하기 위한 적극적 조치의 일환으로 1970년대 미국과 북유럽을 중심으로 활성화되었다. 미국은 논란이 오랫동안 계속되어 온 반면 스웨덴과 노르웨이 등은 획기적인 여성정책으로 실효를 거두었다. 특히, 스웨덴에서는 모든 부문에서 한 성(性)이 40% 이하가 되는 것을 법으로 금지하는 사항을 두고 있다. 타이완과 필리핀 등은 정치 부문에서 40~50% 할당제를 두어 여성 국회의원 수를 대폭 늘리는 효과를 거두었다. 1995년 베이징에서 열린 국제연합 여성회의(UN Women's Conference)가 권고안을 채택하여 국제적인 이슈로 떠올랐는데, 2010년까지 사회 각 부문에서 여성의 참여를 30%에 이르도록 정하였다. 우리나라는 여성의 참여율 30%를 보장하고 있으나 공무원과 교육계 이외에는 미흡한 실정이다. 그러나 21세기에 들어와 국가와 기업, 교육계의 주도로 각 부문에서 도입되고 있어 향후 여성의 참여비율이 대폭 늘어나고 있다.

**혹시 아시나요?** **'세계 여성의 날'에 받은 유리천장지수 꼴찌 성적표**

남녀 소득 격차 등 10년 연속 OECD 최하위
혐오 · 갈등 넘어 누적된 성차별 바로잡아야

114주년을 맞은 '세계 여성의 날'에 한국이 또다시 불명예를 안았다. 영국 시사주간지 이코노미스트가 발표한 경제협력개발기구(OECD) 유리천장지수(The glass-ceiling index)에서 조사 대상 29개국 중 꼴찌였다. 100점 만점에 20점 대로 2013년 평가 시작 이후 10년 연속 최하위다. 유리천장지수는 OECD 회원국의 남녀 고등교육 격차, 소득 격차, 노동 참여율, 고위직 비율, 육아휴직 현황 등 세부 지표를 종합해 평가한다.

한국의 남녀 소득 격차는 31.5%로 OECD 평균(13.5%)의 두 배를 넘고, 여성 중간관리자 비율은 15.6%로 OECD 평균(31.9%)의 절반에 그쳤다. 여성의 노동 참여율도 59%(남성 79%)로 육아로 인한 경력 단절 등 일하는 환경이 열악했다. 지난해 세계경제포럼(WEF)이 여성의 경제 참여도, 정치적 권한을 토대로 발표한 성(性)격차지수(GGI)에서도 한국은 156개국 중 102등이었다. 국내 기관의 조사도 크게 다르지 않다. 한국시엑스오 연구소에 따르면 국내 150개 대기업의 여성 비율은 24%, 평균 연봉은 남성의 70% 수준이다. 선진국 그룹인 OECD의 일원이자 경제 규모 10위권, 문화 매력 국가 대한민국이 진정한 선진국이 되기 위해 해야 할 숙제가 무엇인지를 보여주는 민망한 성적표다.

출처: 중앙일보(2022.03.09.). [오피니언]. https://www.joongang.co.kr/article/25053990#home

### 3) 여성발전기본법이 양성평등기본법으로 탄생

여성발전기본법은 “대한민국헌법의 남녀평등 이념을 실현하기 위해 정치 경제 사회 문화의 모든 영역에서 남녀평등을 촉진하고 여성의 발전을 도모함을 목적”으로 “개인의 존엄을 기초로 한 남녀평등의 촉진, 모성의 보호, 성차별적 의식의 해소 및 여성의 능력개발을 통하여 건강한 가정을 이루고 국가와 사회의 발전에 남녀가 공동으로 참여하며 책임을 분담할 수 있도록 함”을 기본이념으로 1995년에 제정되었다. 제정 당시에도 입법과정에서 ‘여성발전’이라는 용어의 의미가 모호하고 이미 여성정책의 중점이 여성발전이나 여성지위향상에서 남녀평등으로 의미 전환이 이루어지고 있는 국제여성정책의 흐름과도 맞지 않는다는 지적이 있었다.

「여성발전기본법」은 이후 사회적 변화에 따른 여성정책 수요에 부응하기 위해 2013년 전면 개정되기까지 20년간 총 16차례 개정되었다. 「여성발전기본법」제정 이후 가정폭력방지법에서부터 「성별영향분석평가법」에 이르기까지 관련 법률의 제정이 늘어남에 따라 기본법으로서 위상이 약화되었다. 결론적으로 이러한 변화의 흐름을 전면적으로 반영하기에는 역부족이었다.

2015년 법명이 ‘여성발전’에서 ‘양성평등’으로 변경한 것은 여성정책의 패러다임이 여성발전에서 양성평등으로 전환된 것을 공식화한 것으로 의미 있는 진전이다. 이는 헌법에서 보장하고 있는 ‘양성평등’ 이념 실현을 명확히 하기 위한 것이며, 양성평등과 관련된 권리 보장과 정부의 책임성을 강화한 것이었다.

주요내용은 ① ‘여성정책’ 대신 ‘양성평등’의 정의 규정을 신설하여 양성평등 실현이라는 입법 취지 명확화, ② ‘성희롱’ 개념에서 ‘고용상 불이익’을 ‘불이익’으로 변경하고 ‘성적 요구’를 추가하여 성희롱의 적용범위 확대, ③ 여성가족부 장관이 5년마다 ‘양성평등기본계획’ 수립과 기본계획 수립을 위한 양성평등 실태조사의 근거 마련, ④ 양성평등정책의 중요사항을 심의・조정을 위한 양성평등위원회 설치와 전문성 강화를 위하여 분과위원회 신설, ⑤ 성주류화 조치를 명시하고 성별영향평가, 성인지 예산, 성인지통계, 성인지교육, 국가성평등지수 작성 공표 등에 관한 규정 신설, ⑥ 적극적 조치 권고 규정, ⑦ 사회 전 분야에서 여성과 남성의 평등한 참여를 도모하기 위한 다양한 시책 마련, ⑧ 모성보호의개념을 확대하여 모·부성권 보장, ⑨ 성차별 금지를 위한 시책마련 노력 조항 신설, 성폭력·가정폭력·성매매 범죄의 예방 및 성희롱 방지를 위한 필요한 시책 마련, ⑩ 여성주간을 양성평등주간으로 전환, ⑪ 여성친화도시 조성의 법적 근거 마련을 통해 여성친화적 지역정책의 활성화 도모, ⑫ 국제개발협력과정에서도 양성평등 관점 반영의 근거 마련 등이다. 「양성평등기본법」은 2015년부터 시행되었다.

## 05 양성평등과 관련된 사회적 논쟁

### 1) 여성의 병역의무와 관련된 논의

#### (1) 여성의 병역의무와 관련된 논의가 시작된 배경

1999년 12월 헌법재판소는 7급과 9급 공무원 시험에서 제대군인에게 필기시험 과목별 만점의 5% 또는 3%를 가산받는 것이 군대 미필자의 평등권과 공무담임권을 침해하므로 헌법에 위배된다는 판결을 내렸다. 그런데 이 판결문에서 '군복무를 하는 것은 국민이 마땅히 하여야 할 이른바 신성한 의무를 다하는 것일 뿐 국가나 공익 목적을 위하여 개인이 특별한 희생을 하는 것이라고 할 수 없다.'라는 내용에 의해 이른바 '신성한 의무'를 다하고 있지 않은 미필자에 대한 논란이 야기되기 시작하였다.

#### (2) 인권의 추구를 통한 인식의 변화

'여성도 군대에 가야 한다.'라고 주장하는 사람들이 가지고 있는 논의 중에 하나가 '여성이 평등을 누리기 위해서는 국가의 의무를 다해야 한다.'라는 것이다. 그러나 이 논의가 가지고 있는 문제점은 여성이 가지고 있는 권리는 국가가 주는 것이 아니라 원래부터 가지고 있는 인권이라는 것이다. 인권은 공동의 인간성에 기초한 것으로 인권은 모든 인간이 권리로 갖는 것이다. 인권은 헌법이 정한 국민권에서 추론된 것이 아니라 각 개인이 속한 국가와 관계없이 인정받는 것이다.

남성과 여성은 서로 대립적인 존재가 아니라 보완적인 존재이다. 인권에 대한 추구를 통해 서로 함께 나아가는 방안을 모색한다면 병역에 대한 문제뿐만 아니라 사회의 여러 불평등문제를 해결하는 데 도움이 될 수 있으리라 생각한다.

## 2) 가사노동의 재조명

### (1) 가사노동이 여성에게 부과되기 시작한 배경

① 가부장제

가부장제는 유교의 가족 이데올로기로 부계 중심의 상속제이며 가장이 절대적인 권위를 가지고 가족을 지배, 통솔하는 형태를 말한다. 여성을 억압하는 방식으로 가부장제가 확립된 것은 조선 후기인 17세기에 들어서이다. 당시 성별 분업에 기초한 농가경제가 국가재정과 지배계급의 경제를 뒷받침했던 만큼 여성노동도 수탈의 대상이었으며 전근대사회에서 여성의 지위와 노동은 가족을 위한 생산, 재생산 노동으로만 이해될 수 있었다.

신분사회의 가부장제 속에서 여성은 혈통계승의 수단으로 예속되어 사회적으로 차별, 억압당하는 한편 생산 노동자로서 착취와 수탈을 당했다. 이러한 가부장제는 일제시대를 거치면서 더욱 강화되었고 근대화 시기에도 여성은 가족을 위한 희생으로써 가부장제하에서 저임금과 열악한 환경의 노동을 감수하였다.

② 가정성 이데올로기

19세기 미국에서 자본주의와 산업화의 발달로 사회가 불안해지자 사회

통제와 결속을 위해 여성성 개념이 발달하게 되었다. 19세기 경제적 변화는 사회와 가정의 분리를 초래하였으며 여성은 가정에 머물면서 근대사회의 경쟁적이고 이기적인 삶에 지친 남편에게 육체적 회복과 정서적 안정, 정신적 재충전을 가져다주는 역할을 하여야 한다는 것이 가정성 이데올로기이다. 그러나 이러한 가정성 이데올로기는 경제 사정 때문에 남편과 마찬가지로 경제활동을 해야 하는 여성에게 이중의 부담으로 다가올 수밖에 없었다.

우리나라는 유교의 가부장제라는 전통적 이데올로기에 급속한 근대화, 산업화를 거치면서 가정성 이데올로기를 받아들이게 되어 생계를 위해서는 경제활동을 할 수밖에 없는 여성에게 가사노동과 경제활동이라는 이중의 부담을 더해주게 되었다. 수많은 여성운동의 노력으로 여권이 신장되었음에도 불구하고 아직도 많은 사람이 이러한 가부장적, 가정성 이데올로기에서 벗어나지 못하고 있다.

### (2) 가사노동에 대한 새로운 인식

성취와 경쟁, 자기발전, 물질적 보수가 중하게 여겨지는 현대사회에서 가족을 위한 헌신과 봉사정신으로 가사노동만을 수행하도록 이념적으로 그리고 현실적으로 강요당해온 전업주부들은 자기비하나 무력감, 좌절감 등 정신적으로 어려움을 겪기도 한다. 더구나 집안일은 여자가 해야 한다는 사고방식은 여성의 사회활동이나 직업활동을 제약하여 여성의 지위향상을 가로막는 요인이 되고 있으며, 직장여성에게는 가사노동과 사회적 노동이라는 이중의 짐을 지우게 한다. 또한 가사노동이 여성 모두에게 공통된 중요한 문제임에도 불구하고 개별 가정에서 고립되어 독자적으로 수행되기 때문에 여성은 이 문제를 객관적으로 인식하고 공동의 대책을 강구하기보다는 이 문제를 둘러싸고 여성이 분열하는 양상을 보이고 있다.

이러한 문제를 해결하여 가사노동이 남성을 편안하게 하기 위해 여성을 억압하는 노동이 아니라 가족원이 모두 즐거운 마음으로 능동적으로 가사노동을 수행하고 이러한 일의 기쁨과 보람을 느끼기 위해서는 다음과 같은 측면에서의 사회 전반적인 개혁과 변화가 있어야 하겠다.

첫째, 공적 세계에서의 사회적 노동, 직업활동만을 중요시하는 가부장적 가치관을 극복하고 가사노동을 정당하게 평가할 수 있는 새로운 가치관의 변화가 요청된다. 돈으로 환산되는 직업활동만이 아니라 인간의 행복과 번영을 위해 무보수로 눈에 보이지 않은 채 수행되고 있는 가사노동의 소중함과 기여도를 남녀 모두 인식하고 가치 있는 것으로 평가하는 새로운 가치관의 확립이 있어야겠다. 이러한 새로운 가치관은 떳떳하고 주부를 당당하게 할 뿐 아니라 가정과 사회에서의 진정한 양성평등의 실현을 가능케 할 것이다.

둘째, 이러한 가치관의 변화와 더불어 가사노동을 과소평가하는 기존의 모든 가부장적인 법률, 세제, 관행 등이 개선되어 가사노동의 가치가 제도적으로 보장되도록 사회구조를 바꾸어야 한다. 현재 전업주부를 남편의 피부양가족으로 간주하거나 여성 가사노동의 가치를 과소평가함으로써 여성에게 불리하게 적용되고 있는 국민연금법, 의료보험법, 손해보상법 등을 바꾸어야 할 것이다. 또한 개정된 가족법은 이혼 시 재산분할청구권을 인정하고 있어 가사노동의 가치를 인정하고 있으나 분할인정 정도, 재산 범위와 협력 정도, 분할액수를 정하는 문제들이 법원에 일임되어 있다. 개정가정법이 채택하고 있는 재산분할청구권 시행 이래 판결이 내려진 20여 건의 사례를 분석한 결과에 따르면, 맞벌이나 가업을 공동으로 운영한 여성의 경우 기여도가 50%로 인정되었다. 그러나 집에서 살림만 하는 전업주부의 경우는 친정의 도움을 받았거나 결혼지참금을 많이 가져온 경우를 제외하고는 대체로 30~40% 정도만이 인정되었으며, 특히 아내의 부정이 이혼사유가 됐을 경우에는 수년간 맞벌이로 가정경제를 도운 공로가 있어도 30%의 기여도만이 인정되어 재산분할이 명확한 기준이 없고 가사노동이 낮게 평가되어 있어 문제점으로 지적되고 있다. 또한 부부가 협력하여 공동으로 모은 재산임에도 불구하고 부인에게 상속세와 증여세를 부과하고 있는 것은 개선되어야 할 것이다.

셋째, 가사노동은 여자만이 할 수 있고 여자만이 해야 한다는 기존의 성 역할 이데올로기와 분업은 지양해야 할 것이며 더욱 융통성 있는 성 역할의 수행과 가사노동의 분담이 요구된다. 이를 위해서는 어릴 때의 사회화 과정에서부터 학교에서의 교과과정, 직장에서의 육아휴직의 관행에 이르기까지 여성은 육아와 요리 등 가정적 행복, 남성은 직업적 성공과 연관시키는 가부장적 문화가 바뀌어야 할 것이며, 인간은 남녀에 상관없이 누구든지 자신의 능력과 적성에 맞게 자신의 일을 선택할 수 있어야 한다. 그리고 남자가 집안일을 단순히 돕는다는 수준이 아니라 가사노동을 분담하고 이에 대한 책임까지 공유할 수 있어야 한다. 남자든 여자든 자신의 뒤치다꺼리는 자신이 스스로 할 수 있는 사회가 되어야 가족을 위해 집안에 늘 붙어 있으면서 타인의 요구에 언제나 민감히 반응해야 하는 예속된 여성으로부터 해방될 수 있을 것이다.

넷째, 현대사회의 가족형태와 가족생활, 주부의 역할 변화와 기술진보, 산업의 발달은 가사노동의 사회화를 촉진시키거나 앞으로 미래사회는 가사노동을 사회화하지 않으면 안 된다. 가사노동의 사회화란 가족원의 욕구를 충족시키기 위해 과거 개별 가족 내에서 제공되던 재화와 용역을 공동으로 처리하거나 전문가에 위탁하여 집단적으로 취급하는 것을 말한다.

## 3) 경제활동에서 발생하는 성차별 논의

사회적 영역에서 가장 중요한 경제활동에서의 성차별을 살펴보면 다음과 같다.

### (1) 고용기회의 불평등

모집에서부터 채용, 배치, 전환에서 여성에게 가해지는 제한과 차별을 의미한다. 특히 여성은 고용불안정 상태에 있는데, 기업문화가 애초부터 남성 중심적으로 형성되어 있어 회사에 들어온 여성들이 일을 아무리 열심히 해도 인정받거나 승진 등 기회를 얻기가 어려운 구조라는 것이다. 기업이 남성 중심적으로 꾸려지고 그런 문화를 유지해 온 이유에 대해서는 여자들에 대해서만 “잠재적으로 결혼을 하고 아이를 낳으면 회사에 민폐를 끼칠 인원”이라고 보는 편견이 굳어졌기 때문이라고 설명했다. 이 외에도 여성은 능력보다 외모 우선으로 용모단정하여야 채용되는 것이 현실이다. 여성은 여전히 ‘사무실의 꽃’으로 남성 사원의 업무 피로를 덜어주고 능률을 올리는 보조적인 역할을 하도록 요구받고 있다. 따라서 기혼여성에게는 노골적으로 “우리 회사가 시든 꽃에 물 주는 곳이냐.”라며 사퇴압력을 행사하는 경우도 많다.

### (2) 차별적 저임금

이는 여성에 대한 가장 중요한 경제적 차별이다. 최근 OECD가 공개한 ‘성별 간 임금 격차(gender wage gap)’에 따르면 2021년 기준 한국의 성별 임금격차는 31.1%로 조사국들 중 가장 컸다. 남녀 근로자를 각각 연봉 순으로 줄 세울 때 정중앙인 중위임금을 받는 남성이 여성보다 31.1%를 더 받았다는 뜻이다. 한국은 1996년 OECD 가입 이래 26년 동안 줄곧 회원국들 중 성별 임금격차 1위를 차지했다. 2021년 기준 OECD 38개 회원국들의 평균 성별 임금격차는 12%였다. 한국에 이어 성별 임금 격차가 큰 OECD 국가는 24.3%를 기록한 이스라엘이다. 일본이 22.1%로 그 뒤를 이었다. 임금 차별의 요인은 분리호봉제, 성별 직종 분리, 각종 수당이나 상여금의 차이로 볼 수 있으나 근본적으로는 여성노동을 가계보조적 임시노동으로 규정하고 있기 때문이다. 이러한 평균적인 임금 수준은 최저생계비에도 미치지 못하여 차별적 저임금을 받는 현실을 잘 드러내 주고 있다.

### (3) 승진, 퇴직에서의 불평등

남성은 근속 연수만 차면 실무교육을 받고 승진하는 것이 보통이나, 여성은 모집인원제로 묶여 있거나 아예 원천 봉쇄되어 있는 경우가 많다. 설사 직무평가제가 실시된다 하더라도 여성에게 직무분리를 통해 보조적이고 평가를 덜 받는 중요하지 않은 업무를 부여함으로써 여성은 제대로 된 업무평가를 받기 어렵다. 이에 여성의 승진기회는 거의 막혀 있고 퇴직 기회만 활짝 열려 있는 상황이다. 여성은 결혼, 임신, 출산 퇴직제 등으로 조기정년을 요구받고 있는 현실이다.

## (4) 각종 법적 보호에 대한 비혜택

지난 10여 년 동안 여성 노동자 및 모성보호를 위한 정책이 실시되었으나, 그것이 현실에 뿌리내리지 못하여 법적 권리를 누리지 못하는 상황이다. 대표적으로 모성보호법의 경우 휴가기간이 국제적인 수준에 비하여 짧고, 그 비용을 전적으로 기업에만 부담시켜 기업으로 하여금 여성고용을 기피하도록 하고 있다. 따라서 선진국과 같이 다음 세대의 사회성원을 재생산하는 임신, 출산, 양육 등에 대한 비용은 사회가 공동 부담하면서 모성보호를 강화하는 방향으로 나아가야 한다.

**혹시 아시나요?** **청소 · 빨래 · 요리, 여성 '무급 가사노동'의 가치는 연간 1380만 원**

집 안 청소나 빨래, 요리처럼 가사노동이 창출하는 가치가 명목 국내총생산(GDP)의 25%를 넘어선 것으로 집계됐다. 여성의 무급 가사노동 가치는 연간 1380만 원으로 남성 521만 원의 2.6배에 달했고, 다만 남녀 간 격차는 줄어드는 추세를 보였다.

통계청이 발표한 '가계생산 위성계정(무급 가사노동 가치평가)'을 보면 2019년 무급 가사노동의 경제적 가치는 490조9000억 원으로 5년 전보다 35.8% 늘었다. 이는 명목 GDP의 25.5%에 달하는 규모로, GDP 대비 가사노동 가치비율은 2004년(22.1%)부터 2019년(25.5%)까지 꾸준히 상승하고 있다.

1인당 가사노동 가치는 949만 원으로 5년 새 33.3% 늘었다. 가사노동 가치에서 차지하는 여성의 비중은 72.5%(356조 원), 남성은 27.5%(134조9000억 원)이다. 이를 성별 인구로 나누면 여성의 가사노동 가치는 1인당 1380만 원, 남성은 1인당 521만 원이다. 여성 1명이 수행하는 가사노동 가치가 남성의 2.6배에 달하는 셈이다

고령화 영향으로 노년층의 가사노동도 늘었다. 60세 이상의 가사노동 가치는 5년 전보다 68.2% 늘면서 전체 연령대 가운데 가장 큰 폭으로 증가했다. 전체 가사노동 가치에서 60세 이상이 차지하는 비중도 27.5%로 늘면서, 30대(23.1%)를 제치고 전체 연령대 가운데 가장 큰 비중을 차지했다.

출처: 경향신문(2021.06.23.). [플랫팀 여성 서사 아카이브].

CHAPTER 03

# 젠더의 성차 발달

남녀는 겉모습이 서로 다르듯이 심리적, 정서적 성향 등에서도 차이를 보인다. 대체로 남성은 논리적, 진취적, 공격적인 성향을 보이는 반면 여성들은 모성 본능이 강하고 감성적, 수동적인 성향을 나타낸다. 어린 시절 여자아이들은 언어능력이 남자아이보다 뛰어나 말을 일찍 하는 경향이 있고, 남자아이들은 수리나 공간지각 능력이 여아들보다 더 두드러진다.

이 같은 남녀 간의 차이는 제도나 환경적 요인에 의해 영향을 받기도 하지만 유전적으로 타고난다는 의견이 우세하다. 최근 한 연구에 따르면 뇌가 남녀의 사회적 행동을 다르게 조절한다는 사실이 밝혀졌다. 이러한 남녀의 성차에 대한 프로이트의 심리성적 발달 모델, 에릭슨의 심리사회적 발달 모델, 레빈슨의 성인 발달 모델에 대해 전개하고자 한다

## 01 남성과 여성의 심리성적 발달

### 1) 프로이트의 심리성적 발달 모델

프로이트에 의하면 인간에게는 심리 구조를 유지하기 위한 성적 에너지가 있음을 제시하였으며, 이를 인간의 기본적 본능으로 여기는 '리비도'라고 불렀다. 아동의 발달에 있어 이 리비도의 에너지 투자에는 성장하면서 자연스럽게 일정한 대상과 순서가 정해진다는 내용의 5단계의 심리성적 발달 과정을

제안했다. 이 심리성적 발달은 남녀에게 각기 다르게 작용하는 발달 압력과 이런 결과로 형성된 정신병리에 초점을 두고 설명할 수 있겠다.

### (1) 1단계: 구강기(oral stage)

첫 번째 발달단계는 생후 0~1세에 일어나는데, 이 시기에 유아는 어머니로부터 전적으로 모유를 공급받는 시기로서 입을 통해 만족과 상호작용이 일어난다. 그만큼 유아에게 입이라는 생리기관이 중요하다는 의미에서 구강기(oral stage)라고 명명하였다. 이때 일체의 상호작용의 결과, 구강적 만족과 관련된 심리적 특성이 형성된다. 구강기적 만족은 보호자로부터 안전과 먹이를 제공, 보장받는 의존 수동성과 관련되고, 치아가 나기 시작하면서 자기중심적 요구를 나름대로 표현하고 보복하는 구강 공격성의 발달적 기원이기도 하다.

### (2) 2단계: 항문기(anal stage)

두 번째 발달단계로, 유아가 2~3세가 되면 근육 발달이 일어나고 따라서 걷기와 운동 및 이동을 활발하게 하게 된다. 그러면 어머니는 유아가 일정한 시간에 원하는 장소에서 대소변을 가릴 수 있도록 학습시키는 배변훈련을 하기 시작한다. 배변훈련 과정에서 항문 기관과 배설물에 대한 유아의 리비도 투자가 집중되는데, 이 시기를 항문기(anal stage)라고 명명하였다. 이 시기에 유아는 이미 사회적 훈련을 학습한 부모로부터 원치 않는 규제를 받고, 그 사회가 바라는 어떤 규칙과 행동을 받아들여야 한다. 따라서 이때는 배변 훈련과 관련된 심리적 특징이 형성되는 중요한 시기다. 흔히 개인 대 부모, 개인적 욕구 대 사회적 규칙과의 투쟁을 해결해야 하는 시점이기도 하다. 이런 문제들을 성공적으로 해결한 유아는 반동 형성을 통해 그 사회가 요구하는 사회 구성원으로서의 행동규범(청결, 규칙, 질서)을 내재화하게 된다.

### (3) 3단계: 남근기(phallic stage)

세 번째 발달단계로, 유아가 4~5세가 되면 외현적으로 생리적 발달과 성별 분화가 일어난다. 이때 남성적 정체성을 대표하는 남성의 성기에 대한 관심이 고조되는데, 유아는 최초의 성적(관심) 대상으로서 이성 부모에게 관심이 생기는 대상추구가 일어난다. 반면, 유아는 동성 부모에 대해 경쟁 상대로서의 적대감을 느끼게 되어 자연스럽게 위협적 아버지상으로부터 지각된 거세불안이 유발된다. 이러한 일련의 갈등(오이디푸스 콤플렉스로 명명)을 동일시를 통해 해결함으로써, 그 결과 부모와 그 사회의 가치, 규범, 성격 등이 유아에게 내재화된다. 이러한 특성은 초자아 구조물의 기초이며 형성의 기원이기도 하다. 이 시기를 남근기(phallic stage)라고 명명하였다.

### (4) 4단계: 잠재기(latent stage)

네 번째 발달단계로, 심리성적 발달보다는 외부 과제에 대한 학습에 에너지를 쏟는 대신에 심리성적 발달은 정지된다는 의미에서 잠재기(latent stage)라고 명명하였다. 격렬한 갈등과 변화가 요구되는 남근기를 지나면, 세 번째 발달 단계로서 연령상 취학 시기가 다가오며, 취학 후 외적 과제에 대한 대처와 인지적 학습에 전력을 쏟는 잠재기를 거친다.

### (5) 5단계: 성기기(genital stage)

마지막 다섯 번째 발달단계인 사춘기에 도달하면 이차 성징이 나타나고, 성적 욕구가 활성화되는 성기기(genital stage)에 다다른다. 성기기는 심리성적 발달의 최종 단계로서 성기에 리비도가 집중됨으로써 종족보존의 욕구로부터 활성화된 타인에 대한 리비도 투자가 일어나는 시기가 된다. 이때 개인은 생식이 가능한 이성에게 성적 욕구와 관련된 관심 및 대상추구를 하게 된다. 이 단계를 거쳐야 개인은 비로소 이성애(heterosexuality)가 완성된다. 성기기 단계에서는 자기가 아닌 타인에 대한 리비도 투자가 일어나므로, 이러한 과정을 거쳐 발달한 이성애가 곧 대상애(object love)의 기원인 것이다.

## 2) 남성과 여성의 심리성적 발달의 비교

프로이트의 발달 모델은 전통적인 성 역할이 여전히 지배하던 19세기에 등장한 것이어서 남성중심적 가치관이 고스란히 이론에 반영되어 있음을 볼 수 있다. 따라서 남성의 발달에 초점을 맞추어 개념화하였을 뿐 성차에 대한 세부 지침이 부족하였다. 다만 여아와 남아는 남근기에 성 기관의 차이와 각기 다른 이성 부모에 대한 리비도 투자가 일어나므로 이 점을 고려했을 뿐이다. 따라서 프로이트는 우선 남성 발달을 가정하고, 다음에 여성 발달을 보조적으로 설명하는 방법을 제시하였다.

### (1) 남성의 심리성적 발달: 남성 성기의 가치와 우월이 전제

프로이트는 심리성적 발달 단계에서 남근기가 성격 발달과 정신병리에 가장 중요하다고 주장했으며, 이것의 성공적인 해결이 잠재기를 거쳐 정상적인 성욕의 단계인 성기기로 발달하는 데 선행조건이라고 생각했다. 남근기는 남성의 성적 기관이 명칭으로 사용되었듯이 남아의 발달과정을 대표한다. 여기에 남성 성기의 가치와 우월이 전제되어 있고, 그것이 남성 자긍심의 근간이라는 의미를 내포하고 있다. 이는 성인인 아버지가 비교의 준거가 되며, 그 이면에는 남성 대 남성의 세대 대결 또는 권력의 우위를 다투는 권력 투쟁이라는 숙명을 바탕에 깔고 있는 오이디푸스 콤플렉스라는 용어로 명명하였다. 오죽하면 아버지를 죽이고 어머니를 차지한 오이디푸스 신화에서 오이디푸스 콤플렉스란 명칭을 따왔겠는가? 다행히 동일시를 통해 일찍부터 아버지와 아들 간의 긴장감을 해결한다고 마무리했지만, 여전히 권위자와의 갈등, 세대 차이, 구세대에 대한 신세대의 불만 등의 현상에서 일반적인 남근기적 주제를 엿볼 수 있다. 더욱이 권력과 성공에 대한 끝없는 열망도 그 바탕에는 경쟁에서 절대 우위를 점하려는 남근기적 불안과 갈등이 깔려 있는 것으로 이해할 수도 있다.

이 시기에 발달적 문제가 있는 남성의 병리적 현상은 다양한 형태로 나타난다. 거세불안의 방어로 해석되는 과장된 남성성의 표출은 남성적 시위(masculine protest)라고 명명된 행동과 관련되어 있다. 이 용어는 여자처럼 되는 것에 대한 혐오로 볼 수 있는 방어적 행동을 의미하는데, 남성적 시위란 여성의 전형적 특징이라고 귀인시킨 감정과 약함을 거부하고 이의 보상적 형태인 남성적 강인함과 무자비함을 덕목으로 여기는 태도를 가리킨다. 남성에겐 슈퍼맨과 같은 막강 파워에 대한 로망이 깔려 있다는 것은 이미 알려진 사실이다. 일반 남성뿐 아니라 가끔 청소년 갱 집단에서 나타나는 보기 드문 하위 문화적 가치에서 이러한 덕목이 대접받고 있음을 볼 수 있다. 오늘날에는 공격성과 비행, 심지어 범죄적 일탈까지 남자가 그러한 행동을 했을 경우 남자다운 행동으로 인정받는 사례가 여러 문화권에서 관찰된다.

① 남성의 성에 대한 강박적 탐닉: 돈후안 증후군(Don Juan Syndrome)

드물지만 어떤 남성의 경우 성에 대한 강박적 탐닉 혹은 무수히 많은 성적 상대를 갖는 사례도 있는데, 이는 돈후안 증후군(Don Juan Syndrome :주로 남성에게 발견되는 증후군으로, 여성에게 트라우마가 있거나 여성과의 연인 생활에서 슬픈 이별을 맞이할 때 발생하는 정신질환으로, 수많은 여성들과 교제를 하며 문란한 생활을 하거나 한 여자를 진심으로 사랑하지 못하여 연인 관계를 오래 이어가지 못하는 증상)으로 명명되며 역시 남근기 갈등을 원인으로 갖는 정신병리의 예라고 할 수 있다. 이런 현상의 역동적 원인은 여성에 대한 성적 정복을 통해 거세 불안의 해결을 시도하는 것으로 알려졌다. 카사노바의 심리는 역설적으로 자기의 남성적 매력에 자신이 없는 사람인 것이다. 대부분의 성도착증(sexual perversion: 유아기 또는 소년기의 잘못된 성적 행동으로 형성되어 성인이 되어도 비정상적인 방법으로 성적 만족을 얻게 되는 증상)도 결국 남근기적 고착에 기원을 두고 있는데, 이는 이성애가 가능하기 위해서는 성기기까지 정상적인 발달이 이루어져야 할 것이다.

혹시 아시나요?

## 신이 남녀에게 다른 호르몬을 준 이유(1)

인간의 기본 형태는 여자다. 그런데 임신 6주에 엄마 배 속에 있는 태아가 테스토스테론에 강하게 노출되면 남자가 된다. 이때부터 태아는 남자의 뇌, 남자의 몸으로 발달한다. 2차 성징이 시작되는 사춘기가 되면 남자의 몸에서는 여자에 비해 1000배 이상 많은 테스토스테론이 분비된다. 이때부터 남자와 여자의 신체와 행동은 어마어마하게 차이 나기 시작한다. 이 시기 남자는 '걸어 다니는 폭탄'이라고 할 만큼 호기심과 성욕, 에너지, 폭력성이 넘친다.

체내에서 분비되는 테스토스테론 혈중농도가 높은 남자 중에 범죄자가 많다. 성폭행, 강간범, 폭행범은 특히 그 비율이 높다. 그렇다고 테스토스테론이 반드시 범죄와 관계가 있다는 것은 아니다. 영웅, 스포츠선수, 예술가, CEO, 지치지 않고 일하는 사람도 일반 남성에 비해 테스토스테론이 많이 분비된다. 그렇게 테스토스테론은 성욕은 물론 에너지와 활력, 일적인 성공이나 성취욕에도 영향을 미친다.

남자를 아주 단순하게 둘로 나눠볼 수 있다. 여자와 다른 면이 많은 정도에 따라 남성적이냐 아니냐, 혹은 육식남(동물적인 남자)이냐 초식남(식물적인 남자)이냐 구분할 수 있는데, 그것은 주로 테스토스테론 농도와 관계가 있다. 테스토스테론이 많이 분비되는 남자는 남성답게 행동하기를 선호한다. 되도록 많은 여자를 사귀고 싶어 하고, 좋아하는 여자를 만나면 아주 적극적으로 행동한다. 섹스를 잘하는 걸 남자답다고 생각한다. 일과 사업에도 적극적이고, 많은 사람과 잘 지내려고 한다. 그런데 이런 남자는 여자의 말을 잘 알아듣지 못한다. 행간을 읽지 못하고, 여자와 섬세하게 소통하는 데 서툴다. 약간 독재적이어서 마초라고 불리기도 한다.

반면 테스토스테론 분비가 상대적으로 적은 남자는 좋아하는 여자가 생겨도 사려 깊게 행동하고 그녀의 의견을 존중한다. 여자와 사귀는 것보다는 자신이 좋아하는 취미 생활을 즐긴다. 조용하고 침착하며, 꼼꼼하게 일을 처리하고, 친절하고 배려를 잘한다. 책임감이 강하고 충직해 자신의 아이와 가족을 잘 돌보고 끝까지 곁을 떠나지 않는다. 일부일처제를 유지하기가 쉽다.

물론 모든 남자가 이분법적으로 구분되는 것은 아니다. 정도의 차이가 있을 뿐 대충 그렇다는 것이다. 그런데 이 두 타입이 잘 섞인 남자를 찾기는 쉽지 않다. 대부분 어느 한쪽에 치우쳐 있다. 즉 남성스럽고 섹스도 화끈하게 잘하는데 친절하고 배려도 잘하고 소통도 잘되는 남자는 거의 없다는 이야기다. 이런 남자를 찾다가는 평생 남자 구경도 못 하고 생을 마감해야 할 것이다

출처: 신동아(2018.10.10). [행복한 性].

## (2) 여성의 심리성적 발달: 남근부재로 인한 남근 선망

남성과는 달리 여성의 남근기 발달은 애초 프로이트 사전에 없었던 것으로 알려져 있다. 프로이트는 여성에게 남근이 없기 때문에 이러한 비판을 의식해 나중에 여성에게는 남근이 없다는 사실을 스스로 열등한 존재로 지각하고 남성의 남근을 부러워한다는 남근 선망을 이 시기 여아 발달의 핵심 주제로 다루었다.

① 남근기적 갈등으로 어머니 · 여성에 대한 양가감정 형성

여아 발달의 나머지 과정은 남아와 같다. 즉, 여아는 이성 부모인 아버지에게 리비도를 투자하고 동성 부모인 어머니에게 경쟁심을 느끼며 해결 방법으로 동일시 기제를 사용하는데, 그 결과 어머니의 전반적인 특성이 내면화된다고 보았다. 이때 남아와 달리 여아는 남근기적 갈등에 대한 부분 해결로 어머니에 대한 양가감정이 평생 지속된다고 하였다. 그 결과, 여성은 일생 동안 경쟁 상대로서 어머니, 더 넓게는 여성 전반에 대한 양가감정을 갖는다고 한다.

② 남근기 갈등이 뚜렷한 여성의 히스테리성 성격(histrionic personality)

또한 남근기 갈등이 뚜렷한 여성은 히스테리성 성격(histrionic personality: 남에게 어필하기 위해 자기를 과장되게 표현하는 특성)으로 기술되는데, 그런 여성의 특징으로서 과도한 여성성과 동성 간 경쟁심을 들 수 있다. 이 과도한 여성성은 정확히 표현하면 유아적인 여성성으로 주로 남성으로부터 주의와 애정을 집중적으로 관심받고 싶어 하는 유치한 섹슈얼리티로 표현되며, 또한 동성 간 경쟁심은 다른 여성에 대한 경쟁심 때문에 경쟁 대상인 여성이 가진 배우자나 파트너를 뺏고 싶은 욕구에서 활성

화된 소위 삼각 구도에 돌입한다.

그 밖에 남근 선망에 대해 남성과 경쟁하는 사회활동의 참여, 더 병리적으로 경쟁 상대인 남성에 대해 성적으로 정복, 통제하려는 의도로 설명할 수 있다. 영어 표현에 남성을 사사건건 간섭하고 좌지우지하는 여성을 두고 '남성을 거세하는 여성(castrating women)'이라는 심리학적 표현을 쓴다는 점도 짚고 넘어가야 할 만하다.

그러나 프로이트의 심리성적 발달 모델은 후대의 심리학자들에게 남근기적 표현에서 시대의 변화에 반하는 점이 많음을 지적받아왔다. 일찍부터 호나이(Horney)와 같은 여성 정신분석학자는 여아의 남근 선망 개념과 여성 성격 발달에 대한 편협한 시각을 시대착오적 남성중심적인 견해라고 비판하였다(Horney, 1967).

**혹시 아시나요?** **신이 남녀에게 다른 호르몬을 준 이유(2)**

반면 테스토스테론이 좀 더 많이 분비되는 여자는 여성스러운 여자에 비해 애교가 부족하고, 외모를 꾸미기보다는 능력을 개발하고 사회에서 인정받는 데 시간과 에너지를 사용한다. 자기주장이 강하고 사회에서 일하는 것을 집에서 살림하는 것보다 더 선호한다.

이 두 가지를 만족스럽게 갖춘 여성을 찾기란 어렵다. 집안일도 잘하고 애교도 많고 여성스러우면서 사회적으로 성공하기가 쉽지 않다. 시원시원하게 일을 처리하고 뒤끝이 없고 호탕하고 사업을 잘하면서 애교가 많은 여자를 찾기란 모래사장에서 진주를 찾는 것만큼 어려운 일이다.

임신 6주 때 분비된 테스토스테론에 의해 태아의 뇌와 몸이 남자와 여자로 다르게 발달하고, 사춘기 때 엄청나게 분비되는 남성호르몬과 여성호르몬에 따라 남녀의 행동방식이 달라지고, 그에 따른 매력이 서로 다르게 발달한다. 이런 호르몬 분비에 따른 남녀의 차이를 이해하지 못하면 가려운 다리가 아닌 고무다리를 긁으면서 살게 된다. 즉 사랑이라는 이름으로 호랑이에게 풀을 먹으라고 하거나, 코끼리에게 육식을 강요할 수 있다. 자신이 좋아하는 닭다리를 안 먹고 상대방에게 주면서 (정작 상대방이 좋아하는 것은 닭 날개인데) 자신은 상대를 위해 희생하면서 살았다고 생각하게 된다. 남자에게 성욕을 빼면 남자이기를 포기하라는 것이고, 여자에게 수다를 떨지 말라고 하면 여자이기를 포기하라는 것이다. 자신은 사랑이라고 하는데 상대방에게는 폭력이거나 고통이 된다. 그런 여자와 남자는 결코 행복하게 공존할 수 없다.

레고에서 오목과 볼록이 만나 집이 되거나 어떤 모형이 만들어진다. 오목만 있거나 볼록만 있으면 아무것도 만들 수 없다. 신이 남녀에게 다른 호르몬을 분비시켜서 여자의 움푹 들어간 성기에 남자의 튀어나온 성기가 들어갈 수 있게 만들었다. 서로 꼭 맞게 만든 것이다. 이런 결합은 2세를 만들 수 있는 최적의 환경이 되었다. 남자와 여자가 만나 결합해야 2세가 만들어지고 인간의 DNA가 다음 세대에 전달된다. 호르몬은 그런 시기에 적당히 분비되도록 최적화되어 있다. 구애를 하고, 2세를 만들고, 2세를 키우고 보호하고 또 독립시키도록 그 시기에 따라 정확하게 분비된다. 이것이 진화생물학적인 호르몬의 역할이다.

남자의 힘과 에너지는 여자의 섬세함과 소통 능력과 결합할 때 엄청난 효력을 발휘한다. 남자가 호전 정신으로 전쟁을 하고 영역을 넓히고 씨를 뿌리면, 여자는 그 남자를 쉬게 하고 그를 지배한다. 이런 시너지가 아이를 키우는 데 최고의 효과를 발휘하고, 가정과 사회를 발전하게 한다. 그런데 남녀가 어떤 한쪽의 단점만 보고 비난만 하면 절대 아무것도 만들어내지 못한다. 상대의 장점을 살리고 단점을 커버해서 버무리면 엄청난 창조 에너지와 힐링 에너지, 재생산 에너지가 될 수 있다. 남녀 호르몬은 신이 인간에게 준 최고의 선물이다.

출처: 신동아(2018.10.10). [행복한 性].

## 02 남성과 여성의 심리사회적 발달

상술했듯이, 프로이트의 발달 이론은 주로 아동기에 초점을 맞추고 있다. 그렇다고 성인의 발달이 일어나지 않는다거나 중요하지 않다는 것은 아니다. 인생은 변화와 상대적인 안정의 순환 주기로 생을 마감하기까지 계속 진행하는 것이 사실이다. 변화에 따른 고비는 청소년기에, 혹은 학업이 끝나는 시기에, 혹은 직업을 갖기 전으로 모두 넘기고 그 후 남겨진 대부분의 성인기는 관심을 못 받았기 때문에 그럴 수 있다. 이와 같이 평생 과정으로서 발달은 비교적 늦게 조명된 것이 사실이다. 따라서 인간의 전 생애를 포함한 에릭슨(Erikson)의 심리사회적 발달 모델과 성인의 발달과정에 초점을 맞춘 레빈슨(Levinson)의 성인 발달 모델을 살펴보고자 한다.

## 1) 에릭슨의 심리사회적 발달 모델

에릭슨은 문화학파의 대표적 학자로서 발달 모델에 중요한 요인으로서 환경과의 상호작용을 통한 사회적 발달을 강조하였다. 따라서 그는 인간의 발달 단계를 전 생애에 걸친 8단계로 구분하여 각 단계마다 성취해야 할 중요한 발달 과제를 제시하였다(Erikson, 1963). 그는 각 단계에서 공통적으로 겪고 해결해야 할 발달과제뿐만 아니라 발달과제를 해결하지 못하거나 좌절될 경우 생기는 반대의 심리적 현상도 같이 제시하였다. 에릭슨의 심리사회적 발달 모형의 8단계는 다음과 같다.

### (1) 구강 감각기(0~1세): 신뢰 대 불신

에릭슨의 구강 감각기는 프로이트의 구강기에 해당하는 시기로서, 출생 첫 해에 모자관계에서 인간에 대한 신뢰와 세상에 대한 안정감을 획득하는 시기다. 유아는 어머니에게 전적으로 의존할 수밖에 없기 때문에 어머니의 적절한 돌봄이 유아의 생존을 결정하게 된다. 어머니의 돌보기 행동에 유아의 생존이 달려있는 것이다. 전적으로 중요하고 절대적으로 필요한 어머니와의 관계에서 사람들이 혹은 세상이 생존을 위협하는 위험한 대상인지 아니면 안심하고 믿을 수 있는 대상인지 결정될 수밖에 없다. 그만큼 신뢰감을 형성하는 데는 첫 인간관계인 어머니의 역할이 중요하다. 어머니가 유아를 친밀하게 대하고 지속적으로 일관성 있게 대한다면 신뢰가 형성되지만, 양육방식에 혼란을 일으키거나 일관성이 없으면 유아는 불신감을 형성하게 된다. 따라서 유아에게 어머니와의 관계는 세상과 인간 전반에 대한 개념 형성의 첫 단추가 되는 셈이다.

### (2) 근육 항문기(2~3세): 자율성 대 수치심, 회의

이 시기는 프로이트 발달 모델의 항문기에 해당하는 시기로서, 성취해야 할 긍정적인 과제는 자율성이다. 이 시기의 유아는 신체 발달이 활발하게 진행되고 이동이 가능하며, 전적으로 의존적이었던 모자관계에서 벗어나 신체적 모험과 독립을 시도한다. 이때 부모가 유아를 한 인간으로서 존중해 주고, 유아에게 자신의 삶에 영향을 미치는 활동들을 자유롭게 조절하고 통제할 수 있도록 허용해줄 때 자율성이 발달한다. 만일 자유롭게 환경을 탐색하고 조절할 수 있는 기회가 좌절되면, 유아는 자신의 능력에 대해 자신의 가능성을 믿을 수 없고 타인의 판단이나 평가에 좌우되는 데서 생기는 수치심을 느끼게 된다. 따라서 유아 스스로 시행착오를 통해 성취하는 것이 중요하다. 자율성은 스스로의 힘으로 외부 환경을 탐색하고 모험을 성공적으로 시도했다는 성취감에서 나온다.

### (3) 운동 생식기(4~5세): 주도성 대 죄의식

이 시기는 프로이트 발달 모델의 남근기에 상응하는 시기로서, 성취해야 할 긍정적인 과제는 주도성이다. 또래 집단과의 사회적 교류가 활발해지는 이 시기의 아이는 새로운 것을 해 보려는 호기심이 많으며, 자기주장과 적극성을 보이게 되는 자연스러운 과정을 밟는다. 이러한 시기에 부모가 만일 아이 스스로 어떤 일을 완수할 수 있도록 하는 기회를 주지 않거나 어떠한 욕구 표현에 대해서 과도하게 벌을 준다면, 아이는 자기욕구나 주장을 적극적으로 표현하는 주도성 발달에 문제가 생기며, 그러한 자신에 대해 스스로가 내리는 비교와 판단인 죄의식을 느끼는 개인으로서 성장하게 된다.

### (4) 잠재기(취학기): 근면성 대 열등감

이 시기는 프로이트의 잠재기에 해당하는 시기로서, 성취해야 할 긍정적인 과제는 근면성이다. 즉, 학교에 들어가 규칙적인 생활을 하게 되며, 그곳에서 부과하는 규범과 학습 과제를 따라 해야 하는 근면성이 요구되는 시기다. 공식적인 교육이 시작되는 시기의 아이는 성취 동기가 강하며 규칙의 학습과 학습 성취를 중요시한다. 이때 부모는 아이가 열심히 하고자 하는 일을 격려하고 칭찬해 줌으로써 근면성을 더욱 발달시킬 수 있다. 그러나 아이가 스스로 자기 친구나 가족 구성원과 비교하여 부족함을 느끼거나, 부모나 교사로부터 자신을 다른 사람과 비교하는 말을 자주 듣게 되면 열등감에 사로잡힐 수 있다.

### (5) 청소년기: 정체성 대 정체성 혼미

이 시기는 심리적 퇴행과 초기 발달 시기의 미해결 과제의 재생이 일어나는 시기이므로 정신병리적으로 중요한 단계다. 이 시기에 성취해야 할 긍정적인 과제는 자아정체성이다. 이 시기는 어린이도 어른도 아니면서 성인기에 요구되는 여러 가지 사회적 요구와 역할 변화를 겪게 되는 혼란의 시기다. 이때 청소년은 타인과 자신이 생각하는 성격의 통일과 가치관 형성, 그리고 인생에 대한 신념과 계획을 정립해야 한다. 따라서 대략적인 자신의 인생 계획을 구조화하려고 하며, 의식을 확장하려는 요구가 높아진다.

성장하는 과정에서 획득한 여러 가지 자신에 대한 동일시들이 개인의 고유한 정체성으로 통합되는 동일시감을 지니며, 자기에 대한 가치부여, 자신의 역할을 분명히 인식하는 데서 자아 정체성이 확립된다. 만약 이 시기에 자신에 대한 불분명한 역할, 사회적 규준에 대한 불명료한 인식에 머물러 있으면 역할에 대한 혼미가 초래된다는 것이다. 즉, 나는 누구이며, 무엇을 하고 살아야 할 것인지, 어떤 미래를 꿈꿀지 대략적인 조망이 없이 방향을 잃어버리는 소위 정체성 혼미(identity diffusion)를 겪게 된다.

### (6) 청년기: 친밀감 대 고립

이 시기는 공식적인 성인생활이 시작되는 시기로서, 성취해야 할 긍정적인 과제는 친밀감이다. 이 시기의 젊은 성인은 다른 사람, 소속이나 집단을 통해 정서적 의존심을 해결하고 정체성을 확장해 나간다. 따라서 사랑과 일을 선택하고 목표를 추구하고 인생을 구조화해야 한다. 또한 결혼에 의해 가족 단위를 이루고 친밀한 관계를 실현해야 한다. 직업과 지위는 사회적 존재로서 존재감을 확인하는 방법이며, 가족과 마찬가지로 소속감과 친밀감을 느끼게 하는 주요 원천이다. 그러나 각 개인이 친밀한 관계 형성에 실패하고 소속과 역할을 찾지 못하면 고립에 빠진다.

### (7) 중년기: 생산성 대 침체

이 시기는 인생의 중반기에 해당하는 시기로서, 성취해야 할 긍정적인 과제는 생산성이다. 각 개인은 일과 직업 그리고 사회에 대한 헌신을 통해 인간으로서의 가치와 자신의 자존감을 유지하는 것을 중요하게 생각한다. 만일 생산성의 과제를 성취하지 못하게 되면 그 개인의 인간관계는 황폐화되고 자신의 활동은 침체되어 '중년의 위기', 즉 인생무상과 절망의 느낌을 갖게 된다.

### (8) 노년기: 자아통합 대 절망

이 시기는 인간이 지금까지의 자신의 노력과 성취에 대해서 반성하는 시기로서, 성취해야 할 긍정적인 과제는 자아통합이다. 자아통합은 자신이 지금까지 살아온 인생을 돌이켜 보고 '이만하면 만족한다.' 혹은 '후회 없이 살았고 이제 죽어도 여한이 없다.'고 확신할 때 생긴다. 만일 이러한 확신이 결여되어 있다면 개인은 죽음에 대한 두려움과 자기 인생을 되돌릴 수 없는 것에 대한 후회, 그리고 희망했던 것에 대한 끊임없는 미련이 생기고 결국 절망에 빠지게 된다. 절망은 다시 돌이킬 수 없다는 판단에서 나오는 것이다.

이상의 에릭슨의 발달 단계를 요약하면 <표 3-1>과 같다.

**표 3-1** 에릭슨의 심리사회적 발달단계

| 단계(연령) | 기본갈등 | 요약 |
|---|---|---|
| 1단계<br>구강 감각기<br>(0~1세) | 신뢰 대 불신 | • 태어난 첫해의 모자관계에서 인간에 대한 신뢰와 세상에 대한 안정감을 획득하는 시기<br>• 이를 형성하는 데 첫 인간관계인 어머니의 역할이 중요함 |
| 2단계<br>근육 항문기<br>(2~3세) | 자율성 대 수치심, 회의 | • 신체 발달이 활발하게 진행되고 이동이 가능한 시기<br>• 전적으로 의존적인 모자관계에서 벗어나 신체적 모험과 독립을 시도하는 시기<br>• 스스로 시행착오를 통해 성취하는 것이 중요함 |

| 3단계<br>운동 생식기<br>(4~5세) | 주도성 대 죄의식 | • 또래 집단과의 사회적 교류가 활발해지는 시기<br>• 독립, 자기주장, 적극성을 중요시함 |
|---|---|---|
| 4단계<br>잠재기(취학기) | 근면성 대 열등감 | • 공식적인 교육이 시작되는 시기<br>• 규칙의 학습과 학습 성취를 중요시함 |
| 5단계<br>청소년기 | 정체성 대 정체성 혼미 | • 성격의 통일, 가치관 형성, 인생에 대한 신념과 계획 정립을 중요시함<br>• 대략적인 인생 계획의 구조화 시기<br>• 의식 확장의 욕구가 높아짐<br>• 한 사회가 구조화될수록 경험의 한계와 일탈이 제한됨. 즉, 정체성의 공개적 갈등이 허용되지 않는 반면, 그 반대의 경우 정체성 미해결에 따른 실존적 쟁점이 증가함 |
| 6단계<br>청년기 | 친밀감 대 고립 | • 다른 사람, 소속, 집단을 통해 정서적 의존심의 해결과 정체성을 확장하는 시기<br>• 사랑, 일, 선택, 목표 추구의 확립 및 구조화를 중요시함 |
| 7단계<br>중년기 | 생산성 대 침체 | • 일, 직업, 사회에 헌신을 통한 인간적 가치 및 자존감 유지를 중요시함 |
| 8단계<br>노년기 | 자아통합 대 절망 | • 인생 전반에 걸친 평가 |

## 2) 남성과 여성의 심리사회적 발달의 비교

에릭슨(1963, 1986)의 발달 모델에 따라 여성과 남성의 발달 과정을 비교해 보면 청소년기, 청년기, 중년기에 걸쳐 다음과 같이 차이점이 두드러진다.

### (1) 심리적/경제적 독립 시점이 여성보다 남성이 상대적으로 지연

첫째, 청소년기의 갈등 쟁점이 다르게 나타난다. 먼저, 여성은 기존 규범에 빠르게 동일시하면서 보다 보수화하는 반면, 남성은 의식확장의 기회가 상대적으로 허용적이어서 이 시기를 길게 경험하기도 한다. 특히 우리나라는 군대 문제나 가족 구조 등의 개인 외적 요인 때문에 심리적/경제적 독립 시점이 여성보다 남성이 상대적으로 지연되어 있다. 남성이 군대까지 마치고 취업을 하려 하면 30세를 바라보는 경우가 비일비재하다. 또한, 가족 구조의 특성상 장남에 대한 부모의 기대 때문에 자신이 원하는 인생 설계를 선택하지 못하는 대신, 부모가 정해 준 학교, 전공, 직업을 따라가다 보면 적성, 더 크게는 인생 자체에 흥미를 잃어버리는 현상이 생길 수 있다. 이 점이 청소년기 과제인 정체성 형성에 있어 여성이 일찍 인생목표가 정해지고 빨리 제도화되는 반면, 남성은 문자 그대로 청소년기 졸업이 지연되는 이유다. 우리나라에서 "남성은 군대를 갔다 와야 철이 든다." 또는 "군대에 갔다 와야지 진짜 남자가 된다."는 속설이 바로 이런 점을 표현한 것이다. 청소년기 정체성의 쟁점은 가족과 문화적 기대의 압력(영향력)이 성별에 따라 차별적으로 미친다고 할 수 있다.

### (2) 개인적 성취에 대한 남성과 여성의 차이

두 번째로 청년기 단계 발달 과제의 갈등에 대해서 살펴보면, 남성과 여성의 발달 과정의 차이를 다음과 같이 지적할 수 있다. 이 시기가 되면 결혼과 경제적 독립이라는 전환점에 있게 된다. 이를 위해 개인은 취업과 결혼의 중요한 과제를 앞두고 있다. 그런데 사랑과 일을 선택함에 있어서 여성은 집합성(친밀감과 소속)이 개별성(개인적 정체성) 발달을 저지하는 변수가 될 수 있으며, 남성의 경우 개별성과 집합성이 분리되어 있다는 점이 중요한 변수다. 즉, 남성은 자신의 개인적인 성취와 친밀의 욕구가 서로 독립적이라 개인적인 성취를 충족하는 데 있어 결혼과 가족이 걸림돌이 될 이유가 없다. 다시 말하면, 남성은 보통 그 두 가지를 동시에 추구한다. 그러나 여성은 개인적 성취를 하는 데 있어서 결혼과 새 가족 형성을 하는 것은 취사선택 사항으로서의 입지를 가질 경우가 많다. 일과 직업적 성취를 추구할 때 여성에게 사랑과 결혼은 걸림돌이 되는 경우가 흔하다. 따라서 이 시기에 남성은 개인적 성취를 하는 데 있어 여성보다 훨씬 자유롭고 지지적이다. 반면에 여성은 상대적으로 문화적 제약을 받게 되며, 그만큼 남성보다 여성이 더 복잡한 조건 속에서 선택을 해야 하는 상황에 놓이게 된다.

### (3) 여성적 정체성과 개인적 정체성 간의 괴리 속에서 정체성 혼란

마지막으로 중년기의 생산성에 관한 쟁점을 살펴보면, 생산성은 크게 생식성(출산과 육아), 생산성(직업과 일에 투자), 창조성(고차 생산성)으로 구성되어 있다(Erikson, 1986). 중세시대까지 여성은 생식성(출산)을 담당하고 남성은 생산성을 담당하는 등 성 역할이 명백하게 분리되어 있었으나, 자본주의 사회 구조로 변화하면서 대부분의 문화권에서 생산성이 그 사회의 최우선 가치가 되었다. 따라서 생식을 담당하는 여성적 역할이 상대적으로 평가절하되면서, 여성은 이제 두 과제를 모두 성취해야 하는 압력에 직면하게 되었다. 이제 더 이상 자녀 출산과 양육만으로 한 개인의 소임을 완수했다고 인정받기 어렵게 된 것이다. 결국 이 시기의 여성은 개인적 정체성의 요구가 증가하면서 여성적 정체성과 개인적 정체성 간의 괴리라는 정체성 혼란이 전 시대와 다르게 증가하게 되었다고 결론지을 수 있다. 이 시기에 변화의 욕구에 있어서도 가해지는 변화의 정도에 있어서도 그 변화에 더 직면해야 하는 쪽은 여성이라는 사실을 지적할 수 있다.

이와 같이 남성과 여성은 여러 단계에 걸쳐 공통적인 발달 단계에서 겪는 심리적 갈등의 유형이 차이가 있음을 확인할 수 있다.

**혹시 아시나요?** **남성성 · 여성성은 선천적?…전문가들 "사회적 영향 커"**

여성이 기업에서 임원에 오르지 못하고, STEM(과학 · 기술 · 공학 · 수학)분야 진출도 적은 이유는 무엇일까?

일본 아사히신문은 "여성이 사회에서 남성에 비해 주요 보직에 오르지 못하는 배경에는 남성이 선천적으로 우월하다는 '남성 우위'에 대한 편견도 있다"고 지적했다. 일본은 지난해 기준 상장기업의 여성임원 비율이 3.7%에 불과했다.

미국 일리노이 대학 연구에 의하면, 5~7세의 아동 96명을 대상으로 '우수함'이라는 단어가 남녀 중 어느 쪽을 연상시키는지를 물어봤다.

실험에서 연구진은 아이들을 1명씩 면담하면서 '정말 똑똑한(smart)' 인물에 대해 짧은 이야기를 들려줬다. 그 다음 남녀 사진을 2명씩 보여주고 해당 인물이 누구라고 생각하는지를 물었다.

실험결과 5세일 경우 남녀 아동 모두 자신과 같은 동성을 고르는 비율이 비슷했다. 하지만 6세 이상으로 넘어가면서 여자아이들은 동성을 고르는 비율이 내려갔다. 반면 남자아이들은 바뀌지 않았다.

연구진은 남자가 우수하다는 생각은 아동기 때부터 학습하기 시작한다는 결론을 내리면서 "장래 커리어를 선택할 때 폭을 좁히는 결과를 낳을 수 있다"고 지적했다.

일본의 세이토쿠대(聖徳大) 발달심리학 교수는 "남녀 차이는 태아 때부터 시작되지만 유아기 이후부터는 주변을 관찰하면서 성역할을 학습한다"고 말했다. 이어 "엄마만 가사를 담당하고, TV에선 수트를 입은 남성들만 활약하는 모습을 보면 그 역할이 자신의 것이라고 배우는 것"이라며 "아이들이 성별에 얽매이지 않고 자신은 원하는 무엇이든 될 수 있다고 생각하도록 사회가 바뀔 필요가 있다"고 했다.

출처: 뉴스핌(2018.03.09). 에서 발췌

## 03 인생 주기와 성인 발달

### 1) 레빈슨의 성인 발달 모델

레빈슨(1978, 1993)은 성인의 인생인 20세 이후부터 노년기까지 성인 발달 과정을 사계절에 비유한 인생 주기로 설명하였다. 인간이 청소년기를 벗어나 독립된 존재로서 인생을 내딛는 바로 그 시점부터 죽음의 마지막 단계까지, 인생 주기는 전환과 안정의 주기를 순환하는 구조를 보인다고 보았다. 전환기는 인생 설계를 수정하여 다음 다가오는 삶에 대비해야 하는 시기다. 그리고 안정기는 수정하고 변화시킨 설계 하에 새로운 삶을 사는 시기다. 이 인생 구조의 변화에 따라 다음과 같은 6단계의 발달 단계로 구분할 수 있다.

1단계는 뿌리 뽑기, 2단계는 분투하는 20대, 3단계는 30대로의 이동, 4단계는 뿌리 내리고 확장하기, 5단계는 최종 기한 10년, 마지막으로 6단계는 새 출발 혹은 은퇴로 구분되어 전환기와 안정기를 순환하는 주기를 제시했다(Conway, 1978).

### (1) 1단계: 뿌리 뽑기(18~22세)

1단계는 뿌리 뽑기(18~22세)라고 부를 수 있는 성인으로의 전환기로서 부모로부터 경제적으로 독립하고 정서적으로 분리하여 성인으로서의 삶을 준비하는 과도기다. 이 시기에는 정체성을 확립하려는 노력이 수반된다. 즉, 성인 이전의 자기를 마무리하고 최초로 성인으로서의 자기를 형성하여 성인 세계의 일원으로서 자격을 얻기 위한 선택들을 시작해야 한다. 뿌리 뽑기란 이 시기를 기점으로 이전의 미성년으로서의 인생 방식을 마감해야 한다는 의미에서 명명되었음을 알 수 있다.

### (2) 2단계: 분투하는 20대(23~28세)

2단계는 분투하는 20대(23~28세)인 성인 전기의 초보 인생이 구조화되는 시기다. 이 시기는 제1의 안정기로 개인은 이성을 만나 결혼을 하여 가정을 꾸리고 직업 경력을 쌓기 시작하며, 인생 설계를 구조화하고 꿈을 실현하는 단계를 시작하게 된다. 이 시기에 남성은 인생 설계에 집중하는 동안, 여성은 결혼과 직업 간의 딜레마를 경험하게 된다.

### (3) 3단계: 30대로의 이동(29~32세)

3단계는 30대로의 이동(29~32세)인 제1의 전환기를 맞아 선택한 일에 대한 평가의 시기가 다가온다. 개인은 사회적 일원으로서 첫발을 내디뎠지만 지금이 일을 계속해야 할지 바꿔야 할지 갈림길에 와 있는 시기다. 따라서 전진보다는 답보의 형태이지만, 아직 인생의 방향을 전환할 시간과 에너지가 있다는 점이 낙관적이다. 남녀 모두 20대의 삶을 되돌아보며 자신이 해 온 일들이 적합했는가에 대해 의문을 제기하며, 가벼운 정도에서 심각한 정도까지 위기를 경험하게 되기도 한다.

### (4) 4단계: 뿌리 내리고 확장하기(33~38세)

4단계인 뿌리 내리고 확장하기(33~38세)는 성인 전기의 절정인 인생 구조가 형성되는 단계이며, 제2의 안정기로서 성인으로서 투자와 책임을 쏟고 장기 계획과 목표에 매진하는 고도의 활동기다. 또한 꿈을 이루기 위해 한 계단씩 올라가는 시기다. 실제로 생물학적으로도 가장 효율적인 기능을 하는 때이기도 하다. 이때 개인은 결혼을 하여 새로운 가족 단위를 이루고, 어떤 조직에서든 허리의 세대로 활동한다. 레빈슨은 이 과정을 '자기 자신 되기(Becoming One's Own man)'라 지칭하여 문자 그대로 자신의 인생을 구조화하고 꿈을 이루기 위해 전력투구하는 시기로 보았다.

### (5) 5단계: 최종 기한 10년(39~49세)

다음으로 5단계 최종 기한 10년(39~49세)은 중년에 다시 한번 찾아오는 제2의 전환기다. 인생 구조를 재평가하고 자아와 세상에 대한 탐색에 더욱 관심을 기울이며 다음 시기의 인생 구조를 형성하기 위한 기초로서 꼭 겪어야 할 시기지만, 꼭대기에 올라가서 밑을 내려다봐야 하는 인생 재평가와 정리의 시기이기도 하다. 제2의 평가 시기이자 불안정한 시기로 제2의 전환기로 비유되기도 한다. 청년은 미래를 조망하고 정체성을 탐색하는 등의 불확실한 정서 반응을 특징으로 하는 반면, 중년기는 과거를 조망하고 정체성을 심사하는 후회와 회한 등의 정서 반응을 특징으로 보인다. 청년기에 겪는 전환은 미래와 희망을 앞에 두고 있지만, 노년기를 남겨 두고 중년기에 겪는 전환은 정점에서 밑으로 내려가는 길을 두고 정리와 포기만 남아 있다는 점을 직면해야 한다. 이 시기의 갈등은 개인의 역할로 볼 때 가족이나 집단에 결정적 영향을 미칠 정도로 위험하다. 만약 가장이 정체성 갈등을 겪느라 가정에 소홀하게 되면 그 집안에 도미노와 같은 여파를 미치게 된다. 자녀의 미래에 영향을 미치고 집단의 의사결정이 흔들릴 정도로 여파가 크기 때문에 이 시기를 중년의 위기라고 명명하였다.

**표 3-2** 레빈슨의 성인 발달단계

| 단계 | 연령 | 특성 | 과업 |
|---|---|---|---|
| 1단계 | 18~22세 | 뿌리 뽑기 | 성인으로의 전환기 |
| 2단계 | 23~28세 | 분투하는 20대 | 제1의 안정기 |
| 3단계 | 29~32세 | 30대로의 이동 | 제1의 전환기 |
| 4단계 | 33~38세 | 뿌리 내리고 확장하기 | 고도의 활동기, 제2의 안정기 |
| 5단계 | 39~49세 | 최종 기한 10년 | 제2의 전환기 |
| 6단계 | 49세 이후 | 새 출발 혹은 은퇴 | 제3의 안정기 |

#### (6) 6단계: 새출발 혹은 은퇴(49세 이후)

마지막으로, 6단계인 새 출발 혹은 은퇴(49세 이후)의 시기는 제3의 안정기이며 중년기의 침체를 극복하고 새롭게 남은 인생을 설계하는 시기다. 생물학적으로 노화와 기능의 감퇴를 수용하고 극복한다면 오히려 집중적으로 인생의 말미를 관리할 수 있다. 따라서 심리적으로 생산성이 증가하고 타인과의 경쟁심이 감소하며 이타주의가 증가한다는 장점을 강조하고 싶다. 이 시기는 더 이상 경쟁과 욕심에 휘둘리지 않고 자신의 주관대로 인생 설계를 할 수 있는 마지막 시간이기도 하다.

### 2) 여성과 남성의 성인 발달의 비교

레빈슨의 발달 모델은 우리 사회에서의 성 역할의 차이 때문에 여러 단계에 걸쳐 남녀가 겪는 심리적 발달이 상이한 과정과 갈등을 겪는다는 점을 잘 설명해 주고 있다.

#### (1) 1, 2단계: 개인적 정체성 지체경향(여성) VS. 개인적 정체성과 가족에 대한 책임감 사이의 갈등(남성)

레빈슨의 발달 모델에 따르면, 1, 2단계에서 여성은 원가족(basic family)으로부터의 분리는 쉬우나 결혼을 통해 또다시 집합성을 추구하는 대신, 개인적 정체성 발달은 지체되는 경향을 보일 수 있다. 이에 반해 남성은 1, 2단계에서 가족에 대한 책임감 사이에 갈등을 빈번하게 할 수 있다. 예를 들어, 대학교와 학과를 선택하는 경우에 혹은 진로 선택 시 자신이 원하는 진로보다 부모의 요구 때문에 원치 않는 학과나 진로를 선택하는 경우가 흔하다. 부모의 압력이나 혹은 가족에 대한 책임감을 내용으로 하는 장남 콤플렉스 등으로 개인적 정체성과 가족의 기대로 인한 집합성 간 딜레마를 남성이 더 자주 겪는다고 말할 수 있다.

### (2) 3단계: 남성보다 사회적 압력 가중(여성) VS. 경제적 책임 위한 취업에의 부담감(남성)

3단계에서는 여성은 남성보다 사회적으로 더 많은 압력에 직면한다. 이 시기는 대략 대학을 졸업하고 직업을 가져야 하는 시기다. 여성에게는 몇 가지 선택지가 눈앞에 놓여 있다. 예를 들어, 결혼을 선택하여 전업주부가 될 것인지, 아니면 결혼과 취업을 병행할 것인지를 결정해야 한다. 취업을 먼저하고 결혼을 연기하게 되는 경우, 결혼 적령기에 묶이게 되는 딜레마를 겪는다. 전보다 형편이 나아지긴 했지만, 고학력 여성과 전문직 여성 중 골드미스가 많은 현상은 여전히 주변에서 흔히 볼 수 있다. 반면 남성은 대체로 직업 선택과 미래의 목표 추구에 전력투구할 수 있고, 이 측면에서 사회로부터 지지를 많이 받는 것이 사실이다. 하지만 남성들에게는 꼭 취직을 해야 한다는 경제적 책임을 져야 하는 부담감을 져버릴 수가 없다. 그렇다고 여성이라고 해서 이러한 부담감에서 자유로울 수는 없다. 사회 분위기상 언제부터인가 맞벌이를 원한다고 대답하는 남성이 압도적으로 많다는 것을 인정해야 할 것이다.

### (3) 4단계: 대부분 생식성 담당(여성) VS. 사회적 활동기 돌입(남성)

4단계에서 남성은 고도의 사회적 활동기에 접어드는 반면, 여성은 대부분 생식성을 담당하게 된다. 즉, 자녀를 출산하고 양육함과 동시에 남편을 내조해야 하는 이중고를 겪게 되며, 우리나라의 경우 시댁과의 문제까지 복합적으로 발생한다. 따라서 결혼 만족도가 저하되고, 심할 경우에는 주부 우울증까지 유발되기도 한다. 우리 사회에서는 여성의 경우 중년기보다 30대 고도의 활동기에 더 많은 스트레스를 받고 정신건강의 부정적 지표가 크다고 할 수 있다. 일하는 여성은 육아와 직장 스트레스의 이중고에 시달리며, 전업주부라고 해서 형편이 나은 것도 아니다. 또한, 미혼 여성은 불특정 다수가 주는 스트레스 때문에 불행감을 느낀다. 마찬가지로 이 단계에서 남성의 발달 과제가 쉽다고 보는 것은 아니다. 남성의 경우 최소한 이 시기의 과제와 목표가 여성보다 단순하고 구조화되어 있는 것은 분명하여 여성보다 사회적 활동의 측면에서 유리한 점이 많다는 사실을 인정할 수 있다. 분명 공통적인 시기에 비슷한 인생 과제가 주어지지만 남녀는 서로 다른 심리적 과정을 겪는다는 점이 대조적이다.

### (4) 5단계: 투쟁적 & 자기주장이 강함(여성) VS. 감수성 증가(남성)

5단계에서는 이미 융(Jung)이 중년기의 성격 특성의 역전을 역설한 바 있는데, 남녀 모두 발달 시기와 관련된 심리적인 변화를 겪게 되고, 더 결정적으로는 결혼생활과 가족을 뒤흔들 만한 경제적 변화가 닥친다는 점이 중요하다. 중년기에는 앞서 지적하였듯이, 심리적으로 반대적 특성이 활성화될 가능성이 있다. 남성은 여성적으로, 여성은 남성적으로 변화되는 경우가 흔하다. 남성은 감수성이 증가하여 전과 다르게 민감해지는 반면, 여성은 보다 투쟁적이고 주장하는 성격으로 변화하여 부부간 권력 구조가 역전될 수 있다. 남성은 그동안 소홀했던 가족들에게 다가가려 하지만, 이미 아내를 중심한 가족 구조에서 소외되어 있음을 발견하게 된다.

직업적 은퇴가 시작되면 사태는 더 악화된다. 서구를 비롯해 후기 산업사회에 돌입한 사회에서는 조기퇴직의 증가 추세로 생존의 위기와 심리적 위기가 동시다발적으로 발생한다. 남성이 경제 위기로 강제 실직하였을 경우 그 후 재적응에 실패할 가능성이 높아진다. 경우에 따라서는 떨어진 위신을 세우고자 배우자 폭행을 하게 되고, 알코올 중독에 빠질 수도 있다. 이 때문에 이혼율이 폭증하는 아수라장을 이미 우리 사회도 1997년 IMF를 기점으로 경제 위기와 대규모 실직을 겪으면서 이혼율이 폭등하다가 한풀 꺾이는 고비를 겪기도 했다.

여성의 경우, 이 시기에 생리적 변화를 겪게 되며 여성적 매력을 상실하고 점점 남성화되어 간다. 젊음과 출산을 여성적 가치로 보는 사회일수록 성적 매력의 상실이 주는 의미나 스트레스가 심할 수 있다. 또한 자녀에 대한 양육의 의무를 달성함으로써 자신의 여성적 정체성을 어느 정도 달성한 후, 생식성 과제에 전력을 쏟느라 이루지 못한 개인적인 꿈, 개인적 정체성의 욕구가 활성화되는 역전의 시기로 설명되기도 한다.

### (5) 6단계: 적응과 만족도 증가(여성) VS. 심리적 위축(남성)

마지막 6단계에서는 남녀 모두 노화를 겪지만, 역할의 변화가 뚜렷하게 다르게 다가온다. 즉, 이 시기에 부부관계에서의 힘의 역학 구도에서의 변화가 일어나기 마련이다. 경제력을 책임졌던 남성이 그 힘을 잃으면서 노년기에 가족 역학은 모계 중심적인 양상을 띠게 된다. 따라서 여성은 여성적 정체성을 상실한 후에 역설적으로 적응과 만족도가 증가한다고 할 수 있다. 반면, 남성은 은퇴 후 사회적 활동이 끝나는 시기를 맞이한다. 따라서 남성은 심리적 위축과 노인기 우울증을 겪게 되며, 스트레스에서 비롯되는 치명적인 성인병을 앓는 경우가 증가할 수 있다. 인생의 제2막이라 하여, 은퇴 후 아버지들의 새로운 선택을 강조하는 책이나 강연이 얼마나 인기가 있는지는 이 시기 남성의 또 다른 위기를 짐작하게 해 준다.

**표 3-3** 레빈슨의 여성과 남성의 성인 발달비교

| 단계 | 여성발달의 특성 | 남성발달의 특성 |
| --- | --- | --- |
| 1·2단계 | • 원가족으로부터의 분리 용이<br>• 개인적 정체성의 지체 경향 | • 개인적 정체성과 가족에 대한 책임감 사이에서 갈등 |
| 3단계 | • 남성보다 사회적으로 더 많은 압력에 직면 | • 경제적 책임을 위한 취업에의 부담감 |
| 4단계 | • 대부분 생식성을 담당 | • 고도의 사회적 활동기에 접어듦 |
| 5단계 | • 보다 투쟁적이고 자신의 주장이 강함 | • 심리적 변화로 감수성 증가 |
| 6단계 | • 여성적 정체성을 상실한 후에 역설적으로 적응과 만족도 증가 | • 심리적 위축과 노인기 우울증을 겪게 됨 |

결국 자본주의 사회의 특징인 생산성에 가치를 두는 문화적 환경의 영향으로 인해 성인기 여성과 남성의 발달은 상이한 과제와 갈등을 겪는다. 특히 우리나라의 경우 1990년대 후반에 시작된 경제 위기와 계속된 경제 사정의 악화에 따라 성인기 발달에 예측 불허의 변수가 개입된다고 할 수 있다. 남성과 여성 모두 전환기에 가중된 스트레스를 겪는 현실임을 유의해야 할 것이다. 더구나 통계적으로 평균수명이 남녀 모두 길어지고 있다는 새로운 변수가 나타났다. 향후 성인 발달에서 제2막의 중요성은 더욱 두드러질 것이므로 이 시기가 올 가능성을 염두에 두고 대비해야 할 것이다.

**혹시 아시나요?** **여자 뇌 남자 뇌 각각의 사고방식과 행동성향으로 알아보는 6가지 차이**

**남자 뇌와 여자 뇌는 어떻게 다를까?**

우뇌는 직관과 감성을, 좌뇌는 언어와 생각을 맡는 것으로 알려져 있고, 이 두 가지를 연결하고 있는 부분이 뇌량이라는 신경이다. 뇌 과학에서는 여자가 남자보다 우뇌와 좌뇌를 연결하는 뇌량의 기능이 발달해서 양쪽 뇌를 균형 있게 사용하고 있다는 연구결과도 있다

직감과 감성을 중시하면서도 현실적인 판단도 어렵지 않은 것이 여자 뇌, 경우에 따라 어떨 때는 직감이나 감성, 또 어떨 때는 언어와 사고에 편향이 나타나는 것이 남자 뇌라고 볼 수 있죠.

대부분의 남자들은 남자 뇌, 마찬가지로 대부분의 여자들도 여자 뇌의 성향을 띄고 있습니다만

항상 성별에 따라 뇌의 유형이 정해져 있는 것은 아니다. 남자인데 여자 뇌를 가진 사람, 여자인데 남자뇌를 가진 사람도 있다. 또한 남자는 이렇게 해야… 여자는 저렇게 해야…와 같이 젠더관의 각인에 의해 후천적으로 생기는 경우도!

**• 문제 해결 방법의 차이: 남자는 논리를, 여자는 과거의 경험을 중시**

남자뇌 유형은 어떤 문제가 생겼을 때 시간순으로 하나씩 분해하려 하고 그걸 논리적이라고 착각하기도 한다.

한편 여자뇌 유형은 과거의 경험을 바탕으로 같은 실패를 피하려 하고 성공한 방법을 반복하려 하는 경우가 종종 있다.

**• 기억력의 차이: 남자는 이미지를, 여자는 말을 기억**

스웨덴 카롤린스카 연구소가 진행한 조사에서 남자와 여자의 기억력을 비교한 메타 분석(1973년부터 2013년까지 40년 동안 발행된 617건의 논문을 분석)결과,

남녀 간에는 기억을 하는 방법에 큰 차이가 있다는 것을 발견했다.

남자 뇌는 스냅숏처럼 이미지를 기억하는 방식에 탁월!

예를 들어, 지도나 수식, 공간 등 전체의 이미지를 잡는 식의 기억은 남자 뇌가 우세했다.

한편, 여자 뇌 유형은 수식어나 표현하는 말을 생각해내는 방식에 탁월, 즉 의미가 담긴 글이나 느낌을 표현하는 말로 기억하고 인상에 남은 내용을 스토리와 함께 재현하는 것에 뛰어났다.

• 대화의 차이: 남자는 결론을, 여자는 변화와 공감을 추구

남자 뇌의 유형은 협의 및 상담, 협상 등 대화의 골이 정해져 있는 핑퐁에 강하고, 언제 어떻게 반응해야 하고 어디가 끝인지를 모를 잡담에는 두통을 호소하지만,

한편, 여자 뇌는 이리저리 떠다니고 시시각각 변해가는 잡담이나 토론에 강하고, 목적지가 정해져 있는 형식적인 대화는 지루하게 느낀다.

• 쇼핑 방법의 차: 남자는 직행 · 분석, 여자는 완행 · 결단

재킷을 하나 사러 백화점에 쇼핑하러 간 경우, 남자 뇌의 타입은 다른 가게에는 들르지 않고 좋아하는 브랜드로 직행해서, 그 점포 안에 있는 재킷을 비교하거나 그때부터 따지고 검토하기 시작한다.

한편 여자 뇌의 타입은 쇼핑 자체를 즐기는 스타일로, .스커트를 사기로 했어도 신발이나 화장품 등 다른 가게에도 들러 천천히 즐기면서 비교합니다. 그러다 마음속으로 정한 가게에 도착하면 비교적 망설임 없이 구매한다.

• 연애의 차이: 남자는 이상적으로, 여자는 현실적으로 착각

남자뇌 유형은 이성이 조금이라도 부드럽게 다가오면 '나 좋아하는 거 아냐?'처럼 긍정적으로 착각하고 계속 신경 쓰여진다. 한편 여자 뇌 유형은 이성이 호의를 가지고 접근해 오더라도 경계하고 살피면서 '무슨 뜻이지?', '왜 이러지?'와 같이 현실적으로 생각하고 받아들입니다.

• 평가 포인트의 차이] 남자는 액션으로, 여자는 센스로 평가

남자 뇌는 움직임을 위주로 사물을 판단하는 경향이 강한 반면, 여자 뇌는 작은 차이를 감지하고 포인트가 되는 부분을 잘 알아차린다. 남자 뇌에는 속도 등을 감지하는 M세포가 많고, 여자 뇌에는 색상과 질감을 감지하는 P세포가 많기 때문이라고 한다

출처: likedream(2021.3.29.).

## 잠깐만! 함께해요

### 자아존중감 테스트

■ 아래 문항들은 여러분이 자신을 어떻게 보느냐 하는 자신에 대한 생각을 나타내는 문항입니다. 여러분의 생각을 잘 나타내 주는 난에 ○표를 해 주시기 바랍니다.

| 문 항 | 그렇지 않다 ① | 보통이다 ② | 대체로 그렇다 ③ | 항상 그렇다 ④ |
|---|---|---|---|---|
| 1. 나는 내가 다른 사람들처럼 가치 있는 사람이라고 생각한다. | | | | |
| 2. 나는 좋은 성품을 가졌다고 생각한다. | | | | |
| *3. 나는 대체적으로 실패한 사람이라는 느낌이 든다. | | | | |
| 4. 나는 대부분의 다른 사람들과 같이 일을 잘 할 수가 있다. | | | | |
| *5. 나는 자랑할 것이 별로 없다. | | | | |
| 6. 나는 내 자신에 대하여 긍정적인 태도를 가지고 있다. | | | | |
| 7. 나는 내 자신에 대하여 대체로 만족한다. | | | | |
| 8. 나는 내 자신을 좀 더 존경할 수 있으면 좋겠다. | | | | |
| *9. 나는 가끔 내 자신이 쓸모없는 사람이라는 느낌이 든다. | | | | |
| *10. 나는 때때로 내가 좋지 않은 사람이라고 생각한다. | | | | |

출처: 현정미(2013). 청소년이 인식한 자아존중감, 가족건강성과 성취동기와의 관계. 전남대학교 교육대학원 석사학위논문.

■ 결과 해석

- 문항 1, 2, 4, 6, 7, 8번에 대한 응답은, 그렇지 않다=1, 보통이다=2, 대체로 그렇다=3, 항상 그렇다=4로 점수를 부여하고
- *표시 문항 3, 5, 9, 10번에 대한 응답은 그렇지 않다=4, 보통이다=3, 대체로 그렇다=2, 항상 그렇다=1로 점수를 부여한다(역채점 문항).
- 점수 범위는 10점에서 40점까지이며 점수가 높을수록 자아존중감이 높은 것을 의미한다.
- 20점 미만이면 낮은 자아존중감으로 판단할 수 있으므로 자아존중감 제고에 관심 가질 것.

CHAPTER 04

# 젠더의 성격 및 사회적 행동의 차이

인간은 사회적 존재로서 타인과 다양한 관계를 맺으며 생활한다. 사회적 환경에서 개인은 타인의 시선을 의식하고 사회적 규범에 맞게 자신의 생각과 행동을 만들어간다. 만약 여성과 남성이 동일한 사회적 상황에 처해 있다면, 그들은 어떻게 행동할까? 어느 사회나 여성과 남성이 특정 사회적 맥락에서 어떻게 행동해야 하는지에 대한 규범이 있다면, 이러한 규범은 여성과 남성의 차이나 성 역할과 관련된 다양한 고정관념을 반영한다. 이처럼 여성과 남성에게 요구되는 규범적 행동은 다를 수 있기 때문에, 만약 남성과 여성 모두 성 고정관념과 일관된 방향으로 행동을 표출한다면 여성의 행동은 남성의 행동과 상당히 다를 것으로 예측할 수 있다.

사회적 상황에서 발생하는 남녀의 행동 차이를 탐색하는 것은 다양한 상황에서 자신과 이성의 행동을 이해하고 설명하는 데 중요한 토대가 된다. 본 장에서는 남녀의 성격 특성, 정서 및 사회 행동에서의 성차를 개관하고, 이러한 차이가 발생하는 이유에 관한 주요 관점들을 소개한다.

## 01 남녀의 기질 및 성격

성격(personality)은 타인과 구분되는 개인의 인지, 정서, 행동 경향성의 집합이다. 개인의 성격은 비교적 일관되고 안정적이지만, 성격을 구성하는 특성(trait)들의 조합이나 상황 맥락에 따라서 다르게 나타나기도 한다(Mischel, 1984;

Mischel & Shoda, 1995). 반면, 기질(temperament)은 개인이 생득적으로 지닌 유전적 및 생물학적 경향성을 말하며, 생애주기나 상황에 걸쳐 안정적이고 일관되게 관찰된다.

이러한 기질이나 성격에 따라서 사람들이 동일한 상황을 해석하고 행동하는 양상은 달라진다. 성실한 사람과 게으른 사람은 과제 제출일이 일주일 남았다는 동일한 상황을 서로 다르게 해석하고 행동할 것이다. 또한 사람들은 기질이나 성격에 따라 자신에게 적합한 상황을 선택하고 조형하기도 한다. 게으른 사람에 비해서 성실한 사람은 회식 자리에서 일찍 일어난다거나 주말에 자기계발을 위해 노력할 가능성이 크다. 이렇듯 어떤 사람의 성격을 잘 알고 있다면 그 사람이 특정 상황에서 어떻게 행동할지 예측할 수 있다고 믿기 때문에, 많은 사람이 자신이나 타인의 성격에 대해 관심을 가진다. 이러한 사례를 들어보면 기업이나 은행, 병원, 학교, 군대 등과 같은 현장 조직에서는 특정 직무를 수행하기에 적합한 성격을 지닌 사람들을 채용하기 위해서 다양한 성격검사를 활용한다.

만약 남성과 여성이 성격 특성이나 기질에 명백한 차이가 있다면, 이는 남성과 여성이 세상을 이해하고 행동하는 방식, 그리고 그들이 선택하는 사회적 상황이 다를 수 있음을 의미한다. 또한 특정 역할이나 업무 수행에 있어서 남성과 여성 중 누가 더 적합한지 예측하는 데에도 활용할 수 있다. 그렇다면 남성과 여성의 기질이나 성격에 차이가 있는지, 만약 있다면 그러한 차이는 왜 발생하는지 알아보자.

## 1) 기질

### (1) 기질의 정의 및 분류

기질은 개인이 특정 방식으로 생각하고 느끼고 행동하는 성향을 의미한다. 기질은 사람들이 무엇을 생각하고 느끼며 행동하는지 뿐만 아니라 '어떻게' 생각하고 느끼고 행동하는지에도 영향을 미친다(Buss, 1995). 예를 들어, 정열적인 사람과 수줍음이 많은 사람은 사고, 감정 및 행동 방식에서 차이를 보인다. 기질을 측정하고 분류하는 다양한 방식 가운데, 연구자들이 자주 사용하는 방식은 로스바트(Rothbart, 2004)가 제안한 3요인 모형이다. 이 모형은 기질을 ① 정열성/외향성(surgency/extraversion), ② 부정적 정서(negative affect), 그리고 ③ 의식적 통제(effortful control)로 분류한다.

첫 번째, 정열성/외향성은 긍정적 기대, 충동성, 높은 활동 수준, 자극 추구 경향을 포함하는 요인으로, 이 요인에서 점수가 높은 아동들은 행복하고, 활동적이고, 말하는 것을 즐기며 자극을 추구하는 성향이 있다. 정열성/외향성이 높은 경우, 수줍음이나 낮은 자존감으로 문제를 겪을 가능성이 낮지만 지나치게 행동이 앞서 문제가 발생할 가능성이 있다.

두 번째, 부정적 정서는 공포, 좌절감, 슬픔, 불편함, 분노 등의 정서를 쉽게 경험하는 성향을 말하며, 공포는 개인의 내면적인 문제들과 관련성이 높은 반면, 분노는 개인 외부의 문제들을 야기할 가능성이 있다. 마지막으로 의식적 통제는 주의를 집중하고 계획을 세우고 실행하며 행동을 조절하는 정도를 반영한다. 의식적 통제가 높은 아동은 쉽게 산만해지지 않으며, 성실하고 공격성이 낮다.

### (2) 기질에서의 성차

기질은 주로 유전 및 생물학적 특징에 토대를 두고 있기 때문에, 주로 생애 초기 유아나 아동들을 대상으로 연구가 이루어졌다. 이와 관련된 연구를 살펴보면 3개월에서 13세의 남녀 아이들이 경험하는 정서와 행동 경향성에 차이가 있는지 살펴본 결과, 남아가 여아에 비해서 정열적/외향적인 기질이 있었고, 여아가 남아에 비해 의식적 통제 경향이 높았다. 그러나 남녀 아이들이 부정적 정서를 경험하는 정도에는 차이가 없었다(Else-Quest, Hyde, Goldsmith, & Van Hulle, 2006).

## 2) 성격

### (1) 성격5요인

성격은 다양한 시간과 상황에 걸쳐 어느 정도 안정적이며, 다른 사람과 구별되는 특징적인 사고, 감정, 및 행동의 양식이다. 그러나 성격의 하부구조와 내용을 규정하고 해명해주는 모델은 매우 다양하고 사회에 따라 계속 변화되어 가고 있다. 성격의 초기 연구에서 카텔(Cattell, 1943)은 16개의 성격 요인을 제안했으며, 이후 많은 연구를 통해 5요인의 모형이 확고하게 자리 잡았다(예: Goldberg, 1990; McCrae & Costa, 1987). 특히, McCrae와 Costa(1987)는 다양한 측정방법에 걸쳐 안정적으로 나타나는 요인들을 토대로, 사람들의 성격을 개방성(Openness), 성실성(Conscientiousness), 외향성(Extraversion), 친화성(Agreeableness), 신경과민성(Neuroticism)이라는 다섯 가지 차원으로 구조화했다. 심리학에서는 이 다섯 가지 차원으로 구성된 모형을 통상 성격 5요인 모형 또는 Big5로 부른다(Goldberg, 1981). 각 차원에서 높은 점수를 받은 사람들은 경험에 대한 개방성, 성실성, 외향성, 친화성, 신경과민성의 성향이 있는 반면, 낮은 점수를 받은 사람들은 호기심 결여, 무책임성, 내향성, 불쾌함, 정서적 안정 성향이 있는 것으로 해석한다(Costa, McCrae, & Dye, 1991).

| 차원 | 개방성 (Openness) | 성실성 (Conscientiousness) | 외향성 (Extraversion) | 친화성 (Agreeableness) | 신경과민성 (Neuroticism) |
|---|---|---|---|---|---|
| 특성 | 상상<br>미학<br>감성<br>행위<br>아이디어<br>가치 | 능력<br>질서<br>책임감<br>성취추구<br>절제<br>숙고 | 따뜻함<br>사교성<br>자신감<br>활기<br>자극추구<br>긍정적 정서 | 신뢰<br>정직<br>이타성<br>순종<br>겸손<br>부드러움 | 불안<br>적대감<br>우울<br>자의식<br>충동성<br>스트레스민감성 |

### (2) 성격 5요인에서의 성차

남성과 여성의 성격에 차이가 있는지는 오랫동안 지속된 논쟁거리다. 성격 5요인 모형에서 성차를 다룬 연구들은 일부 성격 특성에서 일관된 성차를 보고했다. 예를 들어, 여성이 남성에 비해 높은 수준의 신경과민성 성격을 보이는데(Costa, Terracciano, & McCrae, 2001; Feingold, 1994; Lynn & Martin, 1997), 신경과민성은 불안, 우울 등 부정적 정서와 자의식, 충동성, 상처받기 쉬움과 같은 세부적인 특성들을 포함한다. 또한 친화성 차원에서도 여성이 남성보다 높은 점수를 보인다(Budaev, 1999; Costa et al., 2001; Feingold, 1994). 친화성은 상냥하고 겸손하며 신뢰할 만하고 이타적인 특성을 포함한다. 이렇듯, 여성이 남성에 비해 높은 친화성과 신경성을 보이는 것은 여성이 남성에 비해 대인관계를 중요하게 생각하는 성격 특성을 지니고 있기 때문으로 해석된다.

이와 달리 일관된 성차를 관찰하기 어려운 차원들도 있다. 외향성의 경우, 여성이 남성에 비해 외향성이 다소 높은 것으로 확인되었으며, 성실성이나 개방성은 연구에 따라서 여성 또는 남성이 다소 우세한 경향이 있었으나 그 차이가 매우 적기 때문에 분명한 성차가 있다고 보기는 어렵다(Costa et al., 2001; Feingold, 1994). 이처럼 혼재된 결과가 나타나는 것은 각 차원을 구성하는 세부 특성에 성차가 존재하기 때문이라는 주장도 제기되었다(Costa et al., 2001). 예를 들어, 외향성의 세부 특성인 따뜻함, 사교성은 여성이 우세하지만 적극성, 흥미 추구는 남성이 우세하다. 경험에 대한 개방성에서도, 경험에 대한 미학과 느낌에 대한 개방성은 여성이 남성보다 높지만 상상과 아이디어에 대한 개방성은 남성이 여성에 비해 높다.

그렇다면 여성과 남성의 성격 차이는 왜 발생하는 것일까? 연구자들은 '진화론적 관점'과 '사회적 역할 이론(social role theory)관점'을 바탕으로 성격의 남녀 차이를 설명하였다. 진화론적 관점에서는 여성과 남성의 성격 차이가 생득적인 기질의 차이에서 발생한다고 주장한다(Baron-Cohen, 2003; Geary, 1998). 즉, 진화 과정에서 남성과 여성이 적응해야 하는 환경이나 해결해야 하는 과제가 서로 달랐기 때문에 각기 다른 성격이 형성되었다고 본다. 예를 들어, 여성은 관계나 양육과 관련된 성격 특성을 보유하는 것이 생존에 도움이 되는 반면, 남성은 적극적이고 진취적인 성격 특성을 보유하는 것이 더 적응적이었다. 그러나 진화론적 관점은 성격에서의 남녀 차이가 문화에 따라서 달리 나타나는 이유에 대해서는 충분한 설명을 제공하지 못한다. 예를 들어, 미국에서 실시된 연구(예: Costa et al., 2001; Feingold, 1994)에서 관찰된 신경성 차원의 성차는 일본이나 남아프리카에는 관찰되지 않았다(Costa et al., 2001). 이는 성격에서의 성차가 문화에 따라 달라질 수 있으며, 특히 사회적 학습에 의해서 영향을 받을 수 있음을 시사한다. 여성이 남성보다 신경증적이고 마음이 약하다는 결과는 미국 사회의 고정관념과 일치하는 것이기 때문이다.

이처럼 문화에 따라 성격의 성차가 달리 나타나는 것은 사회적 역할 이론의 관점으로 설명할 수 있다. 이 관점에 따르면, 문화마다 남성과 여성에게 각각 적합하다고 간주되는 사고 및 행동 규범이 존재하며, 대부분의 성차는 이러한 남성과 여성의 사회적 역할에 관한 사회화 과정에서 발생한다(Eagly, 1987; Ruble & Martin, 1998). 이와 더불어, 남성과 여성이 각자의 규범에 적합한 역할을 실제로 수행하게 됨으로써 각 성별 내에서 성격 특성은 더욱 유사해지는 반면, 성별 간의 성격 차이는 더욱 커진다(Eagly & Wood, 1999; Wood & Eagly, 2002). 또한 사회적 역할 이론에서는 남녀평등 문화가 정착된 사회에서는 그렇지 않은 사회에 비해 성격에서 남녀 차이가 작을 것으로 예측한다.

혹시 아시나요?

### 남녀 차이 인정하는 건 차별 아닌 합리적 분별

남녀의 차이를 이해하고 인정하는 것은 충분히 합리적이고 현실적인 분별에 해당한다. 차별이 아니라는 말이다. 일반적으로 남성은 여성보다 근육이 더 발달한다. 남자는 여자보다 체중 대비 근육량이 10~15% 많다. 그래서 남자의 근력이 여자보다 경우에 따라 2~4배 이상 더 강한 것으로 측정된다.

남녀의 신체적 차이, 특히 일상사에서 쉽게 직면하는 근력 하나만 봐도 그 차이를 쉽게 알 수 있다. 남자와 여자는 각종 상황이나 대상 앞에서의 역동이 다르다. 한 예로 20kg 쌀이 집에 배달됐을 때 남자와 여자가 쌀자루 앞에서 일으키는 역동은 다르다. '어떻게 이것을 집안으로 들여놓을까' 하는 생각은 근력의 차이와 유관하게 나타난다. 비단 쌀자루뿐일까. 남녀의 근력 차이가 삶의 여러 분야에서도 직접 영향을 준다.

예를 들어, 소방공무원 체력 시험 점수표를 보면 남자와 여자의 근육 차이를 확실하게 알 수 있다. 소방공무원은 위기 상황 속에서 생명과 재산을 구하는 특수한 임무를 한다. 소방관은 절체절명의 순간에 25kg 이상의 복장과 장비를 장착하고, 사람을 구하러 불구덩이로 들어가야 하는 극한 직업이다. 강한 지구력과 근력이 필수다.

……

시험은 성별, 나이, 학력, 경력 등에 상관없이 오로지 실력으로만 진행돼야 한다. 소방직도 여자 소방직과 남자 소방직 모두를 채용하는 게 기본이다. 그래야 차별이 없다. 하지만 특수 임무를 하는 경우 여성 소방직을 아예 뽑지 않는 도시도 많다. 왜 그럴까.

……

특히 2차성징을 겪은 성인 남녀는 성차(性差)가 더 크게 나타난다. 이를 두고 '여자라는 존재 자체가 열등하다'고 말해선 안 된다. 다만 여성이 신체 조건으로는 해내기 힘들고 불리한 직업이 있지만, 유리한 직업도 있다는 사실을 인정해야 한다. 남성도 마찬가지다. 그렇기 때문에 남녀를 절대적으로 평등하게 취급하는 게 경우에 따라선 차별이 될 수 있다.

출처: 국민일보(2020.07.13). 차세대를 위한 성경적 성교육 <18>.

## 02 남과 여의 정서: 남녀의 정서경험과 정서표현

사람들은 흔히 여성이 남성보다 정서적이라고 생각한다. 그렇다면, 정서적이라는 것은 여성이 남성에 비해 정서표현을 많이 한다는 것인가, 아니면 정서를 많이 경험한다는 것인가에 대한 물음이 제기된다. 정서표현이라는 의미는 개인의 정서를 겉으로 드러내 보이는 것을 뜻한다(Kring, Smith, & Neale, 1994). 정서표현에 관한 연구에서는 여성이 남성에 비해 정서표현을 많이 한다는 결과가 지배적이다. 즉, 남성에 비해 여성이 표현하는 정서의 강도가 높고, 여성이 남성보다 정서를 자주 표현한다(예: Ashmore, 1990; Brody & Hall, 1993; Hall, 1984)는 것이다.

이러한 남녀 정서표현의 차이가 실제로 남녀가 경험하는 정서의 차이를 의미하는 것일까? 정서경험, 생리적 반응 및 행동적 표현은 서로 상응하는 면이 있기 때문에, 여성이 남성에 비해 정서표현을 많이 하는 것은 실제로 여성이 남성보다 정서경험을 많이 하는 것으로 해석할 수 있다. 그러나 다른 한편으로 정서경험과 정서표현은 서로 독립적일 가능성이 있다. 정서경험에 비해서 정서표현은 언제, 어떻게 정서를 표현하는 것이 적절한지에 관한 사회 문화적 규범의 영향을 크게 받는다. 즉, 사회화 과정에서 여성들은 남성들에 비해 정서표현이 허용되거나 상대와의 관계를 긴밀하게 하기 위해 특정 정서를 표현하는 것을 당연시 여기고 있다. 반면에, 남성들은 자신의 정서를 감추거나 통제하도록 사회화되었다(Cervantes & Callanan, 1998; Fivush, 1989). 그런데 성장 과정에서 사람들은 정서경험과 정서표현이 반드시 서로 일치해야 할 필요는 없음을 알게 되고 정서경험은 정서표현에 비해 사적으로 발생하기 때문에 정서표현과 관련된 사회 문화적 규범이 남녀의 정서경험에까지 강력한 영향을 미치지 않을 수 있다. 따라서 남성과 여성이 정서표현에서는 차이를 보이더라도, 정서경험 자체에 차이가 있는지는 분명하지 않다. 이러한 관점과 일관되게, 정서경험에 관한 대부분의 연구에서는 성차와 관련하여 혼재된 결과가 나타나, 여성이 남성에 비해 정서경험을 더 많이 한다는 결과와 둘 간의 유의미한 차이가 없다는 결과가 공존한다.

## 1) 정서표현에서의 남녀 차이

사람들은 앞서 살펴본 것과 같이, 여성이 남성에 비해 정서를 더 많이 표현한다. 그러나 이러한 정서표현의 남녀 차이는 발달시기(발달단계)나 사회적 상황(대인관계 맥락)에 따라 달라진다.

### (1) 발달단계

사회발달이론에 따르면, 연령이 증가함에 따라 정서표현에서의 성차가 크게 나타나는데, 이는 남성과 여성이 성 역할 기대를 인식하고 그와 일관된 방향으로 사회화되기 때문이다(Brody & Hall, 2008). 생물/성숙(Biological/maturational) 이론에서도 남녀가 청소년기를 거치면서 호르몬과 생물학적 차이가 발현되기 때문에 연령이 증가함에 따라 정서표현에서 성차가 크게 나타난다고 주장한다. 이러한 주장들과 일관되게, 벅(Buck, 2007)은 4세에서 6세로 연령이 증가함에 따라 정서표현의 성차가 증가함을 발견했는데, 이는 여아들은 변화가 없었지만 남아들의 정서표현이 감소했기 때문에 발생한 결과였다. 또한 정서들을 구분하여 정서표현에 성차가 존재하는지 연구한 결과에서도(Chaplin & Aldao,

2013) 연령에 따른 차이가 발견되었다. 이들은 정서를 긍정정서, 부정정서로 구분하여 성차를 확인하였는데, 남녀의 차이는 연령이 증가할수록 크게 나타났다. 즉, 영아기 때는 남아와 여아가 표현하는 정서 간에 차이가 없었지만, 유아기, 아동기를 거쳐 청소년기에 이르면 남학생들에 비해 여학생들이 높은 수준의 긍정정서, 부정정서를 표현하는 경향이 있었다. 이는 연령의 증가에 따른 성 역할 사회화에 일부 기인한 것으로 볼 수 있다.

### (2) 대인관계 맥락

벅 등(Buck et al., 2007)에 따르면, 사람들은 타인이나 사회적 자극이 존재할 경우 사회화된 정서표현 규칙을 따를 가능성이 크다. 특히 자신의 정서표현에 따라서 다른 사람들이 자신을 수용하거나 거부할 수 있기 때문에, 타인의 존재는 사회적으로 공유된 정서표현 규칙을 따르도록 하는 중요한 요인이다. 정서표현에서 성차의 크기가 사회적 맥락에 따라 달리 나타난다는 연구(Chaplin & Aldao, 2013)는 이러한 관점을 지지하는 증거로 해석된다. 연구에 따르면 아이가 혼자이거나 부모와 함께인 경우에는 편안하게 정서를 표현할 수 있기 때문에 정서표현에서 성차가 발견되지 않는다. 그러나 다른 성인이나 친구들과 함께 있는 상황에서는 사회적인 표현 규칙에 따라 행동하게 되면서 성차가 나타난다. 구체적으로, 다른 성인과 함께인 상황에서는 여아가 남아에 비해 긍정정서를 표현하는 경향이 있고, 친구들과 함께인 상황에서는 남아가 여아에 비해 일반적인 부정정서를 표현하는 경향이 있다. 이 결과는 성 고정관념과 일관된 것으로, 상황맥락이 정서표현에서의 성차를 유발하거나 감소시키는 중요한 변수임을 나타내준다.

연구결과들을 종합해 보면, 남녀의 정서경험에 대한 결과들이 아직 혼재하지만 여성이 남성에 비해 다양한 상황이나 환경을 자유롭게 표현하는 것을 알 수 있다. 그리고 이러한 성차는 사회화 기간이 길어지거나 성 역할 기대가 높은 상황에서 더욱 뚜렷하게 관찰된다. 이 관점에 따르면, 사회화의 결과로 남녀는 자신의 성별에 적합한 정서표현 방식을 발전시키며, 정서표현 방식은 성 고정관념과 상당 부분 일치한다.

## 03 남과 여의 사회적 행동

### 1) 공격성

흔히 사람들은 여성이 남성에 비해 덜 공격적이라고 생각한다. 공격성에 성차가 실제로 존재하는지와 다르게, 여성이 공격적이지 않다는 일반적인 믿음은 몇 가지 부작용을 초래할 수 있다. 만약 여성들이 자신을 약하고 비공격적이라고 믿는다면, 남성들의 공격성에 대항해 자신을 방어할 수 없다고 생각할 수 있다. 또한 공격성을 인정받은 일부 남성은 그들의 공격적인 성향을 조절하려는 노력을 하지 않을지도 모른다. 따라서 공격성에 관한 성 고정관념은 남성과 여성 모두에게 문제를 일으킬 가능성이 있다. 본 절에서는 공격성에 관한 성차를 다룬 심리학 연구의 주요 결과를 살펴보고자 한다.

#### (1) 직접적/신체적 공격

공격성은 대상에게 심리적/신체적 피해를 입히고, 대인관계 및 집단에서 갈등을 심화시키는 것은 물론 공격자 자신의 정신건강에도 부정적 영향을 미친다. 공격성은 타인에게 해를 입히려는 의도를 지니고 행하는 신체적/언어적 행동을 의미하며, 전통적으로 여성보다는 남성의 특성으로 간주되었다. 공격성의 중요한 지표 가운데 하나인 범죄율의 경우, 여성 범죄자의 비율이 다소 증가하기는 했지만 여전히 남성 범죄자의 비율이 70% 이상을 상회하였다. 미국에서도 거의 모든 범죄 영역에서 남성 범죄자가 여성 범죄자의 비율보다 높았다. 이는 남성이 여성보다 공격적이라는 일반의 믿음과 일관된다.

맥코비와 재클린(Maccoby & Jacklin, 1974)은 공격성에서 발견되는 성차는 범문화적이라고 주장하였다. 이들에 따르면, 신체 폭력 및 언어폭력 모두에서 남성이 여성보다 공격적이다. 또한 나이가 들면서 전체적으로 공격성향이 줄어들기는 하지만, 공격성에서의 성차는 2세부터 대학생에 이르기까지 안정적으로 나타났다. 공격성에 관한 연구에서 아처(Archer, 2004)는 관찰자나 측정

방법에 따라 성차의 크기가 다르긴 하지만 남성이 여성보다 전반적으로 공격성이 높은 것으로 나타났다고 한다.

### (2) 간접적/관계적 공격

여러 연구에서 살펴보았듯이 직접적인 신체 및 언어 공격을 수반하는 행동에서는 전반적으로 남성이 여성보다 높은 공격성을 보인다. 그러나 남녀의 공격성을 다른 각도에서 조명해 보면 흥미로운 결과가 관찰되는데, 이는 남성들은 일반적으로 신체 공격이나 직접적인 공격행동을 하는 반면에 여성들은 자신에게 허용되는 간접적이고 관계적인 방법으로 공격성을 표현하는 경향이 있기 때문이다. 그럼에도 불구하고, 흔히 공격성은 남성의 특성으로 간주되기 때문에, 공격성을 평가할 때도 여성보다는 남성들이 보이는 공격행동에 초점을 두는 편향이 존재한다(Ostrov, Crick, & Keating, 2005).

### (3) 공격성의 성차를 조절하는 변인

여성이 남성보다 관계적 공격성이 높다는 일부 증거가 있기는 하지만, 전반적으로 남성이 여성보다 공격적이라는 결론은 여전히 타당한 것으로 보인다. 이와 더불어, 공격성의 성차에 영향을 미치는 중요한 상황적 맥락을 이해하는 것도 중요하다.

① 진화론적 관점: 사냥과 싸움을 책임졌던 남성이 공격성에서 발달 보여

하이드(Hyde, 1984)는 자연적인 상황에서 남성은 여성보다 전반적으로 공격적이지만, 공격성을 자극하는 실험실 상황에서는 여성의 공격성이 상대적으로 잘 드러난다고 주장한다.

이러한 결과에 대해, 진화론적 관점에서는 여성과 남성은 자신의 유전인자를 세대에 걸쳐 존속시키기 위해 서로 다른 성 선택(sexual selection)과 생식 전략을 채택하는데, 그 결과 공격성에 성차가 발생하는 것이라고 주장한다. 왜냐하면 남성들은 자신의 유전자가 생존할 기회를 최대화하기 위해서 가능한 한 많은 여성을 임신시키려 하는 반면, 여성들은 임신

과 양육에 많은 시간과 노력이 수반되기 때문에 가장 좋은 짝을 선택하려는 경향이 있다(Kenrick & Trost, 1996). 이 관점에서 보면, 남성은 짝짓기에서 경쟁 상대가 많기 때문에 공격적이고 자기주장적인 행동 전략을 선택한 반면, 여성은 가장 좋은 유전자를 가진 남성을 찾을 때까지 소극적이고 수동적으로 행동하는 전략을 선택한 것으로 이해된다. 이와 더불어, 진화론자들은 여성은 아기를 낳고 돌보아야 했기 때문에 양육적인 태도와 행동이 우세하게 나타나고, 남성들은 사냥과 싸움을 책임졌기 때문에 공격성이 발달한 것이라고 설명한다.

② 사회/문화적 관점: 성별에 따른 역할과 기대가 성차 발생

반면에, 사회/문화적 관점에서는 사회화 과정에서 성별에 따라 다른 역할과 기대를 부여받고 학습한 결과로 성차가 발생한다고 주장하였다. 전통적으로 공격성은 부정적이든 긍정적이든 남성의 특성으로 간주되었다. 무기 생산 및 사냥은 남성의 역할이었으며, 따라서 이러한 역할을 잘 수행하기 위해서 남성들은 더욱 공격적으로 행동하게 되었을 것이다. 남성이 여성보다 진취적이고 자기주장이 강하며 직업적 성공을 거두는 것도 남성이 여성에 비해 사회/문화적으로 공격성을 더 강하게 부여받고 학습한 결과라고 볼 수 있다. 남녀에게 부여된 성 역할은 무엇이 각 성에 적절한 행동인지를 규정하며, 개인으로 하여금 사회 및 타인의 기대에 자신을 맞추도록 영향을 미친다. 예를 들어, 여성이 공격성을 드러낼 경우 여성으로서 적절하지 못한 행동이라는 평가와 제지를 받지만, 남성의 똑같은 행동에 대해서는 보다 허용적이다. 이러한 맥락에서 볼 때 공격성에서의 성차는 남녀가 근본적으로 다르기 때문이라기보다는 사회/문화적으로 서로 다르게 취급받게 된 결과로 나타나는 것이다.

공격성의 성차에 관한 연구 결과를 살펴보면, 전반적으로 남성이 여성보다 공격적이라는 점은 분명해 보인다. 한 가지 주목할 점은 대부분의 연구에서 공격성에 대한 정의가 남성적 특성으로 기술되고 있다는 점이다. 공격성에 관한 현대적 정의에서는 언어적 공격 및 수동적이고 간접적인

공격도 모두 공격성에 포함한다는 점을 고려할 때, 공격성의 여성적 측면에 대한 더 많은 연구가 필요하다 하겠다.

## 2) 의사소통

의사소통이란 인간관계에서 각각의 사람이 자신의 생각을 언어적, 비언어적 부호로 바꾸어 주고받는 일련의 연속적 과정을 의미한다. 여기서 사람들의 의사소통방식은 개인이 속한 가족, 지역, 사회, 문화, 민족적 특징 및 개인적 차이에 따라 차이가 많을 수밖에 없다.

### (1) 사티어(Satir)의 의사소통 유형

사티어(Satir)는 인간과 인간 사이에 오가는 모든 언어적, 비언어적인 것을 의사소통으로 보았으며, 긴장상태에서 나타나는 이러한 메시지에 유형이 있다는 것을 발견하게 되었다. 이것은 사람들이 긴장과 스트레스에 대처하는 생존유형(survival stance)이라고 할 수 있다. 주목할 점은 개인이 다양한 상황에 대해 어떻게 생각하고 행동하는지를 설명하고 이해하기 위한 것이다. 인간은 누구나 환경과 다른 사람들과의 관계 속에서 반응하고 대응하는 방법이 있다. 여러 방법 중에서 자주 쓰이는 것도 있고, 드물게 쓰이는 것도 있다. 사티어는 이러한 인간의 대처방식은 스트레스와 같은 긴장상황에서 더욱 명확하게 드러난다고 하였다.

다양한 대처방식의 유형 중 역기능적인 생존유형은 주로 자아존중감이 낮고 불균형 상태에 있을 때 나타나는데, 이 유형이 나타난다는 것은 자아존중감에 문제가 있는 상태로서 긴장상황에서 역기능적인 의사소통을 주로 한다는 것을 의미한다. 사티어는 의사소통 및 대처 유형을 회유형, 비난형, 초이성형, 산만형, 일치형으로 분류하였다.

① **회유형**: 사티어의 역기능적 의사소통 유형 중 하나로 자신의 느낌이나 생각을 무시하고 다른 사람의 기분을 맞추기 위해 애쓰는 유형

회유형의 사람들은 역기능적인 대처방식으로 자신의 가치나 존중보다 다른 사람의 기분을 상하지 않도록 하기 위해 무조건 남에게 동조하거나 비굴한 자세를 취하며, 만약 문제가 생기면 비록 그 잘못의 원인이 자신이 아니라 하더라도 무조건 자신의 잘못으로 생각하여 잘못을 빌고 자기비난도 감수한다. 이들이 주로 사용하는 말은 '모두가 나의 잘못이다.', '죄송합니다. 용서해 주세요.', '나는 너를 행복하게 하기 위해 존재한다.' 등이다. 이런 말을 하는 사람들에게는 '나는 힘이 없다.' '나는 아무것도 아닌 것과 같다.'는 생각이 내재해 있다.

회유형의 대처방식은 자신은 갈등 상황을 해결하는 데 어느 정도 기여를 했다고 느끼지만, 실제로는 자신과 타인에게 많은 상처를 입히는 결과를 가져온다. 그 결과 회유형의 사람들은 신경이 과민되어 있으며 우울증, 자살적 경향, 자멸적 경향을 나타내기도 한다. 회유형은 자아존중의 3요소 중 타인과 상황의 두 요소는 존중되지만, 자기는 무시되고 있는 상태다.

② 비난형: 사티어의 역기능적 의사소통 유형 중 하나로 자신을 보호하기 위해 다른 사람을 무시하고 결점을 지적하며 독재자처럼 타인을 통제하고 명령하는 유형

회유형과는 정반대 유형이라고 할 수 있다. 이들은 일이 잘못되면 다른 사람의 잘못으로 돌린다. 주로 하는 말은 '네가 제대로 하는 것이 있느냐.' '너 때문이야.' '당신이 문제야.' '나에게 잘못된 것은 하나도 없어.' 등이다. 이들의 비난행위는 다른 사람과 가까워지고 싶은 자신의 욕구를 숨기기 위한 것이라고 할 수 있는데, 내면적으로는 외롭고 소외감을 느끼며 스스로를 외로운 실패자로 생각하여 심리적으로 분노, 짜증, 반항, 적대감, 편집증, 폭력, 반사회적 특성을 가지고 있다.

긴장의 상황에서 외형적으로 드러나는 행동 특성으로는 다른 사람을 탓하고 소리치고 위협하며, 명령하고 주장하는 행동 등으로, 이러한 행동은 다른 사람을 손가락질하는 외형으로 대표될 수 있다. 비난형의 자원은 자기주장과 에너지, 지도력이다. 비난형은 자아존중의 3요소 중 자기

와 상황의 두 요소는 존중되지만 타인은 무시되는 유형이며, 상대방이 회유형일 때 비난형의 역기능적 의사소통은 극대화되는 경우가 많다.

③ 초이성형: 사티어의 역기능적 의사소통 유형 중 하나로 자기와 타인을 무시하고 상황만 지나치게 중시하는 유형
원칙과 규칙, 옳은 것만을 절대시하는 극단적 객관성을 보이며, 자료와 논리를 중요하게 생각한다. 초이성형의 반응을 하는 사람들은 자신의 논리가 실제 상황에 적용될 수 있는지의 여부보다는 일반적인 이론이나 규칙을 주장하는 데 관심을 기울인다. 따라서 자신의 논리를 설명하기 위해 추상적인 단어를 사용하여 긴 설명을 하고, 정서적으로는 냉담하고 완고하며 경직되어 있다. 그럼에도 불구하고 내면적으로는 약해서 쉽게 상처받고 소외감을 느낀다. 이것은 일반적인 논리나 규칙을 주장하는 심리 이면에는 자신의 능력이 부족하거나 혼돈상태에 있음을 감추기 위해 초이성적인 반응을 하기 때문이다.
이들이 가진 자원은 지성과 지식의 추구, 끈기 있는 문제해결력이다. 초이성형은 자아존중의 3요소 중 상황은 존중되지만 자기와 타인은 무시되고 있는 상태다.

④ 산만형: 사티어의 역기능적 의사소통 유형 중 하나로 생각과 말, 행동이 자주 바뀌고 동시에 여러 가지 행동을 하려고 하는 유형
초이성형과는 반대유형이라 할 수 있다. 주제에 관심을 두지 않고 계속 다른 사람의 관심을 분산시키며 상황에 적절하게 행동하지 않고 분주하면서 바쁜 척한다. 또한 심각한 상황에서도 가볍게 생각하는 경향이 있어 농담이나 딴전을 피워 그 상황을 모면하려 한다. 내면적으로는 '아무도 나에게 관심이 없어.', '내가 설 곳이 없어.', '내게 적절한 곳이 아니야.'라고 느끼며, 이로 인해 혼돈과 부적절감을 경험한다. 지나치게 활동적이거나 지나치게 소극적인 행동을 하고 불안한 행동을 하며, 바보스럽거나 피상적이거나 주의를 끄는 행동을 한다. 심리상담 현장에서는 산만형의 사람들을 대하기가 가장 어려운데, 상담대화 도중 주제에 집중하지 못하고 외형적으로 산만한 특성이 쉽게 드러나기 때문이다. 이들의 자원

은 유머, 즐거움, 자발성, 창의성이다. 산만형은 자아존중의 3요소 중 자기, 타인, 상황 모두 무시되고 있는 상태다.

⑤ **일치형:** 사티어의 기능적인 의사소통 유형으로 의사소통의 내용과 감정이 일치하는 유형

의사소통 및 대처방식의 다른 유형과는 달리 기능적인 유형으로서 치료의 목표로 삼고 있는 것이다. 이 유형의 사람들은 말하는 신체 자세와 음조, 표정이 자연스럽고 말과 일치되어 있다. 또한 긴장상황에서 자신의 감정을 잘 알아차리고, 이를 적절하게 표현한다. 정보를 전달하는 방법에서 말과 정서가 일치되게 균형을 이루어서 언어적 메시지와 비언어적 메시지가 동일하며, 다른 사람들과의 관계가 편안하고, 개인의 특성을 존중하면서 자신과 타인을 존중하고, 변화에 대해 융통성이 있다. 이들의 내면은 무엇에나 진실하고 원만함, 충만감, 생동감, 그리고 활력이 있다. 자기가치감이 높고 자신과 타인을 신뢰하기 때문에 특별한 심리적·신체적 증상이 없다. 이들의 자원은 높은 자아존중감과 건강한 관계성이고, 자아존중의 3요소 중 자기와 타인, 상황 모두가 존중되는 상태이다.

## (2) 의사소통에 따른 성차

남녀의 언어적 의사소통 방식에도 차이가 존재하는데, 연구에 따르면 남성과 여성은 서로 다른 과정을 거쳐 성장하고 상이한 의사소통 양식을 발달시키며, 그 결과 여성은 관계나 친밀성을 나타내는 언어를 주로 사용하고, 반면에 남성들은 지위와 독립을 표상하는 언어를 주로 사용한다. 그러나 또 다른 연구에서는 의사소통이 이루어지는 사회적 상황이 중요한 역할을 한다고 주장한다(Edwards & Hamilton, 2014). 본 절에서는 남성과 여성의 의사소통 방식의 차이를 표로 제시해 보고, 언어 사용량, 언어 표현의 관점에서 남녀 의사소통 방식에 차이를 살펴보겠다.

**표 4-1** 남성과 여성의 의사소통에 따른 성차

| 구분 | 여성 | 남성 |
|---|---|---|
| 대화의 장소 | • 사적 자리의 대화에서 편안함을 느낌 | • 공적인 자리의 대화에서 편안함을 느낌 |
| 대화방식 | • 다정다감한 것이 특징적 | • 사회적 지위를 유지하기 위한 수단 |
| 선호하는 대화 내용 | • 타인의 사생활에 관한 내용<br>• 은밀한 정보공유가 상호 간에 친밀감을 높여주는데 결정적인 역할을 함 | • 개인적인 사생활보다는 정치적인 것, 권력이나 시사문제에 관심 |
| 비언어적 표현 | • 상대방과의 관계를 중시하므로 비언어적 표현을 많이 사용함 | • 말 자체에 의미를 두기 때문에 비언어적 표현을 덜 사용함 |
| 상대와의 교류 | • 눈을 마주 보면서 자신의 감정을 표현하며 교류함 | • 상대방의 얼굴을 정면으로 보지 않으면서 말을 하는 것을 편안하게 여기고 교류함 |
| 대화 중 표출방식 | • 자신이 많은 것을 알고 있다는 사실이 드러나면 질투나 좋지 못한 감정을 불러일으킨다고 보고 감추려는 경향이 있음 | • 상대와의 대화에서 대화를 주도하기 위해 자신이 상대방보다 지식과 정보를 많이 가지고 있을 때 이를 상대에게 알리려고 적극적으로 노력함 |

### ① 언어 사용량

"여자 셋이 모이면 접시가 깨진다."라는 표현에서 볼 수 있듯이 여성들은 수다스럽다는 고정관념을 가지고 있다. 그러나 실제 연구 결과를 보면 남성과 여성의 언어 사용량이 다르지 않거나 오히려 남성들이 더 많다는 연구가 제시되었다. 대학생들이 친구와 나누는 대화나 과거 경험에 대한 구술 또는 글쓰기를 분석했을 때 남녀 간에 유의한 차이가 없었고, 토크쇼에서 인터뷰하는 남성과 여성을 분석했을 때도 언어 사용량에 남녀 차이가 발견되지 않았다. 초등학생과 대학생들이 수업 시간이나 일상에서 나누는 대화를 분석했을 때에는 오히려 남성이 여성보다 말이 많았다. 이와 유사하게, 언어 사용에 관한 56개 연구를 분석한 결과 61%의 연구에서 남성이 여성보다 언어 사용량이 많은 것으로 나타났다. 그렇다면 왜 사람들은 여성이 더 수다스럽다는 인식을 갖고 있을까? 이는 성 역할 고정관념의 영향으로 해석되는데, 일반적으로 사람들은 여성은 조용하게 있을 것으로 기대하기 때문에 조금만 말을 해도 말이 많다는 인상을 받기 쉽다. 이러한 연구에서 여성이 대화 시간의 1/3을 초과하는 경우 남녀 평가자 모두 그 여성이 말이 많은 사람이라고 인식했다

(Anthenstaedt, Haas, & Schwab, 2004; Mehl, Vazire, Ramirez-Esparza, Slatcher, & Pennebaker, 2007).

② 언어 표현

언어 표현에서도 흥미로운 성차가 보고되었다. 예를 들어, 남성은 여성에 비해 비속어를 다양하게, 그리고 자주 사용하는 반면에, 여성은 남성에 비해 주저하는 표현이나 자신 없는 표현을 많이 한다. 즉, 여성이 남성보다 자주 상대방의 의견을 묻거나(예: "오늘 영화 정말 재미있었지?") 명확하지 않은 표현을 쓴다는 것이다(예: "글쎄." "그럴까?").

그러나 언어 표현에서 성차는 사회적 상황에 따라 달리 나타나는 것이라는 주장도 있다. 여성들이 동성과 대화하는 경우에는 주저하는 표현을 거의 사용하지 않지만, 이성과 대화할 때는 남성들에 비해 자주 주저하는 언어 표현을 사용한다. 또한 자신 없는 언어 표현에 관한 상황에서도, 실험실 연구에서는 여성들이 남성들에 비해 자신 없는 언어 표현을 많이 사용했지만, 현장 연구에서는 분명한 성차가 발견되지 않았다. 이러한 결과는 언어 표현에서 남성과 여성의 차이는 우리가 생각하는 것처럼 크지 않으며, 사회적 상황이 중요한 영향을 미친다는 것을 시사한다(Newman, Groom, Handelman, & Pennebaker, 2008).

### 3) 갈등 해결 및 협상

사람들과 관계를 맺는 방식에서 여아는 협동과 친밀성을 중요하게 생각하는 반면, 남아는 다른 아이들과 어울리기보다는 경쟁적이며 사회적 지위를 중요하게 여긴다. 자원을 분배하는 방식에서도 여아는 다른 아이들과 균등하게 나눠 가지는 협동적 방식을 선호하지만, 남아는 자신이 더 많은 자원을 가져가는 경쟁적인 방식을 선호한다. 이러한 차이는 성인 남녀에서도 동일하게 나타나, 여성은 호혜적이고 친밀한 인간관계를 발전시키는 데 가치를 두는 반면, 남성은 세력과 경쟁에 가치를 둔다(Knight & Chao, 1989). 이러한 남성과 여성의 특징이 갈등 해결이나 협상에서 어떻게 나타나는지 알아보자.

### (1) 갈등 해결

갈등은 타인과의 관계에서 양립할 수 없는 욕구나 기회, 목표 등에 직면했을 때 발생한다(Rahim, 2010). 갈등은 개인 내부에 존재하는 접근 경향성과 회피 경향성의 충돌로 발생할 수도 있고, 집단 내 또는 집단 간에 발생하는 갈등도 있다. 특히 집단 간 갈등의 경우, 특정 집단에 대한 고정관념으로 갈등이 심화되기도 한다.

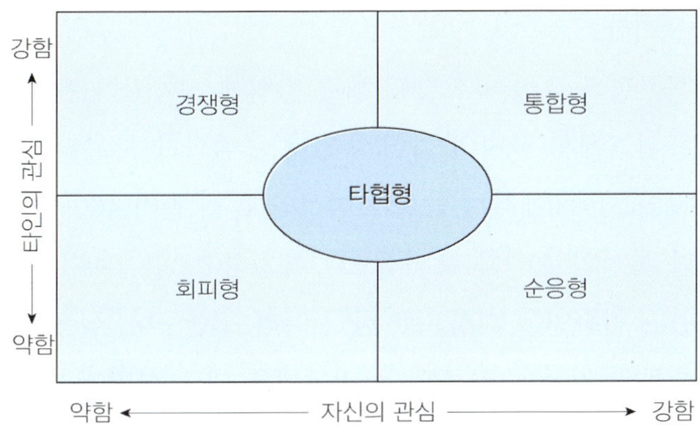


**그림 4-1** 라힘(Rahim)의 갈등관리 스타일

출처: Rahim, M. A.(2010).

그러나 대인관계나 집단에서 발생하는 갈등이 모두 부정적인 기능만 하는 것은 아니다. 예를 들어, 집단이 목표를 달성하는 과정에서 집단의 과제 수행과 관련하여 발생하는 인지적 갈등은 집단의 수행에 도움이 된다. 또한 의사결정 과정에서 발생하는 갈등은 민주적 의사결정이 이루어지도록 하는 순기능이 있다. 따라서 갈등의 존재 그 자체보다는 갈등을 효과적으로 관리하는 것이 중요하다. 실제로 조직 내 갈등 관리가 조직 효과성에 중요한 영향을 미치며, 작업장에서 발생하는 개인 간 갈등을 효과적으로 관리하는 조직이 우수한 성과를 낸다.

갈등 관리에 관한 심리학 연구에서는 다양한 갈등 관리 방식에 초점을 두고, 효과적인 갈등 관리 방식을 탐색해 왔다. 보편적으로 활용되고 있는 갈등

관리 유형은 라힘(Rahim, 2010)이 제안한 것으로, 타인에 대한 관심과 자기에 대한 관심의 2차원에 따라서 5가지 갈등 관리 유형으로 구분된다([그림4-1] 참조). 이 가운데 타인에 대한 관심과 자기에 대한 관심이 모두 낮은 회피(avoiding)는 가장 비효과적인 갈등 관리 유형인 반면, 타인에 대한 관심과 자신에 대한 관심이 모두 높은 통합(integrating)은 가장 효과적인 갈등 관리 유형으로 간주된다. 반면에, 순응(obliging)이나 지배(dominating)는 어느 한쪽만 만족하는 경우이고, 중간에 위치하는 타협(compromising)은 양쪽 다 어느 정도 만족은 하지만 높은 수준의 만족에는 이르지 못하는 타협점에 불과하므로 효과성도 중간 수준이다.

이러한 갈등 관리 유형이나 갈등 해결 방식에 성차가 있을까? 대부분의 연구결과 갈등 관리에서 남녀의 차이가 없다는 결과가 보고되었다. 예를 들어, 한 연구(Antonioni, 1998)에서는 남성과 여성의 갈등 관리 유형에서 성차가 나타났지만, 성격 특성의 효과를 통계적으로 제거하고 난 후에는 남녀 차이가 유의하지 않았다. 일반인을 대상으로 한 시나리오 연구나, 실제 여성 리더와 동료 남성 리더들의 갈등 관리 행동을 비교했을 때도 성별에 따른 차이는 발견되지 않았다(Sutschek, 2001).

### (2) 협상

협상은 이해관계가 있는 개인들이 서로의 차이를 해결하고 상호동의에 이르는 과정을 의미한다. 전통적으로 협상은 구매나 계약 등과 밀접한 관련이 있는 것으로 생각되어 왔으나, 최근에는 조직에서 발생하는 불만사항이나 업무와 관련된 절차에 이르기까지 다양한 갈등 장면에 적용되는 광의의 개념으로 사용한다(Stuhlmacher & Walters, 1999). 이러한 협상에서 남성과 여성의 협상 방식(style) 및 협상 결과에 어떤 차이가 있는지 살펴보자.

남녀 행동에 관한 성 고정관념으로 비추어보면, 남성은 협상 시 강경하고 경쟁적인 방식을 채택하는 반면, 여성은 협력적이며 수용적인 방식으로 협상하리라고 기대할 수 있다. 이와 일관되게, 협상에서 여성이 남성보다 덜 논쟁적이고 쉽게 설득되었고, 그 결과 여성은 남성에 비해 성공적인 협상을 이뤄

내지 못했다(Kray, Thompson, & Galinsky, 2001).

그러나 어떤 방식이 더 효과적인 결과를 이끌어내는지는 협상 상황에 따라서 달라질 수 있다. 성차를 다룬 다수의 협상 연구들은 한정적인 자원의 배분을 놓고 경쟁을 벌이는 분배적 협상(distributive bargaining)에 초점을 두었다. 분배적 협상에서 특정 협상자의 이득은 상대 협상자의 손실을 가져온다. 반면, 통합적 협상(integrative bargaining)에서 자원은 서로의 노력을 통해 증대시킬 수 있는 것으로, 상호 간의 이익을 도모할 수 있는 해결책을 찾는 것이 가능하다. 이 경우, 다수의 연구에서 협력적인 협상 방식이 무조건 협상 당사자에게 불리한 결과를 초래하는 것은 아니라고 하였다. 오히려 통합적 협상이나 문제해결 과정에서는 자신의 주장을 펼치면서도 상대방과 협력적인 태도를 견지하는 것이 중요하다. 뿐만 아니라 협력적인 태도는 협상 과정에서 인내를 유발하고, 협상 결과가 만족스럽고 공정하다고 지각하도록 한다. 많은 협상 연구에서 보고된 성차를 분석한 결과, 분배적 협상에서는 남성이 여성보다 이익을 차지할 가능성이 컸음을 보였으며, 통합적 협상에서는 여성이 남성보다 이익을 차지할 가능성이 컸음을 보였다.

## 4) 친사회적 행동

동일한 상황에서, 어떤 사람들은 자신의 이익을 위해 이기적으로 행동하는 반면, 다른 사람들은 타인의 이익과 복지를 고려하여 이타적인 행동을 보인다. 친사회적 행동은 이타적 동기가 발현된 행동으로, 대가를 바라지 않고 타인의 복지 및 이익을 위해 의도적으로 타인을 돕는 행위를 말한다. 타인을 돕는 친사회적 행위는 개인의 안녕과 공동체의 발전 및 복지에 매우 중요하다. 그렇다면 친사회적 행동에서 남성과 여성은 어떤 차이를 보이는가? 친사회적 행동에서의 성차에 관해 쉽게 결론을 내리기는 어렵다.

남녀의 친사회적 행동에 관한 에글리와 크롤리(Eagly & Crowley, 1986)의 연구 결과, 남성이 여성보다 친사회적 행동을 많이 하며, 여성이 남성보다 도움을 많이 받는 것으로 나타났다. 그러나 이러한 성차는 친사회적 행동이 발생하는 상황 맥락에 따라서 효과 크기가 달랐다. 예를 들어, 타인이 친사회적 행동을 관찰할 수 있는 상황에서는 남성이 여성에 비해 친사회적 행동을 많이 하지만, 관찰자가 없는 상황에서는 남성과 여성의 친사회적 행동의 빈도에는 차이가 없었다. 또한, 친사회적 행동 과제에 따라 성차의 크기 및 방향에 큰 차이가 있었다. 즉, 낯선 사람을 차에 태워주거나 자동차 타이어를 갈아 끼워주는 것처럼 지각된 위험요소가 높은 과제에서는 남성이 여성보다 친사회적 행동을 특히 많이 했다. 반면에 타인을 달래거나 격려해 주는 행동, 고민하는 아이를 도와주는 것과 같은 과제에서는 여성이 남성보다 친사회적 행동을 많이 하는 것으로 나타났다. 이 결과는 해당 과제에 여성적 역할이 강하게 연합되어 있기 때문으로 해석할 수 있다.

그렇다면 다른 사람의 행복을 위해 자신의 목숨을 걸어야 하는 극단적인 상황에서는 어떠한가? 베커와 이글리(Becker & Eagly, 2004)는 다른 사람의 목숨을 구하기 위해 생명의 위협을 감수한 사람들에게 주어지는 카네기 영웅 메달 수령자들의 성별을 조사했다. 그 결과, 여성은 단 9%에 불과했다. 반면에, 타인을 돕기 위해 상당 수준의 고통이나 잠재적인 위험을 견뎌야 하는 신장 기부에서는 기부자 중 57%가 여성이었다. 또한 나치의 유대인 대학살 기간에 위험을 무릅쓰고 유대인을 도운 비유대인 중 61%가 여성이었다. 이 결과는 친사회적 행동에 대해서 지각된 위험이 높더라도 사회적 맥락이나 상황에 따라서 여성도 극단적인 수준의 친사회적 행동을 하며, 도움행위와 연합된 성 역할이 친사회적 행동을 유발하는 데 중요한 요인임을 시사한다.

한 가지 주목할 점은, 기존 연구에서는 주로 낯선 상황에서 낯선 사람에게 도움을 주는 상황을 주로 다루었고, 측정된 친사회적 행동도 일회적이었다는 점이다. 따라서 이러한 상황에서는 남성들의 친사회적 행동이 여성들에 비해 민감하게 측정되었을 가능성이 있다. 여성의 친사회적 행동은 가족이나 친밀 관계의 사람들에게 정서적 지지와 지원을 제공하는 방식으로 장기간에 걸쳐 발생하는 경향이 있기 때문이다.

## 5) 동조

동조란 사회적 압력의 결과로 타인의 태도와 행동을 따르는 행위로, 주로 다수나 집단의 압력에 의해 한 개인이 영향을 받는 상황에서 발생한다. 역사적으로 대부분의 사회에서 여성들은 어릴 때부터 타인과의 관계에서 조화를 추구하고, 다른 사람과 협동하며 그들을 지지하는 방향으로 행동하는 것이 일반적이었다. 반면에, 남성은 자기주장적이고 경쟁적이며 독립적으로 행동하도록 격려받았다(Eysenck, 2002). 이는 여성이 남성에 비해 동조 경향성이 강하다는 것을 의미한다.

동조를 연구하는 전형적인 방법은 애쉬(Asch, 1956)의 패러다임에 토대를 둔다. 애쉬는 대학생 참가자들에게 길이가 서로 다른 선분들을 보여주고, 표적 자극과 길이가 동일한 선분을 선택하도록 하는 과제를 실시했다. 이때 타인들(실험협조자)은 의도적으로 오답을 제시하고, 참가자들에게 공개적으로 자신의 답을 말하도록 함으로써 동조압력을 유발했다. 이 상황에서 피험자가 자신의 판단대로 정답을 말하는지, 아니면 타인의 반응에 동조하여 오답을 말하는지가 동조 여부로 측정되었다. 이를 활용한 다른 연구들에서는 흡연에 반대하는 사람이 흡연하는 친구들과 함께 있거나 다른 사람이 담배에 불을 붙이는 상황에서 함께 담배를 피우는지를 관찰하기도 한다.

〈실험에 제시된 과제〉

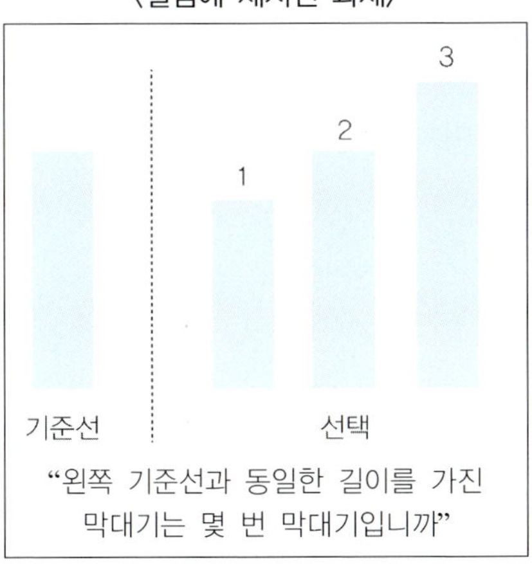


〈실험 방법〉

① 둘러앉은 순서대로 답을 제시하도록 함.

② 진짜 실험 참가자는 대답을 제일 끝에 하도록 유도함.

③ 앞의 가짜 실험 참가자들이 모두 동일한 오답(예 1번 막대기입니다)을 말하도록 함.

④ 실험 참가자의 반응을 알아봄.

**그림 4-2** 애쉬(Asch)의 동조현상 실험

출처: Asch(1956).

이러한 방법론을 적용한 연구들에 대한 메타분석(Eagly, 1987) 결과, 비록 크기는 작지만 여성이 남성보다 타인의 영향을 크게 받는다는 결과가 일관되게 나타났다. 또한 동조에서의 성차는 타인이 존재하는 경우 더 크게 나타났는데, 이는 여성보다는 남성의 행동 변화에 기인한 것이었다. 즉, 남성의 경우 사적 상황보다는 공적 상황에서 동조를 덜 보였다. 이는 타인의 영향을 받지 않고 독립적으로 행동하는 것이 남성에게 요구되는 역할 규범이므로, 공적 상황에서는 덜 동조적인 태도를 보인 것으로 해석된다. 따라서 동조 행동에서의 성차 역시 상황변인의 영향을 배제하기 어렵다.

여성이 남성보다 전반적으로 동조 경향성이 강하다는 결과는 어떻게 이해할 수 있을까? 전통적으로 여성에게 연합된 성 역할 고정관념은 여성에게 타인과의 조화를 중요하게 여기고 타인에게 동조함으로써 집단에서 문제를 일으키지 않는 방향의 행동을 유발할 가능성이 있다. 또한 동조에서의 성차는 여성의 낮은 지위를 반영하는 것으로도 볼 수 있다. 통상 지위가 높은 사람은 지위가 낮은 사람에게 요구와 명령을 내놓고, 지위가 낮은 사람은 그에 따르는 것이 자연스러운 것으로 간주된다. 대부분의 사회에서 여성은 남성에 비해 전반적으로 낮은 위치에 있으며, 여성의 동조 행위는 이러한 사회적 지위의 차이를 반영하는 것일 수 있다. 특히 동조 연구가 주로 남성 연구자들에 의해서 수행되었다는 점에서, 참가자인 여성의 동조 행동이 강하게 유발되었을 가능성도 있다. 성 역할을 연구하는 학자들은 연구자가 여성에 대해 지니고 있는 고정관념이 연구의 모든 과정에 영향을 미칠 수 있으며, 그에 따라 동조와 관련된 성 고정관념이 연구 결과에 영향을 미치지 않도록 주의가 필요하다고 주장하였다(Eagly, 1987).

혹시 아시나요?

### 뇌는 적성에 맞게 찰흙처럼 발전 가능

사람의 뇌는 환경에 알맞게 변화하고 발달해요. 이것을 바로 뇌의 가소성(brain plasticity)이라고 불러요. 뇌가 플라스틱이나 찰흙처럼 변형이 가능하다는 뜻이지요. 이전에는 학자들이 뇌의 부위마다 각각 담당하는 기능이 있고, 뇌가 잘 변하지 않는다고 주장했어요. 그러나 최근에는 여러 연구를 통해 상황에 따라 뇌가 변할 수 있다고 밝혀지고 있어요. 실제로 우리 뇌의 회백질(gray matter · 뇌에서 신경세포가 모여 있어 회색으로 보이는 부분)은 학습이나 훈련 등에 따라 증가한다고 해요. 일부 능력을 잃은 뇌가 환경 변화에 굉장히 잘 적응한다는 연구도 있어요. 3세 때 시력을 잃은 남자아이 '벤'은 아주 작은 소리도 들을 수 있도록 뇌 훈련을 받았어요. 그 결과 벤은 사람이 많이 다니는 거리에서도 스케이트보드를 타고 다닐 수 있게 되었대요.

이렇게 뇌세포는 우리가 어떤 행동을 하고, 어떤 생각을 하느냐에 따라 끊임없이 변화해요. 어린 시절부터 유연하게 발달해온 우리들의 뇌는 인생 내내 닥쳐오는 수많은 상황 속에서 끊임없이 변화하게 되는 거예요. 그리고 그 과정이 남자 뇌와 여자 뇌의 차이보다도 더 중요해요. 우리 뇌는 변화하기 때문에 남자도 여성적인 분야에서 성공할 수 있고, 여자도 남성적인 분야에서 성공할 수 있답니다.

특히 최근에 태어난 아이들은 '디지털 네이티브(digital natives · 어린 시기부터 디지털 기기에 적응한 세대)'라고 불리며 뇌의 가소성이 이전 세대보다도 더 뛰어난 것으로 알려져 있어요. 디지털 세대에게는 성별에 따른 직업 구분이 더욱 의미가 없어졌다고 할 수 있지요.

#### ■ 부모가 성 편견 없는 생각 심어줘야 아이가 스스로에 대한 신념 갖게 돼

자녀의 진로 결정에서 무엇보다 중요한 것은 부모의 사고방식과 행동이에요. 특히나 부모가 가진 성별에 따른 고정관념이 아이들의 진로에 영향을 줘요. 부모가 성 편견 없는 생각을 가지고 성 편견 없는 언어를 사용하면, 아이들의 자기효능감(self-efficacy, 자기 자신이 그 일을 잘할 수 있을 것이라고 믿는 신념)이 올라갈 수 있답니다.

출처: 조선일보(2019.05.18)에서 발췌

## 잠깐만! 함께해요

### 사티어(Satir)의 의사소통 유형 검사지

♣ 나 자신을 나타내고 있다고 생각되는 문항에 체크하세요.

| 전혀 그렇지 않다 | 그렇지 않다 | 보통이다 | 그렇다 | 매우 그렇다 |
|---|---|---|---|---|
| 1 | 2 | 3 | 4 | 5 |

A형 (회유형)

1. 나는 상대방이 불편하게 보이면 비위를 맞추려고 한다. ( )
2. 나는 관계나 일이 잘못되었을 때 자주 내 탓으로 돌린다. ( )
3. 나는 지나치게 남을 의식해서 나의 생각이나 감정을 표현하는 것을 두려워한다. ( )
4. 나는 사람들의 얼굴 표정, 감정, 말투에 신경을 많이 쓴다. ( )
5. 나는 타인을 배려하고 잘 돌봐주는 편이다. ( )
6. 나는 다른 사람들이 나를 싫어할까 두려워서 위축되거나 불안을 느낄 때가 많다. ( )
7. 나는 타인의 요청을 거절하지 못하는 편이다. ( )
8. 나는 내 자신이 가치가 없는 것 같아 우울하게 느껴질 때가 많다. ( )

B형 (비난형)

1. 나는 일이 잘못되었을 때 자주 상대방의 탓으로 돌린다. ( )
2. 나는 다른 사람들의 의견을 무시하고 내 의견을 주장하는 편이다. ( )
3. 나는 내 의견이 받아들여지지 않으면 화가 나서 언성을 높인다. ( )
4. 나는 타인의 결점이나 잘못을 잘 찾아내어 비판한다. ( )
5. 나는 명령적이고 지시적인 말투로 상대가 공격받았다는 느낌을 줄 때가 있다. ( )
6. 나는 사소한 일에도 잘 흥분하거나 화를 낸다. ( )
7. 나는 자주 근육이 긴장되므로 목이 뻣뻣하며 혈압이 오르는 것을 느끼곤 한다. ( )
8. 나는 타인으로부터 비판적이거나 융통성이 없다는 말을 듣기도 한다. ( )

C형 (초이성형)

1. 나는 무슨 일이든지 조목조목 따지는 편이다. ( )
2. 나는 이성적이고 차분하며 냉정하게 생각한다. ( )
3. 나는 나의 견해를 분명하게 표현하기 위해 객관적인 자료를 자주 인용한다. ( )
4. 나는 실수하지 않으려고 애를 쓰는 편이다. ( )
5. 나는 불편한 상황을 그대로 넘기지 못하고 시시비비를 따지는 편이다. ( )
6. 나는 현명하고 침착하지만 냉정하다는 말을 자주 듣는다. ( )
7. 나는 나의 감정을 표현하는 것이 힘들고, 혼자인 느낌이 들 때가 많다. ( )
8. 나는 목소리가 단조롭고 뻣뻣하고 경직된 자세를 취하는 편이다. ( )

D형 (산만형)

1. 나는 생각이 자주 바뀌고 동시에 여러 가지 행동을 하는 편이다. ( )
2. 나는 다른 사람들로부터 정신이 없거나 산만하다는 소리를 듣는다. ( )
3. 나는 상황에 적절하지 못한 말이나 행동을 자주하고 딴전을 피우는 편이다. ( )
4. 나는 곤란하거나 난처할 때는 농담이나 유머로 그 상황을 바꾸려는 편이다. ( )
5. 나는 불편한 상황에서는 안절부절못하거나 가만히 있지를 못한다. ( )
6. 나는 한 주제에 집중하기보다는 화제를 자주 바꾼다. ( )
7. 나는 분위기가 침체되거나 지루해지면 분위기를 바꾸려 한다. ( )
8. 나는 불안하면 호흡이 고르지 못하고 머리가 어지러운 경험을 하기도 한다. ( )

E형 (일치형)

1. 나는 타인의 평가에 구애받지 않고 내 의견을 말한다. ( )
2. 나는 부정적인 감정도 솔직하게 표현한다. ( )
3. 나는 다른 사람이 내게 부탁을 할 때 내가 원하지 않으면 거절한다. ( )
4. 나는 나 자신에 대해 편안하게 느낀다. ( )
5. 나는 모험하는 것을 두려워하지 않는다. ( )
6. 나는 다양한 경험에 개방적이다. ( )
7. 나는 나만의 독특한 개성을 존중한다. ( )
8. 나는 누가 나의 의견에 반대하여도 감정이 상하지 않는다. ( )

**▣ 총 합계**

| A | B | C | D | E |
|---|---|---|---|---|
| | | | | |

**▣ 나의 유형 (  )형**

CHAPTER

# 05 젠더의 사회적 편향

우리가 세상을 이해하는 방법에는 유사한 공통 특성을 가진 사물이나 사람끼리 범주로 묶어서 간편하고 쉽게 이해하려는 경향이 있다. 성, 인종, 직업, 출신 지역, 혈액형, 체형 등에 따라 범주를 나누고 그 범주 집단에 속한 사람은 어떤 특성을 지녔을 것이라는 지식에 바탕을 둔 특정한 신념과 기대를 갖게 마련인데 이것이 바로 고정관념(stereotypes)이다. 이처럼 공통된 특성에 대한 신념과 기대는 그 범주의 사람들을 판단하고 교류하는 데까지도 영향 미칠 수 있다.

본 장에서 다루게 될 남녀 고정관념(gender stereotypes, 성 고정관념) 역시 '생물학적 성(sex)'을 기준으로 남자(male)와 여자(female)로 구분하는 범주화 과정의 하나라고 볼 수 있다. 남녀 고정관념은 사람들이 성을 기준으로 남자와 여자로 범주를 나누고, 각 성별로 다른 특성을 지녔을 것이라 믿고 있는 신념 또는 기대를 말한다(Kite, Deaux, & Haines, 2008). 어느 사회에서나 남자와 여자가 지니는 특성에 대해서 그 사회구성원들은 비슷한 생각을 공유한다. 남녀의 전형적 특성에 관한 기대는 성격 특성일 수도 있고, 성역할 기대일 수도 있다. 말하자면 그 문화나 사회에서 바람직한 것으로 기대하는 남녀의 행동양식 혹은 남녀에게 어울리는 직업, 신체적 특징 등에 관한 것일 수도 있다.

남녀 고정관념은 편견 및 차별 등과 연관된 개념이라 할 수 있다. 성별을 포함한 특정 집단의 구성원들에 대한 편향적 태도는 인지적 · 정서적 · 행동적 요소를 포함하고 있다(나미수, 2021). 이 중에서 편향적 태도의 인지적 요소는 남녀 고정관념이며, 편견은 정서적 요소, 차별은 행동적 요소를 의미한다. 이런 의미에서 편견(prejudice)은 특정 범주 집단 사람들에 대한 정서적 반응과 태도를 말하고, 대개 부정적인 평가와 감정으로 나타난다(Whitley & Kite, 2010). 그러나 때로는 편견은 긍정적인 평가와 감정을 포함하는 경우가 있다. 예를 들면 사람들은 여성이 따뜻하고 이타적인 특성을 지니고 있다고 믿고 있기 때문에 긍정적인 평가로 보이지만, 이런 이유로 여성이 직장이나 사회적 역할수행에서 제약을 받는다는 역설적인 현상을 만들어내기도 한다. 차별(discrimination)은 특정 범주집단에 대해서 편향된 대우와 행동을 나타내는 것을 의미한다. 즉, 어떤 기업의 CEO가 여성 리더십에 관한 고정관념과 편견을 가졌다면, 임원 승진에서 여성을 배제하거나 보조적인 업무에 배치하는 등의 차별을 보일 수 있다.

따라서 본 장에서는 이러한 남녀 편향의 기원이 되는 사회문화적 요소에 초점을 두고 역사, 종교, 언어 그리고 미디어 속에서 여성이 어떻게 표상화되고 있는지 살펴볼 것이다.

## 01 문화 속의 남녀편향

오랜 역사에 걸쳐서 대부분의 문화권에서 여성과 남성은 동등한 대우를 받지 못하였다. 보봐르(Beauvoir)가 주장했던 것처럼, 많은 영역에서 여성은 '제2의 성(the second sex)'으로 취급받고 있다. 여성은 종교, 언어 그리고 미디어 속에서조차도 남성에 비해 열등하거나 비가시적인 존재로 취급받고 있는 사례를 흔히 찾아볼 수 있다. 또한 여성과 남성 모두 나름의 긍정적 특성과 부정적 특성들이 있겠으나 여성에 대한 긍정적 묘사는 매우 제한된 영역의 특성에 치우쳐 있고, 일반적으로 부정적 특성이 더욱 부각되는 편향들이 보인다. 다음의 내용을 통해 여성과 남성에 관한 남녀 편향(bias)들이 어떻게 생겨나게 되었는지 그 기원과 요인에 대해 생각해 볼 수 있겠다(곽금주 외, 2015).

## 1) 역사 속의 남녀편향

역사 속에서 여성을 찾아보기란 쉽지 않다. 이와 같이 역사 속에서 여성은 마치 투명인간인 듯이 취급되고 있음을 엿볼 수 있다. 여성주의 사학자들은 인류의 절반을 구성하고 있는 여성의 역사에 대해 거의 아는 것이 없다는 비판을 내놓고 있다(Matlin, 2012). 선사 인류의 삶에 관심을 둔 고고학자들은 남성의 활동이었던 사냥도구에 주로 초점을 두고, 여성이 채집과 곡물로 대부분 식량을 공급하였음에도 이런 활동에 대해서는 거의 기록이 없는 실정이었다. 17세기 유럽 사회의 경우, '곡식재배' '가금류 돌보기' '생산품 시장에 내다 팔기' 등의 일은 주로 여성이 담당해 왔다. 중세 초기, 일부 지역에서는 여성이 전투에 참여했다는 역사기록도 발견되었지만, 고고학자들은 이에 대해서는 부각시키지 않았다고 한다(Whitley & Kite, 2010). 위즈너(Wiesner, 2000)는 역사 교과서에서 여성이 누락된 이유를 다음과 같이 언급하였다.

첫째, 여성은 대개 가정과 가족을 돌보는 일을 주로 맡아왔으므로 역사적인 주목을 거의 받을 수가 없었다. 둘째, 남성예술가들은 그림, 조각, 건축물 등의 작품이 많아 보존이 잘 된 반면에 여성 예술가들의 업적은 음악, 무용, 자수나 바느질 같은 수공예품일 때가 많아 보존이 어려웠으며, 시대적 배경으로 인해 익명의 예술작품 활동에 머무는 수밖에 없는 경우가 많았다. 셋째, 여성은 예술가로서의 격려나 지원을 받지 못하였을 뿐 아니라 거의 기회가 주어지지 않았다는 것이다.

역사 속의 여성 인물을 찾으려는 노력은 이제 막 시작하는 단계에 있다. 이러한 트렌드는 우리나라도 크게 다르지 않다. 초・중등학교의 역사 교과서에 등장하는 여성 인물의 부재에 관해 언급한 최근의 연구를 보면, 우리나라 초등학교 교과서에 실린 역사적 실존 인물 중 여성 인물의 비율이 8.9%에 불과한 것으로 나타났다(정해숙, 최윤정, 구정화, 2010). 이마저도 2007년 이전 교과과정에 비해 여성 인물의 등장이 2배 이상 증가한 것으로 보면, 역사교과서에서 여성차별적 편향을 바로잡으려면 여전히 가야 할 길이 멀다는 사실을 쉽게 짐작할 수 있다.

## 2) 철학 속에서의 남녀 편향

철학은 인간의 인식 영역에서부터 우주의 근본원리를 탐구하는 것에 이르기까지를 포함하고 있는 종합학문의 성격을 지니고 있다. 고대로부터 근대에 이르기까지 철학자들이 이룩한 사유의 결과는 수많은 학문영역에 커다란 영향을 미쳤다. 그중 이들 철학자들이 가졌던 사유 속 남성과 여성의 모습은 어떤 모습이었을까?

고대 그리스의 철학자 아리스토텔레스(B.C. 384~322)는 '여성은 완전한 이성적 존재가 될 수 없다'고 믿었다. 여성은 남성에 비해 질투가 많고 거짓말을 할 가능성이 높은 존재라 여겼다고 한다. 한편 계몽주의 철학자 루소(1712~1778)는 여성이 남성을 기쁘게 해주거나 남성에게 도움이 될 수 있어야 한다고 주장함으로써 적어도 여성의 성역할에 대해서는 계몽주의자답지 못한 태도를 보여준다(Matlin, 2012).

존 스튜어트 밀(1806~1873)은 20세기 이전 철학자 중 유일하게 여성주의자들의 관심을 가장 많이 받은 인물일 것이다. 밀은 그의 아내 해리엇 테일러 밀(Harriet Taylor Mill)에게 깊은 영향을 받았으며, 그의 철학적 사상 역시 그의 아내 영향이 적지 않은 것으로 알려졌다. 특히 밀의 저서 중 <여성의 예속(The Subjection of Women)>은 최근에 더욱 관심을 받고 있다. 밀은 여성의 참정권을 위해 노력하였으며, 재산권이나 직업선택의 자유가 허용되어야 한다고 믿었다. 그는 당시 매우 드문 여성주의적 시각을 가졌으며, 더 나아가 영국의회 활동을 통해 여성의 참정권을 위한 실질적 노력을 기울이기도 하였다. 그러나 대부분 철학 교재는 밀의 여성주의적 사상에 대해 거의 다루지 않는 편향적 시각을 보이고 있다(Matlin, 2012).

## 3) 종교와 신화 속에서의 남녀 편향

종교와 신화 속에서도 역시 여성에 대한 불평등적인 편향들이 존재한다. 성서 속 아담은 하나님과 닮은 모습으로 창조되었지만, 이브는 아담의 갈비뼈로 만들어졌다. 말하자면 하나님의 천지창조에 있어서 여성은 남성의 부차적인 성 일 뿐이었다(Bem, 2008). 게다가 남성을 유혹에 빠트려 원죄를 범하게 한 부정적 이미지로 여성이 묘사됐다. 모세의 오경이나 신약성서 모두에서 역시 여성이 남성에 비해 비가시적이기는 마찬가지이다. 예컨대, “여자는 교회에서 침묵해야 한다. 말하도록 허락되지 않았음이니, 율법에서 이르는 것과 같이 오로지 복종할지어다.” “만일 무엇을 배우려거든 집에서 자기 남편에게 물으라. 여자가 교회에서 말하는 것은 부끄러운 것이니라”라는 구절로 여성의 말 많음을 경계하고 있고 남편에게 종속된 여성의 삶을 정당화하는 남녀 편향을 보여준다.

남녀에 대한 편향적 시각은 다른 종교에서도 유사하게 나타난다. 이슬람교에서 쿠란과 선지자 무함마드의 가르침은 남녀가 동등하지만, 그 후계자들은 여성에게 많은 제약을 부과해 왔다. 일부 이슬람권 국가 가운데에는 여성이 정조나 순결을 잃었다는 이유로, 부모가 원하는 사람과 결혼하지 않는다는 이유로, 또는 집안의 명예를 더럽혔다는 이유로 가족으로부터 살해되는 소위 명예살인이 현재에도 자행되고 있다(New York Times, 2015).

동양의 음양사상은 음양의 조화가 우주의 진리라고 보고, 유사성에 따라 만물을 음(陰)인 것과 양(陽)인 것으로 분류한다. 음은 어두운 것, ‘낮은 것’, ‘천한 것’, ‘차가운 것’, ‘정지한 것’, ‘유순한 것’으로 분류되고, 양은 ‘밝은 것’, ‘높은 것’, ‘고귀한 것’, ‘뜨거운 것’, ‘움직이는 것’, ‘강한 것’으로 분류된다. 남성과 하늘, 군주는 양으로 분류하고, 여성은 땅, 신하 등과 같이 은으로 비유된다(김혜숙, 2014). 동양에서는 이러한 분류가 자연의 본질적인 도리인 것처럼 받아들여지고 있지만 최근의 학자들은 이러한 관점에 비판적 주장을 내놓고 있다. 예를 들면 여자가 본성적으로 유순하고 비천하기 때문이 아니라 음의 범주에 포함시킴으로써 같은 범주에 있는 것끼리 그 연관성이 있음으로 받아들여져서 비천함과 열등함을 면할 수 없게 된 것이라는(김혜숙, 2014) 주장이 있다.

이처럼 여성에게 부여된 대부분의 이미지는 남성을 표준으로 삼은 것이며, 남성중심주의적인 사회규범을 정당화하는 의미로 만들어졌을 가능성이 크다. 궁극적으로 남성이 표준적인 ‘제1의 성’이고, 여성은 보조적인 ‘제2의 성’임을 나타내는 것이다(곽금주 외, 2015).

## 4) 남녀 편향의 미디어

미디어에서의 남녀 편향은 사용되는 언어, 드라마, 광고, 예능, 정치, 문화 등 대부분의 분야에서 여성은 남성보다 가시적이지 않거나 남녀 고정관념 속성을 고착화시키는 경향을 보인다(한희정 역, 2006). 우리 주변의 한 광고카피를 보면, 미디어가 우리 사회의 남녀 고정관념을 어떤 방식으로 유지 확대시키는지를 엿볼 수 있다. "전구를 교환할 때는 아빠! 컴퓨터를 고칠 때는 오빠, 타이어를 바꿀 때는 누구?" 이 광고카피에서 우리는 가정에서 전기나 전자제품, 자동차 수리 같은 활동은 남성의 역할이라는 것을 은연중에 강화하고 있음을 알 수 있다.

미디어의 성차별은 이처럼 남녀 고정관념을 확대하고 재생산하는 것으로부터 남성에 비해 여성을 차별적으로 대하는 것이 다양했다. 우리사회뿐 아니라 미국의 경우를 보더라도 주요 매체나 신문, 잡지 등에 등재되는 들 중 여성 기고가의 글은 10~28%에 불과하고(Ashkinnaze, 2005), 황금시간대에 출연하는 배우의 60~70%가 남성이다. 또한 전체 스포츠 방영 프로그램에서 여성 선수가 출연하는 비율은 단지 6%에 불과하며, 여성방송중계자 역시 매우 드물다는 분석들이 있다(Hall, 2008).

미디어에서의 남녀 고정관념의 재생산 기능 또한 문제로 지적될 수 있다. 미디어에서의 여성의 이미지는 육아나 돌봄과 같은 가정 내 가사노동자로서의 제한된 역할에 편중되어 있다. 미디어에서의 편향된 여성 이미지의 재현은 미국을 비롯하여 유럽, 중동, 아시아, 아프리카 등을 망라하는 범세계적인 문제이지만, 한국에서도 크게 다르지 않은 것으로 나타나고 있다(Matlin, 2012).

또한 미디어에서의 여성은 남성에 비해 비교적 외모 중심적이거나 선정적인 방식으로 묘사될 때가 더 많다. 여성 정치인 묘사에서 남성 정치인들과 달리 헤어스타일, 의상, 외모 관련 표현이 더 자주 언급되는 경향이 있고 스포츠 해설 등에서는 남자 선수들의 경우 '기술, 능력, 체력' 등을 강조하는 묘사가 많은 반면에, 여자 선수들에 대해서는 '외모'나 '여성성'을 강조하는 표현으로 꽃 미모, 요정, 우아한 등의 수식어를 많이 사용하는 것으로 나타났다. 우리는 미디어를 통해 세상을 보고 이해한다는 점에서 현대인의 삶에서 미디어와 분리해서 생각하기란 불가능하다. 미디어가 단순히 현실을 재현하는 데서 그치지 않고 남녀편향을 통해 확대 재생산할 수 있다는 점에서 미디어가 갖는 위험성이 크다는 것이다.

한편 미디어가 사람들의 인지수행에도 영향을 미친다는 연구결과도 있다. 연구에 의하면(Hall, 2008) 두 집단 학생들에게 성중립적인 라디오 광고와 남녀 고정관념적 광고를 각각 청취하게 한 후 남녀 고정관념 특성 목록을 읽게 하였다. 그 결과, 남녀 고정관념적 특성을 광고를 청취한 학생들이 성중립적인 광고를 청취한 학생들보다 남녀 고정관념적 특성 목록의 내용을 더 많이 회상하였다. 이러한 결과들은 미디어가 단순한 현실의 반영이 아니라, 미디어 속에 투영된 현실이 확대 재생산의 결과로 나타날 수 있다는 것을 잘 보여준다.

**혹시 아시나요?** **핑크는 여성의 색이 아니었다…어린이 제품에 녹아든 성차별**

파란색 아니면 분홍색…성별 따른 색깔 '고정관념'
남녀 취향은 생물학적 요인보다 '학습효과' 영향
"잘 팔리니까"…성 편향된 어린이용품 판매 여전
남녀 구분보다는 다양성 부여로 선택권 확장해야

"왕자와 결혼한 공주는 오래오래 행복하게 살았습니다"

'옛날 옛적'으로 시작하는 동화책 속 결말은 항상 어린이들을 위안하듯 '오래오래 행복하게'라는 주문으로 마무리되곤 한다.

가정에서 흔히 아들은 왕자, 딸은 공주로 취급된다. 그만큼 더없이 귀한 존재라는 부모의 마음이 담겨 있기도 하지만 이런 관행 속에는 성 역할 고정관념이 학습될 위험이 도사리고 있다.

그렇다면 이 같은 남녀 성 역할에 대한 선호도는 생물학적으로 타고난 것일까. 수많은 연구 결과에 따르면 이는 대부분 양육 과정에서 자연스럽게 학습하는 성향이라는 결론이 나온다. 즉 특정 성별로 태어나 주어지는 물건과 콘텐츠 등으로 평생의 취향과 사고방식이 결정된다는 이야기이기도 하다.

흔히 장난감 코너에 가면 남아를 위해서는 로봇과 공룡처럼 도전적인 장난감이, 여아에게는 공주나 엄마 놀이처럼 예쁘고 다정한 장난감이 마련돼 있다.

이토록 보수적인 성 역할 고정관념이 유년기의 유연한 사고에 파고드는 원인으로는 자본주의가 지목된다. 예측 가능하고 당연한 취향은 고정 판매층을 만들고, 이는 결국 안정적인 비즈니스 환경을 가져오기 때문에 반복되는 양상을 보인다.

이렇게 유년기부터 사회로부터 주입되는 성 역할 고정관념의 폐해 중 하나는 남성과 여성의 역할에 스스로 한계를 두게 한다는 점이다.

실제 가부장적인 콘텐츠는 남아에게는 강하고 용감해야 한다는 기대를 강요하고 여아에게는 아름다움과 외모지상주의에 대한 지나친 관심을 갖게 만들어 사고의 범위를 위축시킬 수 있다.

결국 어린아이들에게 고정관념을 배제하고 다양성과 주체성을 부여하기 위해서는 남성과 여성에 대한 올바른 이해를 돕는 균형 잡힌 교육이 요구되는 상황이다.

출처: 투데이신문(http://www.ntoday.co.kr)

## 02 남녀 고정관념, 편견, 그리고 성차별

### 1) 남녀 고정관념의 내용

남녀 고정관념의 내용은 일상에서 찾아볼 수 있는데, 크게 두 가지로 구분할 수 있다(곽금주 외, 2015). 하나는 남녀 고정관념을 구성하고 있는 요인이며, 다른 하나는 남녀 성격특성에 관한 남녀 고정관념 목록으로 제시할 수 있다.

우선 남녀 고정관념을 제시하고 있는 구성요인은 네 가지로 성격특성, 행동, 신체적 특징, 직업과 관련된 내용으로 이루어져 있다. 이들 요소는 상호 독립적이지만 남성과 여성에 관한 한 가지 요소의 고정관념적 정보가 주어지면, 그것이 다른 요소의 고정관념적 정보의 추론에 영향을 준다고 한다. 예를 들면 어떤 사람이 직업에 대한 정보를 주었는데도 우리는 그 사람의 행동이 어떨 것이라고 판단할 수 있게 된다는 것이다. 이와 반대로 그 사람의 행동을 보면 직업적 고정관념을 떠올릴 수 있게 된다. 또한 성별을 나타내는 신체적 특징을 보고도 그 사람의 성격적 특성, 성역할 행동, 직업 등에 관한 고정관념적 판단을 할 수 있을 것이다(Deaux & Lewis, 1984).

다른 하나는 여성과 남성의 성격특성에 관한 남녀 고정관념 목록이다(Cota, Reid & Dion, 1991). 사람들이 생각하는 여성과 남성의 성격 특성을 추측해 보고, 제시된 목록과 비교해 보자(<표 5-1> 참고). 대부분의 특성이 추측한 분류 목록과 일치한다는 것을 발견할 수 있을 것이다. 이론가들은 대인 간의 관계적 특성을 분류할 때 '친화성'과 '주도성'이라는 용어를 등장시켰다. '친화성'은 타인과의 관계를 중시하는 것을 의미하고, '주도성'은 대인관계에서 자기 자신의 관심을 중요시한다는 것을 의미한다. 친화적 특성을 여성적인 것으로, 주도적 특성을 남성적인 것으로 지각하는 고정관념에 과거, 현재, 그리고 미래에 걸쳐 어떤 변화가 있는지 살펴보는 것을 매우 흥미로운 주제다. 즉, 여성의 권익신장이 향상되면 여성의 친화적 특성은 낮게, 주도적 특성은 높게 보는 경향으로의 변화가 있는지 살펴보는 것은 매우 흥미로운 주제다. 이에 대한 연구결과(Matlin, 2012)에서 2000년대 이후 여성은 '주도성'이 점차 높게 나타나는 경향으로의 변화가 있었다는 것이다. 이와 관련한 연구에서 미국, 독일, 칠레, 브라질의 대학생을 대상으로 2050년의 성역할이 어떠할 것인가에 대해 질문한 결과, 현재의 여성보다 2050년대의 여성이 주도적인 성역할을 더 많이 수행할 것으로 추정하였다는 것이다. 하지만 유사한 다른 연구(Diekman & Goodfriend, 2006)에서는 남성의 친화적 성역할은 현재에 비해 미래에도 변화가 없을 것이라는 것으로 나타났다. 즉, 여성의 성역할은 여성의 권익신장이나 사회흐름에 따라 변화에 대한 추론이 되지만, 반면에 남성의 성역할은 시대의 흐름과 상관없이 변화가 없을 것이라 보는 맥락에서 남성과 여성에 관한 고정관념의 차이를 느낄 수 있다.

**표 5-1** **남성과 여성의 성격특성에 관한 남녀 고정관념 목록**

| 남성의 성격 특성 | 여성의 성격 특성 |
|---|---|
| ① 자신감 있는(self-confident) | ① 변덕스러운(fickle) |
| ② 탐욕스러운(greedy) | ② 온화한(gentle) |
| ③ 경쟁적인(competitive) | ③ 다정한(kind) |
| ④ 활동적인(active) | ④ 따뜻한(warm) |
| ⑤ 유능한(capable) | ⑤ 신경이 과민한(nervous) |
| ⑥ 시끄러운(loud) | ⑥ 감성적인(emotional) |
| ⑦ 으스대는(show-off) | ⑦ 수다스러운(talkative) |
| ⑧ 용감한(courageous) | ⑧ 동정적인(compassionate) |
| ⑨ 창의적인(inventive) | ⑨ 참을성 있는(patient) |
| ⑩ 강한(powerful) | ⑩ 얌전한(modest) |

출처: Matlin(2012)에서 재인용.

남녀 고정관념은 현실적 경험에 바탕을 둔 것일 수도 있지만, 지나친 단순화로 부정확하고 그릇된 신념일 때가 많다. 남녀 고정관념의 위험성은 현실의 경험을 이해하는 것에서 더 나아가 특정 기준을 제시하거나 규제적 속성을 가진다는 것이다. '남자는 힘이 세고 자신감이 있고 독립심이 있다', '여자는 온화하고 섬세하고 친절하다'고 하는 것은 성별 집단 구성원의 특성에 관한 기술적(descriptive) 내용을 담고 있지만, 이러한 내용 속에는 그 집단 구성원의 행동, 능력, 선호에 대한 일반적인 기준을 모두 내포하고 있기 때문이다. 그런데 남성이 나약한 모습을 보이거나 여성이 섬세하지 못하다는 것은 남성과 여성에 관한 일반적 기준과 기대에서 벗어나는 것이기 때문에 심리적 불편과 함께 여러 가지 사회적 압력과 비난을 받을 수 있다. 또한 남녀 고정관념의 이러한 사회적 기준과 규범에 어긋나는 것이 때로는 편견과 차별로 이어지는 요인이 될 수 있다(Whitley & Kite, 2010).

**혹시 아시나요?** **"여자는 이래야~"… 성별 고정관념 여전**

"회사에 손님이 오면 여직원만 커피 타라 하고 거래처에 아쉬운 소리 해야 할 땐 여직원한테 콧소리 내라고 시키는 것 정말 싫습니다."

"회식 때마다 '여자가 술 따라야 제맛'이라 하고 제일 높은 분 옆에 항상 여직원을 앉히는 사람들 아직도 많아 답답해요."

여성가족부(여가부)는 '위드유'(#Withyou · 당신과 함께하겠다) 캠페인의 하나로 온라인 국민참여 행사 '그건 농담 아닌 성희롱'을 진행하고 결과를 발표했다.

온라인 국민참여 행사는 국민들이 성희롱과 성차별적 농담 등 일상에서 고쳐졌으면 하는 언어 · 행동사례, 가해자에 대한 따끔한 한마디, 우리사회 문화 개선을 기원하는 바람 등을 댓글로 공유, 총 2349명의 국민이 참여했다.

댓글 내용으로는 여성성 · 남성성 등 성별 고정관념에 근거해 개인의 생각과 행동을 제약하는 성차별 · 성희롱 사례에 대한 지적이 759건(32.3%)으로 가장 큰 비중을 차지했다. '여자는 이래야 하고 남자는 이래야 한다'는 편견으로 인해 조직 내에서 개성이 존중받지 못하고 여성성을 상대적으로 하찮고 부족한 특성으로 생각해 업무 분장에까지 영향을 미치는 것에 대한 지적이 많았다.

성적 대상화와 외모 평가, 결혼 · 출산과 관련한 고정관념 등에 대한 문제의식과 개선 바람이 많았다. 여자만 있는 테이블에 '여기는 꽃밭이네', '남자는 능력, 여자는 얼굴이지. 여자가 예쁘면 공부는 못해도 돼'라는 식으로 여성을 성적 대상화하는 언행에 대한 문제 제기가 447건(19.0%)으로 나타났다.

캠페인 주관 관계자는 "이번 국민참여 온라인 캠페인 결과에서 우리 사회에서 고정화되고 치우쳐진 여성성에 대한 기대와 강요로 인해 여성들이 겪는 고통을 다시 한번 실감할 수 있었다"며 "일상생활에서 더불어 사는 상대방의 입장에서 생각하고 행동하는 습관이 하루빨리 정착되길 바란다"고 말했다.

출처: 뉴시스(2018.05.10.)에서 발췌

## 2) 편견에서 성차별주의로

편견(prejudice)은 편향적 태도의 정서적 영역의 한 요소로 특정 집단과 구성원에 대한 감정적 반응이나 평가를 의미하는데, 문제가 되는 것은 감정 반응이나 평가가 부정적일 때가 대부분이다. 한편 차별(discrimination)은 편향적 태도의 행동적 요소로서 특정 집단이나 그 구성원이라는 이유로 불평등하거나 불공정한 대우 또는 부정적이거나 해로운 구체적인 행동을 하는 것이다. 최근 우리사회에서 남녀편향은 고정관념, 편견, 차별이 독립적이라기보다 서로 혼합된 개념에 가깝다. 본 교재에서 논의하는 성차별주의(sexism)라는 개념은 성별에 근거한 편견과 차별을 지칭할 때 쓰이는 개념이다.

현대사회에서는 자유주의적 가치관이 어느 때보다 확산되고 대부분의 사회에서는 평등주의적 규범이 사회 질서를 유지하는 근본적 토대를 이루고 있다. 과거와 달리 여성의 사회적 진출과 활동이 늘어나고 가정영역에 국한되었던 여성의 역할이 시대변화에 따라 다양하게 바뀌어 가고 있음은 부인하기 어려울 것이다. 이러한 추세는 여성의 성역할에 대한 신념과 태도에서도 많은 변화를 일으키고 있다. 오늘날의 성차별주의를 이해하는 데는 3가지 유형이 있는데, 즉 노골적 성차별주의, 은밀한 성차별주의 및 교묘한 성차별주의 개념을 제시하고 있다.

여기에서 '노골적 성차별주의(overt sexism)'는 명백하고 가시적이며 관찰 가능한 형태로 이루어지는 여성에 대한 불평등하고 차별적인 대우를 말하며, '은밀한 성차별주의(covert sexism)'는 고의성이 있는 성차별로서, 숨겨지거나 비밀스러운 방식으로 여성과 남성을 차별적으로 대우하는 것을 의미한다. 그리고 '교묘한 성차별주의(subtle sexism)'는 여성에 대한 차별적 대우를 나타내지만, 규범적으로는 어긋나지 않고 특별히 눈에 띄지 않기 때문에 명확하게 성차별이라고 규정하기도 모호한 형태를 띤다. 교묘한 성차별주의가 비가시적이라는 점에서 은밀한 성차별주의와는 유사하지만 의도적이지 않다는 점에서 이것과 구별된다. 교묘한 성차별주의는 실제로도 성평등적 가치를 옹호하거나 성평등한 성역할 태도를 취할 수 있지만, 스스로는 자각하지 못하고 의도하지 않게 여성을 차별적으로 대우한다.

또한 여성에 대한 평가를 호의적으로 하느냐 혹은 부정적으로 하느냐에 대한 '양가적 성차별주의(ambivalent sexism)'라는 개념을 제시할 수 있다. 즉 여성에 대한 사람들의 태도는 일방적으로 비호의적 편견만으로 이루어진 것이 아니라 호의적 편견까지도 모두 포함하며, 여성에 대해 한편으로는 경멸과 질투의 적대적 감정이, 다른 한편으로는 애정과 보호의 온정적 감정이 뒤섞인 양가적 형태의 감정을 지닌다는 것이다. 이와 같이 양가적 성차별주의는 적대적 성차별주의와 온정적 성차별주의라는 두 가지 구성요소로 이루어진 개념이다.

## 3) 양가적 성차별주의

### (1) 적대적 성차별주의(HS)

적대적 성차별주의(hostile sexism: HS)는 '남성에 비해 여성은 유능하지 못하고 열등하므로 그 본분에 맞게 남성의 우월한 지위와 권위를 받아들여야 한다'는 생각에 바탕을 둔 것으로 주로 이에 도전하거나 남성의 고유영역을 침범하는 전문직 여성 또는 페미니스트에 대한 거부감 및 반감을 포함하고 있다.

적대적 성차별은 많이 다루어진 기존 성차별 연구와 비교적 동일한 의미를 가진다. 즉 적대적 성차별은 조직에서 여성이 남성의 권위나 영역을 침범하는 데 대한 적대적 감정(antipathy)을 가지는 것에서 시작된다. 적대적 성차별은 기존의 남성위주의 전통적 권력구조에 도전하는 비전통적 현대여성들에 대한 다소 고압적이고 징벌적인 태도를 취하는 것을 의미한다. 전통적으로 적대적 성차별주의는 여성이 여권주의(feminist ideology)나 성적 매력(sexual seduction)을 이용해서 기존 남성의 지위와 권위를 위협하고 있다는 지각에 바탕을 두고 있기 때문이다(Yakushko, 2005; Fischer, 2006). 하지만 이러한 적대적 차원은 기존의 젠더이론이나 성차별 연구에서 사람들의 관심을 많이 받았고, 연구와 해결책이 다각적으로 제시되어 현대사회가 고도로 발전될수록 외형이나 표면적으로는 자취를 감추고 있는 것으로 파악되고 있다

### (2) 온정적 성차별주의(BS)

온정적 성차별주의(benevolent sexism: BS)는 '여성은 섬세하고 따뜻하며 순수성을 지닌 존재이므로 특별히 보호하고 돌보아야 한다'는 생각에 바탕을 둔 것으로 주로 '가정주부'나 '전통적으로 여성의 일로 분류되는 직종의 여성'에 대한 호의적 감정을 포함한다. 학문적으로 많은 논의가 진척된 적대적 성차별의 차원과 달리 온정적 성차별은 공공부문은 물론 기존의 여성학이나 사회학, 성평등 이론에서도 주된 관심의 대상 밖이었다. 그렇지만 이는 기존의 연구관점과 대별되는 양가적 성차별 이론의 가장 중요한 특징이다. 온정적 성차별은 기본적으로 여성이 성적으로 연약하며 도덕적이고 순수하다는 남성의 주관적 신념을 내포하고 있다. 온정적 성차별주의자는 전통적인 여성상에 근거한 고정 관념적인 시각으로 여성을 평가하며 가사와 같은 제한된 역할에 보다 적합한 것으로 본다는 점에서 차별적이지만, 주관적으로 그런 여성에게 느끼는 감정은 일단 긍정적이고 친절한 태도로 드러난다(Abrams, et al., 2003).

온정적 성차별은 표면적으로 기사도 정신(chivalrous attitude)과 같이 여성에게 호의적인 모습으로 나타나므로, 일반인에게는 성차별이 아니라는 오해를 살 수 있다. 하지만 온정적 성차별은 그 나라와 문화에서 역사적으로 여성의 전통적 역할에 부합되는 여성상(stereotyped images of women)을 무의식적으로 강요한다.

그리고 여성의 성적 연약함(weak creatures)과 그 순수성(innocent)에 대한 칭송은 반대로 성적 순수성이 없어 보이는 여성에 대해서는 더욱 부정적인 태도를

갖도록 부추긴다(Christopher & Wojda, 2008). 이는 실상 더 교묘하고 우회적인 형태의 성차별 방식으로, 여성에 대한 관심을 통해 기존의 남성 중심적 구조를 강화하려는 의도로 사용될 수 있기 때문에 문제시된다. 즉 온정적 성차별은 여성을 지배, 착취하는 것이 아니라 남성이 여성을 사랑하고 부양자로서의 책무를 다하고 있다는 지배 논리(rule)를 은연중에 강화시키는 요소로 작용된다(Fiske & Glick, 2010). 이런 점에서 현재 우리사회에서 성차별의 주된 양상도 적대적인 것에서 온정적인 것으로 변화되고 있을 가능성을 배제할 수는 없다. 이는 정부의 여성친화정책이나 조직의 직무환경상 변화로 남성들이 최소한 겉으로는 여성에 대한 적대감을 표현할 수 없게 되었기 때문이다. 이러한 맥락에서 젠더의 주요 분석틀인 가부장주의와 성 분업화, 이성애가 양가적 성차별주의에서 다음과 같이 정당화되고 있다.

### 4) 양가적 성차별주의에 대한 정당화

#### (1) 지배적 가부장주의

양가적 성차별 이론이 제안하고 있는 사실적 준거에서 가장 대표적인 '가부장주의(家父長主義)'이다. 이것은 "전통적으로 집안에서 아버지가 자녀를 대하듯이 남성인 내가 상대방에게 충분히 지배 혹은 보호의 자격이 있다고 생각하는 것"을 의미한다(Fiske & Glick, 2010). 남성은 가부장주의에 따라서 일단 어느 여성이 여성성(sexuality)을 유지하는 것으로 비추어지면, 그 여성이 여성으로서의 성별기준과 직책수행의 능력기준을 동시에 평가받는 소위 이중잣대(double standard)를 만들어내게 된다

또한 여성은 남성 주도적 문화를 전적으로 수용할 가능성이 높아져 쌍방이 모두 문제가 된다. 이러한 가부장주의가 적대적 차원에서는 우선 여성에 대한 남성의 우월성과 지배 및 종속의 논리를 의미하는 지배적 가부장주의(dominant paternalism)로 나타나게 된다. 그러나 온정적 차원에서는 여성에 대한 애정과 보호본능을 나타내는 보호적 가부장주의(protective paternalism)로 달리 나타나 양면적 차별속성을 가지게 된다(Glick & Fiske, 1997; Glick, Lameiras & Fiske,

2004). 그러므로 지배적 가부장주의는 기존 학자들에 의해 많이 알려진 개념이다. 이것은 가부장적 제도(patriarchy)를 정당화하고 상대적으로 우월한 남성의 이미지에 관한 기제이다. 즉 여성은 남성만큼 강하거나 능력이 높지 않으므로 남성이 여성을 지배할 수 있는 지위를 갖는 것이 당연하다는 편견이다. 역사적으로 서양보다 소위 '남존여비(男尊女卑)' 사상이 높았던 동양의 유교문화권에서 지배적 가부장주의는 사회적으로 매우 강한 통념으로 자리 잡아 왔다.

### (2) 보호적 가부장주의

양가적 성차별의 판단기준으로서 온정적 차원의 보호적 가부장주의는 생물학적으로 강한 남성이 약한 여성을 보살피고 보호해 주어야 한다는 주관적 신념을 통해 조직과 사회에서의 지위를 정당화하는 기제이다(Glick et al., 1997; Greenwood & Isbell, 2002). 이는 전통적으로 남성이 모성애를 가지지 못했고 출산과 육아의 능력이 없기 때문에, 여성을 사랑과 보호의 대상으로서 인지해 온 고정관념의 산물이다(Hebl, et al., 2007).

보호적 가부장주의는 고의적으로 업무 중심적, 과업 지향적 리더가 되기보다는 오히려 여성이 가지고 있는 모성애에 기반을 둔 돌봄, 배려, 헌신과 같은 관계 중심적 리더가 되려고 노력하게 만든다. 이것은 여성이 기본적으로 능력과 업무를 통한 조직의 정당한 인정과 권한을 받게 되는 것(authorized)을 방해한다(Dardenne, Dumont & Bollier, 2007; Cuddy, 2009). 현실적으로 학자들이 세계 각 문화권의 비교연구에서 증명한 점은 대부분의 성차별 유형은 지배적 보다는 보호적 가부장주의로 나타나고 있다는 것이다. 그리고 경제와 문화적으로 발전된 나라에서 보여지는 성차별의 특성은 적대적인 것보다는 오히려 온정적인 것이 지배적인 것으로 나타나고 있다. 그 이유는 적대적 가부장주의 보다 이것이 사회통념상 더 당연하게 여겨지고 교묘하며, 겉으로는 절대 보여지지 않게 하기 때문이다(Lee, Fiske & Glick, 2010).

### (3) 경쟁적 성 분업화

양가적 성차별 이론의 '성 분업화(性 分業化)'는 남성의 역할과 신체적 특성이 여성에 비해 사회적으로 인정받는 지위를 담당하는 데 있어서 더 적합하다는 논리이다. 흔히 직장에서 여성은 구조적으로 다수집단인 남성이 정형화시키고 있는 이미지와 조건에 구속되기 마련이다.

여성은 성 분업화에 의해 선별(sorting) 혹은 간택(assortment)된 역할과 지위가 주어진다고 본다(Goodwin & Fiske, 2001). 조직에서 여성이 남성에 비해 중요업무나 재량권이 덜 주어지는 현상은 바로 '성 분업화' 개념으로 설명된다. 이 개념은 남성이 여성에 비해 사회적으로 중추적인 역할을 수행하는 데 더 적합하다고 정당화시키는 경쟁적 성 분업화(competitive gender differentiation)와 함께, 여성은 남성에게 부족한 측면을 단지 보완하는 역할을 수행하는 그러한 보조적 특성을 강조한 보충적 성 분업화(complimentary gender differentiation)로 양분되고 있다. 이에 먼저 적대적 차원의 경쟁적 성 분업화는 조직에서 남녀의 지위의 차이를 정당화하고 남성이 이를 통해 다시 여성을 하향비교의 대상으로 삼음으로써, 상대적으로 스스로의 인격과 자존심을 고양시키는 심리적 효과를 나타낸다(Fiske & Glick, 1995; Glick et al., 1997).

남성들은 여성이 주어진 업무재량이나 권력을 잘 다루지 못하며, 남성상사나 동료를 상대적으로 싫어한다는 기존의 오랜 고정관념과 구설수를 잘 알고 있다. 이런 맥락에서 구성원은 조직생활에서 여성보다 남성을 선호하는 것이 자연스러운 일이라는 통념(myth)이 경쟁적 성 분업화에 내재되어 있다(Kilianski, 2003). 그러므로 장기적으로 여성이 고위직으로 올라갈수록 이는 더욱 심화되어 결국에 여성은 극소수가 남게 된다. 이른바 유리천장(glass ceiling)이나 유리벽(glass wall)같이 해결되지 않은 숙제는 양가적 성차별에 의한 경쟁적 성 분업화의 결과물이라는 이유도 있는 것이다.

### (4) 보충적 성 분업화

온정적 차원에서의 보충적 성 분업화는 예로부터 시작된 여성의 성적 가사 분업에 대한 남성의 전통적 의존성(dependence)에 기반을 둔다. 즉 이 관념은 주로 직장이 아닌 가사역할(domestic labor)에서 여성을 남성에 대한 상보적인 긍정성(complementary)을 지닌 대상으로 바라보는 잠재의식이다(Lau, Kay & Spencer, 2008; Thomae, 2010).

보충적 성 분업화는 겉으로 남자는 여자가 꼭 필요하고, 없으면 불편하고 불완전하기 때문에 성차별을 하지 않는 것처럼 보여지기도 한다. 그러나 이는 온정적 차원에서 남성의 여러 가지 부족한 면을 여성이 보충하고 보완하는 구조의 특성을 고정관념으로 귀속(attribution)시키는 역할을 한다. 예를 들면 여성은 부드럽고 섬세하므로 양육과 가사에 더 적합하다든지, 남성이 바깥일을 주로 하면 여성이 내조하는 것이 옳다고 보는 생각들이다. 현대사회에서 공 사 조직의 기본적인 업무분장과 보직분류 체계에서도 자신도 모르게 여성이 정서적으로 적합한 업무를 따로 구분 짓는 것은 이런 의식이 내재된 탓이다. 성 분업화의 온정적 성향은 역시 겉으로 적대적이지는 않지만, 결정적으로 집단 내에서 강한 동질성과 특정 태도를 공유함으로써 적합하지 않은 기질을 소유한 사람, 즉 여성의 새로운 참여에 대해 사회적으로 배타적인 속성을 발현하고 환영을 받지 못하도록 한다(Abrams, et al., 2003; Christopher & Wojda, 2008; Exposito, et al., 2010).

### (5) 적대적 이성애

양가적 성차별 이론이 기존의 차별의식에서 매우 특징적으로 제시하는 것이 '이성애(異性愛)'의 개념이다. 이것은 여성에 대한 남성의 이성애는 여성을 심리적으로 가장 밀접하고 친숙한 관계로 여겨지도록 하지만, 남녀관계에서 애증이 교차하듯 양면적 속성을 가진다. 양가적 차원에서 이러한 이성애 개념은 여성들이 남성들로부터 자신이 얻고자 하는 것을 갖기 위해 성적 특성을 이용한다는 적대적 이성애(heterosexual hostility)와 남성은 사랑하는 여성이 있어야 행복할 수 있다는 친교적 이성애(heterosexual intimacy)의 양가적 특성을 갖는다. 우선 적대적 차원에서는 다수 남성이 소수 여성에게 불가피하게 의존하는 경우에 능력과 성과에 상관없이 이 적대적 이성애는 쉽게 적용이 된다(Lee, Fiske & Glick, 2010).

한 여성이 남성적 조직문화에서 스스로 여성성(female)을 강요받고 있음을 깨닫는 데는 그리 오랜 시간이 걸리지 않기 때문이다. 이러한 상황하에서 그 여성의 성적 매력은 자신이 선택권을 행사할 수 있는 얼마 되지 않는 권력의 원천(power base)이 되어 간다. 그리고 그 여성은 이러한 남성들의 신념하에 성공을 위해 남성에 홀로 맞서야 하는 외롭고 고독한 존재가 되어 간다(Husu, 2000; McDonald, Toussaint & Schweiger, 2004; Stern, et al., 2007). 따라서 양가적 성차별 이론에서는 조직생활에서 여성이 불가피하게 성적 매력과 여성성을 사용하도록 만드는 것은 바로 이 개념에 근거한다고 본다.

### (6) 친교적 이성애

온정적 차원에서 친교적 이성애는 여성에 대한 새로운 차별의 기준으로 제안되고 있다. 친교적 이성애 혹은 이성애적 친교성은 업무조직에서 공식적인 남녀 간의 관계를 단순히 낭만적이고 친밀한 관계로만 생각하게 한다. 이는 모든 남성이 반드시 흠모하는 여자가 있어야 하며, 남녀관계는 공식적이고 딱딱한 직장생활이나 조직 속에서는 어울리지 않는다고 생각하는 것이다. 남성에 의한 친밀한 이성애적 차별은 여성에게 공식적, 업무적 차원에서 조직의 우수한 인재가 되기 위한 노력을 스스로 포기하도록 만드는 데 그 심각성이 있다(Eagly & Karau, 2002; Dardenne, Dumont & Bollier, 2007; Exposito, et al., 2010).

심지어 이는 여성에게조차 자연스럽게 남성과 동일 혹은 유사한 평가기준으로 주변의 모든 사람을 평가하도록 만들며, 여성이 남성위주의 성 정치(gender politics)에 적응해 나가는 과정에서 생겨나는 자기동화(assimilation)와 조절(accommodation)을 반복해서 겪도록 만든다(Reskin & McBrier, 2000; Olsson, 2002; Cuddy, 2009). 따라서 이 친교적 이성애는 조직이나 사회에서 신분상승이나 능력발전을 꾀하는 여성인재들에게 중요한 장애임에는 틀림이 없다.

## 5) 양가적 성차별주의 측정

이처럼 여성에 대한 남성의 태도는 한편으로 적대적이면서 다른 한편으로는 온정적 태도를 동시에 가지는 경향을 보인다. 일반적으로 여성은 적대적 성차별주의(HS)를 보이는 남성보다 온정적 성차별주의(BS)를 보이는 남성에 대해 더 호감을 보인다(Jost & Kay, 2005). 이는 적대적 성차별주의(HS)가 여성에 대한 반감과 거부감을 드러내는 노골적 성차별주의와 유사하기 때문으로 보인다. 그러나 온정적 성차별주의(BS)가 겉보기에는 여성에게 호의적 태도를 취하는 것으로 보일지라도 보다 은밀하고 교묘한 성차별적 태도일 수 있음을 배제할 수 없을 것이다.

사회구조적으로 남성에 비해 열등한 여성의 지위를 그대로 유지시키고 이를 정당화하려는 입장에서 보면, 적대적 성차별주의(HS)는 남성의 기득권에 도전하는 비전통적인 성역할을 보이는 여성집단(전문직 여성, 레즈비언, 페미니스트)에 대한 처벌적 의미를 지니는 반면에 온정적 성차별주의(BS)는 전통적인 성역할을 고수하는 여성집단(가정주부, 현모양처 등)에 대한 보상적 태도라 할 수 있다(정해숙, 최윤정, 구정화, 2010; Jost & Kay, 2005).

결국 우월한 남성의 지위와 열등한 여성의 지위를 갖는 현 사회체제를 유지하고 정당화하는 데 있어서 적대적 성차별주의(HS)는 '채찍'의 의미인 반면에 온정적 성차별주의(BS)는 '당근'의 의미인 셈인 것이다. 이러한 이론에 입각하여 글릭과 피스크(Glick & Fiske, 1996)는 적대적 성별주의(HS)와 온정적 성차별주의(BS)를 측정할 수 있는 22개 문항의 양가적 성차별주의 척도(ambivalent sexism Inventory: ASI)를 개발하고, 세계 19개국 15,000명의 남성과 여성을 대상으로 조사를 실시하여 타당성을 검증하였다.

**표 5-2 한국형 양가적 성차별주의 척도의 문항 예**

| 구분 | 문항내용 | 전혀 그렇지 않다 | 별로 그렇지 않다 | 그런 편이다 | 매우 그렇다 |
|---|---|---|---|---|---|
| 적대적 성차별주의 (HS) | ① 여자들에게 큰일을 맡기면 남자에게 맡길 때보다 더 불안하다. | | | | |
| | ② 여자들은 자신이 여자임을 내세워 남자들을 이용하려고 한다. | | | | |
| | ③ 남자는 우리 사회를 위해 할 일이 많은 만큼 여자들보다 더 많은 권한을 주어야 한다. | | | | |
| 온정적 성차별주의 (BS) | ① 신체상의 위험부담이 큰일은 여자보다 남자가 하는 것이 마땅하다. | | | | |
| | ② 남자가 성공하기 위해서는 여자의 순수한 사랑과 희생이 필요하다. | | | | |
| | ③ 여자들은 남자보다 꼼꼼하고 세심하여 가사와 자녀 돌보기를 더 잘 한다. | | | | |

한편 우리나라에서는 이를 토대로 24개의 문항(HS 12문항, BS 12문항)으로 이루어진 한국형 양가적 성차별주의(KASI)를 개발하였다. 이 연구에서 남성과 여성을 비교한 결과, 적대적 성차별주의(HS)에서는 이것이 여성에 대한 부정적 평가를 명시적으로 드러내기 때문에 여성 응답자가 남성 응답자에 비해 낮은 점수 분포를 보였다. 그러나 온정적 성차별주의(BS)에서는 표면적으로 여성에 대해 호의적인 것으로 인식되기 때문에 여성 응답자의 점수가 남성 응답자에 비해 일관되게 높은 것으로 나타났다(곽금주 외, 2015).

혹시 아시나요? **'벡델테스트'를 아시나요?**

벡델테스트는 미국의 유명 만화작가 앨리슨 벡델이 1980년대 중반 친구와 영화를 보면서 남성 중심 영화들이 얼마나 많은지 계량화할 방법이 없을까 궁리하다가 처음 만들었다. 올해 초 미국의 콜린 스토크스라는 비영리 시민학교 운영자가 '영화가 어떻게 남성성을 가르치는가'라는 주제로 강연하며 이 테스트를 다시 소개해 화제가 됐다.

......

테스트 방법은 간단하다. ① 영화에서 이름을 가진 여성 캐릭터가 두 명 이상인가? ② 이 여성들끼리 한 번이라도 대화를 하는가? ③ 그 대화 속에 남자 주인공에 관한 것이 아닌 다른 주제의 내용이 있는가? 영화 내용이 이 세 가지 조건을 통과하는지 본다.

쉽게 통과할 것 같지만 막상 결과는 그렇지 않다.

벡델테스트는 남성 중심의 영화를 여성 중심으로 바꾸자고 주장하려는 테스트가 아니다. 또 이 세 가지 테스트를 모두 통과했다고 '남녀 개념'에 충실하다거나, 하나도 통과하지 못해서 여성성을 왜곡하는 영화라는 뜻도 아니다. 벡델테스트는 사람들이 대중문화를 적극적으로 수용하는 과정에서, 영화 속 현실이 사회가 요구하는 '성 역할'과 다른 맹목적인 부분이 있다는 걸 환기시킨다. 또 남녀의 성 역할에 대한 고정관념이나 남성 중심적 사고를 더 고착화하고 있다는 점도 꼬집는다.

페미니스트 저널 <문화미래 이프>는 "대중들이 '왜 남성 주인공이지?'라는 의식조차 하지 못한 채 '남성 우위 사회'에 길드는 데 영화나 방송이 적지 않은 구실을 하고 있다. 법과 제도적으로 성적 평등을 보장하려는 움직임이 확산된 게 사실이지만, 문화적 측면에서 보면 남성 편향성은 오히려 더 심각해지고 있다"고 지적했다. "드라마의 주인공 성별을 바꾸라고 할 순 없지만, 영화나 방송이 우리 사회의 '남성 편향성'에 어떤 식으로 영향을 미치는지 인식하면서 대중문화를 수용할 필요가 있다"는 것이다.

출처: 나무위키. 벡델 테스트.

## 잠깐만! 함께해요

■ 젠더 퀴즈

다음의 글을 읽고, 섹스와 젠더를 구분해 보십시오.
섹스이면 S, 젠더이면 G로 표시하십시오.

1. 여성은 아이를 낳고, 남성은 아이를 낳지 않는다. ( )
2. 어린 소녀는 부드럽고 수줍어한다. 남자아이는 거칠고 모험을 좋아한다. ( )
3. 여성들의 수입은 남성들과 비교하면 약 70% 정도가 된다. ( )
4. 여성들은 모유수유를 할 수 있고, 남성들은 우유수유를 할 수 있다. ( )
5. 여성은 아이양육에 대한 책임이 있다. ( )
6. 남성이 결정권을 갖는다. ( )
7. 고대 이집트에서는 남성들이 집에 머물며 직조를 했다. 여성들은 가족사업을 담당했다. 여성들이 재산을 상속받았으며 남성들은 그렇지 못했다. ( )
8. 남성들의 목소리는 사춘기에 변성을 한다. 여성들은 그렇지 않다. ( )
9. 유엔의 통계에 따르면, 여성들은 세계 전체 노동의 67%를 담당하지만, 그들의 수입은 전체의 약 10%를 차지할 뿐이다. ( )
10. 여성들은 자녀들의 교육수준에 관심이 많다. ( )
11. 영국의 건설현장 노동자들은 거의 남성들이다. ( )

**정답** 1. S, 2. G, 3. G, 4. S, 5. G, 6. G, 7. G, 8. S, 9. G, 10. G, 11. G

출처: 양성평등교육진흥원 홈페이지 자료실

CHAPTER 06

# 젠더의 성

인간의 성은 생식과 본능의 생물학적 차원을 넘어 사회·문화적 결과물이다. 인간의 성은 신체적, 사회적, 심리적 등 다차원으로 구성되어 있으며, 인간의 성 특성은 개인이 속한 사회의 제도, 관습 및 문화의 영향을 받아 형성된다. 개인에게 내재한 성에 대한 이해와 태도는 사회의 성의식에 영향을 미쳐 성에 대한 사회적 제도나 규범을 형성하게 된다. 이러한 순환적인 과정을 통해 개인의 성과 사회의 성은 상호작용하면서 변천하게 된다(이정우 외, 2001).

현대사회에서는 민주적이고 양성평등한 가치관이 확산됨에 따라 개인의 인격을 존중하고 남녀가 평등한 인간으로서 성에 대해 이해하고 행동하려는 노력이 더해지고 있다. 따라서 남녀 모두 건강한 성에 대한 가치관을 갖추고 건전한 성행동을 하기 위해서는 성에 대한 올바른 이해가 선행되어야 한다.

## 01 '성(性)'에 대한 정의

성과 관련된 개념들은 섹스(sex), 젠더(gender) 및 섹슈얼리티(sexuality)가 있다. 섹스(sex)는 일반적으로 성적인 행동, 성관계를 의미하기도 하나, 생물학적 남녀 구분을 의미하는 복합적인 개념이다. 인간의 성(sex) 구분은 생물학적 및 유전인자의 구성(성염색체 XY 혹은 XX), 성호르몬 분비(안드로겐과 에스트로겐), 생식선(고환과 난소), 그리고 외부적인 생식조직(음경과 음핵) 등으로 분류된다(유영주 외, 2000).

젠더(gender)는 사회・문화적 및 심리적인 개념으로 남성성(masculinity) 혹은 여성성(feminity)의 특성을 의미하며, 사람이 태어난 후 사회・문화적 환경에 의해 학습된 후천적인 성을 뜻한다. 따라서 젠더는 사회 변화에 따라 그 시대에 적합한 여성・남성으로 구분되는 젠더의 개념이 재정리되어야 한다.

섹슈얼리티(sexuality)는 개인의 성격, 감정, 행동뿐만 아니라 성적인 존재 및 성별 등을 나타내주는 포괄적인 의미로 사용되는 개념이다(허혜경, 박인숙, 2015). 그 밖에 성적 자아(sexual self)나 성 정체성(sexual identity)은 개인이 한 인간으로서 성적인 자기됨을 의미하는 용어로서, 자신의 성행동을 유발하는 개인적인 자질・자아인식・태도・가치 및 취향의 복합체를 의미한다. 또한, 개인의 사회화 과정이나 교육, 경험 등을 통하여 성에 대한 태도와 행동이 문화적으로 프로그램화된 일련의 기대인 성각본(sexual script)을 갖게 된다(유영주 외, 2000).

| 용 어 | 개 념 |
|---|---|
| 섹스(sex) | • 생물학적 성을 지칭하는 용어<br>• 태어나면서 신체적으로 구별되는 남자, 여자<br>• 성행동 |
| 젠더(gender) | • 사회문화적으로 학습된 후천적인 성<br>• 남성 혹은 여성으로서 바람직하다고 보는 특성이나 행동을 수행하는 것 |
| 섹슈얼리티<br>(sexuality) | • 성에 대한 태도, 행동, 감정, 가치관, 신념: 심리적, 사회적 요인 모두 포함 |

출처: Lloyd, M. A. & Weiten, W.(1997). Psychology applied to modern life(5th ed.). 유영주 외(2000) 재인용.

## 02 생물학적 성

### 1) 생물학적 성의 개념

인간의 성(性)은 정자와 난자가 결합하여 수정되는 순간부터 구별된다. 난자와 정자는 각각 23개씩의 염색체를 가지고 있으며 이들이 결합된 수정체는

46개의 염색체를 갖는다.

특히, 생물학적인 성은 정자, 난자의 23번 성염색체의 결합의 방법에 따라서 결정된다. 여자의 경우 성염색체는 XX이므로 모든 난자는 X염색체를 가지나 남자의 성염색체는 XY이므로 정자의 일부는 X, 일부는 Y염색체를 갖고 있다. 따라서 수정 시에 X염색체를 가진 정자와 난자가 결합하면 XX의 여성이 되며, Y염색체를 가진 정자와 난자가 만나면 XY로서 남성이 된다(송명자, 1996).

여기에서 정자는 분리된 XY쌍 중 어느 하나를 가지고 있기 때문에 X성염색체나 Y염색체를 갖고 있을 확률이 같다.

그 후 생물학적으로 모두 정상일 경우 9개월이 지난 후에 남자 혹은 여자아기로 태어남으로 남자와 여자로 구분된다. 이와 같은 남자와 여자의 구분은 사춘기를 거치면서 더욱 뚜렷이 나타난다. 그리고 염색체 결합 이상도 생물학적 성의 구분이 있으며, 청소년기를 거치면서 성 정체성의 발달과제도 갖게 된다.

따라서 성을 결정하는 데 있어 생물학적 요인이 큰 비중을 차지하고 있음을 말해 준다. 이러한 생물학적 결정론의 대표적인 사람은 정신분석학자 프로이트(Freud)이다. 그럼으로써 프로이트의 인간관은 결정론적이고 환원적이다. 이에 대해 프로이트는 "해부학적 구조는 운명이다"라고 말하기도 하였다. 프로이트는 인간에 대해 결정론과 무의식이라는 2가지 개념을 가정하였다. 즉, 인간의 행동은 어렸을 때의 경험에 따라 크게 좌우되며, 마음의 대부분은 의식할 수 없는 무의식 속에 있다는 것이다(이혜성 외, 1999). 따라서 유아기 때부터 "내가 남자냐, 여자냐"의 성의 결정은 비합리적인 무의식과 생물학적 본능에 의해서 결정된다(전병재, 2004).

## 2) 생물학적 성의 기능

성에는 두 가지 기능이 있는데, 하나는 사회구성원을 재생산하는 인간 재생산 기능이고 다른 하나는 쾌락으로서의 성이다. 그런데 이 두 기능은 사회적 흐름을 통해 분리되었다. 근대 사회에 이르기까지 성의 쾌락적 기능은 공식적인 영역에서는 감추어져 있었으며 인간 재생산의 기능만이 강조되었다. 어쨌든 여성에게 있어 성은 성교라는 행위만을 중심으로 이해될 수 있는 것은 아니다. 여성에게 성교는 임신과 출산, 육아라는 여성의 인간 생산기능과 연결되기 때문에 여성에게 성행위는 일련의 과정으로 이해되어야 한다. 그래서 여성에게는 성기 중심적이며 육체적 만족을 중시하는 남성의 성과는 달리 쾌락만큼이나 여성이 스스로 책임감을 가져야 하는 정서적 만족도 중요하다. 이와 함께 여성의 성적 권리를 주장하는 여성운동의 결과 여성에게 성적 쾌락은 매우 중요한 것으로 인식되었고 인간으로서 당연히 요구할 수 있는 권리로 인식되었다.

달라지고 있는 현대의 성 패턴은 은밀한 관계에서 본질적인 요인인 정서적인 측면과 독립성의 측면, 둘 다를 고려해야 한다는 점에서 과학적・철학적 영역에서의 성에 대한 관심은 점점 증가하고 있다. 그 결과 인간의 성에 관한 다양한 논의가 시작되고 급기야 '성담론' 또는 '성과학'이라는 논의체계를 형성하였다.

성의 정의나 성 연구의 대상을 넓히는 데 기여한 프로이트는 성적인 것과 성기적인 것을 구분하였다. 그는 인간의 성 에너지는 신체 여러 부분을 통해 쾌락을 얻은 후에 생식에 봉사하는 기능으로 축소된 것이라고 주장하였다. 또 Marcuse는 인간의 성이 성기 중심적으로 국소화되는 것은 생물학적 필연성이 아니라 문화적이고 사회적인 산물이며 특정한 지배를 위한 목적으로 인간의 성을 축소시킨 결과라고 주장한다.

또한 인간의 성이 에로스적 성격을 가지고 있다는 프로이트의 이론에서 출발하여 인간의 본능적 성 에너지는 직접적인 성감대를 넘어서서, 보다 넓은 만족의 영역에로 자기 초월을 시도한다는 점에서 동물과 다르다는 것에 주목한다. 이렇게 승화된 성 에너지, 에로스적 에너지의 만족 영역은 성애나 성교에 국한되는 것이 아니라 넓은 차원, 인간의 동지적 결속, 공동체적 유대감까지도 연장할 수 있다고 보았다.

## 3) 성적 표현의 상대성

인간에게 양심이 발달하기 이전의 원시사회에서는 성의 표현이 지금보다 훨씬 자유로웠을 것이다. 문명이 발달하면서 인간의 성적 본능은 억압되기 시작하였으며 성적 표현에 있어서도 자유로울 수 없었으리라 추정된다(윤가현, 2003). 그 이후 개인의 성욕 표현은 어느 문화권, 어느 시대에 살고 있는가에 따라 다르게 나타나게 되었다.

이렇게 문화적으로나 역사적으로 서로 다른 모습으로 억압된 인간의 성욕을 이해하고자 할 때 기억해야 할 하나의 원리가 있다. 이는 모든 구성원의 성에 대한 태도나 견해, 행동 등이 시대적이고 문화적인 틀 속에 한정된 상태로 학습되고 있다는 것이다. 그러므로 현대인의 성에 대한 태도나 행동도 대부분이 시대적 상황에 맞게 학습된 사회적이고 문화적인 현상이라고 볼 수 있다.

아동기 시절부터 학습을 통해 특정한 성 행동에 대해 특별한 의미를 부여하여 내재화시키는 과정을 성적 사회화(sexual socialization)라고 한다. 성적 사회화의 결과, 상당수의 청소년과 성인은 사랑이라는 요소를 성교행위를 갖는 정당한 요건으로 받아들이고 있다(Traeen & Kvalem, 1996).

### (1) 사회제도의 특성

개인이 삶을 영위하는 기간이 동일하다고 하더라도 성적 표현에 관련된 사회적 갈등은 개인이나 소집단이 어떻게 행동하고, 또 느끼는가에 따라 심오한 영향을 받기 때문이다. 성의 태도나 표현에 대한 개인 간의 차이는 부분적으로 개인이 속한 사회제도가 다르기 때문에 존재하며, 또 사회제도의 규준이 개인에게 얼마나 영향을 미쳤는가에 따라서도 그 부분적인 차이를 설명한다. 곧 사회제도의 특성에 따라 개인의 성에 관련된 정상적인 성장을 촉진 또는 저해시킨다. 이러한 영향을 미치는 대표적인 제도들은 바로 가정, 학교, 매체, 종교이다(Adams, 1980).

① 사회적 제도: 가정

어느 가정이든지 성 행동의 영역에 대한 적절한 기준이 있다. 그러나 성에 대한 기준이나 태도 등이 어떻게 전달되고 있는가는 가정마다 다르다. 자녀가 부모에게 성적인 내용을 질문할 때 자녀의 수준에 맞추어 대화를 아끼지 않는 가정도 있지만, 무관심하게 대처하거나, 비언어적으로 반응하거나, 아이가 포착하기 어려운 상태로 그런 질문을 하지 못하도록 경고하거나, 아예 거짓말로 대응해 버리는 가정도 많다. 후자처럼 가족 간의 의사교환 방법이 명료하지 못한 경우 자녀들의 내재화된 성에 대한 태도는 매우 부정적으로 발달할 가능성도 크다.

② 사회적 제도: 학교

학교는 또래 집단들과 상호작용을 통하여 사회화가 이루어지는 매우 중요한 환경이다. 학생들은 정식 교과과정 이외에도 성에 관한 사고, 감정, 행동에 관한 것을 많이 배운다. 예를 들면 화장실이나 탈의실 등에서 이성이나 동성의 신체를 볼 수 있고, 여자아이는 생리현상에 관한 이야기를 주고받기도 한다. 또 학교에서 주최하는 운동회나 학예회 등 여러 가지 사회적 행사는 남녀 둘씩 짝짓는 소집단 활동을 고무시켜 준다. 또한 학교에서는 정상 교과과정으로 성에 대한 정보를 전달시킬 수 있다.

③ 사회적 제도: 매체

여러 매체가 개인에게 메시지를 전달하면서 성 문화를 형성시킨다. 근래의 방송광고나 인쇄된 광고물, 또는 여러 프로그램이나 기사는 모두 그런 매체를 접하는 사람들에게 성적인 메시지를 전달해 주고 있다. 매체에 접하지 않고 사회생활을 영위하기 어려운 현대인은 아무런 선택권이 없이 매일 신문이나 TV 등 대중매체를 통해 낙태, 강간, 아동의 성적 학대 등의 기사에 노출되어야 하며, 이로 인해 성의 표현이나 태도에 영향을 미치게 된다.

④ 사회적 제도: 종교

종교에 따라 성행동의 기준이 다르다. 예를 들면 기독교는 전통적으로 모든 성행동을 결혼한 상태 이내로 제한시키고 있다. 우리나라는 특정한 종교의 원리를 국시로 채택하고 있지 않지만, 유교의 영향으로 과거 수 세기 동안 성의 언급을 금기시하고 남존여비의 문화를 형성해 왔다. 또 2세기 전 기독교가 씨를 뿌리기 시작하면서 알게 모르게 서구인의 성에 관한 보수적인 사고방식도 뿌리내렸다. 근대의 기독교 원리도 성을 금기시하고 여성보다 남성을 우월한 존재로 부각시켰다는 점에서 유교의 원리와 다를 바가 없었다.

그렇지만 종교라는 사회제도가 인간의 성적 표현이나 태도를 전적으로 결정해 주지는 않는다. 역시 여기서 언급하지 않았던 또 다른 사회문화적 효과 그리고 개인의 심리적인 특성에 의해 성의 표현이나 태도가 변한다. 물론 성인을 대상으로 조사할 때 종교의 영향이 지대하지만 20세기 후반의 청소년에게는 종교가 절대적인 효과를 발휘하지 못하고 있다. 예를 들면 성인의 반응에서 기독교에 관계된 정도가 클수록 성교의 비율이나 성적 파트너의 수가 더 낮게 나타났지만(Stack & Gundlach, 1992), 영국의 청소년을 대상으로 한 1990년대 초반의 조사에서 종교적 태도가 혼전성교 자체에는 다소 제한적인 영향력을 발휘하였지만 성교가 아닌 키스, 애무 등에는 전혀 영향력이 없었다.

### (2) 사회적 변화와 성에 대한 관점

전반적으로 20세기 후반에 나타난 남녀평등, 인권, 언론의 자유 등 여러 사회적 변화가 다른 어느 시기보다 지대하였으며, 그로 인해 범세계적으로 성에 대한 보수적인 태도가 수그러졌다. 그러한 사회적 변화로 인해 성에 대한 관점도 몇 가지 방향에서 바뀌었다.

첫째, 과거보다 성문제에 대해 알고 싶어 하는 욕구가 증가하였으며 동시에 더 솔직하고 공개적인 분위기에서도 토론할 수 있게 되었다. 예를 들면 동성애, 강간, 매춘과 같은 사회적으로 매우 민감한 주제들에 대한 토론도 가능해졌다.

둘째, 결혼관계 이외에서 발생하는 성행동을 과거보다는 더 용납하고 있는 분위기로 변해가고 있다. 혼전이나 혼외성교를 보다 쉽게 생각하고 기본적으로 쾌락을 추구하기 위해 우연한 기회에서도 성교를 경험한다.

셋째, 성문제에 대해 성인이나 청소년 모두 과거보다 개인적인 선택을 중시하고 있다. 그들이 사회적인 가치나 기준, 규범 등에 개의치 않고 내가 원하는 바를 선택하겠다는 입장을 취한다.

## 03 사회학적 성

### 1) 성역할

성역할이란 일반적으로 남성과 여성이 취할 적절한 행동에 관한 문화적으로 정의된 기대이다. 다시 말해 성역할은 여성과 남성이 어떻게 생각해야 하고, 행동해야 하며, 느껴야 하는지를 포괄하는 일련의 기대이다(허혜경, 박인숙, 2015). 예를 들어, 과거에는 여성이 주로 자녀를 양육하고, 가족의 식사를 준비하며, 그 밖의 가사 일을 전담하기를 기대하는 반면, 남성은 가계를 부양하고, 가사 일보다는 집 밖의 일에 관여하도록 기대되었다. 하지만 최근에는 남녀 모두에게 가계 부양자 역할이나 가사 일을 공유하는 태도가 기대된다.

성역할에는 생식과 같은 생물학적인 요소와 심리적·사회적 요소가 모두 포함된다. 사회적 수준에서의 성역할은 남녀에게 바람직한 것으로 규정되는 역할에 대한 일련의 신념 체계, 즉 성역할 규범으로 나타난다고 보며, 이는 사회 구성원을 성별에 따라 사회화시키는 근거가 될 뿐만 아니라 각종 사회제도를 만드는 근거가 되기도 한다.

한편, 심리적 수준에서의 성역할은 사회화 과정을 거친 개인의 성역할 규범을 내면화시킨 정도, 즉 성역할 정체성이나 성역할 태도로 나타난다. 사회 구성원의 성역할 성향은 다시 성역할 규범을 정하는 근거가 되므로 이 두 수준의 관계는 선형적이라기보다는 상호적인 관계이다(임정빈, 정혜정, 1997; 홍숙자, 2000 재인용).

성과 성역할에 관련된 개념을 성 정체성, 성 고정관념, 성역할을 중심으로 정리하면 다음과 같다<표 6－1>.

**표 6-1 성과 성역할에 관련된 개념들**

| 용 어 | 개 념 |
|---|---|
| 성 정체성<br>(gender identity) | 자신을 남성 또는 여성으로 여기는 개인의 성에 대한 자각 |
| 성 고정관념<br>(gender stereotypes) | 남성과 여성의 능력, 인성 특성, 그리고 사회적 행동에 관한 신념<br>(종종 부정확한 것으로서 일반에게 널리 알려져 있음) |
| 성역할<br>(gender roles) | 남성과 여성이 취할 행동에 관한 문화적으로 정의된 기대 |

출처: Lloyd, M. A. & Weiten, W.(1997). Psychology applied to modern life(5th ed.). 유영주 외(2000) 재인용.

## 2) 성역할 이론

한 개인이 자신의 성역할을 이해하고 설명하는 대표적 이론으로 동일시이론(정신분석이론), 사회학습이론, 그리고 인지발달이론을 들 수 있다. 세 가지 이론 모두 성인기 이전의 사회적 경험을 중요시하는 공통점이 있다. 동일시이론과 사회학습이론은 성역할 사회화에서 어렸을 때의 사회적 및 환경적 요소를 중요하게 여기지만, 인지발달이론은 아동의 주체적 인지능력을 중시하는 견해이다.

### (1) 동일시이론(정신분석이론)

아동은 동성 부모의 행동이나 태도를 보고 동일시한다. 정신분석학자인 프로이트(Freud)는 아동은 두려움에서 벗어나려고 동성의 부모를 동일시한다고 주장한다. 여기서 동일시란 아동이 동성 부모의 성격, 가치 등 복잡한 형태의 태도, 감정, 그리고 성역할을 구성하는 행동기준을 획득하는 행위를 의미한다.

프로이트의 성격발달이론에 의하면, 심리성적발달단계 중 남근기에서 겪는 남녀의 서로 다른 경험이 남성과 여성의 근원적 차이를 빚어낸다고 한다. 부모를 향한 동일시는 4세경 남아에게는 오이디푸스 콤플렉스(Oedipus Complex), 여아에게는 엘렉트라 콤플렉스(Electra Complex)를 경험하며 진행된다. 소년은 자신이 음경을 가지고 있지만, 어머니에게는 없다는 것을 알게 됨으로써 어머니에 대한 성적인 느낌에 눈뜨게 된다. 그러나 소년은 무의식적으로 아버지가 어머니에 대한 자신의 애정을 알게 되면 자신을 거세할 것으로 생각하여 갈등을 느낀다. 남아는 거세불안(castration anxiety)을 감소시키기 위하여, 즉 오이디푸스 콤플렉스에 의해 야기되는 불안과 갈등을 해결하기 위하여 방어적으로 아버지와 동일시(identification)하게 된다. 남아는 아버지와 동일시를 통해 아버지처럼 행동함으로써 자신에게 적합한 성역할을 획득하게 된다.

한편, 여아는 4세경에 엘렉트라 콤플렉스를 경험하게 되는데, 여아 자신은 음경이 없다는 것을 알게 되면서 이것은 어머니 때문이라고 생각한다. 이를 보복하기 위하여 아버지에게 집중하고 아버지의 사랑을 얻기 위해 자신은 어머니처럼 행동해야 한다고 믿고, 어머니를 동일시하면서 성역할 동일시가 이루어진다(이경우 외, 2001; 허혜경, 박인숙, 2015).

동일시 이론에 의하면, 성역할의 학습은 인생 초기에 무의식적이고 내적인 동기에서 일어나므로 특별한 강화 없이도 유지되며, 평생 비교적 안정적이라고 가정한다. 동일시 과정은 동성 부모와의 '강한 정서적 결합'에 의해 이루어지며, 동성 부모의 행동을 모방하기 때문에 부모-자녀 간의 성역할 행동 특성은 유사할 것으로 본다.

**혹시 아시나요?** **오이디푸스 콤플렉스, 엘렉트라 콤플렉스**

■ 오이디푸스 콤플렉스(Oedipus complex)

남아가 아버지를 증오하고 어머니에 대해서 품는 무의식적인 성적 애착을 의미한다. 명칭은 그리스신화의 오이디푸스 왕의 이름에서 유래한 것으로, 오이디푸스는 테베의 왕 라이오스와 이오카스테(에피카스테)의 아들인데, 숙명적으로 아버지를 살해하고 스핑크스의 수수께끼를 풀어 테베의 왕이 되었다. 어머니인 줄 모르고 결혼한 그들은 그 사실을 알자 이오카스테는 자살하고 오이디푸스는 자기 눈을 뺀다.

■ 엘렉트라 콤플렉스(Electra complex)

딸이 아버지에게 애정을 품고 어머니를 경쟁자로 인식하여 반감을 갖는 경향을 가리키는 정신분석학 용어로 그 명칭은 그리스신화에서 아가멤논의 딸 엘렉트라가 보여 준 아버지에 대한 집념과 어머니에 대한 증오에서 유래하였다. 미케네 왕 아가멤논은 10년 동안 트로이전쟁을 마치고 귀국한 날 밤에 아내인 클리템네스트라와 간부(姦夫) 아이기스토스에게 살해당하였다. 엘렉트라는 동생인 오레스테스와 힘을 합쳐 어머니와 간부를 죽이고 복수하였다.

출처: 네이버 백과사전

## (2) 사회학습이론

성역할과 관련된 행동은 내적 동기보다는 외적·환경적인 힘의 영향을 받는다고 본다. 사회학습이론에서는 아동이 성역할을 획득하면서 아동의 행동에 대한 환경의 강화(보상과 처벌)를 중요한 요인으로 보고 있다.

미셸(Mischel, 1970)은 직접학습(보상, 벌)과 관찰학습(모방, 대리학습)으로 아동의 성역할이 발달한다고 주장하였다. 아동이 성역할과 관련된 행동을 할 때 부모, 교사, 또는 친구 등과 같은 의미 있는 타인이 강화함으로써 성역할의 직접학습이 이루어진다. 즉, 아동은 자신의 성에 적합한 행동을 했을 때 보상을 받지만, 부적합한 행동을 했을 때는 처벌을 받게 되어 성장하면서 자신의 성에 적합한 행동을 학습하게 된다. 예를 들어, 여아가 장난감 총을 가지고 놀면 부모는 '여자답지 못하다'고 꾸중하고, 얌전하게 행동했을 때는 '여자답다'고 칭찬함으로써, 여아는 칭찬받은 대로 행동하며 자신의 성역할을 배운다. 이러한 직접학습을 통해 여아는 얌전하고, 협동적이며, 인형이나 소꿉놀이 장난감을 가지고 놀도록 장려되고, 남아는 경쟁적이고, 단호하고, 자동차나 총과 같은 장난감을 가지고 놀도록 장려된다. 또한, 아동은 관찰학습을 통해 많은 성역할 행동을 습득하게 된다. 아동은 부모나 친구 또는 다양한 매체를 통해서 자기 성에 적합한 행동을 학습하고, 이러한 행동유형은 환경적 강화를 통해 내면화된다.

### (3) 인지발달이론

동일시이론이나 사회학습이론에서는 성역할을 습득하는 과정이 무의식적이고 수동적이라고 주장하고 있으며, 인생 초기에 형성되기 때문에 습득된 성역할은 일생동안 비교적 안정적으로 유지된다고 주장한다. 그러나 콜버그(Kohlberg)는 아동이 성역할을 습득해 나가는 과정은 매우 자생적이며 적극적이고 능동적이라고 주장한다. 이 과정은 인지발달과정과 밀접한 관련이 있어서 형식적 조작사고(formal operational thinking) 능력이 발달하는 청소년 전기 이후에는 성역할에 대한 가치관이나 신념이 변할 수 있다고 보았다. 즉, 개인은 인지발달에 따라 자신이 속한 사회 환경 속에서 적극적으로 정보를 탐색하여 자신의 성을 지각한다.

또한, 관찰학습을 통하여 타인의 행동을 선별하여 자신의 성에 적합한 행동이나 태도, 역할 등을 내면화하여 습득하거나 때로는 변형시키기도 한다. 따라서 성역할을 학습하는 데는 TV, 신문, 영화와 같은 미디어, 부모, 친구, 교사 등 다양한 문화적 경험과의 상호작용이 큰 영향을 미친다.

콜버그는 아동이 자신의 성을 인식함으로써 성역할 발달이 이루어지는데, 이러한 자신의 성에 대한 인지를 사회적 강화가 바꾸어 놓지는 못한다고 주장한다. 아동은 자신의 인지능력 발달에 따라 성역할을 학습하고, 자신의 성이 영구적임을 인식하고 나면 자신의 성에 적합한 행동을 하려고 한다. 즉, '나는 여자다'라는 인식이 먼저이고, 그다음에 '그러므로 여성에게 적합한 행동을 한다.'는 것이다(정옥분, 1998). 즉, 아동은 자신이 인지한 성 개념에 따라 자신에게 적합한 행동을 관찰하고 자신의 성과 같은 또래집단에 합류하여 적절한 행동을 하며, 그 집단 속에서 성역할을 발달시키게 된다.

## 3) 성역할 발달에 영향을 미치는 요인들

성역할 발달에 영향을 미치는 요인 중 대표적인 것으로 가족, 학교, 또래, 대중매체 등을 들 수 있다.

첫 번째는 가족이며, 부모는 아동의 성역할 사회화의 첫 번째 담당자이다.

부모가 가지고 있는 성의식과 태도는 자녀가 태어나는 순간부터 청소년기까지 중요한 영향력을 행사한다. 특히 자녀양육 시에 아들과 딸의 성별에 따라 성역할을 강요하는 부모의 행동은 자녀에게 성역할 고정관념을 갖게 한다.

형제의 수, 출생순위, 형제관계 또한 성역할 발달에 영향을 미친다. 형제간에 모방이나 동일시가 일어날 수 있으며, 성역할 발달을 촉진한다.

두 번째로 학교를 들 수 있는데, 학교에서의 교과과정, 학교 조직, 교사 등이 성역할 발달의 매개요인이 된다. 그러나 교과과정에서의 성차별, 학교 행정과 운영은 대개 남성이 담당하고 있다거나 진로지도 시에 전통적인 성역할 고정관념 등이 남아 있어 학생들의 성역할 발달에 반영되기도 한다.

또래는 성역할 발달에 많은 영향을 미친다. 또래들이 사용하는 언어, 표현적인 역할 등은 개인의 성역할 발달의 기준이 되기도 한다.

마지막으로 대중매체를 들 수 있는데, TV, 잡지, 인터넷 등을 통해 성역할 모델링이나 동일시 대상이 정해지기도 하므로 그 영향력이 커지고 있다. 그러나 아직도 TV 프로그램 등에서는 전통적인 성역할을 많이 묘사하고 있으며, 건강하고 평등한 성역할을 수행하는 모델을 제시하는 것에는 소홀하다. 그러므로 대중매체를 통해 제시되는 성역할에 대한 검토가 필요하다.

**혹시 아시나요?** **왜곡된 성역할의 예-일곱 가지 남성 콤플렉스**

콤플렉스(Complex)란 관념복합체 혹은 '마음속의 응어리, 억압된 의식 아래 잠재해 있는 관념'으로 정의할 수 있으며 사고의 흐름을 방해하고 당황하게 하거나 화를 내게 하거나 마음을 찔러 목매게 하는 어떤 것이다. 대개 약점에 대해 흔히 열등의식으로 생각하기도 하지만, 열등감으로 생기는 불쾌한 감정뿐만 아니라 우열감과 희로애락과 같은 다양한 감정도 포함한다.

우리나라 남성들이 가지고 있는 남성 콤플렉스는 사내대장부 콤플렉스, 온달 콤플렉스, 만능인 콤플렉스, 외모 콤플렉스, 성 콤플렉스, 지적 콤플렉스, 장남 콤플렉스 등 7가지로 나누어 볼 수 있다.

■ 사내대장부 콤플렉스

남자는 대범함 · 강직함 · 신중함 · 과묵함 등 남자다움으로 무장해야 한다는 생각이다. 꽁생원, 졸장부, 소인배, 샌님이라는 평가보다는 남자다운 품위와 체면을 지키려고 허세를 부리거나 폭력을 휘두르며 강한 남자로 위장하기도 한다.

◆ 온달 콤플렉스

"겉보리 서말이면 처가살이 안 한다? 오죽 못났으면 사내가 마누라 덕을 보느냐?"고 비아냥거리지만 어려서는 외가 덕, 젊어서는 처가 덕, 늙어서는 사돈 덕을 보고 싶은 것이 남자들의 심리다. 한 가정의 가장으로 위풍당당한 모습을 보이면서도 아내의 재산이나 지혜를 바탕으로 더 높이 발돋움하려는 심리를 감추고 있는 것이다.

■ 성 콤플렉스

변강쇠는 나의 희망, 남성의 성은 적극적 · 능동적이며 성행위에서 주도권을 잃어서는 안 된다는 것이다. 그래서 자신의 성적 능력이 그 수준에 미치지 못하거나 여성을 만족하게 하지 못하면 위축되고 갈등한다.

■ 지적 콤플렉스

남자는 여자보다 똑똑하고 이성적이어야 한다는 생각, 이런 남자들은 여성 상사나 선배의 지시를 받으며 일하는 것을 자존심 상해 한다. 또 지적인 여자는 좋지만 자기보다 유능한 아내는 싫다고 한다.

■ 외모 콤플렉스

잘생긴 외모가 부럽지만, 외모에 연연하는 것은 남자답지 못하다고 생각하며 열등감에 시달리는 '가슴 앓이파', 외모 열등감을 미인 아내를 얻어 보상받으려는 '미인 밝힘형', 계집아이 같다는 말을 들을 정도로 외모를 가꾸는 '꽃미남형', 탄탄한 몸을 가지려고 부단히 노력하는 '스포츠 맹신형' 등 다양하게 나타난다.

■ 장남 콤플렉스

단 한 번도 가족들에게 어려운 것을 말한 적이 없는 남자, 나를 믿고 의지하는 가족들의 기대를 꺾기 두려워하는 남자들은 주로 장남이다. 장남들은 가족들의 신뢰와 기대로 심적 부담을 느끼기도 한다.

■ 만능인 콤플렉스

남자라면 도둑질 빼고는 모두 잘해야 한다. 가정과 직장, 술자리, 취미생활에서까지 어느 자리에서나 남들보다 돋보이는 유능한 사람이 되어야 한다는 생각이다.

## 04 자본주의사회에서의 일그러진 성

인간의 성은 단순히 동물적인 본능에 의해 나타나는 것이 아니라 사회 구조 내에서 창조되며 통제된다. 따라서 성규범과 가치체계는 그 사회의 정치, 경제, 사회의 흐름에 따라 변화하며 지배층의 권력을 반영한다. 프랑스의 사회학자 푸코(Foucault)가 지적하듯이 권력은 쾌락을 생산하는 도구이며 성은 권력과 융합하여 발생하는 에너지를 통해 사회 전반을 통제하는 핵심으로 이용되고 있다는 점을 인식해야 한다.

벌써 수십 년 전부터 많은 여성학자는 성문제가 여성의 삶에 대한 남성 중심적 지식의 신비를 폭로하는 데 매우 효과적이라는 점을 인식하여 모든 사람이 자유롭고 창조적인 성의 잠재성을 모색하는 데 주력해 왔다. 뿐만 아니라 지금까지 감추어져 있던 감정과 친밀성의 영역이 연구되면서 남성과 여성 사이의 성에 대한 인식의 차가 밝혀지고 있다.

### 1) 성상품화와 자본주의

자본주의하에서 인간의 성은 시장 경제의 원리에 의거하여 이윤 증대를 목적으로 상업문화에 이용되면서 상품화되고 있다. 이러한 현상은 우리 사회에서 향락 산업의 급팽창과 더불어 성문화의 아노미 상태를 유발하였다.

남성문화는 여성을 성적 대상으로 규정하고 평가한다. 특히 자본주의적 가부장제에서는 여성의 경제 활동조차도 성적인 것과 연관되어 있으며, 성적 매력은 여성의 노동시장에서 공공연하게 인정된 조건이다. 이렇듯 여성의 선택과는 관계없이 여성의 성적 표현은 남성에 의해 통제되고 있으므로 여성 자신을 위해서가 아니라 남성의 쾌락을 위해 발달되고 있다는 것이다. 예를 들면 안내원, 판매원, 호스티스 등 서비스 직종에서 여성이 급격하게 증가하는 이유는 그들의 성적 상품가치를 최대한 이용할 수 있기 때문이다. 재거(Jagger, 2002)는 이러한 상황이 자신의 노동 과정이나 생산품으로부터 소외되고 있는 노동자의 상황과 유사하다고 주장한다.

여성이 성적 대상으로 취급되면서 이익을 보는 대상은 자본가이다. 번창하고 있는 음란 외설물과 향락 산업은 자본주의적 이익에 부합하고 있다. 자본가는 대중 매체에 영향력을 행사하며 자신의 이익에 도움이 되는 한, 성차별적인 이데올로기를 영속화하기도 한다. 이러한 현상은 소비를 위한 전략으로 성의 상품화가 빈번하게 이용되고 있다는 점에서도 잘 드러난다. 예를 들어 각종 소비 상품에 대한 광고는 성적 매력과 에로티시즘을 강조하기 때문에 인간은 인격체가 아닌 하나의 사물이나 신체의 특정 부위만 부각되는 성적 대상으로 전락한다. 인간의 성과 육체에 대한 상품화는 성에 대한 향락과 퇴폐성을 가중시키고 성의 인간적인 가치를 떨어뜨린다. 이렇듯 끊임없이 성충동을 자극하는 환경에서 인간은 갈망과 좌절을 동시에 느끼며 성의 쾌락을 추구할수록 자본주의에 예속되어 방황하게 된다.

이와 같이 자본주의는 가부장적 성문화와 결탁되어 여성 신체에 대한 상품화와 향락 산업의 번창을 초래하였는데, 이 외에도 성 개방 풍조와 함께 수입된 음란 외설물의 범람은 적절한 성교육을 받지 못한 청소년에게 성에 대한 왜곡된 가치관을 심어주고 있으며, 심지어는 성폭력이나 성범죄까지 유발하고 있다.

## 2) 미인 선발대회

한국 여성의 건강과 아름다움을 선보여 미를 통한 국제사회 참여와 인류문화에 기여한다는 취지로 지난 1957년에 시작한 미스코리아 선발대회는 지금껏 그 취지를 올바르게 이어오고 있는지 의문이다. 여기에서는 미인대회가 진정한 여성의 아름다움을 부각시키는 무대인지, 육체를 상품화시키는 수단인지에 대해 그 문제점을 알아보고자 한다.

① 그릇된 관습의 노골화

미인대회는 여성의 존재가치를 외모와 직결시키는 종전의 그릇된 관습을 노골화한다. 게다가 여성 신체의 각 부위를 수치화하여 기계적 잣대와 기준에 따라 평가함으로써 여성의 인격 자체를 경시하거나 평가절하하기도 한다.

② 가치기준의 왜곡

외모가 우리 사회의 바람직한 여성상의 기준인 것처럼 가치기준을 왜곡시키고 있다. 신데렐라 콤플렉스를 조장하고 미인대회를 통해 여성의 외모에 보내는 찬사와 동경은 타고난 외모를 성형하도록 유도하기도 한다.

③ 심각한 여성 인력 낭비

각종 미인선발대회는 심각한 여성 인력을 낭비하고 있다. 각종 미인대회에 지원서를 내는 대부분의 여성이 대회 출전을 위해 얼굴을 성형하거나 몸매 가꾸기 등 비정상적인 노력에 무모한 열정을 쏟고 있다는 것이다. 사회학적으로 볼 때 그들은 비생산적인 영역에서 시간과 노력을 허비하고 있음이 분명하다.

④ 애매한 미의 기준

미의 기준이 애매하다는 것이다. 미인의 기준은 동서고금을 통해 다른 것이 사실이나 지금의 우리 미인대회는 서구의 것을 그대로 모방하고 있다. 세계적으로 통용되는 미인의 기준은 고대 그리스 시대의 밀로의 '비너스 상'(Venus de Milo)으로 알려져 있다. 그러나 이 비너스 상의 주인공은 분명 서양 여성이지 동양 여성이 아니라는 데 문제가 있다. 이것은 미스코리아 선발대회의 취지에서 말한 한국의 미와는 너무 동떨어져 있다는 생각이 들고, 다른 시각에서 보면 신체구조가 기형적이라는 견해도 있다.

### 3) 포르노그래피

우리 사회에서 포르노그래피(이하 포르노)라는 말은 종종 음란 외설물과 혼합하여 사용한다. 그러나 학계에서는 포르노와 음란 외설물의 개념은 다르게 사용한다. 포르노는 성행위에 대한 명시적인 묘사인 반면, 음란 외설물은 역겨운 신체적 기능 학대에 관한 묘사로 보는 것이 일반적이다(심영희, 1994).

포르노에 대한 페미니즘의 입장은 두 가지로 구분할 수 있다. 첫 번째는 포르노를 폭력으로 보면서 이를 반대하는 입장이고, 두 번째는 포르노를 문화적 표상으로 보면서 포르노에 대한 규제를 반대하는 입장이다.

급진주의 페미니스트인 드워킨(Dworkin)은 포르노가 "여성의 몸과 정신에 대한 조직화된 파괴 행위이며, 강간 · 구타 · 근친 강간 · 매춘과 서로 밀접하게 연계되어" 있는 것으로 '포르노의 특성은 비인간화와 새디즘'이고 '여성에게 선포하는 전쟁이며 인간의 존엄이나 자아 그리고 인간적 가치에 대한 끝없는 공격'이라고 가차 없는 비판을 하고 있다.

결국 포르노는 다음과 같이 권력에 근거를 둔 남성지상주의 이데올로기와 밀접한 연관성을 가지고 있다(Dworkin, 1996).

첫째, 남성은 자아(self)를 가지고 있는 반면, 여성은 그렇지 않다는 것이다. 남성은 특히 여성을 이용하여 자신과 자신의 삶을 확대하는데 이는 데카르트식 명제로 표현하면 더욱 뚜렷해진다: 나(남성)는 원하고, 나에겐 소유할 권리가 부여되어 있고, 그러므로 나는 존재한다.

둘째, 남성은 여성보다 육체적으로 강하기 때문에 여성을 지배할 권리가 있다고 본다. 역사적으로 여성은 신분이 높을수록 육체적인 강인함이 장식적인 아름다운 외모로 대체되고 노동력으로부터 멀어진다. 또한 사회제도는 남성의 육체적 가치를 신비화하여 육체적으로 강한 남성은 약자에게 우월한 존재로 군림하도록 한다.

셋째, 권력은 자아와 육체적 강함을 이용하여 다른 이들에게 공포와 위협을 조장한다. 위협에는 칼, 총, 주먹 등 명시적인 상징이 사용되기도 하지만 페니스와 같이 숨겨진 상징으로 남기도 한다. 따라서 위협은 남성으로부터 태어나서 전설에 의해 포장되며 파괴와 공포의 조장으로 끝을 낸다.

넷째, 남성은 역사적으로 소유하는 절대적인 권력을 가지고 있다. 그들은 취하고 그 상태를 지속하며 일단 소유하고 나면 그것은 남성의 것이 된다. 특히 아내에 대한 소유는 아내에 대한 폭력과 성적 착취도 정당화하게 만든다.

다섯째, 남성은 경제력을 통하여 자신의 권력을 확인한다. 여기서 경제력은 성적인 요소를 지닌다. 남성에게 경제력은 섹스와 불가분의 관계를 가지고 있으며 또한 섹스와 여성은 일용품에 속한다. 따라서 부는 정도에 상관없이 남성의 성적 권력의 표현이 되기도 한다.

### (1) 포르노의 위해성

이러한 이데올로기를 지닌 포르노는 영화, 사진, 성인잡지 및 만화 등의 형태로 우리의 문화생활에 침투하고 있으며 마음만 먹으면 어디서든 접할 수 있다. 특히 기본적인 성교육이 상대적으로 부족한 한국 사회에서 이러한 포르노는 청소년에게 왜곡된 성교육의 역할을 담당하여 성범죄와 성행위의 차이조차도 구별하지 못하게 한다. 페미니스트인 배리(Barry)는 포르노가 여성의 고통, 굴욕, 고문, 폭력, 살인에 근거한 '문화적 새디즘'이라고 규정한다. 또한 모건(Morgan)도 이러한 포르노가 여성에 대한 강간을 합리화하는 근거를 제공하는 남성 문화의 핵심이라고 다음과 같이 비판하였다. '포르노는 이론이며 강간은 실습이다(Morgan, 1980).'는 표현이다.

주로 가학적이고 폭력적인 성행위 묘사가 주류를 이루는 데도 포르노에 찬성하는 일부 학자는 포르노가 성범죄를 감소시킨다고 주장한다. 그러나 최근의 연구는 이러한 주장이 무책임하고 신빙성이 없다고 밝히고 있는데(Rusell, 1989), 미국 심리학회의 보고서에 따르면 포르노의 성폭력 장면을 자주 시청한 남성의 경우 폭력에 대해 무감각해지고 강간 피해자에 대한 동정심이 상대적으로 낮다는 분석이 나왔다(Hart, 1996). 또한 근래 신문지상에 자주 오르내리는 성폭력 가해자의 진술에서도 포르노가 성폭력의 요인이었다는 것이 드러나고 있어서 그 위해성은 입증된 셈이다.

## 05 새로운 성역할의 추구

사회가 변화함에 따라 현대사회의 남녀 역할에서도 전통적인 여성성 혹은 남성성보다는 다양한 상황에서 융통성 있게 대처할 수 있는 양성성이 높은 사람을 요구한다.

### 1) 양성성의 개념

양성성(androgyny)이란 하나의 유기체 내에 여성적 특성과 남성적 특성이 공존한다는 것을 의미한다. 즉, 양성성은 사회의 성역할 고정관념을 이루는 것 중 바람직한 여성적 특성과 남성적 특성이 결합하여 공존하는 것으로, 성격과 행동이 독립적이면서도 부드럽고 기존의 성역할에 고정되지 않는 건강하고 적응적인 성격이 나타난다. 양성성은 상황에 따라 남성적 역할과 여성적 역할을 융통성 있게 적절히 수행할 수 있다고 인식하는 효율적인 성역할 개념이라 할 수 있다.

남성성과 여성성의 전통적인 개념에 대한 대안으로 양성성을 주장한 산드라 벰(Sandra Bem)은 양성성을 갖도록 사회화하는 것이 전통적인 성역할을 갖는 것보다 훨씬 기능적이라고 주장하였다. 양성적인 사람이 한 가지 성역할에 고정된 사람보다 자존감, 자아실현, 성취동기, 결혼만족도, 도덕성 발달 및 자아수준이 높고 정신적으로 더 건강한 것으로 나타났다(홍숙자, 2000).

Sandra Bem
(1944~2014)

### 2) 양성성의 속성

① 양성성의 효율성

양성성의 효율성은 개인이 속한 사회문화적인 상황에 따라 다를 수 있다. 즉 성 고정관념이 강한 사회에서는 개방적인 사회보다 양성적인 사람이 훨씬 더 적응하기 힘들 것이다. 따라서 양성적인 행동의 효율성은 상황이 그러한 행동을 어떻게 수용하느냐에 달려 있다. 양성적인 사람은 내게 최선의 것을 선택해야 할 것인가 아니면 타인이 기대한 대로 행동해야 할 것인가를 결정해야 할 때가 있다. 여러 선택의 이해득실을 따져 보고 자신에게 가장 바람직한 하나를 선택할 것이다. 이때 매우 유사하게 양성성을 소유한 사람도 '선택의 자유'는 개인이 직면한 상황에 따라 달라질 수 있다. 그러나 앞으로의 사회에서는 양성성의 효율성이 더 커질 가능성이 있다. 즉 남녀가 공존해야 하는 현대사회에서는 강한 남성성의 소유자나 강한 여성성의 소유자보다는 양성적인 사람이 심리적 스트레스와 긴장감을 덜 느끼고 적응력이 더욱 뛰어날 것이다.

② 이중역할

만일 가정과 직장의 이중역할을 선택하였을 경우, 역할 과중과 역할 갈등에서 오는 어려움을 감수해야 한다. 많은 여성이 의존을 혐오하면서도 자립을 두려워하는, 자립과 의존의 이중적인 감정의 멍에 속에서 아무런 노력 없이 운 좋게 신데렐라가 되고 싶어 하는 '신데렐라 콤플렉스'를 가지고 있다. 그러나 우리 사회에서는 많은 성공적인 취업 여성이 '슈퍼우먼 신드롬'을 경험한다. 아직 우리 사회에서는 여성이 가정과 일, 두 가지 분야에서 모두 성취하기란 그렇게 쉬운 일이 아니기 때문이다. 슈퍼우먼이 아닌 보통 여성이 가정생활과 직장생활을 무리 없이 병행하기 위해서는 가정과 사회가 함께 성 역할 고정관념에서 벗어나야 한다. 남녀가 모든 역할을 융통성 있게 공유하고 서로의 주체성을 인정할 때, 미래의 삶은 남성과 여성 모두에게 진실하고 풍요로워질 것이다.

## 3) 젠더의 성 역할 측정

Spence와 연구진(Spence, Helmreich, & Stapp, 1975)은 남녀 대학생을 대상으로 그들의 성 역할 지각과 자아존중감 간의 관계를 연구하였다. 우선 남녀 대학생들을 성과 관련된 특성에 관한 자아평정(self-ratings)을 기초로 하여 네 집단으로 분류하였다. 각 집단은 다음과 같다(<표 6－2> 참조).

**표 6-2** 네 가지 성 역할 범주와 자아존중감과의 관계

| 자아평정의 점수 | | 성별 | 명칭 | 비율(%) | 자아존중감점수 |
|---|---|---|---|---|---|
| 집단1 | 남성성향 : 저 | 남 | 미분화 | 31 | 67 |
| | 여성성향 : 저 | 여 | 미분화 | 21 | 70 |
| 집단2 | 남성성향 : 저 | 남 | 여성적 남성 | 13 | 75 |
| | 여성성향 : 고 | 여 | 전통적 여성 | 39 | 75 |
| 집단3 | 남성성향 : 고 | 남 | 전통적 남성 | 27 | 87 |
| | 여성성향 : 저 | 여 | 남성적 여성 | 11 | 92 |
| 집단4 | 남성성향 : 고 | 남 | 양성적 | 30 | 94 |
| | 여성성향 : 고 | 여 | 양성적 | 30 | 99 |

자료 : Spence, Helmereich & Stapp(1975).

- 집단1 : 미분화 집단, 자신을 남성적이라든가 여성적이라고 명확하게 평정하지 못하는 남녀 학생들
- 집단2 : 남성적 특성은 약하나 여성적 특성이 강한 여성적인 남학생 집단과 남성적 특성은 약하고 여성적 특성이 강한 전통적인 여학생 집단
- 집단3 : 남성적 특성은 강하나 여성적 특성이 약한 전통적인 남학생 집단과 남성적 특성은 강하고 여성적 특성이 약한 남성적인 여학생 집단
- 집단4 : 남성적 특성과 여성적 특성이 모두 강하다고 평정한 양성적 집단

연구 결과 집단4에 소속한 남녀 학생의 자아존중감 점수가 가장 높았다. 이처럼 남성적인 동시에 여성적인 사람일 경우 이것이 바로 양성성인 것이다. 그다음이 집단3 집단2 그리고 집단1의 순이었다. 최근의 여러 연구에서도 양성적 개인은 남성적 남성이나 남성적 여성보다 자아존중감 점수가 더 높고 적응능력도 더 우수하였다는 결과를 보이고 있다.

결국 남성과 여성 어느 성이 더 우월한지를 논하는 것은 대단히 어리석은 짓이다. 남성과 여성 각각은 상대방이 갖고 있지 않은 것을 가지고 있다. 한쪽은 다른 쪽을 완성해주고 또 다른 쪽에 의해서 완성된다고 본다.

**혹시 아시나요?** **성 역할 고정관념 '여전' … 대학생들의 시각은**

"여의사, 여경, 여군, 여자축구선수 … 여성 직업인을 언급할 때는 왜 '여'라는 수식어를 붙여야 하죠?" 충북도가 충북대 양성평등상담소와 함께 '남과 여의 아름다운 공존을 향하여'라는 주제로 성평등 토론회를 개최한 것이다.

발제에 나선 충북대 학생들은 "우리 사회는 남성과 여성이라는 성 역할 고정관념에서 벗어나지 못하고 있다"며 "성별과 사회적 성 역할을 분리해 세상을 바라봐야 한다"고 한목소리를 냈다.

첫 발제자로 나선 J 씨는 시내버스를 타다가 여성 운전기사를 보고 깜짝 놀랐다며 여성의 직업 앞에 '여'라는 수식어를 붙이는 사회 풍조 역시 씻어내기 어려운 성 역할 고정관념에서 비롯된 것이라고 지적했다.

여학생이 수학을 못 한다거나 남학생은 어휘에 약하다는 편견, 여학생만 무용을 배우고 시험 보는 중·고교의 실태, 아이를 돌보는 역할은 여성 몫이라는 잘못된 관념도 도마 위에 올려놨다. J씨는 "남자아이가 인형을, 여자아이가 장난감 트럭을 갖고 놀 수 있다는 인식이 가정에서부터 조성돼야 하고, 학교 역시 여학생들에게 축구와 야구를, 남학생에게 무용과 바느질을 가르치며 모든 일에 성별의 차이가 없다는 인식을 심어줘야 한다"고 말했다. 여성 스스로 권리를 지켜야 한다는 목소리도 이어졌다.

M 씨는 "시집 잘 가는 것이 '최고의 취업'이라는 사고방식이나 데이트 비용을 남자친구에게 의존하는 행동은 여성의 패배 의식에서 나오는 것"이라고 꼬집었다. 그는 인신공격성 비난을 받은 여성에게 주변 지인들이 '처벌은 약하고, 보복도 우려되니 그냥 넘어가라'라고 조언하는 것을 '현재의 저급한 성평등 수준'이라고 지적한 뒤 "여성 스스로 권리를 지키는 자주적인 여성이 돼야 한다"고 강조했다.

'우리 사회 리더의 자리'라는 제목으로 발제에 나선 P 씨는 "부장님, 과장님 같은 단어를 떠올리면 배가 나온 중년의 남성이 왜 떠오르는지 궁금하다"고 화두를 던졌다.

그러면서 "우리 머릿속에 담긴 리더의 모습이 쉽게 변하지 않는다는 점에서 무의식적인 성편견이 여성에게도 있다"고 지적했다. 다만 "수십 년간 쇠사슬로 두 다리를 묶였던 사람을 풀어주고 '이제 자유를 줬으니 다른 사람과 경쟁하라'고 말할 수는 없다"는 린든 존슨 미국 전 대통령의 명언을 인용하며 사회적인 배려와 존중이 아직 필요하다는 점을 강조했다.

출처: 심규석(2013). 연합뉴스

## 06 21세기의 여성성 남성성의 새로운 개념

21세기는 여성성과 남성성의 개념이 변화하고 있다. 개념이 변한다는 것은 사회가 변하기 때문이다. 또한 사회가 변화한다는 것은 인식이 변했다는 것이다. 그러므로 다음의 용어들은 21세기의 남성다움을 나타내는 남성성과 여성다움을 나타내는 여성성이 변화하고 있음을 알 수 있는 신조어들이다(Salzman, M., 2003).

### 1) 여성성의 변화

① **콘트라 섹슈얼**(Contrasexual): 콘트라 섹슈얼은 '반대'의 뜻을 가진 라틴어 'Contra'와 성을 의미하는 'sexual'을 조합한 신조어로 결혼이나 육아보다는 사회적 성공과 고소득을 인생의 가장 큰 가치로 삼은 여성들을 말한다. 영국의 미래연구소에서 등장한 용어로, 주로 30대 후반의 여성을 의미하며 생활과 일, 배우는 것과 행동에 있어서 매우 신중하고 단호하며 모험적인 사고방식을 가진 사람을 의미한다. 이들은 결혼과 낭만적 관계보다는 지금 바로 주어지는 기회를 활용하여 인생경험을 중요시하고 때로는 자기과시를 통해 기쁨을 얻고 주어진 목표에 관심을 둔다. 남성에 대해서는 '일부'이지 '전부'나 '중심'으로 사고하지 않는다.

② **집안의 여왕**(Domestic Diva): 이들이 결혼하여 그들의 인생에 남성을 끌어들여 의식주 등 모든 종류의 사치품을 남성에게 의존하는 사회적 노동을 하지 않기 때문에 겉으로는 주부이지만 실제로 가사노동을 도우미에게 맡기거나 돈으로 해결한다. 운동과 취미생활을 하면서 시간을 보내고 아이의 학교생활이나 지역 예술단체회의에 참석하는 것을 가치 있는 일로 생각하는 것을 말한다.

③ **시스터 액트**(Sister Act): 사회적 제도와 관습의 시스템에 공공성과 여성성의 맥락에서 개입 실천하는 여성을 의미한다

④ 팜므파탈(Femme Fatale): 특정 시대의 캐릭터로 '위험한 여성'을 뛰어넘어 능동적이며 활달한 태도로 '욕망과 환상'을 펼쳐내고 있는 캐릭터이다.

⑤ 워마드(WOMAD): Woman(여성)과 Nomad(유목민)을 합성한 말로 '모든 남성을 혐오한다'는 것을 모토로 탄생했으며 워마드 강령에 의하면 '워마드는 여성운동 단체가 아니고, 소수 인권은 챙기지 않으며 오직 여성만 챙기며, 이를 위해 도덕을 버리는 것'을 의미한다.

## 2) 남성성의 변화

① 메트로섹슈얼(Metrosexual): '메트로섹슈얼(Metrosexual)'이란 도시를 뜻하는 'Metro'와 성을 뜻하는 'Sexual'이 합성된 신조어. 여성 취향의 아름다움과 미적 감각을 추구하는 도시 남성을 뜻한다.

외모에 신경을 쓰는 남성의 증가는 어제오늘의 일이 아니지만 이 단어가 대중에게 관심을 받자 패션, 화장품 업계에서는 남성 용품 마케팅 전략으로 메트로섹슈얼을 내세우고 있다. 메트로섹슈얼의 더 솔직한 의미는 대도시에 살면서 자신의 외모에 일정 수준 이상의 돈을 쓸 수 있을 만큼 여유 있는 남성들만을 지칭한다.

게다가 "외모가 매우 중요한 경쟁력"이라는 메시지가 아무렇지도 않게 강조되고 있다. 처음 이 단어가 제시했던 성역할 변화에 대한 분석적 시각은 사라지고 오로지 외모치장을 위한 소비만이 위력을 떨치고 있다.

② 위버섹슈얼(Ubersexual): 위버섹슈얼이란 자신의 직업을 통해 우수한 능력을 보여주고, 여성의 말에 귀를 잘 기울이며, 자신만의 스타일이 살아 있는 그야말로 '멋진' 남자를 뜻한다. 이들은 남에게 보여주려고 자기 스타일을 추구하지는 않는다. 스스로가 패션을 좋아할 따름이다. 따라서 그동안 여성의 전유물로 여겨졌던 피부관리, 성형 등 외모 가꾸기에도 관심이 많다. 메트로섹슈얼을 지나 여심을 흔들고 있는 위버섹슈얼은 자신만의 패션스타일을 만들고, 뷰티와 성형에도 폭발적인 관심을 쏟고 있다.

클래식한 양복 위주였던 남성 패션시장이 최근에는 다양한 스타일에 대한 욕구를 반영해 해외 유명 디자이너브랜드가 줄줄이 소개되고 있다.

③ 뉴 블로크(New Bloke): 호주의 사회학자인 맥키(Macky)에 의하면 이들은 겁쟁이가 아니지만 마초 또한 아니다. 이들의 특징은 중간적인 사내다우면서도 예민하고 깨어있고 자유로우며 자신의 남성성을 편안하게 받아들인다.

여성이 남성과 동등하다는 점을 알고 있기 때문에 성별 간에 좋은 관계를 이루는 길은 사회가 진정한 평등을 인정하는 데 있다고 생각하는 사람들이다.

④ 이모 보이(Emo Boy): 근육질이 아니며 쌀쌀맞고 은근히 자만심이 강하다. 교양 있고 친절하며 어두운 내면도 지녔다. 남성상의 전형적인 부정적 속성 및 행동과 동일시되기를 거부하는 사람이기 때문에 남자다워 보이는 부분이 있기는 하지만 상처받기 쉽고 감성적이며 감정의 기복이 있고 상대의 감정보다 자신의 감정에 더 예민함을 보이는 사람들이다.

## 잠깐만! 함께해요

### 성역할검사

아래 문항의 말들은 자기 자신을 표현하는 말들입니다.
자신에게 가장 적절하다고 생각되는 번호를 아래의 표에 표시해 주십시오

1. 전혀 혹은 거의 그렇지 않음
2. 대개의 경우 그렇지 않음
3. 가끔 그러나 드물게 그러함
4. 때때로 그러함
5. 자주 그러함
6. 대개의 경우 그러함
7. 항상 혹은 거의 항상 그러함

| | |
|---|---|
| 1. 자신감이 있다 | 31. 의사결정을 쉽게 한다 |
| 2. 순종 / 양보한다 | 32. 연민의 정이 많다 |
| 3. 남에게 도움을 잘 준다 | 33. 진지하다 |
| 4. 자신의 신념을 강력히 주장한다 | 34. 자부심이 강하다 |
| 5. 명랑하다 | 35. 상한 마음(감정)을 위로해 주고싶다 |
| 6. 기분이 잘 변한다 | 36. 잘난 체한다 |
| 7. 독립적이다 | 37. 지배적이다 |
| 8. 수줍어한다 | 38. (말씨가) 상냥하다 |
| 9. 양심적이다 | 39. 호감이 가는 성품이다 |
| 10. 운동을 잘 한다 | 40. 남성답다 |
| 11. 자애롭다 | 41. 온화하다 |
| 12. (연극처럼) 꾸민 것 같다 | 42. 엄숙하다 |
| 13. 주장이 뚜렷하다 | 43. 자기주장을 주저없이 한다 |
| 14. 남이 듣기 좋아하는 말을 잘한다 | 44. 부드럽다 |
| 15. 기쁘다 | 45. 친절하다 |
| 16. 성격이 강하다 | 46. 공격적이다 |
| 17. 충절을 잘 지킨다 | 47. 속기 쉽다 |
| 18. 예측할 수 없다 | 48. 비능률적이다 |
| 19. 강요를 잘 한다 | 49. 지도자처럼 행동한다 |

| 20. 여성답다 | 50. 어린애같이 순진하다 |
|---|---|
| 21. 믿을 만하다 | 51. 융통성이 있다 |
| 22. 분석적이다 | 52. 개인주의자다 |
| 23. 동정심이 많다 | 53. 거친 말을 쓰지 않는다 |
| 24. 질투심이 강하다 | 54. 조직적이 아니다 |
| 25. 지도자의 능력이 있다 | 55. 경쟁적이다 |
| 26. 타인의 욕구에 민감하다 | 56. 어린이를 사랑한다 |
| 27. 정직하고 성실하다 | 57. 눈치가 빠르다 |
| 28. 모험을 좋아한다 | 58. 야심적이다 |
| 29. 이해심이 있다 | 59. 온순하다 |
| 30. 비밀이 많다 | 60. 관습에 따른다 |

출처: http://www.sunderella.zc.bz/bbs/skin/ggambo7002_board/print.php?id=pedagogy&no=41

### 채점기록표

| 1 | | 2 | | 3 | | 4 | | 5 | | 6 | | 7 | | 8 | | 9 | | 10 | | 11 | | 12 | |
|---|---|---|---|---|---|---|---|---|---|---|---|---|---|---|---|---|---|---|---|---|---|---|---|
| 13 | | 14 | | 15 | | 16 | | 17 | | 18 | | 19 | | 20 | | 21 | | 22 | | 23 | | 24 | |
| 25 | | 26 | | 27 | | 28 | | 29 | | 30 | | 31 | | 32 | | 33 | | 34 | | 35 | | 36 | |
| 37 | | 38 | | 39 | | 40 | | 41 | | 42 | | 43 | | 44 | | 45 | | 46 | | 47 | | 48 | |
| 49 | | 50 | | 51 | | 52 | | 53 | | 54 | | 55 | | 56 | | 57 | | 58 | | 59 | | 60 | |
| **A** | | **B** | | **C** | | **D** | | **E** | | **F** | | **G** | | **H** | | **I** | | **J** | | **K** | | **L** | |

| (가)A+D+G+J/20= | (나)B+E+H+K/20= | (다)C+F+I+L/20= |
|---|---|---|
| P = { (나) - (가) } *2.322 | | |

| 채점방법 |
|---|
| • 여성성 평균점수가 남성성 평균점수보다 작으면 이 값은 음수로 나오게 됨<br>• 이 점수가 -2.025보다 작으면 남성적 방향으로 성특징화 경향<br>• 2.025보다 크면 여성적 방향으로 성특징화<br>• 점수가 -1에서 1 사이이면 여성성과 남성성의 특징이 고루 개발<br>• -2.025에서 -1 사이, 1에서 2.025 사이이면 이런 특징이 다소 미분화경향 |

| 양성성을 가진 사람 |
|---|
| • 벰은 남성성과 여성성 항목점수가 모두 중앙치 이상인 경우를 양성성이라 함<br>• 양성적인 사람은 여성적인 특징과 남성적인 특성이 모두 충분히 개발된 사람<br>• 반대로 남성성과 여성성 점수가 모두 중앙치 이하인 경우는 어느 방향으로도 성 특징화되지 않은 것으로, 오히려 사회적 적응능력이 떨어질 수 있다고 봄 |

CHAPTER 07

# 젠더의 사랑

사랑을 구체적으로 정의하고 설명하기란 무척 어렵다. 그러나 대다수의 사람들은 사랑 때문에 결혼하고, 사랑이 주는 행복으로 삶이 풍요로워질 것이라고 기대한다. 사실 이성 간의 사랑은 인간이 경험할 수 있는 가장 가치 있고 충족감을 주는 감정이며 동시에 내면의 잠재력을 발휘하게 하는 강력한 감정이다(Satir, 1988). 이처럼 사랑은 인간의 삶에서 상당히 중요한 부분이며, 좋은 관계, 특히 행복하고 바람직한 결혼을 위해서는 그 관계 속에 반드시 사랑이 있어야 한다는 데 공감할 것이다. 여기서는 사랑에 대한 물음, 사랑의 구성요소, 사랑의 유형, 사랑의 성차, 그리고 사랑의 능력에 대해 살펴보고자 한다.

## 01 사랑에 대한 물음

사랑의 행위와 감정은 다양한 형태로 존재한다. 이성교제를 통해 이루어지는 이성 간의 사랑은 남녀를 지속적으로 만나게 하는 동기이며 궁극적으로는 결혼에 이르는 과정으로서 의미가 있다. 이 과정에서 성은 사랑의 감정을 확인하고 더욱 강화시켜 주며, 이를 유지해 주는 도구로서 표현되는 인간활동이다. 그래서 사랑은 타인, 특히 이성과의 정서적인 유대관계와 성적인 관계를 기초로 이루어지는 인간행위라고 할 수 있다.

사랑은 기쁨과 슬픔, 환희와 고통, 행복과 불행을 좌우하는 오묘한 감정상태에 빠지게 하는 강렬한 정서적 경험을 수반한다. 그러므로 사랑은 사랑에 빠진 한 사람과 또 다른 한 사람을 융합시키고 강렬한 열정으로 서로를 원하게 하는 신비한 마력을 지니고 있다. 즉, 애정의 유지 여하에 따라 상반된 감정 상태가 될 수 있으며, 사랑이 우리의 행동이나 동기에 미치는 영향은 지대하다.

프롬(Fromm)은 "사랑이란 자신의 기쁨, 흥미, 지식, 슬픔 등 자기 자신 안에 살아 있는 모든 것들의 표현을 상대방에게 주는 것은 물론 자기의 생명까지 줌으로써 상대방의 감각을 강화하고, 상대방의 생활을 풍요롭게 만듦으로써 그 속에서 자기가 살고 있음을 느끼는 것"이라고 정의한다. 나스와 맥도날드(Nass & McDonald, 1982)는 "사랑이란 자신이 믿는 것을 상대방에게 알리고 행함으로써 상대방이 성장하도록 도와주며, 공통된 목표와 꿈, 희망을 상대방과 함께하며 어려운 일에도 기꺼이 상처를 받을 수 있는 감정"이라고 정의한다. 사랑은 각 개인이 겪는 특별한 경험이므로, 이러한 정의들은 수많은 사랑의 정의 중 일부에 불과하다(김모란, 2002).

사랑이 개인마다 독특한 경험에 근거하면서도 개인이 사랑이라는 감정을 깨닫는 것은 사랑에 대해 우리 사회에서 일반적으로 받아들이기 때문이다. 즉, 현재 내가 느끼는 감정이 사랑인지 아닌지는 우리 사회에 이미 정형화된 사랑의 틀을 자신의 감정에 적용해본 결과 깨닫는 것이다. 이는 각 개인의 특별한 감정이나 행위가 이미 보편화되고 정형화되었음을 의미한다. 따라서 사랑은 각 개인의 독특한 감정이면서도 모든 사람이 공유한다는 점에서 개인적인 동시에 사회적인 것도 된다. 이는 사랑이 개인의 특정한 상황에서 발생하는 감정에 대해 사회의 보편적 가치를 기초로 사랑이라는 의미를 부여함으로써 사랑을 확신하고 사랑은 남녀 상호 간의 사회적 경험에 바탕을 두었다는 것이다.

사랑은 특정 상대에 대해 매력을 발견하고 상대에 대해 더 많은 것을 이해하려는 각별한 노력을 통해 형성된다. 이 과정은 황홀한 경험이기도 하지만, 때로는 고통스러운 것이기도 하다. 이런 점에서 사랑은 확실히 개인적이라고 할 수 있다. 다른 한편으로 두 남녀 사이의 경험이 인간 상호 간의 사회적인 관계에서 이루어진다는 점에서 사랑은 각 개인에게 작용하는 사회구조나 제도, 문화적인 규범의 영향을 받는다. 이러한 과정을 거치면서 우리는 사랑하는 사람들의 심리적 특성과 행동특성을 이해하여 사랑을 줄 수도 있고 사랑을 받을 수도 있는 행복한 경험자로서 인생을 즐겁게 보낼 수 있다.

이렇게 본다면 결국 사랑이란 단순히 감정의 차원만이 아니라 인식의 차원이며, 사랑이란 하나의 지적 개념임을 알 수 있다. 중요한 것은 모든 사람이 일치할 수 있는 사랑의 정의를 발견하는 일이다(허혜경 외, 2015).

## 02 사랑의 삼각형 이론

### 1) 사랑의 구성요소

스턴버그(Sternberg)는 최소한 한 번 이상 사랑을 해 본 경험이 있는 다양한 연령층의 사람들을 대상으로 설문지와 면담을 통해 사랑을 연구한 결과, 사랑의 삼각형 이론을 제시하였다. 그는 사랑의 요소를 친밀감, 열정, 결심・헌신으로 보았으며, 그 구체적인 내용은 다음과 같다(Sternberg, 1993).

#### (1) 친밀감

친밀감이란 '정서적 요인'으로서 사랑하는 관계 안에서 경험하는 연결감, 유대감, 밀착감과 같은 '따뜻한 느낌(warmth)'이다. 친밀감 때문에 두 사람이 함께 있으면 행복하고, 서로에게 관심과 호의를 보이며, 어려움이 있을 때 서로 친밀하게 의사소통을 하고, 상대방을 이해하며, 정서적으로 지지해 준다. 그리고 상대방을 소중히 여기고, 자신이 가진 것을 함께 나누고, 서로 의지하며, 상대방의 행복을 희구한다.

친밀감을 나타내는 10가지 지표를 소개하면 다음과 같다(Sternberg & Grajek, 1984).

- 사랑하는 사람의 행복이 증진하기를 바라는 것
- 사랑하는 사람과 함께 있을 때 행복을 느끼는 것
- 사랑하는 사람에 대해 높은 존경심을 갖는 것
- 필요로 할 때 사랑하는 사람에게 의지할 수 있는 것
- 사랑하는 사람과 서로를 이해하는 것
- 자신의 소유물을 사랑하는 사람과 나눌 수 있는 것
- 사랑하는 사람에게서 정서적 지원을 받는 것
- 사랑하는 사람에게 정서적 지원을 제공하는 것
- 사랑하는 사람과 친밀한 의사소통을 하는 것
- 자신의 인생에서 사랑하는 사람의 가치가 높게 평가되는 것

사랑하는 관계를 지속함에 따라 친밀감은 서서히 상승해 가다가 어느 시점에 이르면 친밀감의 존재 여부를 느끼지 못하는 상태가 되어 버린다. 이러한 현상의 원인은 두 가지인데, 하나는 친밀감이 사라져 가는 경우이고, 다른 하나는 친밀감이 잠재되어 있지만 느끼지 못하는 경우다. 미지근하게 지속하던 연인관계나 부부관계가 이별이나 별거 혹은 사별로 종식된 후 그 연인이나 부부가 평소에 느끼지 못하고 있던 친밀감을 확인하고 후회하는 것을 종종 보게 되는데, 이것은 바로 후자의 경우다.

### (2) 열정

열정(passion)은 사랑하는 관계에서 낭만이나 성행위 등으로 이끌어 주는 강한 신체적 매력, 감정 또는 성적인 욕구이다. 열정이란 '동기적 요인'으로서 사랑하는 사람과 하나가 되고 싶어 하는 결합을 갈망하는 상태다. 스턴버그는 이것을 '뜨거운 느낌(hot)'이라고 표현하였다. 이러한 욕구는 상황과 대상에 따라 다르게 나타난다. 즉, 부모-자녀 간에는 양육 동기, 의존 욕구, 지배 욕구, 복종 욕구, 자아실현 욕구 등으로 나타나고, 이성 간에는 사랑하는 사람과 결합하고자 하는 강한 갈망으로 나타나며, 성적인 욕구가 지배적이게 된다. 이성 간에 낭만적인 감정이 발현되고 신체적 매력을 느끼면서 성적인 충동이 일

어나는 상태다.

열정은 급속하게 달아올랐다가 쉽게 식어 버린다. 많은 경우 성적 욕구가 열정의 주요 부분을 차지하지만, 자존감, 타인과의 친화, 타인에 대한 지배나 복종 같은 욕구들이 열정을 일으키기도 한다. 상대방에 대한 열정은 마치 중독과 같아서 상대방이 곁에 없으면 상대에 대한 그리움에 강한 갈망을 일으킨다. 열정의 발달곡선은 중독현상에 내재해 있는 반대과정(opponent process)과 유사하다. 즉, 열정은 상대방에 대한 긍정적 충동이 절정에 달했을 때, 이와 정반대의 부정적 충동인 혐오감정이 서서히 생겨나서 결국에는 긍정적 충동은 사라지고 부정적 충동만이 남게 된다. 불같이 달아올랐던 격정이 순식간에 사라지고 서로의 마음속에 미움만 남아 헤어진 다음, 깊은 우울과 후회의 세월을 보낸 후 원래의 평정을 되찾게 되는 감정의 사이클은 바로 이러한 현상 때문이다. 그러나 열정과 친밀감은 밀접하게 상호작용한다. 즉, 열정적 관계에서 친밀한 관계로 발전할 수도 있고, 친밀한 관계가 발전하여 열정적 관계로 변화할 수도 있다.

### (3) 결심 · 헌신

결심(decision) · 헌신(commitment)은 사랑의 '인지적 요인'으로서 '차가운 느낌(cold)'이라고 표현된다. 이것은 단기적으로는 어떤 사람을 사랑하겠다는 결심이며, 장기적으로는 그 사랑관계를 지속하기 위해 노력하고 책임지는 헌신이다. 그러나 이러한 장기적 · 단기적 측면이 항상 동반되는 것은 아니다. 즉, 사랑하지만 관계를 지속하지 않으려는 경우도 있고 관계를 지속하고 책임을 지고자 하는 것이 꼭 사랑의 결심을 의미하는 것은 아니다.

친밀감이나 열정과 함께 결심 · 헌신도 사랑의 중요한 요소다. 사랑의 감성적 측면은 진폭이 크고 불규칙한 데 비하여 눈이 오나, 비가 오나, 어려운 때에도 사랑관계를 일정하게 지속시켜 주는 역할을 하는 것이 바로 결심 · 헌신이다. 즉, 친밀감이나 열정은 통제하기가 매우 어렵지만, 결심 · 헌신의 측면은 통제할 수가 있다. 대체로 친밀감과 열정이 형성된 후에 결심 · 헌신이 뒤따르나, 결심 · 헌신 후에 친밀감과 열정이 수반되기도 한다. 전자는 연애결혼의 경우가 그 예가 될 수 있고, 후자는 중매결혼이나 부모-자녀관계에서 찾아볼 수 있다. 그러나 결혼하면서부터 '살다가 싫으면 이혼하지'라고 생각하면 친밀감이나 열정이 생기지 않을 수도 있다.

헌신은 관계의 초기부터 빠르게 발달하며, 시간이 지날수록 그 비중이 더 커진다. 자녀에 대한 부모의 사랑이나 오랫동안에 걸친 부부간의 사랑도 헌신에 해당한다. 완전한 사랑이란 친밀감, 열정, 결심·헌신의 세 가지 요소가 균형 있게 갖추어져 있을 때 이루어지며, 이것이 사랑의 삼위일체다(그림 7-1).

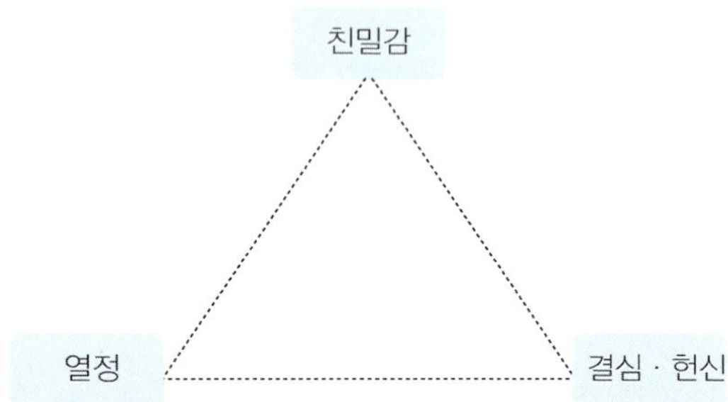


**그림 7-1** 사랑의 삼각이론: 사랑의 3요소

스턴버그에 따르면 열정은 사랑하는 관계에서 초기에 발생하지만, 시간이 지날수록 점점 그 강도가 줄어든다. 사랑하는 사람 간에 일어나는 성적이고 열정적인 사랑은 빠르게 발전하여 정상의 감정에 도달하나, 쉽게 식어가는 특징이 있다. 반면, 친밀감과 결심·헌신은 시간이 지나면서 서서히 발전하게 된다. 그러므로 사랑하는 사람 간에는 친밀감과 결심·헌신적 태도가 발달하여야 그 관계가 오래 지속될 수 있다(그림 7-2).

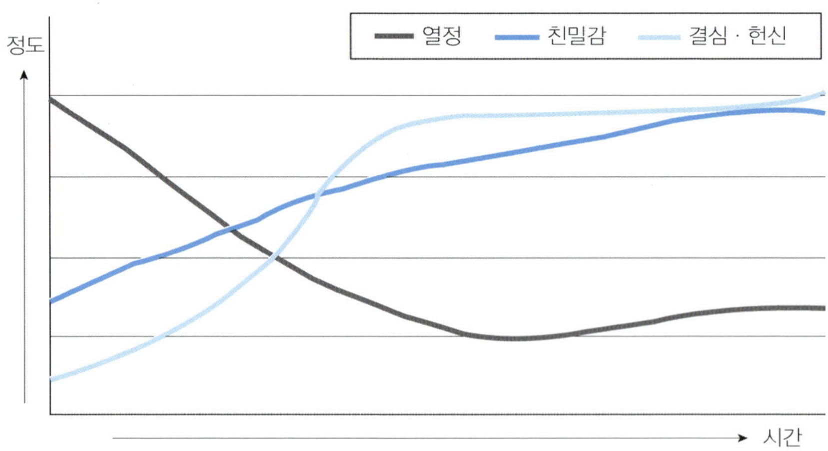


**그림 7-2** 시간경과에 따른 사랑의 발전

사랑의 세 가지 구성요소에 의하면 사랑의 강도와 균형이라는 두 측면에서 기하학적으로 설명될 수 있다. 사랑의 강도는 한 사람의 상대에 대한 사랑의 크기로 설명될 수 있다. 즉, 어떤 사람이 파트너에 대해 느끼는 사랑의 강도가 클수록 파트너를 향한 그 사람의 사랑 삼각형의 면적이 커진다. 한편, 사랑의 균형은 삼각형의 모양을 결정한다. 즉, 사랑의 세 요소가 적절히 균형을 이룬 완전한 사랑은 균형 잡힌 정삼각형으로 나타나지만, 세 요소 중 어느 한 요소만 있을 때 불균형적인 삼각형으로 나타날 것이다. 예를 들어, 친밀감 요소만 발달한 우애적 사랑은 위로 길쭉한 모양의 삼각형이 될 것이고, 열정의 요소만 있는 낭만적 사랑은 왼쪽 아래가 길쭉한 불균형적인 삼각형이 될 것이다.

사랑의 삼각형은 자기의 사랑 삼각형과 파트너의 사랑 삼각형의 크기와 모양을 비교해 보는 데도 유용하다. (그림 7-3)에서와 같이 파트너끼리 사랑의 삼각형의 크기와 모양이 어울리면 만족스러운 관계를 맺을 것이지만, 사랑의 삼각형이 조화를 이루지 못할수록 관계에 불만족할 가능성이 크다. 사랑의 삼각형은 자기가 인식한 삼각형과 상대가 인식한 삼각형을 구분할 수 있다. 즉, 자기가 상대방에게 표현했다고 인식하는 사랑의 삼각형과 상대방이 받았다고 인식하는 사랑의 삼각형이 차이가 있을 수 있다(그림 7-3).

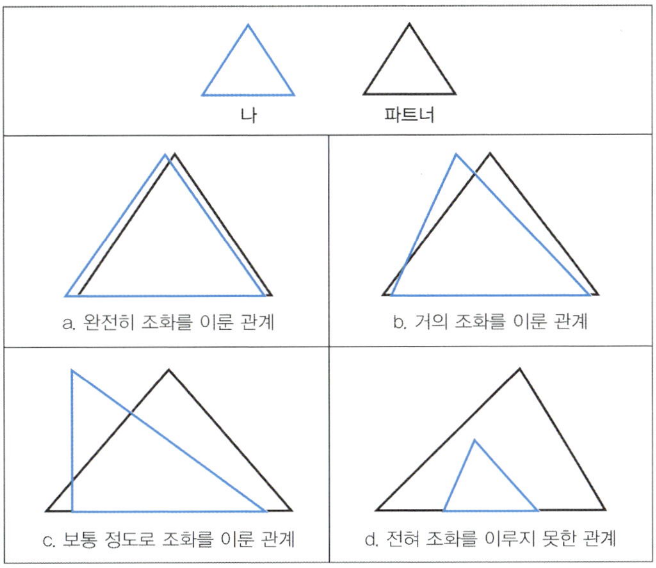


**그림 7-3** 사랑의 세 가지 구성요소에 의한 관계의 유형

출처: Sternberg & Barnes(1985); Strong & Devault(1994).

## 2) 사랑의 분류

사랑을 표현하는 방법과 모습은 동서고금에 따라 다르다. 고대 그리스에서는 사랑을 에로스(Eros)라고 칭하였는데, 이것은 육체적인 사랑뿐만 아니라 진리에 이르고자 하는 동경과 희구를 내포하는 말이다. 그리스도교의 사랑, 즉 아가페(Agape)는 신에 대한 사랑 또는 인간에 대한 신의 조건 없는 사랑을 의미한다. 인간이 인간 또는 이성에 대하여 경험하는 사랑의 모습도 다양하다. 사람들은 '사랑'이라는 이름으로 환희를 경험하기도 하고 '사랑'이라는 이름으로 슬픔과 고통 등과 같은 경험을 하기도 한다. 이처럼 다양한 형태의 사랑을 심리학적으로 분류해 보는 것은 바람직한 사랑의 모습을 설정하는 데 있어서 매우 의미 있는 작업이다.

스턴버그(Sternberg)는 사랑의 세 가지 요소, 즉 친밀감, 열정, 결심・헌신의 조합 형태에 따라 사랑의 종류를 일곱 가지로 분류하였다(김애순 외, 1997). 그는 친밀감, 열정, 결심・헌신 중 한 요소도 포함되지 않은 경우는 사랑이 아닌 것으로 보았다. 그리고 친밀감, 열정, 결심・헌신 세 요소의 유무에 따라 좋아함, 눈먼 사랑, 얼빠진 사랑, 공허한 사랑, 낭만적 사랑, 동반자적 사랑, 완전한 사랑의 일곱 유형의 사랑으로 분류하였다.

먼저 '좋아함(liking)'은 친밀감을 주된 요소로 하여 정서적으로 따뜻함을 느끼는 우정과 같은 사랑이다. '눈먼 사랑(infatuated love)' 또는 도취한 사랑은 열정적 사랑으로 표현될 수 있으며, 호르몬 분비나 심장박동과 같은 신체적 증상을 동반하는 강한 열정은 있으나, 친밀감이나 책임감이 없는 사랑이다. 열정을 느껴 사랑을 하나 친밀감이 발달하지 못하면 단기간에 관계가 종식되어 버리는 '허구적 사랑(fatuous love)'이 되고 만다. 첫눈에 반해서 만난 지 2주 만에 결혼하고, 얼마 안 되어 이혼했다는 소식을 듣게 되는 커플이 이런 유형이다. '공허한 사랑(empty love)'은 사랑해야 한다는 의지와 결심 또는 상대방에 대한 책임감으로 이루어진 상태로서, 친밀감이나 열정은 없는 사랑이다. 중매결혼의 초기 또는 한때의 격한 열정이나 매력이 사라진 뒤 체면이나 법적인 관계에 얽매어 오랫동안 미지근한 관계를 유지해 오고 있는 중년의 결혼생활에서 흔히 볼 수 있는 현상이다. '낭만적 사랑(romantic love)'은 좋아하는 것 이상의 강한 친밀감과 상대에 대한 매력, 열정을 느끼는 것이다. 이러한 사랑에서 매력과 열정이 빠져나가고 우정과 같은 사랑으로 변하면, 상대방을 일생의 동반자나 친구처럼 느끼게 되는데, 이것을 '동반자적 사랑(companionate love)'이라고 한다. 마지막으로 친밀감, 열정, 결심·헌신의 세 요소가 균형 있게 갖추어진 사랑이 '완전한 사랑(consummate love)'이다. 이것은 모든 사람이 추구하고 갈망하는 사랑이다.

**표 7-1** 스턴버그의 사랑의 분류

| 사랑의 분류 | 사랑의 요소 | | |
|---|---|---|---|
| | 친밀감 | 열정 | 결심·헌신 |
| 사랑이 아닌 것(non love) | × | × | × |
| 좋아함(liking) | ○ | × | × |
| 눈먼(도취한) 사랑(infatuated love) | × | ○ | × |
| 공허한 사랑(empty love) | × | ○ | ○ |
| 낭만적 사랑(romantic love) | ○ | ○ | × |
| 동반자적 사랑(companionate love) | ○ | × | ○ |
| 허구적 사랑(fatuous love) | × | ○ | ○ |
| 완전한 사랑(consummate love) | ○ | ○ | ○ |

## 03 리(Lee)의 사랑의 유형

사랑의 정의가 사람마다 다른 만큼, 사랑에는 여러 가지 유형이 있다. 그 여러 가지 요인을 캐나다의 사회학자인 리(Lee)는 『사랑의 색깔(Color of love)』이라는 저서에서 다음과 같은 여섯 가지 사랑의 유형으로 분류하였다.

① 낭만적 사랑

② 유희적 사랑

③ 우정과 같은 사랑
④ 소유적 사랑
⑤ 논리적 사랑
⑥ 헌신적 사랑

리(Lee)는 캔버스 위에 원색 물감들이 서로 배합되면 다양한 색상이 만들어지듯이, 사랑의 3원색인 일차적 사랑이 혼합되면 또 다른 색깔을 띤 이차적 사랑이 이루어진다고 보았다(김애순 외, 1997).

일차적 사랑에는 세 가지 색깔의 원형적 사랑인 낭만적 사랑(romantic love; 에로스 eros), 유희적 사랑(game-playing love; 루더스 ludus), 우정과 같은 사랑(best friends love; 스토르게 storge)이 포함된다.

낭만적 사랑, 유희적 사랑, 우정과 같은 사랑과 같은 일차적 사랑, 즉 사랑의 3원색이 혼합되면 또 다른 색상을 지닌 이차적 사랑이 형성된다. 이차적 사랑에 해당하는 유형은 소유적 사랑(possessive love; 마니아 mania), 논리적 사랑(logical love; 프라그마 pragma), 헌신적 사랑(unselfish love; 아가페 agape)이다.

**표 7-2** 사랑의 색깔

| 일차적 사랑(사랑의 3원색) | 이차적 사랑 |
|---|---|
| • 낭만적 사랑(eros)<br>• 유희적 사랑(ludus)<br>• 우정과 같은 사랑(storge) | • 소유적 사랑(mania: eros + ludus)<br>• 논리적 사랑(pragma: storge + ludus)<br>• 헌신적 사랑(agape: eros + storge) |

출처: 김애순, 윤진(1997), p.153.

## 1) 낭만적 사랑(Romantic Love)

큐피드의 화살이 심장을 찔러 잠자던 격정을 일순간에 일깨워 놓는 사랑이다. 그래서 그들은 사랑을 사랑하는 사람이라고도 한다. 낭만적 사랑에서 가장 중요한 요건은 신체적 매력이며, 그들은 사랑에 빠지자마자 신체적 접촉부터 시작한다. 만일 상대방의 신체적 매력이 차츰 덜해지면 그들의 사랑도 시들해지나, 그럴 때면 과거의 추억을 되살려서 현재의 상대를 이상화하여 보기도 한다. 원래 사랑이란 어느 정도는 착각인데, 그들은 이 착각의 꿈에서 깨어나기를 거부하는 사람들이며, 사랑은 조건을 따지는 것이 아니라 느끼는 데 있다는 원리에 충실하다.

### 2) 유희적 사랑(Game－playing Love)

사랑이란 하나의 게임이며 즐기는 도전이라고 생각하는 사랑이다. 여기에서 헌신이니 임이니 장래에 대한 언약이니 하는 것 따위는 고려의 대상이 되지 않는다. 게임의 목적은 어떻게 재미있게 놀이를 진행하는가 하는 것뿐이며, 친밀감을 조장하는 것은 오히려 방해된다고 생각한다. 그래서 이 사람들은 한 상대와 너무 오래 사귀지 않으며, 너무 정이 들려고 하면 관계를 깨어버리며, 질투를 가장 유치한 행위라고 생각한다. 그러므로 이러한 사고방식에 동조하지 않는 사람들에게는 매우 상처를 줄 수 있는 사랑의 형태다.

### 3) 우정과 같은 사랑(Best Friends' Love)

오랫동안 가까운 친구로 서로 사귀어 온 관계가 언제부터인지도 모르게 사랑으로 변하여 애인 사이가 된 사랑이다. 주요한 특징으로는 서로가 좋은 동반자이며, 의사소통이 잘 되고, 서로 함께 취미도 즐기며 의존하고, 서서히 자신을 노출하는 스타일이다. 사랑의 상대에 대하여 백마를 타고 오는 왕자나 아름다운 공주와 같은 환상을 갖지도 않으며, 서로 잘 알지 못하는 사람을 사랑하게 된다는 것은 상상도 할 수 없는 일이라고 생각하는 사람들이다. 갑자기 열정적으로 뜨거워지는 사랑도 아니며, 한순간에 로맨스에 빠지는 애인도 아니지만, 이들의 사랑은 사려 깊고 온화하며 좋은 동반자적 애정으로 은근하며 깊이가 있다. 어쩌다 싸웠다고 해서 사랑에 금이 가지도 않으며, 한동안 떨어져 있다 해서 서로 간에 부정을 저지르거나 의심하지도 않는다. 따라서 우정과 같은 사랑을 하여 결혼한 부부들의 이혼율은 낮을 수밖에 없다.

### 4) 소유적 사랑(Possessive Love)

사랑의 흥분에서 절망의 나락 속으로 금방 빠지며, 철저한 헌신이 일순간에 질투의 불길로 변하는 등 감정이 변화무쌍하며, 사랑하는 사람을 완전히 소유하거나 그로부터 완전히 소유 당하기를 원하는 사람이다. 그들은 함께 한곳을 바라보는 그런 사랑이 아니라 상대방으로부터 버림받지 않을까 하는 불안감에 휩싸여 있기 때문에 소유적 사랑 한다는 것은 항상 상대방의 사랑을 확인해야만 하는 불안하고 괴로운 나날의 연속이다. 왜냐하면, 그들은 자기 가치를 스스로 인정하는 충분한 자존감(자긍심)이 부족해서 마치 마약에 중독된 사람처럼 타인의 인정이나 애정에 의존하게 된다. 이들은 사소한 거부행위에도 과민하게 반응하며, 마치 질투를 사랑의 구성요인인 것처럼 잘못 생각한다. 이것은 피차간에 매우 피곤한 사랑싸움이 아닐 수 없다.

### 5) 논리적 사랑(Logical Love)

서로 사랑하는 사람이 되기 위해서는 한 사람의 남편과 아버지, 또는 아내와 어머니로서 갖추어야 할 조건이 있는 것이어서, 그 조건을 충족하지 않은 사람과는 결합할 수 없다는 사고방식이다. 이런 의미에서 논리적 사랑의 애인들은 매우 현실적이다. 이들은 자기가 원하는 상대가 어떤 사람인지 분명하며, 그런 사람이 나타날 때까지 기다린다. 상대방의 교육 정도, 성격, 가정배경 및 외모 등이 자기 자신과 어울려야 할 뿐만 아니라, 자기의 조건, 가령 얼마만큼의 돈을 모아야 한다든가 어떤 학위를 마쳐야 한다든가 하는 조건이 충족될 때까지는 사랑을 회피하거나 연기하는 사람들이다. 그러므로 이들에게는 이성이 감정보다 우선한다.

### 6) 헌신적 사랑(Unselfish Love)

헌신적 사랑은 조건 없는 그리고 이타적 사랑의 표본으로서, 사랑은 나보다 상대방의 필요에 따라서 결정된다는 순교자적 사랑이다. 그러므로 참된 사랑이란 받는 것보다는 주는 것이며, 자신보다는 상대방의 행복과 복지를 위하는 것이며, 상대방의 목표를 이루기 위하여 나를 희생하겠다는 의지라고 생각하는 것이다. 그들은 상대방이 나를 필요로 하는 한 아무리 상대방이 나를 좋아하지 않아도 나의 사랑을 포기하지 않는 사람들이다. 그러므로 이들의 사랑은 상대방이 나를 더 이상 필요로 하지 않는다는 확신이 생길 때 끝난다.

실제로 사람들이 하는 사랑은 위의 여섯 가지 유형의 사랑으로 정확하게 구분되지 않을 수 있으며, 때로는 그 여섯 가지의 색깔이 혼합되어 있을 수 있다. 또한, 일생을 통해서 볼 때, 사람은 교제하는 파트너에 따라 각기 다른 색깔의 사랑을 할 수도 있다. 첫사랑은 분명히 낭만적인 색깔이 짙었는데, 현재 진행 중인 대상과는 논리적인 사랑을 할 수도 있다. 간혹 한 사람과 장기간 사귀다 보면 사랑의 색깔이 변할 수도 있다. 처음 사귈 무렵에는 황홀한 감정에 모든 것을 바칠 수 있을 것 같은 낭만적이고 헌신적인 색깔이 짙었는데, 몇 년이 지난 다음 사랑의 색깔이 변해서 소유적이고 의존적인 색깔을 띨 수도 있다. 자신의 사랑의 색깔을 인식할 수 있을 때 더욱 성숙한 사랑으로 만들어 갈 수 있을 것이다.

사랑이란 인간에게 있어 가장 근원적인 감정의 움직임이며 인생의 가장 중요한 부분인 결혼생활의 근거가 되는 요인이다(허혜경 · 김혜수, 2015). 어떤 사랑이 자신의 자존감을 고양하고, 삶의 가치감을 느끼게 하며, 인격을 성숙하게 하는 사랑인지 신중하게 생각해 보아야 한다.

## 04 사랑의 생화학적 분석

사랑을 하면 우리의 뇌는 마약, 도박, 알코올, 니코틴 등에 중독되었을 때와 같다고 한다. 뇌에서는 욕망을 일으키는 도파민이라는 신경전달물질이 분비되면서 흥분과 쾌락을 느끼게 된다.

리보비츠(Liebowitz, 1983)와 피셔(Fisher, 1992)에 의하면, '첫눈에 반하다.'라는

사랑의 현상은 신체의 생화학적 성분 때문에 생기는 것이라고 한다. 열정적인 사랑에 빠지면 마치 마약에 취한 상태와 같이 기분이 황홀해지는데, 이러한 현상은 사랑이나 마약이 우리 신체의 특정 신경화학물질을 활성화하기 때문이다. 이 때문에 활기가 넘치고, 행복감에 도취하며, 상대방을 미화하고, 의기양양해지는 기분이 생기는데, 리보비츠는 이 모든 것이 페닐에틸아민이라는 화학물질 때문에 일어나는 현상이라고 하였다. 사랑에 눈이 멀어 부모의 말이 들리지 않고 판단이 흐려지는 것도 바로 이 화학물질 때문이라고 해석한다.

열정적인 사랑에 의해 생성되는 또 다른 화학물질은 엔도르핀이다. 이것은 동물의 뇌 등에서 추출되는 모르핀과 같은 진통효과를 가져오는 물질을 총칭하는 것으로서 이 물질은 사람에게 평온과 안정, 충족감을 가져다준다. 엔도르핀이라는 말은 내인성의 모르핀을 뜻하는 'endogenous morphin'에서 유래한 용어다. 이 물질은 동물 뇌 안의 시상하부, 뇌하수체 후엽에서 추출된 모르핀과 같은 펩타이드로서 마약성 진통제의 수용체인 오피에이트(아편제) 수용체에 특이하게 결합한다. 1976년에 처음 발견된 엔도르핀은 뇌하수체에 존재하여 호르몬과 같은 활동을 하는 것으로 알려졌지만, 그 생리적 작용체계는 아직 밝혀지지 않고 있다. 인체의 특정한 경혈을 침으로 자극하여 통증을 잊게 하는 메커니즘에 의하여 엔도르핀의 작용이 증명되었다.

사랑과 관련된 화학물질 중에는 신체 접촉으로 자극을 받으면 쾌감과 만족감을 느끼게 하는 옥시토신도 있다. 하지만 영원할 것 같던 사랑도 점차 식는다. 코넬대학교 인간행동연구소 신시아 하잔 교수에 의하면 점차 상대에게 익숙해지면서 사랑에 내성이 생기는데, 이는 도파민, 페닐에틸아민, 옥시토신 등 사랑을 지배하는 뇌분비물질이 감소하기 때문이다. 결국, 사랑의 감정은 1년 후에는 약 50%, 18~30개월이 지나면 거의 사라지게 된다. 뇌과학자 정재승 교수는 "사람의 뇌는 예민해서 같은 상대에게 도파민 분비가 다시 왕성해지긴 어렵다."고 말했다. 성적인 끌림으로 시작했던 사랑은 점차 친밀한 애착관계로 발전하는데, 이때 옥시토신이 분비된다. 옥시토신은 마사지나 성관계 등 신체접촉 시에 분비되는데, 남녀의 첫 만남에서부터 서서히 증가해 애착관계가 형성돼 있는 동안은 계속 분비된다(한겨레, 2016).

혹시 아시나요?

### 사랑에 빠진 뇌, 마약중독과 비슷한 상태

사랑에 빠진 뇌는 마약·도박·알코올·니코틴에 중독됐을 때와 같다. 뇌에서 욕망을 일으키는 신경전달물질인 도파민이 마구 분비되면서 흥분과 쾌락을 느낀다. 사랑하는 사람을 위해 뭐든지 할 수 있는 것도 도파민 때문이다.

사랑은 황홀함과 함께 고통을 안겨준다. 카이스트 바이오 및 뇌공학과 정재승 교수는 "사랑은 감정이 아닌 무언가를 갈망하는 욕망이기 때문에 사랑하면 행복감과 관련된 신경 전달물질인 세로토닌이 오히려 감소한다."고 말했다.

영원히 활활 타오를 것 같던 사랑도 점차 식는다. 미국 코넬대 인간행동연구소 신시아 하잔 교수는 "점차 상대에게 익숙해지면서 사랑에 내성이 생긴다."고 주장했다. 도파민이나 페닐에틸아민·옥시토신 등 사랑을 지배하는 뇌 분비 물질이 줄기 때문이다. 결국, 사랑의 감정은 시작한 지 1년 후 50%로 떨어진다. 18~30개월이 지나면 거의 사라진다.

■ 열정은 식지만 다른 차원의 사랑 시작

정재승 교수는 "사람의 뇌는 예민해서 같은 상대에게 도파민 분비가 다시 왕성해지긴 어렵다."고 말했다.

하지만 도파민이 줄었다고 사랑이 끝나는 건 아니다. 다른 차원의 새로운 사랑이 시작된다. 처음 사랑을 시작했을 땐 배우자에게 선택받기 위해 도파민이 분비돼 애쓰다 욕망이 성취되면 가정과 자녀에게 충실하게 하는 옥시토신 호르몬이 증가한다.

옥시토신은 남녀의 첫 만남에서부터 서서히 증가해 애착관계가 형성돼 있는 동안 계속 분비된다. 옥시토신은 마사지나 성관계 등 피부 접촉 시에도 증가한다. 서울성모병원 정신과 채정호 교수는 "개인차가 있지만, 사랑의 형태가 변하는 것은 확실하다."며 "하지만 성적인 끌림으로 출발했던 사랑은 점차 친밀한 애착관계로 발전한다."고 강조했다.

출처: 브레인미디어(2012.2.22.).

## 05 사랑의 학습

### 1) 사랑의 능력과 기술

사랑은 아무나 하는 것인가? 아니면 배워야 할 수 있는 것인가? 에리히 프롬(Erich Fromm)은 사랑이 감정이 아니라 의지라고 보았다. 그래서 그는 사랑이란 능력이며 배워서 익혀야 하는 기술이라고 주장한다. 즉, 사랑할 수 있는 능력은 경험과 학습을 통해서 얻어진다는 것이다. 그는 사랑의 의지적 요소를 정확히 통찰하였고, 이러한 사랑의 의지적 요소 때문에 성서에 기록된 '서로 사랑하라.'라는 말씀도 공허한 도덕경이 아니라 현실생활에서 따를 수 있는 실현 가능성을 지니게 된다고 했다.

에리히 프롬은 사랑이란 학습되어야 하는 기술(Art)이기 때문에 사랑하기 위해서는 사랑에 관한 지식을 배우고 익히는 노력이 필요하다고 했다. 사랑하기 위해서는 사랑의 의미와 가치를 알아야 한다. 사랑이 무엇이며, 그것이 인생에서 차지하는 의미가 무엇이고, 그것이 추구할 만한 가치를 지니는지에 대한 분명한 인식이 있어야 참다운 사랑이 가능하다. 그런 다음 사랑의 기술을 배우고 익히고 실행함으로써 사랑이 있는 삶을 영위할 수 있게 된다.

에리히 프롬은 사랑하는 기술에 대해 다음과 같이 열거하고 있다.

- **상대에게 자신의 욕구를 분명히 밝힌다:** 마음이 평화롭지 않으면 사랑이 불가능하다. 스스로 욕구불만인 상태에서는 다른 사람을 사랑한다는 것이 곤란하기 때문에 자신의 기본적인 욕구를 먼저 충족시켜야 한다. 따라서 자기가 상대방에게 원하는 것이 무엇인지를 상대방에게 분명히 알려주어야 한다. 사랑하는 사람들끼리 어떻게 사랑받고 싶은지를 자유롭게 말할 수 있다는 것은 그만큼 두 사람의 사랑이 기본적인 전제조건을 충족하고 있다는 것을 의미한다.
- **상대방의 욕구를 알고 충족시키려고 노력한다:** 사랑은 교호적(交互的)인 것이므로 상대방 또한 그 욕구가 충족되어야 나를 사랑할 수 있다. 그러므

로 상대방의 욕구가 무엇인지를 알고 그것을 충족시켜 주어야 교호적 사랑이 가능하다. 상대방의 욕구를 충족시키기 위해서는 다양한 기술과 노력이 필요하다. 상대방이 깔끔하고 부지런하기를 원하면 그렇게 하도록 노력해야 할 것이다. 또 유머 있는 사람이 되기를 원하면 그렇게 되도록 노력해야 할 것이다.

- **상대방의 사랑하는 방식을 이해하고 존중한다:** 사랑을 표현하는 방식은 사람마다 다르다. 경상도 사람과 서울 사람의 사랑 표현 방식이 다르고, 한국 사람과 프랑스 사람의 사랑 표현 방식이 다르다. 대부분의 사람은 어린 시절 자신이 사랑받았던 방식대로 사랑을 표현한다. 어떤 사람은 상대방을 성실하고 책임감 있게 보살피지만, 정감이 우러나는 말이나 열정은 전혀 보이지 않을 수도 있으며, 또 그 반대일 수도 있다. 따라서 자기 방식의 사랑만이 진정한 사랑이라고 생각하는 것은 독선이다.
- **사랑을 지킬 용기와 인내가 있어야 한다:** 사랑은 우여곡절을 겪을 수도 있다. 이성 간의 사랑은 상대적이다. 사랑을 주기만 하고 받기를 포기하는 희생적인 사랑은 매우 드물다. 사랑하는 과정에는 욕구불만도, 좌절도, 그리고 상실감도, 실망도, 견디기 어려운 고통도, 위험도 있을 수 있다. 진정으로 그 사랑관계를 유지하기 원한다면 이러한 모든 것을 감수하고 견디는 용기와 인내가 필요하다. 때로는 상대방이 원하는 대로 자신을 변화시킬 수 있는 유연성도 있어야 할 것이다.

## 2) 사랑의 학습 조건

### (1) 사랑하는 능력의 발달

사랑하기 위해서는 사랑하는 능력을 갖추어야 한다. "사랑을 받아 본 사람이 사랑할 줄도 안다."라는 말이 있듯이 사랑하는 능력은 사랑을 받은 경험이나 사랑하는 행동을 통해 모델링하여 학습된다. 이러한 학습은 우리가 자궁 속에 있을 때부터 시작되어서 출생 후 부모와의 상호작용을 통하여 계속된다.

사랑의 능력은 일차적으로 부모-자녀 간의 애착관계를 통하여 형성된다.

부모-자녀 간의 애착관계의 질(質)은 양육의 질에 달려 있다. 즉, 부모가 유아의 요구에 즉각적으로 반응해 주고 충분한 관심과 사랑을 베풀어 주면 유아는 안정적인 애착관계를 형성하게 된다. 어린 시절 부모와 안정적인 애착관계를 형성한 사람들은 정서적으로 안정되어 자신뿐 아니라 타인들을 신뢰하고 긍정적으로 생각한다. 이들은 성장 후에도 긍정적인 자아상을 갖고 있으며, 대인관계도 원만하고, 타인을 사랑할 수 있는 능력을 소유하고 있다. 그러나 부모가 유아의 요구에 제대로 반응해 주지 못할 뿐만 아니라 무관심하고 거부적일 경우, 유아는 불안정한 애착을 형성하게 된다. 이들은 정서적으로 불안정할 뿐만 아니라 자신과 타인을 신뢰하지 못하고 부정적인 자아상을 형성할 수 있다. 성장 후에도 이들은 자신이 사랑받을 만한 존재가 아니라고 생각하며 타인들과 친밀한 관계를 형성하는 데 어려움을 느낀다.

### (2) 자기애, 자아개념, 자아존중감

자신에 대한 사랑, 즉 자기애(自己愛)는 종종 이기심과 같은 것으로 오해되지만, 결코 같지 않다. 자신의 욕구나 유익에만 집착해 있을 뿐 진정으로 자신을 사랑하거나 가치 있게 생각하지 않는 이기심과 자기애는 구별된다. 에리히 프롬은 "만일 그대가 그대 자신을 사랑한다면, 그대는 모든 사람을 그대 자신을 사랑하듯 사랑할 것이다."라고 하였다. 또한, 성서에는 "네 이웃을 네 몸처럼 사랑하라."라고 기술되어 있다. 이러한 말은 자기 자신을 사랑하는 것과 타인을 사랑하는 것은 양립할 수 없는 것이 아니라 오히려 자기애가 타인에 대한 사랑의 전제라고 풀이된다. 어떤 한 사람을 사랑할 수 있는 능력은 자신을 포함한 인간 자체를 사랑할 수 있는 능력과 밀접한 관련이 있다. 만약 어떤 사람이 자신을 긍정하고 가치 있게 생각하며 진정으로 자신을 사랑한다면, 그는 다른 사람도 소중하게 생각하고 사랑할 수 있는 능력을 갖춘 것이다.

사랑할 수 있는 능력은 긍정적인 자아개념과 밀접한 관련이 있다. 자기 자신을 사랑할 수 있는 사람은 자아개념이 긍정적으로 형성된 사람이다. 긍정적 자아개념의 소유자는 자신을 가치 있게 생각하며 높은 자아존중감을 갖고 있다. 이들은 자신의 감정이나 느낌을 솔직하게 표현하며, 자신의 경험을 타인에게 공개하는 데 매우 개방적이다. 자신과 타인에게 모두 개방적인, 이른바 열린 마음(open-mind)의 소유자다. 그래서 자신의 단점이나 결함을 인정하고 수용하며, 자신의 욕구를 솔직하게 상대방에게 알릴 뿐 아니라, 타인의 단점이나 결함도 수용하고, 상대방의 욕구를 알아차리고 충족시키는 데서 기쁨을 얻는다. 반대로 자아개념이 부정적으로 형성된 사람은 자아존중감이 낮고, 자기혐오나 열등감에 빠져 있기 때문에 자기노출을 회피하고 폐쇄적이다. 또한, 자신의 느낌이나 감정을 솔직하게 표현하지 못하며 방어적이다. 따라서 이들은 자신을 수용하지 못할 뿐 아니라 남도 수용하지 못한다. 즉, 이들은 폐쇄적인 성격 때문에 남을 받아들일 여지가 없는 사람이다.

자아개념과 자아존중감은 사랑의 전제조건으로 여겨져 왔다(허혜경 외, 2013). 자아존중감이 높은 사람은 비교적 자신을 가치 있고 유능하며, 성공할 수 있고, 중요한 사람이라고 받아들인다. 또한, 이들은 자신의 생각이나 느낌을 솔직하게 표현하며, 자신의 경험에 대해 매우 개방적이며, 자신의 단점을 수용하고 인정하며, 타인의 비난에 대해 심각하게 괴로워하지 않는다. 또한, 이들은 타인의 존재를 존중하고 수용하며, 상대방의 욕구를 알아차리고 충족시키는 데서 기쁨을 얻는 '자타긍정(I am OK, you are OK)'의 생활태도를 보인다. 따라서 높은 자아존중감은 다른 사람을 진정으로 사랑하는 데 필요한 조건이라 할 수 있다. 그러나 자아존중감이 낮은 사람은 자신의 가치를 인정하지 않고 열등의식에 빠지기 쉬우므로 자신의 존재가 가치 없다고 여긴 나머지 솔직하게 자신의 생각이나 느낌을 표현하기를 주저하고 방어적이다. 자신을 수용하지 못하는 청년들은 상대방을 인정하고 수용하기도 어려우므로 상대방을 사랑할 여유가 없다. "자기 자신이 두 발로 설 수 없어서 누군가에게 매달린다면, 그것은 사랑의 관계가 아니며, 상대방은 단지 생명의 구원자일 뿐이다"라고 한 에리히 프롬의 말과 같이 자아개념과 자아존중감은 사랑할 수 있는 능력과 밀접한 상관이 있다.

## 06 사랑과 성적 행동

이성 간의 사랑에서 성적 욕구는 매우 자연스러운 현상이다. 사랑에 빠진 남녀는 언제나 같이 있고 싶고, 서로 안고 싶고, 또 같이 자고 싶은 갈망이 있다. 성적 욕구는 인간의 본능적 측면에서 볼 때 고통스러운 긴장상태에서 벗어나 쾌락을 추구하려는 생물학적인 동기에서 생긴다. 이러한 생물학적인 차원에서의 성욕은 인간이나 동물이나 다를 바 없다. 성욕은 식욕이나 갈증처럼 본능적인 생물학적 욕구이기는 하나, 그 욕구를 충족시키는 데는 식욕이나 갈증과는 달리 사회문화적인 제약을 받는다. 또한, 성욕은 다른 생물학적인 욕구와는 달리 특정 대상(파트너)을 통해서만 충족될 수 있다.

성적인 욕망은 이러한 고통스러운 긴장의 해소라는 차원을 넘어서 외로움에서 벗어나려는 소망에서 생기기도 하고, 정복하거나 정복당하려는 소망에 의해, 상처를 주고 파괴하려는 욕망에 의해, 심지어는 허영심에 의해 생기기도 한다.

남녀 상호 간에 육체적 하나됨(oneness)의 갈망이 일어난다는 이유만으로 서로가 사랑하고 있다고 오해할 수가 있다. 육체적 하나됨을 이루려는 소망이 '사랑'에 의해 자극될 때 상호 이해와 보살핌, 존경과 책임감이 수반된다. 육체적 하나됨의 욕구가 사랑에서 비롯될 경우 자신의 욕구 충족만이 아니라 상대방의 만족까지도 배려할 수 있다.

사랑과 성을 연관 지어 생각할 때, 사랑은 성적 대상을 한 사람에게 국한하고 타인들에 대해서는 배타적인 것을 볼 수 있다. 이성 간의 사랑이 우정이나 형제애, 모성애와 다른 점은 독점욕이다. 그러나 이러한 배타성은 오직 한 사람과 성적 친밀감을 형성하려고 한다는 의미에서만 배타적이지, 타인들에 대한 사랑을 모조리 배척하는 것은 아니다.

# 07 사랑과 성차

## 1) 사랑의 성차

사랑은 남성과 여성을 연결해 주는 가장 강렬한 감정이며 종종 성과 혼동하는 개념이기도 하다. 사랑의 개념에 대해서는 다양한 의견이 있지만, 사랑에 대한 남녀의 기대와 경험에 차이가 있다는 점에는 이견이 없다.

사랑의 욕구와 유형에 남녀 간 차이가 있다. 대표적으로 미국의 심리학자 존 그레이(1995)는 이혼 직전에 있는 수만 쌍의 부부들을 대상으로 상담한 결과를 기초로 쓴 『화성에서 온 남자, 금성에서 온 여자』라는 저서에서 여성과 남성이 서로 다르게 사회화된 결과 의사소통이나 갈등해결 방법뿐 아니라 사랑의 욕구에서도 남녀 간에 차이가 있다고 주장하고 있다. 즉, 남성과 여성이 생각하는 사랑은 여섯 가지 측면에서 다르다. 남성은 관계에서 근본적으로 신뢰, 인정, 감사, 찬미, 찬성, 격려가 필요하고, 여성은 사랑하는 상대방으로부터 관심, 이해, 존중, 헌신, 공감, 확신을 얻고 싶어 한다고 강조하였다.

표 7-3 사랑의 성차

| 여성의 사랑 | 남성의 사랑 |
|---|---|
| • 관심:<br>자신의 감정에 관심을 보이고 자신의 행복을 진심으로 염려해 주는 것이 사랑이다. | • 신뢰<br>자신이 전력을 기울이고 있고 노력하고 있음, 그리고 자신의 능력과 진심에 대한 믿음이 사랑이다. |
| • 이해<br>이해란 감정표현에 대해 비판하지 않고 공감과 호응을 나타내는 것이며, 이것이 곧 사랑이다. | • 인정<br>자신을 변화시키려 하지 않고 있는 그대로의 자신을 받아들이는 것이 인정이며 인정을 받을 때 사랑을 받는다고 느낀다. |
| • 존중<br>자신의 권리와 욕구와 바람을 인정하고 그 해결을 먼저 배려하는 것, 상대방의 행동이 자신의 생각과 감정을 고려하는 것이다. | • 감사<br>자신의 노력 덕분에 도움을 받고 있고 이익을 얻었음을 인정하는 것, 상대가 감사를 표하면 남성은 자기 노력이 헛되지 않았음을 알고 상대가 더욱 존중하게 되는 것이다. |

| • 헌신<br>상대방이 일이나 공부, 취미생활 같은 자신의 관심사보다 여성의 감정이나 욕구를 중요시하고 우선순위에 두는 것이다. | • 찬미<br>경이와 기쁨, 그리고 즐거움으로 자신을 바라보고 인정해 주는 것, 자신의 독특성을 받아들이고 재능으로 생각해 주는 것이다. |
|---|---|
| • 공감<br>자신의 감정에 이의를 제기하거나 시비를 걸지 않고 그 타당성을 기꺼이 인정해 주고, 그렇게 느낄 권리가 있음을 인정하는 것이다. | • 찬성<br>자신의 좋은 점을 인정하고 자신에게 전반적으로 만족하고 있음을 표현하는 것, 자신의 어떤 행동에 대해 당연히 그럴 만한 이유가 있었으리라고 생각하고 믿어주는 것이다. |
| • 확신<br>자신에게 지속적으로 관심과 이해, 존중과 공감을 보여주고 기꺼이 헌신할 때 얻게 되는 것이다. | • 격려<br>자신의 능력과 인격을 염려하기보다 신뢰를 표함으로써 희망과 용기를 불어넣어 주는 것이다. |

출처: 존 그레이(1995)를 기초로 재정리(김용미 외, 2009 재인용).

사랑과 성에 대한 시각에서도 남녀 간에 차이가 있다. 에리히 프롬은 "사랑은 성적 만족의 결과가 아니며, 오히려 성적인 행복은 성적인 기교가 아닌 사랑의 결과이다."라고 했지만, 사랑과 성을 바라보는 시각에서 남녀 간에 차이가 있다. 남성은 애정과 성을 분리하려는 경향이 여성보다 더 강하지만, 여성은 대개 성을 관계적 시각에서 바라본다. 따라서 성행위를 갖기 전에 관계의 질이나 친밀감의 정도는 남성보다 여성에게 더 중요한 의미가 있다. 여성에게 사랑은 자존감과도 밀접한 연관이 있다(Strong & DeVault, 1994).

## 2) 의사소통과 친밀감의 성차

남성과 여성의 의사소통 방식에 차이가 있다는 점은 많은 심리학자에 의해 지적되었다. 존 그레이(Gray, 2000)는 남성과 여성을 화성인과 금성인으로 비유하며, 감정표현 중심의 여성 언어와 사실 전달 중심의 남성 언어는 비록 같은 어휘를 사용하더라도 서로 다른 의미로 사용된다고 지적하였다. 최근에는 이러한 차이가 뇌의 구조와 기능의 차이에 따른 것이라는 주장도 나오고 있다. 그러나 이러한 생리해부학적 관점은 성역할 사회화에 따른 남녀 차이를 생태적인 것으로 합리화함으로써 남녀 간의 소통에 대한 동기를 저하할 수 있다.

의사소통은 흔히 언어적 소통과 비언어적 소통의 두 가지 수준으로 나눈다. 이 두 가지 영역에서 모두 남녀의 성차가 있는 것으로 나타났다. 우선 남성과 여성은 언어를 사용하는 방법이 다르다(Kaplan & Sedney, 1988). 남성이 여성보다 더 오래 말을 하고 더 자주 타인의 말을 가로막지만, 여성은 불확실한 표현을 더 많이 사용하고 실생활의 주제들에 대해 자세하게 말하는 경향이 있다.

또한, 비언어적 의사소통에서도 여성은 남성보다 더 자주 웃으며, 시선을 아래로 떨어뜨리거나 하던 말을 자주 중단하는 반면 남성은 여성보다 더 자주 응시하거나 손가락으로 가리키는 행동을 한다. 이러한 비언어적 의사소통의 상징에서 남성이 더 지배적인 표현을 자주 하지만, 여성은 복종적인 표현을 자주하는 것으로 나타났다(Kaplan & Sedney, 1988). 비언어적 표현에서의 남녀 차이는 관습적인 성역할 사회화와 맥을 같이한다.

의사소통에서의 남녀 차이는 남성과 여성의 정보처리 방식과도 관련이 있다. 일반적으로 여성들은 자연스러운 의식의 흐름을 표현하는 편이다. 반면 남성은 반응을 보이기 전에 시간을 끌며 반응에 대한 예측을 궁리하고, 그다음에 천천히 말을 하는 경향이 있다(Gray, 2000). 이럴 때 남성은 종종 침묵을 지키나, 여성은 이 침묵을 사랑이 떠난다는 신호로 받아들이므로 불안하게 반응한다.

> 여자들이 해결해야 할 가장 큰 난제는 남자가 말을 하지 않을 때 그것을 어떻게 받아들일 것이며, 어떻게 해야 그가 필요로 하는 도움을 정확히 제공할 수 있느냐 하는 것이다.

출처: 존 그레이(2000). p. 104.

남녀관계에서 서로의 정서적 기대와 충족이 일치되는 것은 쉬운 일이 아니다. 많은 경우에 여성의 관계지향적인 욕구에 대해 남성의 반응은 불만족스럽다. 이혼자들을 대상으로 한 국내외 연구에 의하면 여성의 이혼사유는 복합적이며 관계적인 것들이 많지만, 남성의 이혼사유는 단순하고 외부 요인에 대한 귀인이 많음을 공통으로 보고한다(전영주 2006; Kitson, 2014). 심지어 남성들은 자신이 왜 이혼을 했는지 정확히 알지 못하는 경우도 많다. 이처럼 많은 남성과 여성은 금성인과 화성인 또는 개와 고양이처럼 정서적으로 교감하기 어려운 부분이 존재하며, 이는 관계에 좌절감을 낳고 결국 의사소통이 감소해 행복한 결혼생활의 걸림돌이 된다.

친밀감과 독립심의 욕구 주기(need cycle)가 남녀 간에 서로 다른 것도 친밀감을 발전시키는 데 어려움을 유발한다. 남성은 파트너 여성을 사랑하고 있으면 때때로 멀어지고 싶은 욕구가 생긴다. 남성과 여성 모두 자신이 좋아하는 방식대로 사랑을 표현할 것이 아니라 상대방이 생각하고 느끼고 반응하는 방식이 자신과 어떻게 다른지 터득해 가야 할 필요가 있다(Gray, 2015).

## 잠깐만! 함께해요

### 사랑 유형 테스트

다음 각 문항을 읽고 자신과 가장 가깝다고 판단되는 점수를 다음의 5점 척도에서 찾아 답하시오.

| 1 | 2 | 3 | 4 | 5 |
|---|---|---|---|---|
| 전혀 그렇지 않다. | 별로 그렇지 않다. | 중간이다. | 약간 그렇다. | 매우 그렇다. |

| |
|---|
| 1. 우리(나와 애인)는 처음 만나자마자 서로에게 끌리기 시작했다. |
| 2. 나는 애인에게 헌신하고자(마음을 다하고자) 하는 결심을 확실하게 해두고 싶지는 않다. |
| 3. 나는 한참 지나고 나서야 내가 상대방을 사랑하고 있다는 사실을 알게 되었다. |
| 4. 나는 애인에게 헌신하기로 하기 전에 우선 인생이란 어떻게 살아야 하는가에 관해 깊이 생각한다. |
| 5. 애인과 나 사이에 일이 잘 풀리지 않으면 속이 뒤집혀 소화가 잘되지 않는다. |
| 6. 애인이 어려울 때 나는 언제나 그를 도와주려고 한다. |
| 7. 우리는 서로에게 금방 신체적으로 흥분되었다. |
| 8. 애인이 비록 나에 대해 잘 모르고 있다 해도 상처를 받지 않을 것이다. |
| 9. 진실한 사랑이란 상대방을 먼저 보살펴 주는 것이다. |
| 10. 내 인생을 주도면밀하게 계획하고 나서야 애인을 선택하고자 한다. |
| 11. 사랑하는 사람과의 관계가 깨지면 너무 우울해져서 자살하고 싶은 생각마저 든다. |
| 12. 애인이 고통을 당하도록 내버려 두는 것보다 차라리 내가 고통을 당하는 편이 낫다. |
| 13. 우리의 사랑은 매우 강렬하고 만족스럽다. |
| 14. 나는 때로 애인을 둘씩 사귀면서 두 사람이 서로 알지 못하도록 한 적이 있다. |
| 15. 내가 사랑했던 사람과 언제나 친구처럼 지내기를 바란다. |
| 16. 배경이 비슷한 사람끼리 사랑하는 것이 가장 좋다. |
| 17. 때때로 나는 사랑에 빠져 있다는 것이 너무 흥분되어 잠을 이룰 수가 없다. |
| 18. 애인이 먼저 행복해야 나도 행복할 수 있다. |

| |
|---|
| 19. 우리는 서로를 위해 존재한다는 느낌이 든다. |
| 20. 나는 연애 사건(love affairs)에서 쉽고 빠르게 벗어날 수 있다. |
| 21. 최상의 사랑은 오랜 우정에서 시작되어 발전한다. |
| 22. 애인을 선택할 때 중요하게 생각하는 것은 애인이 우리 가족의 일원으로 잘 어울리느냐 하는 점이다. |
| 23. 사랑에 빠져 있을 때 나는 어떤 다른 일에도 집중할 수가 없다. |
| 24. 애인이 소망하는 바를 이루게 하기 위하여 나 자신의 소망을 희생할 용의가 있다. |
| 25. 우리는 만나자마자 얼마 안 되어서 신체적인 접촉을 시작하였다. |
| 26. 만약 애인이 내가 다른 사람에게 했던 몇 가지 일을 안다면 속상해할 것이다. |
| 27. 우리의 사랑은 우정에서 서서히 발전하였다. |
| 28. 파트너를 선택할 때 중요한 것은 그 사람이 좋은 부모가 될 수 있을까 하는 점이다. |
| 29. 애인이 누군가 다른 사람과 있다는 의심이 들면 나는 견딜 수가 없다. |
| 30. 내가 가지고 있는 것은 무엇이든 애인이 원하는 대로 써도 좋다. |
| 31. 우리는 진실로 서로를 이해한다. |
| 32. 애인이 나에게 너무 의존적이 되려 할 때, 나는 약간 뒤로 물러서고 싶다. |
| 33. 사랑은 진실로 깊은 우정이지, 신비스럽거나 알기 어려운 감정은 아니다. |
| 34. 파트너를 선택할 때 중요한 것은 내 앞길에 도움이 될까 하는 점이다. |
| 35. 애인이 나에게 관심을 기울이지 않으면 나는 전체가 아픈 것 같다. |
| 36. 사랑하는 사람을 위해서라면 모든 것을 참고 견디겠다. |
| 37. 내 애인의 외모는 나의 이상형에 꼭 들어맞는다. |
| 38. 나는 여러 파트너와 사랑놀이하기를 좋아한다. |
| 39. 내 경우 가장 만족스러운 사랑의 관계는 우정으로부터 발전되었다. |
| 40. 어떤 사람과 가까워지기 전에, 내가 그 사람과의 사이에 자녀를 둘 때 자녀가 좋은 유전형질을 물려받을 수 있을까를 먼저 알아보고자 한다. |
| 41. 애인이 잠시라도 나한테 무관심하면, 나는 그의 관심을 돌리기 위해 이상한 짓을 할 때가 있다. |
| 42. 애인이 나한테 화를 낼 때도 나는 그 사람을 무조건 한없이 사랑한다. |

출처: 한국가이던스. http://www.guidance.co.kr/agMain/etest/etest_03.asp

※ 채점방식

각 사랑의 유형별 문항은 다음 표와 같다. 각 문항에 답한 점수를 근거로 하여 사랑의 유형별로 평균치를 산출하고, 평균치가 가장 높은 유형이 자신의 유형에 속함

(※ 추구하는 사랑의 유형은 한 가지 이상일 수도 있으며, 두 사람이 추구하는 사랑의 유형에 따라 조화를 이루지 못하면 갈등이 발생할 소지가 있으며, 추구하는 사랑유형은 시간이 지남에 따라 변할 수도 있습니다.)

| 분류 | 낭만적 사랑 | 유희적 사랑 | 우정과 같은 사랑 | 논리적 사랑 | 소유적 사랑 | 헌신적 사랑 |
|---|---|---|---|---|---|---|
| ① | 1 | 2 | 3 | 4 | 5 | 6 |
| ② | 7 | 8 | 9 | 10 | 11 | 12 |
| ③ | 13 | 14 | 15 | 16 | 17 | 18 |
| ④ | 19 | 20 | 21 | 22 | 23 | 24 |
| ⑤ | 25 | 26 | 27 | 28 | 29 | 30 |
| ⑥ | 31 | 32 | 33 | 34 | 35 | 36 |
| ⑦ | 37 | 38 | 39 | 40 | 41 | 42 |
| 평균 | /7 | /7 | /7 | /7 | /7 | /7 |

1. 친구로서의 사랑
   우정을 나누다가 사랑에 이르는 것. 화끈하고 뜨겁지는 않지만, 은근하고 정답다. 갈등이 있는 경우 대개 서로 양보하고, 합리적으로 타협한다. 정서적으로 안정되고 가족 간의 유대감이 돈독한 가정에서 자란 사람들에게서 많다.

2. 논리적인 사랑
   매우 현실적인 사람에게 흔한 타입. 자신이 원하는 조건을 만족하는 사람이 나타날 때까지 기다린다. 사랑을 일종의 거래로 생각하기도 한다. 잠재적인 불안감이 많고, 자신감이 부족한 사람일 수도 있다. 하지만 대부분 성실하고 책임감 있는 배우자가 될 수 있다.

3. 낭만적인 사랑
   사랑 자체에 대한 사랑을 하는 타입. 커플링이나 커플티 등으로 서로를 동일시하고, 기념일을 절대 잊지 않는 특성이 있다. 사랑에 실패하더라도 절망하지 않고, 이겨낼 용기가 있어야 한다.

4. 소유적 사랑
   상대의 사랑을 확인하는 데 많은 시간을 보내고, 혹시 헤어지지 않을까, 하는 불안감으로 마음을 조인다. 이 타입은 사랑에 빠지면 자신 혹은 주변의 다른 일들을 원만하게 처리하지 못하여 실수를 저지르기도 한다.

5. 이타적 사랑
   아무 조건없이 좋아하고, 베푸는 타입. 상대가 나를 필요로 하지 않으면 그대로 사랑이 끝난다. 진정한 사랑은 어느 정도 이런 요소가 포함되어 있다. 간절하게 원한다면 상대를 붙들 수 있는 용기가 있다면 사랑을 성취할 수 있다.

6. 유희적 사랑
   사랑을 즐기며, 장기적인 인생계획 같은 건 생각하지 않는다. 이들에게 섹스는 재미이지, 책임질 행동이 아니다. 이런 성향을 사랑이 아닌 다른 경쟁적인 분야에 발휘하여 욕구를 충족시키고, 사랑은 진지하게 할 수 있도록 노력하면 인생이 더욱 행복해질 것이다.

CHAPTER 08

# 젠더와 가족

## 01 가족의 이해

가족은 인간이 가진 제도들 가운데 가장 오래된 것으로 사회 변화에 따라 다양하게 영향을 받으면서 끊임없이 지속되어온 기본적인 사회제도이다. 가족의 사전적 정의에서 협의의 의미는 자신과 피를 나눈 직계가족과 배우자를 의미하고, 광의의 의미로는 자기 집안, 즉 소위 말하는 문중 전체와 뜻을 같이 하는 모든 사람을 의미하고 있다. 그렇다면 학문적 용어로서 '가족'은 어떻게 정의 내리고 있는지 학자들이 제시한 보편적인 가족 정의를 살펴보면 다음과 같다.

### 1) 가족의 정의

머독(Murdock, 1949)은 가족이란 '주거를 같이 하고 경제적 협동 및 자녀의 출산으로 특징지어지는 '사회 집단'이라고 규정하였다. 즉 가족이 공동의 거주라는 특성을 가지고 있는 동거집단임을 지적하였다. 여기서 동거라 함은 단순히 잠을 같이 자는 것뿐만 아니라 한 울타리에서 생활을 같이하는 것을 의미한다. 머독(1949)의 정의에서는 가족구성원으로 부부와 자녀만을 중요시하는 이른바 핵가족에만 치중하는 경향이 있다. 머독은 현실적인 것을 중요시하여 거주를 가족의 가장 중요한 요소로 생각한 데 비하여, 레비-스트로스(Levi-Strauss)는 기능 집단과 운명공동체적 성격을 중요시하여 가족원의 유대관계와 결합을 중요한 요소로 생각하였다.

나스(Nass, 1978)는 가족이란 동일한 거주지에서 생활하며 경제적으로 협력하는 사회집단을 의미하는 것으로 설명하고 있다. 가족은 보통 한 쌍 혹은 그 이상의 남녀 결혼에 바탕을 두고 있으며 그 부부 사이에서 자녀가 태어나고 성인은 자녀에 대한 책임을 갖는다. 원칙적으로 한 가족이 되기 위해서는 같은 거주지에서 생활해야 하지만 이것은 필요조건이지 충분조건은 아니다. 가족이 되기 위해서는 그 집단 성원이 혈연 · 결혼 · 입양으로 맺어져야 한다. 형제 혹은 자매만 살아도 그것은 한 가족이다. 그러나 그러한 조건에 맞지 않는 사람이 하나의 거주단위에 사는 경우 그것은 가구(家口, household)가 된다고 정의하였다.

한편 엘리엇(Elliot, 1986)은 전통적인 시각에서의 가족은 전형적으로 법적 · 생물학적 유대, 그리고 동거의 관점에서 정의되었다고 했다. 즉 '가족'은 남편과 부인, 그리고 그 자녀로 구성된 단위를 의미하며, 이 단위는 결혼 및 생물학적 부모됨에 기초한 집단으로, 주거를 같이 하는 집단으로, 그리고 정의적 유대, 보호와 지원의 의무, 공통의 정체성으로 통합된 것으로 널리 해석된다고 언급하였다. 킬린과 화이트(Kiline & White, 1996)는 가족은 대부분의 다른 사회적 조직보다 더 오랜 세월 동안 존재해 왔으며, 출생의 행위를 통해 세대 간 관계를 가진다. 또한 가족구성원 간에는 생물학적 관계와 사회에서 규정한 법적 · 관습적인 관계가 있으며, 이러한 관계가 친족관계로 연결된다고 정의하였다.

그러나 과거에는 이러한 전통적인 가족개념이 여러 면에서 부합되는 개념이었지만, 오늘날에는 이 개념을 적용하는 데에는 무리가 따른다는 것을 지적하고 있다(Shehan & Kammeyer, 2017). 대부분의 국가에서 인구조사를 위해 사용되는 보편적인 정의는 '혈연, 결혼, 입양으로 연결된 두 명 이상 동거형태의 구조'를 가족으로 정의한다.

'핵가족'은 남녀의 성인과 한 명 이상의 이들의 자녀와 입양을 통한 자녀로 구성된다. 가족은 자녀에게 문화적 가치를 가르치고 사회에 적응시키는 사회화의 기본적 단위이다. 사회학자는 '가족'을 정의하기를, 같은 지붕 아래에 살고, 한 부엌에서 음식을 만들어 먹고, 혈연이나 법적으로 관련된 개인의 집단이라고 말하였다. 그리고 가족을 구성하는 기본적인 요소는 사랑, 애정, 친근감, 소속감 그리고 구성원 간의 관심이라고 정의하였다.

최근에는 다양한 삶의 방식 등장으로 전통적 개념의 가족 정의가 변화하고 있다. 예를 들면 자녀가 없는 가족, 한부모 가족, 동성애 가족, 미혼모가족이 증가하고 있다고 정의하였다. 실질적으로 우리 사회에도 전통적 의미의 핵가족의 수가 줄어들고 있는 반면에, 한부모 가족이나 동거 가족, 비동거 가족, 그리고 미혼모 가족, 노인 가족, 일인가구, 동성애 가족, 공동체 가족 등의 비전통적 가족형태가 늘어나고 있는 추세이다.

레비-스트로스는 적어도 두 명 이상의 성인과 같이 거주하고, 경제적·사회적 교환을 하며, 음식·성·주거·재화와 사회활동을 공유하며, 출산으로 인해 부모자녀관계를 맺고, 그 자녀 간에는 형제관계를 맺는다는 포괄적이고 체계적인 정의를 내렸다. 그리고 구브리움과 홀스타인(Gubrium & Holstein, 2003)은 가족의 정의를, 가족(family)에서 가족들(families)이라는 새로운 개념으로 대체해야 한다고 주장하였다. 이렇듯 가족에 대한 정의는 문화, 시대, 계층, 연령별, 성별에 따라 다양하게 존재한다. 그런데 과연 우리 한국인에게 맞는 가족의 정의는 무엇일까에 대하여 연구자는 의문을 갖게 되었다.

## 2) 가족의 범위

한 가족을 이루는 성원의 수와 그 성원이 차지하는 가족 내 지위의 종류는 그 구성원 개인의 생애주기뿐만 아니라 그 가족의 생활주기에 따라서 달라진다. 게다가 한 사회가 처한 시대적 상황과 문화적 배경에 따라서 한 가족구성원의 지위 관계망이 다르게 짜여진다. 또한 사회 전체적으로 바람직하다고 인정하는 규범적 가족과 현실에서 실제로 발견되는 실재적 가족 사이에는 괴리가 존재하기 마련이다(김규원, 2015).

가족구성원 사이에는 반대급부를 기대하지 않고 자신의 것을 줄 수 있는 진정한 의미의 일반 호혜적 원칙이 적용되며, 상호작용에서 어느 정도의 경제적 결속이 이루어지는가는 가족의 범위가 어디까지 확대되어 있는가를 보여주는 척도가 된다. 가족의 실제적인 상호작용 범위는 인식되는 가족의 범위와 일치하지는 않지만 이 둘은 서로 밀접한 연관을 가지며 영향을 미친다 (박부진, 2016).

가족의 범위를 알아보기 위해서는 자신이 속한 가족주기, 가족에서의 위치 등을 조사하여야 한다. 자신을 중심으로 자신이 속한 상황에 따라 가족의 범위는 달라지기 때문이다.

우리는 일생동안 혼인제도와 더불어 다음의 두 가지 유형의 가족 가운데 적어도 한 가지 유형에 속하는 경험을 하게 된다. 한 인간으로 태어나서 성장하는 과정에서는 방위가족(family of orientation)을 형성하게 되는데 보통 아버지, 어머니, 형제, 자매로 이루어진다. 또한 대개의 인간은 자신의 생애주기가 진행됨에 따라, 성인이 되면 자신의 결혼으로 생식가족(family of procreation)을 성립시킨다. 이 생식가족은 자신의 배우자, 그리고 자녀로 이루어지는 것이 보통이다.

그리고 가족구성원의 범위에 따라 나누는 방법은 미국의 인류학자인 머독(1949)이 처음으로 사용하였다. 머독에 의하면, 가족은 기본적으로 부부와 미혼 자녀가 그 구성원의 중심을 이루는데, 그와 같은 중핵적(中核的) 분자만으로 이루어지는 가족을 핵가족이라 하고, 그 이외의 직계 또는 방계의 혈연자를 포함하는 가족을 확대가족이라고 규정하였다. 핵가족이라는 용어는 미국의 인류학자 머독이 처음 사용한 것으로, 종전까지의 부부가족이나 소가족보다 적절한 표현이라 하여 국제적으로도 널리 쓰이게 되었다. 이 개념은 다른 분류 개념에 비해 가족의 인구학적 특성상 분석상의 이점이 많다는 이유로, 현재 과학용어뿐만 아니라 일상용어로서도 널리 쓰이게 되었다.

## 02 가족을 보는 이론적 관점

가족에 대한 시각은 크게 세 가지로 나뉜다. 첫째는 부부 중심적 핵가족은 산업사회의 요구조건과 갈등이 없는 유일한 가족 형태라는 구조기능론적 관점이고, 둘째는 여권론적 관점이며, 셋째는 포스트모던의 관점이다.

### 1) 구조기능론적 관점

구조기능론이란 산업사회의 핵가족화 이론이다. 구조기능론의 관점에서 제시하는 가족론은 핵가족이라는 가족구조가 산업사회와 기능적으로 조화를 이루고 있다고 한다. 파슨스(Parsons)를 비롯한 구조기능론적 핵가족론에서는 생계부양자로서의 역할을 담당하는 남성과 가사(家事)를 전담하는 여성이라는 역할 구분이 매우 합리적·전문적·기능적이며, 공동체 구성원으로서의 자본주의적 가부장제에 의한 성 역할 분업이 현대사회에 기능적이라는 가정과 전제에서 출발하고 있다. 즉 남성은 남편, 아버지로서 가족의 생계를 부양하는 수단적 역할을, 여성은 아내, 어머니로서 가정에서 정서적 일을 담당하는 성 역할 분업이 이루어지는 기능적인 소집단(윤근섭 외, 2001)이 바로 핵가족이라고 한다. 따라서 여성에게는 가족제도 내에서 어머니로서 역할의 전문성이 기대된다. 이를 통하여 자녀의 사회화와 성인의 인성을 안정화시키는 것이 핵가족의 주요 기능이라고 주장한다.

### 2) 여권론적 관점

여권론적 관점은 구조기능론이 지나치게 성별 분업적인 것에 반대한다. 여권론적 시각은 비판적 시각에서 더 나아가 가족은 여성을 억압하는 불평등 체계라고 본다. 이 시각에서는 구조기능론이 첫째, 가족이 모성 역할을 미화하고 있고 둘째, 가족은 피난처요, 가정은 천국이라는 잘못된 인식에 머물러 있으며 셋째, 성체계 고정화를 통해 여성에 대한 억압을 정당화하고 있다고 지적한다. 여권론자는 가족이 사회로부터 분리된 사적 영역으로서 정서적 만족을 제공하고 충족시키는 장소라는 기존의 인식에 대해 반대한다.

이들은 전형적인 가족 이데올로기가 가정을 여성의 장소라고 한정 지으면서 여성의 경제적 착취를 정당화한다고 생각한다. 사회적 성의 창출, 성별 노동 분업 및 강압적인 이성 간의 성차별로 구성되어 있는 비대칭적인 성체계가 바로 여성의 억압을 가져오는 주원인이므로 성체계는 변화해야 한다고 주장한다. 이들은 여성의 가정 내 역할이 여성의 불평등을 심화시키는 불평등을 일반화하고 있다고 비난한다.

### 3) 포스트모던의 관점

포스트모던 가족론은 가족생활에서도 전환적 사고를 요구하여 현대사회의 정형적 가족의 형태가 사실로 존재하는 것을 부정하는 데서 논의를 시작한다. 가족이라는 구조에 대한 사회의 보편적 신념은 '가정은 안정과 보호의 상징이다'라는 것이었는데, 그러한 보편적 신념을 부정하고 사회 전체적인 면에서 보면 가족이 오히려 반사회적 특성을 지닐 수 있다고 주장한다.

이 가족론은 모성의 역할이나 모성에 대한 관심, 동성애가족, 독신가족, 미혼모가족은 물론 새로운 가족의 의사소통관계 등 다양한 대상에 관하여 관심을 가진다. 새로운 삶의 방식을 취하는 소수집단에 대한 새로운 각도의 관심과 그에 대한 다양한 접근방법을 통하여 각자의 삶의 양식이 이데올로기에 의해 강요되지 않을 것을 주장하는 점에서 이들은 '자유'라는 가치의 의미를 새롭게 하고 있다(윤근섭 외, 2003). 근대 가족론과 포스트모던의 가족론을 <표 8－1>과 같이 비교할 수 있다.

혹시 아시나요?

### 소비 트렌드 선도하는 '1코노미족'

최근 '1코노미' 열풍이 무섭게 다가오고 있다. '1코노미'는 1인과 경제를 뜻하는 이코노미(economy)의 합성어로 혼자만의 소비 생활을 즐기는 1인 가구를 뜻하는데요, 통계청 자료에 따르면 올해 우리나라의 1인 가구 비중이 30%에 육박할 것이라는 전망이다.

이 같은 1인 가구의 급증은 소비 트렌드를 변화시킨 것은 물론, 산업계의 제품 및 브랜드 출시 방향, 금융계의 상품 초점을 바꿔놓으며 '1코노미' 단어 그대로 상반기 경제를 견인하고 있다. 특히 2035년 1인 가구의 비중이 우리나라 전체 가구의 35%에 이를 것으로 예상돼 지금의 1코노미 열풍이 앞으로 더욱 확대될 것으로 전문가들은 예견하고 있다.

1코노미가 소비 시장의 주체로 떠오르면서 가장 변화된 건 소용량, 소포장, 간편식, 소형가구, 소형가전 등 이른바 제품의 '소형화'이다. 이러한 흐름은 식품, 가전은 물론 인테리어, 가구, 금융업계의 시장을 1인 가구 중심으로 개편시키며 기존 4인 가족 형태의 전통적인 시장 패러다임을 확 바꿔놓고 있다.

출처: 똑스. https://www.dokdok.co/brief/1conomy

**표 8-1** 근대 가족론과 포스트모던 가족론

| 근대 가족론 | 포스트모던 가족론 |
|---|---|
| • 가족의 해방이 진보의 조건이지만 그러한 해방은 사회의 통합력을 범하지 않는 범위에서 허용 | • 해방에 대한 후퇴와 진보란 모두에게 보장된 것이 아니라는 인식 |
| • 정상가족은 비정상가족에 비해 사회에 기능적이고 환경 이용력이 보다 높음 | • 문화적 불확실성과 문제 해결의 고정된 해결책의 부재 |
| • 가족해체를 근대화의 결과로 보고 있지만 가족해체가 영구적이거나 불가피한 상황이 아니라는 낙관적인 견해 | • 변화속도의 가속화, 끊임없는 새로운 가족형태의 출현과 기대상승에 실망 |
| • 이성에 대한 믿음, 특히 사회과학적 지식과 지속적인 기술변화가 사회적 균형을 복원시킬 것이라고 믿음 | • 생활의 중심축이 생산에서 소비로 옮겨짐에 따라 사회관계의 의미변화와 가족의 의미변화 |

## 03 현대사회 가족의 변화

### 1) 가족변화의 요인

가족은 탄력적인 제도로서 융통성 있게 시간에 따라 변화하고, 각 사회의 문화에 따라 스스로 조직하는 집단으로 가족변화의 관점을 미시적 측면과 거시적 측면 또 이 두 요소의 상호작용에 의해 변화될 수 있다.

#### (1) 미시적 측면

가족구성원 개개인의 인성, 태도, 가치관과 가족원 간 관계의 특성 및 성격 등이 가족에 영향을 미친다.

#### (2) 거시적 측면

① **경제적 힘**: 역사적으로 생산의 형태나 경제 구조적 요인은 가족에 깊은 영향을 미쳤다. 생산의 양식이 변화될 때마다 가정은 늘 변화를 겪어 왔다.

② **기술혁신**: 기술의 혁신은 인간의 사회 문화적인 삶을 근본적으로 변용시키며 가족변화를 가져오는 위력은 상당하다. 의학의 발전으로 인한 인간 수명의 연장을 예로 들 수 있다.

③ **이데올로기**: 가족생활에 결정적인 영향을 미치는 요인이다. 기술의 진보와 경제의 성장으로 이전 시대보다 더 자유와 선택이 가능해지므로 이전 시대보다 더 가족변화에 중요한 요인으로 작용할 것이다.

④ **대중문화**: 대중문화는 우리들의 가치, 역할, 의식, 가족생활에 많은 영향을 준다. 때로는 잘못된 정보와 시각의 전달로 혼란을 주기도 한다.

⑤ **사회운동**: 1970년대의 여성운동이 여성의 역할을 변화하는 데 영향을 주었고, 이에 따라 가족생활도 변화되었다.

⑥ **가족정책**: 가족에 대한 수많은 법규와 정책으로 결혼가능 연령, 결혼할

사람의 범위, 이혼, 재혼, 상속 등이 있다. 정책의 변화는 수동적으로 이루어지기도 하지만 사회정책 입안에 결정적인 영향력을 끼치기도 한다.

## 2) 가족의 구조적 변화

우리나라의 산업구조는 1960년대에는 농림어업 중심의 구조였으나 1970년대 이후 제조업 부문이 활발해지면서 산업화가 급속도로 진행되어 놀랄 만큼 빠른 속도로 경제적 발전을 이룩하였다. 이후 서비스업 및 유통, 통신, 금융관련 산업 등 다양한 서비스 산업의 비중이 높아졌으며, 농림어업의 비중은 크게 줄어들고 제조업의 비중도 점차 감소하는 변화를 보이고 있다.

이러한 산업 변화와 도시화는 교육수준을 향상시킴으로써 여성의 경제활동 참여를 증가시키고 초혼연령의 상승, 출산율의 저하, 평균수명의 연장, 그리고 가치관의 변화 등 사회 전반적으로 여러 가지 변화를 가져왔다. 이런 사회 전반적인 변화는 가족구조의 변화에 영향을 미쳐 기존의 가부장적 대가족이었던 가족구조를 핵가족화, 소규모 가족화하였고, 가족구조가 핵가족화, 소규모 가족화됨으로써 1인가구, 부부가구, 노인가구 등 가구유형이 다양해졌다.

### (1) 가구 수의 변화

우리나라의 전체 가구 수는 2005년 1597만 1천 가구로 2005년을 기준으로 했을 때 2020년에는 1,901만1천 가구로 19%가 증가하였으며 2030년에는 24.4%의 증가를 예측하고 있다. 그러나 가족규모를 나타내는 가구당 평균 가구원수는 2010년 3명에서 2030년에는 2.63명으로 지속적인 감소를 보이고 있다. 즉 전체 가구수는 증가하였는 데 반해 평균 가구원수는 감소하는 현상을 보이고 있다.

**표 8-2** 일반가구 변화 전망

(단위 : 천)

| 구분 | 2005 | 2010 | 2015 | 2020 | 2025 | 2030 |
|---|---|---|---|---|---|---|
| 가구(천 가구) | 15,971 | 17,152 | 18,191 | 19,011 | 19,593 | 19,871 |
| 연평균 증가율(%) | 1 | 1.074 | 1.140 | 1.190 | 1.227 | 1.244 |
| 평균 가구원 수(인) | 3.12 | 3 | 2.9 | 2.81 | 2.72 | 2.63 |

자료: 통계청(2022).

가구변화 전망을 통계청 「일반가구 변화 전망」 발표에 따르면 2030년에는 19,871천 가구가 될 것으로 추계하고 있다. 한 가구당 평균 가구 원수도 2010년 3인에서 2030년 2.63인으로 감소한다는 것은 결과적으로 1인가구와 2인가구의 증가율이 3인 이상 가구의 증가율보다 앞으로도 계속 높아질 것으로 예상하고 있다.

가구원수에 따른 가족규모의 변화를 살펴보면 <표 8-3>과 같다. 가구원수가 1인과 2인가구는 2000년대 기준으로 보았을 때 계속 꾸준히 증가를 하고 있다. 가구원수가 3~4인 가구는 서서히 증가하다가 2025년을 기점으로 감소 추세를 보일 것으로 예측하고 있으며, 가구원수 5인 이상 가구수는 현저히 감소세를 보였는데 2000년에는 1인가구보다도 낮은 비율을 보이고 있으며 앞으로도 계속 감소세를 보일 것이다.

**표 8-3** 가구원 수별 가구수 변화 전망

(단위 : 가구수)

| 구분 | 1인 | 2인 | 3인 | 4인 | 5인 | 6인 이상 |
|---|---|---|---|---|---|---|
| 2000 | 2,261,550 | 2,765,441 | 3,027,257 | 4,507,591 | 1,460,918 | 484,253 |
| 2005 | 3,187,151 | 3,536,232 | 3,344,044 | 4,314,495 | 1,228,251 | 360,873 |
| 2010 | 3,473,415 | 3,957,526 | 3,595,201 | 4,564,481 | 1,241,105 | 320,549 |
| 2015 | 3,773,408 | 4,380,250 | 3,784,945 | 4,733,212 | 1,236,470 | 283,378 |
| 2020 | 4,109,276 | 4,844,469 | 3,866,466 | 4,745,714 | 1,196,322 | 249,568 |
| 2025 | 4,421,560 | 5,284,978 | 3,864,126 | 4,662,256 | 1,142,052 | 218,795 |
| 2030 | 4,713,083 | 5,582,531 | 3,796,791 | 4,518,920 | 1,075,478 | 184,341 |

자료: 통계청(2022).

이러한 결과로 2015년까지 전체 가구구성 중 가장 많은 비중을 차지하던 3, 4인 가구는 1, 2인가구의 증가로 인해 2015년에서 2020년 사이에 두 번째로 밀려났으며, 이 시기부터는 전체 가구구성 중 1, 2인가구 구성이 가장 많은 비중을 보일 것으로 예상된다. 따라서 향후 주택공급정책에 있어서 현재 1, 2인 가구의 증가는 신중하게 고려해야 할 부분인 것으로 판단되며 이에 대한 연구가 지속적으로 이루어져야 할 것이다.

## (2) 가족유형의 다양화

### ① 1인가구

1인가구는 결혼을 하지 않는 독신, 결혼을 하였으나 사별 또는 이혼 등으로 인해 배우자를 잃고, 자녀가 없거나 자녀 및 기타 친족과의 비동거 등, 그리고 결혼 전 부모로부터 독립해서 사는 청년가구 등 다양한 이유로 인해 혼자 생활하는 이들이다. 이들의 연도별 변화를 살펴보면 <표 8-4>와 같다. 1인가구는 1970년 3.7%, 1980년 4.8%에서 1990년 9.0%로 급증하기 시작하여 1995년에는 12.7%, 2000년에는 15.6%, 2020년에는 21.6%로 1990년 이후 계속하여 큰 폭으로 상승하고 있다. 이러한 1인가구의 증가는 주택시장에 직접적인 영향을 미치게 된다. 소형규모의 주택시장 및 주택의 유형에 있어서도 다양한 변화가 나타나게 되는 중요한 요인이 되고 있다.

**표 8-4 1인가구 변화** (단위: 천 가구, %)

| 구분 | 1970 | 1980 | 1990 | 2000 | 2005 | 2010 | 2015 | 2020 | 2025 | 2030 |
|---|---|---|---|---|---|---|---|---|---|---|
| 전체 가구 | 5,567 | 7,969 | 11,355 | 14,507 | 15,971 | 17,152 | 18,191 | 19,011 | 19,593 | 19,871 |
| 1인 가구 | 206 | 382 | 1,022 | 2,261 | 3,187 | 3,473 | 3,773 | 4,109 | 4,421 | 4,713 |
| | 3.7 | 4.8 | 9.0 | 15.6 | 20.0 | 20.2 | 20.7 | 21.6 | 22.6 | 23.7 |

자료: 통계청(2022).

통계청 조사에 따르면 1인가구 중 고령화로 인한 노인가구의 중요도가 더욱 높아지고 있으며, 노인 1인가구의 가장 큰 문제점은 경제적 문제와 심리적 문제가 있다. 독거노인이 대다수를 차지하는 우리나라의 경우 1인가구 증가에 대해 젊은 도시 독신층을 대상으로 한 정책들은 지원이 있는 반면, 노인 1인가구에 대한 복지제도는 미비한 상태이다. 노인독신가구는 노부부가구와 달리 정서적 지지의 결여에 의한 어려움이 크다. 즉 노인부부가족의 경우 자녀양육을 끝내고 노동부담과 시간소요에서 벗어나 오랜 기간의 적응기를 거쳐 획득된 서로에 대한 이해심 등으로 나이가 들수록 부부생활의 만족도가 높아지는 반면, 이들 노인 1인가구의 경우 이미 배우자 사망으로 의지처가 없을 뿐 아니라 말동무를 할 사람도 찾기 어렵다.

삼성경제연구원에 따르면 우리나라 노인 1인가구 10가구 중 8가구(65세 이상 노인인구), 즉 77%가 빈곤상태에 놓여 있다고 한다. 이에 소득원 중 국가의 도움으로 생계비를 충당한다는 비율도 이들 가구에서 가장 높게 나타났으며 한국에서 노인이 살기에는 불행한 나라로, 자살률도 OECD 회원국 가운데 가장 높게 나타났다.

이렇게 증가하는 이혼율과 독신비율, 독거노인 증가를 감안한다면 주택에 대한 수요는 꾸준히 증가할 것으로 예상하지만 상대적으로 1인가구는 주택 구매력이 낮고 주택을 소유하려는 의지도 약해 사실상 주택에 대한 유효수요가 될 가능성이 높지 않아 집값 상승에 비중이 크지 않을 것으로 예상되며 주택가격 상승세에 미치는 영향 또한 적을 것으로 보인다.

② 부부가구

가구형태 중 부부가구는 핵가족의 하나로 결혼하여 자녀를 출산하지 않은 부부이거나 자녀를 모두 출가시키고 부부만 따로 사는 가구를 말한다. 이들 연령집단은 가족형성기 초기와 가족생활주기 완결기를 내포한다. 최근에는 자녀가 있는 가족은 줄어들고 부부만 사는 가구가 늘고 있다. 통계청(장래가구 추계 2005~2030)에 따르면 전체 가구에서 부부가구가 차지하는 비중은 <표 8-5>와 같다. 2000년 12.3%, 2010년 15.2%, 2020년 17.7%로 나타났고, 2030년에는 20.7%로 지속적으로 증가할 것으로 예상하고 있다. 특히 65세 이상인 고령 부부가구는 2030년 223만 가구로 2005년 대비 2.7배로 시간이 지날수록 계속 늘어날 전망이다. 이에 반해 자녀와 함께 가족을 이루고 있는 가구는 2010년 41.3%, 2020년 38.0%이며, 2030년 33.8%로 감소세를 지속할 것으로 예상된다.

**표 8-5 부부가구 증가** (단위: 가구, %)

| 구분 | 2000 | 2005 | 2010 | 2015 | 2020 | 2025 | 2030 |
|---|---|---|---|---|---|---|---|
| 전체 가구 | 14,507,010 | 15,971,010 | 17,152,277 | 18,191,663 | 19,011,815 | 19,593,767 | 19,871,144 |
| 부부 | 1,786,087 | 2,267,915 | 2,602,624 | 2,953,367 | 3,360,429 | 3,790,207 | 4,112,353 |
| | 12.3 | 14.2 | 15.2 | 16.2 | 17.7 | 19.3 | 20.7 |

*자료: 통계청(2022). 부부가구 추계.

또한 현재 부부가구를 형성하는 혼인 연령이 점차 높아지고 있는 추세로 젊은 부부가구보다는 노인 부부가구의 비중이 많이 차지하고 있다는 것을 알 수 있다. 따라서 부부가구를 형성하지 않은 미혼 연령층의 경우 1인가구를 구성하는 세대수가 많아질 것으로 판단되고, 노인부부가구의 증가로 인해 앞으로는 농촌 지역에서 노인들로만 구성된 2인가구의 비중이 증가하게 될 것임을 예측할 수 있다.

③ 노인가구

평균수명의 연장으로 인구의 고령화 현상이 나타나고, 출산율이 떨어지면서 노인인구 비율이 계속해서 증가하고 있다. 우리나라의 노인인구는 2010년 5,424천 명으로 총인구의 11.3%를 차지하고 있으며, 이는 인구 10명 중 1명이 넘는 셈이다. 이미 2000년에 65세 이상 인구비율이 7.2%에 이르러 고령화 사회에 진입하였으며, 2026년에는 20.8%가 되어 초고령 사회에 도달할 것으로 전망된다(통계청, 2022).

연도별 노인가구를 살펴보면 <표 8-6>과 같다. 2020년 전체 노인가구는 총가구 구성대비 22.3%로 2010년보다 4.9% 증가하였으며, 1인 독신

노인가구는 총가구 구성대비 8.0%로 2010년과 비교 시 2.0%가 증가하였다. 이러한 통계수치는 가족과 떨어져 사는 노인독신가구나 노인부부가 증가하고 있음을 보여주고 있으며 2030년에는 10가구 중 3가구는 노인가구일 것으로 전망할 수 있다.

**표 8-6 노인가구 구성비** (단위: 가구, %)

| 구분 | 총가구 | 65세 이상 노인가구 | 구성비 | 65세 이상 1인가구 (독거노인가구) | 구성비 |
|---|---|---|---|---|---|
| 2000 | 14,507,010 | 1,733,525 | 11.9 | 543,522 | 3.7 |
| 2005 | 15,971,010 | 2,432,247 | 15.2 | 776,996 | 4.9 |
| 2010 | 17,152,277 | 2,982,240 | 17.4 | 1,021,008 | 6.0 |
| 2015 | 18,191,663 | 3,533,961 | 19.4 | 1,250,792 | 6.9 |
| 2020 | 19,011,815 | 4,231,578 | 22.3 | 1,512,082 | 8.0 |
| 2025 | 19,593,767 | 5,338,955 | 27.2 | 1,894,260 | 9.7 |
| 2030 | 19,871,144 | 6,410,665 | 32.3 | 2,338,354 | 11.8 |

자료: 통계청(2022). 「장래가구추계」.
주: 가구주의 연령이 65세 이상인 가구, 가구주의 연령이 65세 이상이면서 혼자 사는 가구

④ 다문화 가구

한국사회에서 가장 급속하게 증가하여 사회적인 관심이 증폭되고 있는 가족유형이 다문화가족이다. 다문화가족이란 한 가족 내에 다양한 문화가 공존하고 현재 국내에 정주(定住)하고 있는 국제결혼 가정을 의미한다. 다문화 가정을 '우리와 다른 민족·문화적 배경을 가진 사람들로 구성된 가정'을 통칭하는 것으로 사용하고 있다. 결혼하지 않고 혼자 사는 여성의 증가와 한국 여성의 결혼 조건을 충족시키지 못하는 남성이 저개발국의 여성을 선택하는 경우가 증가하고 있고, 여기에 농촌에서 살기를 꺼리는 한국여성의 가치관도 크게 작용하였다. 또한 정보화, 세계화에 따라 국제결혼에 대한 인식과 가치관이 바뀌고 있으며 저임금 외국인 노동자의 고용정책으로 외국인이 한국으로 이주가 많아졌고, 주

변국 여성이 결혼을 통한 한국 이주를 빈곤의 탈출로 생각을 하였다. 여기서 국제결혼중매업체의 적극적인 상술과 노총각 구제 차원의 국제결혼을 독려하는 사회적 분위기가 맞물려 국제결혼의 증가 배경이 되고 있다.

## 3) 가족주기의 변화

가족주기(family life cycle)란 결혼하여 가족과 함께 영위하는 생활주기를 말한다. 부부와 미혼의 자녀로 구성된 핵가족(核家族)을 기준으로 보면, 그것은 결혼에 의하여 성립되고 신혼기・육아기를 거쳐 성인이 된 자녀가 결혼하여 분가(分家)함으로써 다시 중・노년의 부부 두 사람이 된다. 그 후 배우자의 죽음, 그리고 본인의 사망으로 이 가정은 소멸된다.

그러나 여기서 태어난 자녀는 결혼을 통해서 부모와 같은 핵가족을 형성한다. 결국 하나의 핵가족은 형성 → 확대 → 감소 → 소멸을 거치고, 이렇게 중복되는 형태로 다음 세대(世代)가 같은 순서를 유지하면서 뒤따른다. 개인의 인생주기가 변화하고 결혼관과 생활양식이 변화하면서 가족주기도 변화한다.

첫째, 가족주기 이전의 기간이 길어지고 있다. 남녀 모두 교육기회의 확장으로 교육기간이 증가되었으며 초혼연령이 높아지고 있다. 1990년대 이후 20대 후반 남성과 20대 초반 여성의 혼인 건수가 감소하여 남녀 모두 20대 이하의 혼인은 감소하고, 반면 30대 이상 혼인건수는 지속적으로 증가하고 있다. 결과적으로 청년기가 장기화되고 가족주기로 옮아가는 것이 늦어져 가족주기 이전(以前)의 기간이 길어지고 있다.

둘째, 결혼에서 자녀 출산까지의 가족형성 및 확대기는 초혼연령의 상승과 출산율의 저하로 인하여 매우 단축되고 있다.

셋째, 자녀 출산완료 이후 자녀의 결혼이 시작되기 전까지의 자녀양육 및 교육기에 해당하는 가족확대 완료기는 자녀의 초혼연령이 늦어지고 교육기간이 길어짐에 따라 역시 장기화되는 경향이 있다. 그러나 과거에 비하여 가족확대기의 가정생활은 교육의 사회화 등으로 인하여 상당히 다른 양상을 보인다.

넷째, 자녀의 결혼이 시작되고 남편의 은퇴가 시작되는 초로(初老) 부부기가 장기화되고 있다.

다섯째, 초로 부부기를 거쳐 배우자가 사망하고 본인의 사망에 이르는 가족 축소완료 및 가족해체기는 과거에 비하여 10년 이상 장기화되고 있다. 결론적으로 가족 형성확대기만 단축되고 나머지 주기는 모두 장기화되었다. 이를 간단히 표로 나타내면 <표 8-8>과 같다.

**표 8-7 가족주기의 변화**

| 가족주기 以前 | 가족 형성·확대기 | 가족 확대 완료기 | 초로 부부기 | 가족축소완료·해체기 |
|---|---|---|---|---|
| 장기화 | 단축 | 장기화 | 장기화 | 장기화 |

이러한 가족주기의 변화는 각각의 주기에 속한 가족들이 이루어야 할 전 생애적 과업의 내용에 변화를 가져왔다. 예컨대, 가족확대기와 확대완료기를 합치면 시기적으로는 장기화되었으나 자녀수가 감소되고 가사노동이 사회에 전가되어 이 시기의 여성의 가사노동 부담이 경감됨으로써 가족 내 생활양식이 변화되고 있다. 또한 노년 부부기가 장기화되면서 이 시기의 새로운 과업인 여가시간의 활용과 노부부관계 및 조부모상의 재정립 등이 필요하게 되었다.

## 4) 모성이데올로기의 변화

모성이데올로기는 여성의 생물학적 조건을 과장하여 모성이라는 것이 여성의 본능(本能)에 기초한 여성 고유의 능력이라고 단정한다. 마치 여성 고유의 본능적 능력이라는 생물학적 조건에 의하여 여성의 삶이 운명 지어진 것으로 인식하게 만든다.

모성성(motherhood)은 본능이라고 오해되기 쉽지만 사실은 여성이 어머니로서 가지는 감정이나 성질에 관하여 사회적으로 만들어진 생각이라고 보는 것이다. 어머니 노릇(mothering)은 임신이나 양육과 같은 행위에 초점을 둔 어머니의 역할수행이다. 모성이데올로기는 정신적으로나 육체적으로나 매우 힘든 모성의 역할을 성공적으로 수행함으로써 사회에서 인정하는 미덕을 실천한다는 자부심과 자기 성취감을 갖도록 기대하고 강요한다. 이와 같이 모성이데올로기는 성차별적 역할분담을 미화하고 정당화함으로써 여성 자신의 독자적인 삶이 훼손되는 현실을 직시하지 못하도록 은폐하고 있다(김영경, 2001b). 신비한 어머니의 역할은 여성의 삶을 역사적으로 억압해 왔다고 본다. 억압적 모성이데올로기의 모습은 다음과 같다.

- '엄마 노릇'은 여성의 자아실현이다.
- 생물학적 어머니가 최상의 자녀양육자이다.
- 자기희생적 어머니는 이상적인 어머니이다.

모성이데올로기론은 모성성을 하나의 이데올로기, 즉 사회적으로 형성된 허위의식(虛僞意識)이라고 파악하고, 여성은 그러한 허위의식으로부터 해방되어야 참된 자아를 발견할 수 있고 자아실현도 가능하다고 본다. 모성이데올로기론이 여성으로 하여금 모성 역할을 부정하고 포기하도록 하는 것은 아니며 훌륭한 어머니가 되는 것이 어머니로서의 과업(task)수행에 관한 고정관념화된 역할에 머물러서는 안 된다고 한다.

혹시 아시나요? **모성애라는 코르셋**

희생과 헌신 강요하는 모성 신화에 반기 든 엄마들의 에세이…
한 인간으로서 자아를 되찾기 위한 고투

<엄마의 독서>를 쓴 정아은 작가는 여섯 살과 아홉 살 두 아들을 둔 엄마다. 그는 엄마 경력 10년 차가 되어서야 좋은 엄마가 되겠다는 강박관념에 사로잡혀 아등바등 살아왔다는 것을 깨달았다.

"주위 사람들은 '애는 엄마가 키워야지', 엄마는 이래야 한다 저래야 한다고 훈수를 둬요. 결혼도 하지 않고 24시간 내내 육아를 한 번도 해본 적 없는 이들이 엄마 역할에 대해 너무 쉽게 말해요. 부모 교육 강연이나 육아서를 보면 엄마의 역할만 강조하고요. 엄마는 '맨스플레인'(여자를 가르치려 드는 남자들)의 핵심 대상인 것 같아요."

정 작가가 그러했듯 엄마들은 사회가 암묵적으로 강요한 '모성애 코르셋'에 갇혀 있다. 그것이 바로 모성 신화다. '엄마에게는 날 때부터 자식을 보살피는 본능인 모성'이 있다는 것이다. 이런 '본능을 거스르는 사람'은 모성 신화로부터 이탈한 비정상인으로 본다. 그러다 보니 엄마 됨의 어려움, 고통, 불행, 자괴감, 후회는 최대한 드러내선 안 되는 분위기가 된다. 조금이라도 부정적인 감정을 드러내면 사람들은 "아이를 사랑하지 않는 거 아니야?" "애 엄마가 왜 그래!"라는 말로 비난한다.

........................................................

<엄마의 탄생>을 쓴 안미선 작가는 이렇게 말했다. "산후우울증이 심한 한 여성분을 인터뷰했어요. 그분이 길거리에서 혼자 중얼거리며 걷다가 많이 울었다고 해요. 아이를 낳고 내가 사라져버렸다고. 그런데 이런 자신의 변화와 감정을 이야기할 수 없는 분위기라는 거예요."

이 모성의 실체는 무엇일까. 엘리자베트 바댕테르는 <만들어진 모성>에서 "모성은 근대가 발명한 역사적 산물"이라고 강조한다. 근대 이후 남성 중심 가부장적 가치가 부각되면서, 남성의 사회적 지위는 크게 높아졌다. 상대적으로 여성의 삶은 오히려 가정의 틀 안에 머물게 됐다. 그렇게 시장의 생존경쟁에 내몰린 남성에게는 안식을 제공해줄 가정이 필요했다. 아내이자 어머니인 여성은 편안한 안식처인 가정을 꾸리는 데 온 힘을 다해야 했다. 모성애는 그렇게 탄생했다.

출처: 한겨레21(2018.07.02.). [레드 기획 1219호]

## 04 젠더를 위한 가족정책

가족은 개인의 발달과 성장에 중요한 환경을 제공하는 가장 기본적인 사회집단으로 개인들의 육체적 안녕과 함께 가장 깊은 정서적 욕구를 충족시키며 자녀들의 사회화를 위한 역할을 수행해 왔다. 그러나 산업화와 현대화, 도시화를 겪으며 가치관의 변화로 가족의 형태나 가족관계에서 다양한 변화를 가져왔다. 이러한 변화는 새로운 가족정책을 요구하고 있다.

## 1) 가족정책의 정의와 필요성

### (1) 가족정책의 정의

가족정책에 대한 정의는 학자들의 견해에 따라 차이가 있으나 일반적 정의로는 '가족을 대상으로 하는 국가의 모든 정책'이라 할 수 있다. 이러한 정의는 국가가 가족을 대상으로 가족을 위하여 실시하는 모든 활동으로 일반적이고 통일적이며 총합적인 관점에서 가족생활을 유지하고 발전시키기 위해 도입되는 모든 시책을 의미한다. 가족정책의 본래 목적은 사적 영역에서 중요한 부분을 차지하는 가족문제를 국가 차원에서 해결하고자 마련한 정책이다.

가족정책에 대한 국내 학자들의 정의를 살펴보면, 박귀영 외(2020)는 '가족을 위해 광범위하게 합의된 일련의 목표를 정부와 사회기관이 계획적으로 형성한 프로그램과 정책을 통해 실현하는 것'이라고 정의하였다. 또한 조희금은 '가족에 대한 예방적 접근이라는 관점을 가지고 사회의 구조적인 문제에 대해 제도적, 환경적, 거시적으로 접근하는 것'이라고 정의하였다.

가족정책에 대한 해외 학자들의 정의를 살펴보면 짐머만(Zimmerman, 2001)은 가족정책을 '한 사회에서 가족이 직면할 수 있는 여러 가지 문제들을 해결하기 위한 각각의 정책들의 합'이라 정의하였다. 짐머만은 이러한 정의와 함께 가각의 가족정책들은 서로 상호작용을 이루며, 사회 내에서 가족이 경험하게 되는 여러 문제에서 가족정책이 시작된다고 보았다. 뮈르달(Myrdal, 2016)은 '가족정책이란 사회정책의 다른표현'이라 정의하였다. 고티어(Gauthier, 2006)는 가족정책의 정의를 협의의 의미와 광의의 의미로 분류했는데, 노인돌봄은 별도의 정책범주로 구분하여 제시하였다. 협의의 영역은 가족의 소득유지, 모성보호, 아동보호, 노인보호로 제시하였으며, 광의의 영역으로는 가족법, 각종 사회복지 서비스, 기타공공정책 등으로 포함하였다.

이러한 학자들의 정의를 종합해보면 가족정책은 가족구성원의 안정과 복지를 강화하고 가족생활과 관련된 삶의 질을 높이기 위하여 국가가 직간접적으로 영향을 미치는 정책임을 정리할 수 있겠다.

### (2) 가족정책의 필요성

유엔은 지난 1994년 '세계 가족의 해'를 지정하고 기념하기 시작했다. 왜냐하면, 가족은 사회의 기본적 단위이며, 구성원의 성장과 안녕에 본질적인 정서적 및 물질적 지지를 제공해 왔기에 가장 중요한 공동체라 여겨졌기 때문이다. 따라서, 핵심적인 사회적 안전망으로서의 가족의 위상에 대한 인식이 증대되고 있으며, 이런 맥락에서 가족은 사회정책의 주요 의제가 되었다.

특히 현대산업사회에서는 가족으로서는 불가항력적인 사회변화로 인하여 가족의 생존과 복지가 위협을 당하는 경우가 발생하기 때문에 국가가 가족에 대하여 개입을 하지 않을 수가 없다. 특히 전통적으로 가족 또는 가족주의가 개인의 삶의 중심축인 동시에 사회의 구성논리이자 사회문화의 중심원리였던 우리사회에서는 아직까지 이러한 가족의 기능을 대신할 다른 어떤 사회적 체제가 존재하지 않으므로 가족을 유지시키고 가족의 기능과 역할을 지지하고 보완할 가족정책이 필요하다고 할 수 있다. 또한 산업화 이전에는 인간의 욕구와 문제가 가족 스스로 많은 기능을 수행함으로써 가족을 통하여 해결될 수 있었으나 산업화 이후에는 사회의 여러 상황이 급격히 변화하면서 가족이 수행하던 많은 기능이 축소되고 변화하게 되었다. 따라서 가족은 전통적인 기능에 어려움과 혼란을 겪게 되어 이를 보완하는 측면에서 가족정책이 더욱 필요하게 되었다. 따라서 가족정책의 필요성을 구체적으로 살펴보면 다음과 같다.

첫째, 가족과 사회관계의 변화이다.

현대사회는 개인과 사회의 존속을 위해 없어서는 안 될 중요한 기능적 과업을 수행하는 가족과 사회의 관계성은 더욱 긴밀해지고 있으나 과거 가족이 지닌 주요 기능이 전반적으로 약화되어 스스로의 힘으로는 해결할 수 없는 많은 문제를 안고 있고 한편으로는 취업모의 증가, 핵가족화, 탈시설화 정책, 비용절약 정책 등의 이유로 가족구성원의 보호와 복지에 대한 가족의 책임이 예전보다 강조되고 있다. 따라서 가족기능은 약화되면서 책임은 오히려 증가되는 가족의 책임을 잘 수행할 수 있도록 다양한 가족복지 서비스가 제공되어야 한다.

둘째, 가족에 대한 개입의 관점 변화이다.

1980년대 이전까지는 가족구성원의 보호는 가족의 책임으로 간주하여 국가가 개입하는 것이 오히려 문제를 일으킨다는 입장이었지만 이제는 사회문제 해결에 국가가 개입하는 것이 바람직하지 않게 여기던 신자유주의자들조차도 사회복지제도의 개혁을 추진하면서 가족제도를 강화하는 가족복지 프로그램을 집중 지원하는 경향으로 가족에 대해 국가가 개입하는 쪽으로 관점이 변화되었다.

셋째, 현대사회에서 발생하는 다양한 가족형태의 등장과 욕구의 다양화로 이러한 다양한 가족들의 욕구를 충족시켜 주는 가족복지 서비스가 필요하게 되었다.

맞벌이가족, 재혼가족, 한부모가족과 소년소녀가장가족, 독신가족과 노인단독가족, 동성부부가족, 공동체가족 등 다양한 형태의 가족이 보편화되면서 이러한 가족을 문제가족으로 보고 접근하던 기존의 가족복지정책으로는 가족의 욕구를 충족시키기 어렵게 되었다.

넷째, 인간과 사회문제를 해결하는 데 가족이 효율적인 단위라는 사실이 강조되고 있다. 인간의 문제를 해결하고자 하는 접근방법으로 개인을 대상으로 한 개별적인 접근보다 가족을 단위로 한 가족치료가 문제해결에 보다 효과적이라는 결과가 나온것도 한 예라고 볼 수 있다.

이상에서 살펴본 바와 같이 우리사회 가족은 사회와 역동적인 상호작용 관계를 유지하면서 외적 및 내적 요인에 의해 지속적으로 변화해 왔고 앞으로도 변화할 것이다. 따라서 한국사회의 가족정책이 현재 변화하는 가족에 대한 이해 속에서 이루어지지 않는다면, 점차 증가하는 가족문제에 대한 예방과 해결에 있어서 적절한 정책적 대응을 하지 못하게 된다. 그러므로 가족정책은 가족의 다양성을 수용하고, 가족원의 다양한 삶에서 나오는 욕구에 부응함으로써 다양한 가족생활의 질을 향상시키는가에 기여할 수 있을 것이다.

### 2) 가족정책의 패러다임

우리 사회의 가족정책은 새로운 패러다임의 전환을 맞이하고 있다. 초기의 가족정책은 가족 내에서 전통적 성역할에 따른 분업을 장려하고 노동자의 재생산 영역에 대한 보호에 중점을 두었다. 이 시기에는 가부장적인 이념이 가족정책의 바탕을 이루었으나 가족이 사회구성원을 통해 지속적으로 인력을 공급하고 노동력의 재생산 기능을 충실하게 수행해 왔다.

최근 가족정책은 사회와 경제의 흐름에 신속히 대응하고 개인주의적 가치관과 확산에 적응하는 데 중점을 두고 있다. 다양화, 탈제도화, 개별화, 개성화로 대변할 수 있는 '포스트모던(post-modern) 가족'의 개념이 탄생하였다. 이러한 인식은 가족정책의 대상과 범위를 확대하여 가족이라는 개념도 결혼, 출산, 입양에 의해 형성된 제도 외에 이혼, 동거, 재혼, 한 부모, 계부모 가족까지를 포함하게 되었다. 일반적으로 가족정책을 바라보는 관점은 다음의 3가지로 구분할 수 있다(이규은, 2023).

첫째, 가족정책은 여성이 가족 내에서 담당할 것으로 예측되는 즉, 전통적으로 기대되는 일에 대해 어떻게 지원해 줄 것인가와 관련된다. 양육과 보육자로서 여성에 대한 인식이 어떠한가에 따라 가족정책의 방향도 달라질 수 있다.

둘째, 국가는 사회에서 여성이 경제활동자로서 활동하는 문제에 대해 어떻게 생각하고 있는가에 해당하는 것이다. 이는 여성의 노동권과 관련된 것으로 여성의 노동권 보장을 위한 다양한 정책들이 도입되어야 할 것이다.

셋째, 국가는 가족법의 대상을 누구로 정하고 있는지와 관련된 것이다. 가족정책의 대상자를 법적으로 결혼한 부부, 실제 혼인관계에 있는 자, 동성커플 등의 문제와 관련된다. 즉, 전통적인 가족개념을 고수할 것인지, 아니면 새로운 관점으로 바라보는 가족의 개념으로 바라볼 것인지에 관한 것으로 가족정책의 패러다임을 구분할 수 있다.

## 3) 가족정책의 영역

가족정책의 영역은 크게 명시적 가족정책과 묵시적 가족정책으로 구분한다. 명시적 가족정책이란 가족이나 가족구성원을 직접적인 대상으로 하는 정책으로 가족을 대상으로 한 네 가지, 즉 가족의 형성, 경제적 부양, 자녀양육, 가족돌봄정책이 명시적으로 나타나는 것을 의미한다. 명시적 가족정책은 정책의 목적을 가족에 두고 추진한다는 점이 특징적이다. 따라서 명시적 가족정책은 가족을 위한 목적과 목표가 명확히 제시되고 정부 또는 행정기관이 특정한 기획과 정책을 행할 때 그것이 가족에게 분명하게 관계되는 것으로 가족에 대한 분명한 합의를 전제로 한다. 이러한 정책은 대부분 가족을 위한 의도적인 정책이다. 입양서비스 정책이나 탁아정책, 가족계획, 가족수당 등이 이에 해당된다.

묵시적 가족정책이란 정책의 집행이 간접적으로 가족에게 영향을 미치도록 하는 정책 수행방법이다. 즉, 다른 정책에 의해 수행되지만 간접적인 결과로 가족에게 정책적 영향을 미치는 것을 말한다. 묵시적 정책은 암묵적 정책이라고도 하는데, 다른 정책에서 취해진 조치들이 가족에게 영향을 미치는 것이기 때문에 비록 가족정책이 의도적으로 만들어진 것은 아니라고 할지라도 결과적으로 가족에게 영향을 미치는 정책을 의미한다.

| 구분 | 의미 | 정책사례 |
|---|---|---|
| 명시적 가족정책 | • 가족이나 가족구성원을 직접적인 대상으로 하는 정책<br>• 정부가 특정한 기획과 정책을 행할 때 그것이 가족에게 분명하게 관여하는 것<br>• 가족정책의 목표라는 승인을 얻을 수 있는 것 | 탁아서비스, 아동복지 서비스, 가족상담, 생활부조, 가족계획, 가족조세혜택, 주택정책 등 |
| 묵시적 가족정책 | • 가족에 대해 관여하고 있는 기획 또는 정책으로서 성립되는 것<br>• 정부나 행정기관이 행하는 활동이 간접적으로 가족을 위해 사회적 중요성을 가지는 것 | 공장설치의 위치에 관한 정책, 도로와 건물의 배치에 관한 정책, 관세정책, 관세조정, 이민정책 등 |

## 4) 가족정책의 시각

가족정책에 대한 시각은 가족복지를 어떻게 바라보느냐와 관련이 있다. 가족복지와 국가의 책무와의 관련성을 기초로 국가 개입의 정당성을 주장하는 시각과 그렇지 않은 시각 등으로 구분되는데, 이러한 시각을 자유주의적 시각, 진보적 시각, 여권론적 시각 등으로 구분한다.

### (1) 자유주의적 시각

자유주의적 시각은 보수적인 관점에서 가족정책을 바라보는 보수주의적 시각이다. 즉 정부의 가족정책은 국민들을 오히려 힘들게 할 뿐 도움이 되지 않으므로 국가의 개입을 최소화해야 한다는 관점이다. 가족정책을 가족구성원들이 자유롭게 관리할 수 있도록 한다는 것이다. 또한 정부의 가족정책이 수혜자들의 자율성과 자강력을 키우기보다 나라의 원조에 의존하는 수동적인 사람으로 만들었다고 주장하였다.

따라서 자유로운 가족정책의 중요성을 강조하면서 국민의 빈곤율을 높이기 위해서는 자유주의적 시각에서 가족정책을 전개할 것을 주장하였다. 결국 이러한 가족정책에 대한 자유주의적 시각은, 가족정책은 복지를 통해 최소한의 현상유지를 위한 전략이어야 한다는 생각이다.

### (2) 진보적 시각

사회변화에 맞춰 기족구조가 변화하고 있다. 다양한 형태의 가족이 등장하고 다양한 유형의 가족이 새롭게 탄생하고 있다. 이러한 가족구조의 변화는 가족이 사라지거나 붕괴하는 것이 아니라 발전하고 있는 것이다. 가족은 여전히 우리사회의 중요한 기본집단이며 사회를 이루는 가장 기본적인 단위이자 우리 삶의 가장 가까운 사회집단이다. 다만 사회의 변화에 따라 가치관 및 생활양식의 변화로 이혼가족, 제혼가족, 한부모가족, 무자녀가족, 조손가족, 다문화가족 등 다양한 형태의 가족이 나타나고 있는 것이다.

어떠한 형태의 가족이라고 하더라도 가족은 일차적이고 친밀한 관계라는 사실은 변함이 없다. 따라서 국가는 가족정책을 수립하고 실천함에 있어서 변화하는 가족의 욕구에 맞춰 다양한 형태의 가족을 인정하고 각자의 형편과 선호에 따라 그에 맞는 가족이 선택될 수 있도록 하여야 한다. 이처럼 국가의 가족정책은 개인의 요구에 맞춰 공평하게 분배하는 정책이 필요하다고 보는 시각이 진보적 시각이다. 이러한 진보적 시각에서의 가족정책은 여성의 경제적 자립을 위해서 남성이 가사노동과 육아를 공동으로 책임져야 한다는 것이 대표적인 사례이다.

### (3) 여권론적 시각

여권론적 시각은 여성의 인권적 시각으로 바라본 가족정책으로 전통적 가족의 역할인 재생산 기능을 보호하는 데 중점을 둔 관점의 주장이다. 여권론적 시각도 진보주의적 시각의 하나로 국가가 가족에 대해 적극적으로 개입해야 한다는 것을 전제로 하는 가족정책의 시각이라는 점에서는 공통적이다. 다만 여권론적 시각에서는 기존의 가족정책, 예를 들면 출산보호주의, 부계중심의 온정주의 등이 가부장제 관념이 반영된 성차별적인 속성을 지니고 있다고 판단하였다. 즉 기혼여성이 남성으로부터 경제적 지원을 받을 것을 가정하여 여성에게 자녀보호의 책임을 주장하고 있다고 비판한다. 가족정책의 시각에 따른 분류를 요약하면 다음 표와 같다(이규은, 2023).

| 구분 | 특징 |
|---|---|
| 보수적<br>(자유주의적)시각 | 전통적 가족체제의 유지 강조, 다른 가족형태는 다소 병리적 현상이라고 간주함 |
| 진보적 시각 | • 변화하는 가족의 요구에 대응해서 가족정책을 수립해 나갈 필요가 있다는 입장<br>• 아동의 권리와 성인의 권리를 균형 있게 접근하는 정책 추구 |
| 여권론적 시각 | • 기존의 가족정책이 출산보호주의, 부계중심의 온정주의, 가부장제적 인식을 반영한다는 비판적 시각하에서 여성들에게 진정한 선택과 평등을 제공하는 방식<br>• 가족과 사회 모두에서 성평등을 실현할 수 있는 방향으로 재정립돼야 함을 주장 |

PART 02

# 젠더 안의 여성

CHAPTER 09

# 여성학의 이해

## 01 여성학이란 무엇인가?

### 1) 여성학의 정의

#### (1) 여성학의 역사

불과 40여 년 전만 해도 여성학(Woman's Studies)이란 학문 영역을 아는 사람조차 매우 드물 만큼 여성학의 역사는 짧다. 그러나 그 짧은 역사에 비하면 오늘날 여성학은 전성시대라는 말을 들을 만큼 놀라운 성장을 이룩하였다. 더욱이 이 분야에 대한 관심이 전혀 없는 사람들까지도 여성학의 성장에 대해 놀라움을 표시한다. 그들은 여성학이 어떤 학문인지 정확하게 알든 모르든 적어도 여성학은 사회 변화에 민감한 사람에게 강한 호기심을 유발시키기에 충분한 학문임을 인식하였다.

이러한 호기심이 여성학의 확산에 크게 기여할 것이라는 것은 부인할 수 없는 사실이다. 21세기는 여성의 시대라고도 하고 여성모임에 참여한 유명 인사들은 사회에서 여성의 지위는 어떤지 모르겠지만 자신의 가정에서는 부인이 훨씬 큰 권한을 갖고 있다고 고백하기도 한다. 어쨌든 여성의 지위가 예전보다는 높아진 것임에는 틀림없는 사실이다.

21세기를 맞이하는 시점에서 겪은 최근 우리나라의 경제난은 여성의 역할과 지위를 새삼스럽게 깨우쳐 주는 역할을 하였다. 그동안 여성이 이루어 놓은 성과를 두고 여성에게 군림하려 하는 남성은 '간 큰 남성'이라고 여성의 세력이 얼마나 센지 아느냐고 비꼬아 대던 매스컴은 갑자기 목소리를 높여 여성을 질타하기 시작하였다. 경제가 어려우니 여성이 알아서 먼저 가정에 돌아가야 한다느니, 여성의 본분은 남편의 기를 살리는 것이라고 다시 강조하고 있다. 그래서 여성은 누구보다 먼저 해고되었고 가장이 박차고 나간 가정을 지키기 위해 여성 가구주가 되어 어려운 생활을 지탱하기도 했다. 그나마 여성이 이루어 놓은 성과와 여성의 지위는 여전히 불안정한 상태였다.

### (2) 대학의 여성학

여성학은 세상의 절반이 여성인 사회에서 역사적・제도적으로 아직 온전한 권리와 정당한 대우를 받지 못하고 있다는 인식에서 출발하여 그러한 차별을 없애기 위해 연구나 교육을 행하는 운동으로 정의되는 새로운 학문, 여성 연구 또는 여성에 관한 강좌를 통칭한다.

그러나 우리 사회에서 여성학은 종종 '여성에 의해 행해지는 여성에 관한 연구'라고 이해된다. 여성학은 단순히 여성에 관한 연구가 아니라 특별한 관점과 시각으로 여성의 경험을 연구하고 성차별주의를 변화시키려는 실천학문이다. 여성학이 대학 강단에서 강의되기 시작한 것은 서구의 경우 1968년경부터이고, 우리나라에서는 1977년 이화여대에서 첫 강의가 개설된 후부터였다. 이 외에도 철학, 문학, 사회과학, 생물학 등 다양한 학문 영역에서 수많은 연구와 논의가 진행되어 왔다. 그러나 여기서 진행된 여성 연구는 여성을 대상으로 설정할 뿐 여성의 입장에서 여성을 조망하는 연구는 매우 한정되었다. 따라서 여성에 대한 연구를 체계적으로 종합하기 위한 시도로는 현대 여성학의 등장과 성립으로 40여 년 동안에 이루어진 것이라고 할 수 있다.

그러나 사회적으로 페미니즘에 대한 인식이 크게 확산되고, 거의 모든 대학에서 여성학 혹은 여성학 관련 과목이 개설되고 있는 현재에도 여성학이 무엇인지에 대한 궁금증은 여전히 남아 있다. 여성학 수업에 들어오는 학생들의 여성학에 대한 기대는 제각각이다. 어떤 학생은 여성의 심리와 육체의 비밀을 완벽하게 알 수 있게 될 것이라고 기대하기도 하며, 일부 학생은 남성과 여성의 사랑에 관한 기술을 가르쳐 주는 수업으로 기대하기도 한다. 한편 다소 보수적인 성인 남성은 전통적인 신사임당의 부덕과 예절에 관한 학문이라고도 알고 있으며, 이와는 대조적으로 신세대 여성은 남성과 대적하여 평등을 쟁취하는 도전적인 학문으로 기대하기도 한다.

여성학은 일차적으로 '여성을 연구하는 학문'이라고 할 수 있다. 경제학에서 경제문제를 다루고 정치학에서 정치현상을 다루는 것처럼 여성학은 여성문제를 연구하는 학문이다. 즉 사회 속에서 여성의 지위, 역할, 경험을 이해하고자 하는 학문인 것이다. 그러므로 여성학이 다루는 대상 영역은 매우 다양하다. 남녀의 인격형성과 사회화의 문제, 가족의 문제, 성과 관련된 문제, 사회적 취업과 경제생활, 여성과 복지에 관련된 모든 문제를 다루고 있다. 그러나 여성학의 특징은 이 모든 다양한 주제를 포괄하고 있다는 점이 아니라 여성의 입장에서 그 대상을 연구한다는 점에 있다고 할 수 있다.

## 2) 여성학의 학문적 배경

여성학이 지닌 이러한 학문적 성격을 이해하기 위해서는 여성학을 둘러싸고 있는 여성주의 운동(feminist movement)에 관한 총체적인 이해를 선행해야 한다. 여성주의 운동은 삼중의 실천행위로 정의된다. 즉 남성우월주의에 기초를 둔 가부장제를 비판하고 해석하는 이론적이며 학문적인 텍스트로서의 여성주의 인식론(페미니즘), 이러한 새로운 지식을 교육하는 제도적 장치로서의 여성학, 그리고 실질적인 사회변화를 위해 조직적으로 실행되는 행위로서의 여성운동이 결합된다([그림 9-1] 참조).

여성주의 운동에서는 운동의 현장과 이론적 작업은 분리되지 않으며, 산출된 지식은 인간의 삶을 변화시키는 데 직접적으로 개입한다. 여성학은 인식론으로서의 페미니즘을 기반으로 하여 지식을 생산하고 가르친다. 페미니즘의 가장 주요한 논점은 여성이 자신의 삶의 주체가 되지 못하고 항상 '타자'로 취급되어온 것에 대한 인식에서 출발한다([그림 9-1] 참조).

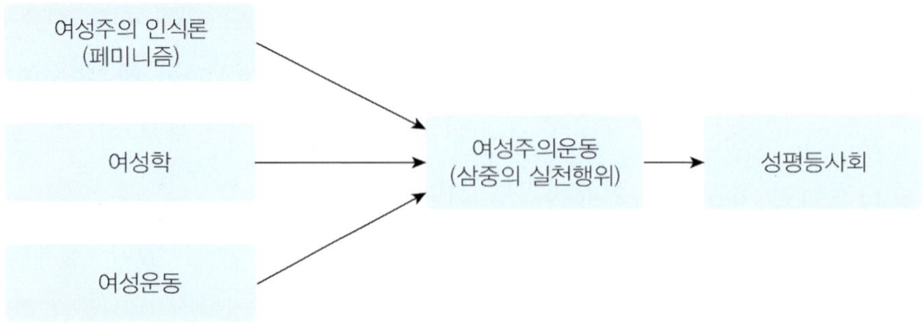


**그림 9-1** 여성주의 운동

여성이 자아에 대한 긍정성을 회복하고 독립적인 인격을 회복하기 위해서는 여성 개개인의 노력과 아울러 집단적인 여성의 실천이 요구된다. 이러한 실천을 가능하게 하기 위해서는 총체적이고 체계적인 방식으로 상황에 대한 분석이 필요하며, 여성학은 바로 이러한 지식 생산과 확산을 주도하는 역할을 한다.

### 3) 여성학의 목적

여성학은 여성문제를 해결하기 위한 이론적 작업이기 때문에 기존 학문과는 달리 뚜렷한 가치지향성을 띠고 있다. 여성학이 어떤 학문인가라고 물으면 그 대답은 '여성에 관한 · 여성을 위한 · 여성에 의한 학문'이라고 할 수 있다. 여기서 중요한 부분이 바로 '여성을 위한'이란 말로 그것은 여성의 인간화로 바꾸어 설명할 수 있다. 또한 여성의 인간화란 의미는 이미 이제까지 여성은 인간답게 살지 못했다는 의미를 전제하고 있다. 여성은 단지 여성이라는 이유만으로 남성에 비해 무시당하고 천대받아 왔다는 사실이 전제되어 있다.

따라서 여성학은 여성이 자유롭고 평등한 인간으로 살아가는 것을 방해하고 억압하는 원인이 과연 무엇인지를 밝히고, 어떻게 해야 그 억압으로부터 벗어날 수 있을까를 모색하는 데 일차적인 목적을 둔다. 아울러 한 걸음 더 나아가 남성이나 여성 모두가 성별에 따른 구속 없이 자유롭게 자신의 능력과 요구에 따라 자기를 실현시킬 수 있는 사회를 지향한다. 왜냐하면 여성을 인간적으로 억압하는 사회는 결국에는 더불어 살아야 하는 남성까지 억압하고 말기 때문이다. 다시 말하면, 여성의 능력을 제한하면서 못나기를 요구하는 사회는 오히려 남성에게는 늘 잘나기만 요구하면서 남성의 능력을 과대포장하려 든다.

혹자는 여성학이 인간학이기를 주장한다면서 왜 굳이 '여성'이라는 수식어를 학문의 앞자리에 붙여야 하는지, 그렇다면 남성은 남성학 등의 수식어를 붙인다든지 하는 편협한 처신은 안 하지 않느냐고 빈정거리기도 한다. 그러나 이러한 비아냥은 지금까지의 역사가 인간의 역사가 아니라 남성의 역사였으며, 모든 학문이 남성 중심적인 시각에서 이루어졌다는 사실을 한 번도 생각해 보지 않는 데서 나온 것이다.

유사 이래 모든 지식의 주체는 남성이었으며, 여성은 언제나 객체로서만 존재해 왔다. 따라서 말로는 객관적 · 중립적이라는 학문이 실제로는 남성 중심적인 가치관에 지배되지 않을 수가 없었다. 우리가 지금까지 객관적 진실이라고 믿어왔던 것들, 예를 들어 여성은 생리적으로 사랑에 죽고 산다든가, 질투심이 많다든가, 미에 관심이 많다든가 하는 여성심리이론의 허구성을 들 수 있다. 또한 여성의 열등성에 대해 기존 학문이 어떻게 합리화시켜 왔는가를 살펴보면 소위 우리가 중립적이라 간주하고 있는 학문들이 실제로는 편파적인 남성학에 지나지 않음을 발견할 수 있었다.

따라서 여성학은 이러한 편파성을 하나하나 비판하고 수정하여, 남성의 권력이나 사회의 구속에서의 해방에 앞서 자기 자신의 속박과 편견으로부터의 해방을 이루어야 할 것이다. 이 같은 사회변화를 이끌어내기 위한 여성학의 교육전략은 다음과 같은 성과를 기대할 수 있다.

첫째, 여성의 의식 개선으로 여성이 자기 스스로 자신에 대한 기대치를 높여 사회와 경제 발전에 더 많은 공헌을 하게 될 것이다. 여성은 남성보다 몸과 마음이 약하고 분별력과 사고력도 떨어지므로 남성의 보호를 받아야 한다는 주입에서 해방되어 여성도 자신을 가지고 열망과 포부를 펴야 한다는 기대에 찬 교육으로 바꾼다. 여성의 삶의 목표가 남성의 목표 수준과 같아져야 비로소 진정한 남녀평등이 시작될 것이기 때문이다.

둘째, 참된 남녀 간의 인간관계를 회복시킨다. 오랫동안 여성을 남성권력

중심의 사회구조와 환경 속에 제한시켜 살게 했기 때문에 현재 상태의 남녀관계와 의존적인 여성의 속성이 자연적이며 천부적인 것으로 의식화되어 버리는 문제가 생겼다. 여성은 그저 하나의 인간이 아니라 다른 성을 가진 인간(남성)의 부속품으로 사회화시키기를 멈춘다.

셋째, 인간의 가치 실현에 있어 남성이 단지 신체적으로 남성의 성을 가지고 태어났다고 해서 여성보다 특권을 누려서는 안 된다. 성별에 의한 정신적·사회적 차이는 신체적 차이로 인한 것이 아니라 후천적·문화적·교육적 영향이 더 크다는 것을 알게 된다.

## 02 여성학의 성립과 발전

### 1) 발전 경로와 특성

여성학은 성립과 발전 또한 다른 학문과는 다소 차이가 있다. 여성학은 처음부터 여성의 지위를 개선하려는 구체적인 사회적·정치적 쟁점을 둘러싼 여성의 운동을 기초로 출발하였다. 1960~1970년대 서구 사회 여성운동의 활성화를 기반으로 하여 여성해방운동을 목표로 하는 실천학문으로 출발한 것이다. 여성학의 발전 경로와 특성을 간단하게 정리해 보면 다음과 같다.

첫째, 여성학은 대학 울타리 밖의 정치적·사회적 운동, 특히 1960년대에 시작된 '새로운' 여성운동에서 본격화되었다. 1960년대 서구의 학생운동, 반전운동, 인종차별철폐운동 등 새로운 사회운동에 함께 참여하였던 여성은 이 같은 차별과 억압 외에도 인구의 절반인 여성의 문제를 해결할 수 있는 운동과 이론을 모색할 필요가 있다고 인식하였다. 이즈음 여성학은 여성운동의 전개와 함께 기존 학계에서 지식이 가정하고 있는 객관성을 의문시하고 그것이 전제하고 있는 가정을 해체하며, 여성의 역사와 체험은 무시하는 전통학문을 비판하며 도전하면서 성장하였다.

둘째, 여성학은 세계 대부분의 국가에서 제도 밖에서 시작되어 1980년대를 통해 제도화되어가는 과정을 밟고 있다고 할 수 있다. 즉 처음에는 여성의 의식화를 위해 여성 단체나 공동체를 기반으로 하는 많은 여성학 교육 프로그램이 운영되고, 노동자 교육협회, 성인교육기관 등에서 여성학이 활발하게 개설되고 운영되었다. 그러던 것이 미국의 경우 1980년대 후반 들어 여성학이 성인교육기관의 중요 프로그램으로 정착되었고, 많은 대학 그리고 그 이상의 고등교육기관에서도 제도화되기 시작한 것이다. 영국의 경우 최초의 여성학 강좌는 '반 대학(Anti University)'에서 1968년에서 1969년 사이에 미셸(Mischel)이 강의한 것이고, 미국에서는 1968년에 대학에서 첫 강좌가 이루어졌다. 현재에도 제도화된 여성교육 프로그램과 병행하여 여러 사회교육기관에서 여성학이 강의되고 있다.

셋째, 초기 여성학은 외부자의 시각, 자율적인 입장, 투쟁적인 전략에 서 있었으나 1980년대를 넘어서면서 내부자의 시각, 주류 내에서의 제도화를 향해 나아가고 있는 학문이라고 할 수 있다. 여성학은 이제 그 학문적 체계를 점점 더 견고하게 다져 나가고 있는 것이다. 그러나 각 나라에서 여성학은 문화적·학문적·정치적 맥락에 따라 다르게 발전하였다.

## 2) 여성학, 페미니즘, 여성운동

여성학의 연구 영역은 현대사회에서 성에 따른 차별이 존재한다는 인식에서 여성이 현재 경험하고 있는 사회적 모순과 여성 자신의 갈등, 즉 여성문제의 영역에 초점을 두었다. 그리고 미래에 대해서는 여성해방과 그 방법을 전망하는 페미니즘 영역에 초점을 두었으며, 과거에 대해서는 여성에 대한 정당한 위치 부여와 평가라는 여성사나 여성 예술가·사상가의 재평가 영역을 포함하는 논의를 모두 포괄한다고 볼 수 있다.

여기서 여성학, 페미니즘, 여성운동 등의 용어를 간략히 살펴볼 필요가 있다. 이들 용어는 구분되어 있으면서도 맥락에 따라 혼재되어 사용되고 있기 때문이다. 우선 여성학이 정치적 실천과 학문적 영역의 결합을 통해 포괄적인 여성문제를 다루는 학문 영역이라고 한다면, 페미니즘은 사회에서 성차별, 성에 따른 불평등 존재의 인식과 시각을 제공해 주는 거시적인 이론 틀이며 동시에 이 같은 억압을 폐지하고 남녀평등사회를 지향하는 실천적 의지를 담고 있는 이념이라고 할 수 있다. 페미니즘은 성을 학문적 의제로 삼는다. 즉 성적 차이가 어떠한 방식으로 역사적·문화적으로 구성되는지를 분석함으로써 남녀 간의 차별이 이루어지는 사회적 맥락을 분석하는 것이다.

다음으로 여성운동은 페미니즘의 기반 위에서 여성문제를 구체적으로 해결해 나가려는 실천, 여성해방을 위한 다양한 활동을 지칭한다.

여성운동의 기본 가정은 여성이 법적·경제적·문화적으로 억압을 받고 있으므로 여성의 불평등한 상태를 재조정하기 위해서는 법, 사회제도 및 정책뿐만 아니라 우리의 가치관의 변화를 추구한다.

### 3) 우리나라의 여성학

우리나라에 여성학이 도입된 것은 1970년대 중반으로 여성의식의 제고라는 실천적인 관심 속에서 시작되었다. 1970년대 한국여성은 고등교육을 받는 숫자는 점차 증가되었으나 여전히 보수적인 사회구조 속의 수동적인 구성원으로 남아 있었다. 1977년 이화여자대학교에 '여성학 강좌'가 개설되었는데 이는 우리나라에서는 물론 아시아에서도 처음이었다. 이의 여파로 여성학 강좌를 듣고 졸업한 많은 여학생이 사회적 실천을 위한 방식으로 여러 여성단체를 결성하고 가입하여 활동하면서 그 파급력을 넓혀가기 시작하였다. 1980년대 초반에 많은 여성단체가 결성되면서 사회적으로 여성운동과 페미니즘에 대한 인식을 확산시켜 나갔고, 여성의 사회적 지위를 제고하기 위한 법적·제도적 성과물들을 하나씩 성취해 나가기 시작하였다. 1980년대 후반에 많은 대학에서 여성학 강좌가 크게 늘어나기 시작하였는데 대부분의 여성학 강좌가 학생들의 요구에 따라 개설되었다는 점이다.

최근에는 여성학 일반론을 넘어서서 '성 문화 연구', '가족과 여성', '여성과 일', '페미니즘이론' 등 여성과 관련된 심화 교과들의 개설이 빠르게 확대되어 가고 있다. 여성학의 이러한 학문적 확장은 바로 여성학에 대한 사회적 기대와 수요가 증대된 결과라고 할 수 있다. 그러나 한편에서는 우리나라 여성학의 발전사가 지나치게 서구적 시각에 치우쳐 있음을 반성해야 한다는 지적도 있다. 서구 여성의 진보적 시각이 우리의 전통적인 보수적 의식을 깨우치고 각성시키는 데 중요한 영향을 미쳤던 것은 분명하지만, 사회문화적 맥락의 차이가 고려되지 않은 이론의 유입이 가져온 혼란도 있다고 본다. 이에 최근에는 한국 여성학의 발전을 위해 동양, 특히 아시아 페미니즘으로서 자기 위치와 관계를 재정립하려는 노력이 시도되고 있다.

## 03 학문으로서의 여성학

### 1) 학문적 특성

여성학이 접근해 가고 있는 학문적 특성은 다음 몇 가지로 정리해 볼 수 있다.

#### (1) 다학문적, 학제적 학문의 여성학

여성학은 다학문적(multi-disciplinary)이고 학제적(inter-disciplinary)인 학문적 성격을 갖는다. 여성학은 단일 학문 체계라기보다는 여러 학문 영역에서 여성을 대상으로 연구하는 다학문적 특성을 가지며, 여러 학문 분과에서 각자의 연구 방법을 여성문제에 결합시켜 연구하는 학제적 특성을 갖고 있는 것이다.

다시 말해, 여성학은 다양한 학문 간의 '관계의 학'인 것이다. 최근 여성학은 개별 학문 분과의 경계를 넘어서 여성문제를 통합적 시각으로 접근하는 분과를 초월하여 학제적 연구의 성격을 띠고 있다. 또한 여성학은 다른 학문의 성과를 여성학적 관점에서 검토해 보고 비판해 보는 비판학으로서의 성격을 갖는다. 아울러 여성학은 '실천학'으로서의 성격을 갖는다. 왜냐하면 여성학은 여성 지위 향상의 변화를 요청하기 때문에 실천적이고 혁신적인 성격의 학문이기도 하다.

### (2) 다른 이론과 방법을 추구하는 여성학

여성학은 기존 학문의 이론 모형이나 방법론과는 상이한 이론과 방법을 추구하기도 한다. 예를 들어, 기존 학문이 주로 남성의 원리인 합리성 모형에 기초하며 학문의 객관성을 전제하는 데 비해, 여성학은 기존의 여성에 대한 전통학문을 비판하고 여성이 지닌 다른 생각, 체험, 욕구, 관심사들의 가치를 새롭게 평가 포괄하는 이론의 재구성을 지향한다.

### (3) 질적 연구방법을 활용하는 여성학

여성주의 연구들은 계량적인 양적 연구방법보다는 질적인 연구방법을 적극적으로 이용하였다. 그래서 기존의 학문이 실증주의에 기반을 두고 양적 방법에 의존해 온 사실에 대해 비판적이다. 양적 연구방법은 때로 일상경험에 대한 미시적 분석을 저해하며, 인간 경험들 가운데 어떤 것은 객관화되기 어렵다고 지적한다. 여성주의 연구는 주제에 따라 양적 방법과 질적 방법을 모두 활용하며, 기존 학문이 양적 연구방법을 적극적으로 사용한다.

새로운 학문적 접근방법을 통해 여성학이 추구하는 학문으로서의 목표는 무엇보다도 기존 지식에 담긴 남성 중심성을 바꾸고, 여성이 스스로 자기 결정을 내릴 수 있도록 여성적 관점에서 인간의 경험을 분석하는 것이라고 할 수 있다.

다음으로 여성학의 학문적 접근에서 다뤄져야 할 페미니즘에 대한 인식을 살펴보고자 한다.

## 2) 여성 연구의 주요 분석틀과 개념

그렇다면 여성 연구가 기존 학문과 다른 관점에서 사회현상을 다루기 위해 사용하고 있는 주요 분석 개념과 이론 틀은 무엇인지 살펴보자.

우선 여성 연구에서 가장 중요한 것은 성(gender)에 대한 개념화이다. 남성과 여성의 구분을 자연적이며, 당연한 것으로 생각하는 기존의 개념에 대해 남성과 여성의 사회적 형성을 중시하는 사회적 성의 구분을 지칭하는 새로운 차원에서의 '성(gender)'에 대한 인식이 여성 연구의 출발점이라 할 수 있다. 실제로 성의 형성 과정은 한 사회 내에서 권력과 기회를 차등화하는 과정이라고 할 수 있다. 바로 이 같은 차별적 성의 기제가 사회 각 영역에서 어떻게 작용하는가를 살펴볼 필요가 있다.

사회에서 성을 이유로 상이한 대우를 받게 되는 것을 우리는 성차별 또는 성불평등이라고 한다. 성불평등은 계급불평등, 인종차별과 함께 인류사회의 가장 대표적인 불평등 체계이다. 남성과 여성이라는 단순한 생물학적 또는 성적 차이가 사회적 차별로 작용하는 데는 여러 가지 불평등한 구조적 원리가 작용하게 되나, 여성적 관점에서 볼 때, 특히 가부장제와 가부장제의 결혼, 여성예속의 재생산, 그리고 성별 분업의 문제를 대표적으로 꼽을 수 있다.

### (1) 가부장제

① 의미

가부장제는 영어로 Patriarchy라고 하는데 그 어원을 살펴보면 '아버지'라는 의미의 'Patri'와 '지배'라는 뜻의 'archy'가 합쳐져서 이루어진 단어이다. 즉 '가족의 대표자인 아버지가 가족 성원에 대해 행사하는 일방적인 권위나 지배'를 의미하는 것이다. 그러나 여성학자가 사용하는 가부장제의 개념은 단순히 한 가족 안에서 행해지는 아버지의 지배라는 의미를 넘어서서 남성이 한층 더 우위의 입장에서 지배하고, 여성은 종속적이고 의존적인 상태에 놓여 있는 체계를 지칭한다.

② 특성

'남성은 하늘, 여자는 땅'이라는 전통적인 관념에서 남녀를 구분하고 특히 여성을 비하하는 방식의 가부장제가 지금까지 그대로 지속되고 있는 것은 아니지만, 아직도 우리 사회 곳곳에는 남성 중심적인 가부장제의 특성이 많이 작용하고 있다. 가족 안에서는 아내보다 남편이 우위에 있고, 취업하고 있는 남녀 간의 임금 격차는 여전히 크다. 같은 능력을 가졌을 경우에는 여성보다는 남성이 먼저 채용되고 승진되며, 대부분의 조직에서 여성보다는 남성의 의견이나 견해가 더 중요하게 받아들여진다. 또한 개인적인 성적 관계에서도 남성은 사랑을 표현하고 지배하는 위치에 있다면 여성은 사랑을 받는 수동적인 존재이다. 이와 같이 남녀 간의 불균형적 관계가 일반적이며 자연스럽게 받아들여지는 사회체계가 바로 가부장적인 사회관습 또는 체계라고 할 수 있다.

따라서 남녀 간의 성불평등을 이해하기 위해서는 남성이 여성을 지배하고 억압하고 착취하는 사회구조와 관습 또는 체계의 형태와 작용 방식에 대한 적절한 분석이 이루어져야 할 것이다. 가부장제는 가족의 단위를 넘어서서 사회, 정치, 경제 전반의 성불평등과 연관되어 있으며 사람의 관습, 문화, 성 등의 일상적인 영역에까지 깊이 침윤되어 있는 관습이며, 이데올로기이고 또한 사회체계라고 할 수 있다.

③ 물질적 토대

가부장제의 이러한 사회체계는 가정의 물질적 토대에 관해 연구한 엥겔스(Engels, 1988)에 의해 전개되었는데 그는 가부장제를 사유재산에 기초하는 것으로 결론지었으며, 더 나아가 삭스(Sacks, 1985)는 가부장제를 여성의 노동에 대한 남성의 지배로 분석하였다.

이러한 가부장제의 물질적 토대는 성별 노동 분업을 형성하였고, 이는 곧 일과 가정의 분리에 의해 특별히 자본주의적인 사회관계를 가지게 되었다. 자본주의 발전 과정에 대한 중요한 특징은 봉건제하에서 가부장제가 가족을 중심으로 하여 남성의 지배가 행사되었다면 자본주의에서는 생산단위가 가족으로부터 공장으로 이전되어 생산가치가 교환을 전제한 상품생산에 있게 되었다는 점이다. 이에 따라 남성에 대한 가치 부여가 사회구조적 수준에서 이루어지자 여성에 대한 남성 지배가 사회구조적 영역에서 전반적으로 이루어졌다는 것이다. 따라서 자본주의 사회에서 가부장적 관계라는 말은 '성위계적 관계'를 지시하는 것으로 사회적 생산의 영역에서나 가정의 재생산 영역 모두에서 성차별적 사회관계가 구조화되었음을 뜻한다(김문조, 1987).

④ 성 억압 형태의 가부장제

현대 자본주의 사회에서 성 억압의 형태로 가부장제는 다음과 같은 특성을 띤다.

첫째, 노동시장에서 가부장적 관념으로 성위계적 조직화와 통제를 사용하여 여성을 중요한 생산 영역에서 배제시킨다. 그렇지 않으면 직무의 분리를 통하여 노동 과정 내에서 여성을 남성에게 예속적인 위치로 만들거나 관리, 감독에 있어 가부장적 관계의 기본적인 형태로 여성 노동을 통제한다. 이런 상황 속에서 낮은 임금으로도 여성 노동자들을 가정 밖으로 끌어낼 수 있는 것은 집안일이 전혀 화폐가치가 없는 무보수 노동이기 때문이다.

둘째, 이러한 가부장적 관계의 강화는 주로 가족제도의 유지를 통해 이루어지는데, 자본주의 사회에서는 가족의 그 경제적 역할의 중요성에도 불구하고 경제적 단위로서보다는 사적인 제도로 간주함으로써 가족을 중심으로 이루어지는 여성의 활동에 대한 객관적 가치를 인정받기보다는 가족의 유지와 출산, 양육에 관련된 역할의 수행 여부에 따라 사회적 중요성이 다르게 평가된다.

이렇게 여성의 사회적 존재를 아내나 어머니의 역할로써 평가하는 것은 여성의 재생산 능력을 자연적인 것으로 보고 재생산적인 영역에 국한하고자 하는 구조적 요인에 기인한다. 그러나 미셸(Mischel, 1972)은 아동에게 어머니의 사랑만이 필수적인 것은 아니며 다른 사람에 의해서 자녀 양육은 수행될 수 있다는 것이 확인되었다고 언급했다. 오클리(Oakley, 1982)도 아이들이 아버지보다 어머니를 더 필요로 하지 않을 뿐 아니라 일 대 일의 양육 방식이 복합적인 어머니 역할보다 더 좋은 것은 아니라고 밝혔다. 즉 여성의 존재를 출산과 양육의 역할로 한정시키는 것은 여성을 가부장제의 지배에 종속시키고자 하는 성 모순에 대한 이데올로기적 은폐라는 것이다. 이러한 맥락에서 여성의 사회적 지위와 일을 가정 내에서의 여성 역할과 관련지어 배정하는 것은 여성의 존재에 대한 가부장적 표현의 한 형태라고 할 수 있다. 가부장제하에서의 여성은 공적인 지위조차 남성이 허락하는 범위 내에서만 누릴 뿐이며 남성에게 그에 따른 대가를 지불하고 있는 것이다.

종합하면 가부장제란 성별 노동 분업을 토대로 형성된 여성에 대한 남성의 지배를 허용하는 성적 위계구조이다.

### (2) 가부장제의 결혼

인류사회에서 가장 기본적인 성규범은 성행위를 규제하는 결혼제도를 토대로 형성되어 왔으므로 결혼을 통한 부부간의 합법적인 성관계 외의 모든 성생활은 원칙적으로 금기사항으로 간주된다. 근친상간, 동성연애, 미혼남녀의 성관계, 기혼남녀의 간통과 외도 그리고 매춘 행위 등이 이러한 금기를 위반하는 성행위이다. 무엇보다 우선 가부장제 내에서 여성의 억압에 대해 논할 때 여성의 노동 통제만큼 성통제가 중요함에도 불구하고 한국 특유의 상황 때문에 여성의 성에 대한 연구는 거의 이루어진 것이 없다. 유교적 성도덕(sex morality)의 특수성으로 인해 공개적인 성의 논리는 없고 남성 중심의 음성적 향락적 성문화만 만연하다. 성규제의 원칙은 가부장제 사회에서 남녀 간에 각기 다르게 적용되어 부계 중심의 혈연제도와 부권을 절대시하는 결혼구조가 왜곡된 성문화를 형성시켰다.

가부장제 결혼이 빚어낸 성문화의 기본 특성을 전개하면 다음과 같다(한국여성연구회, 1996).

① 가부장제 결혼은 이중적 성윤리의 전통을 가지고 있다

여성의 성은 남성의 상속권과 가문 계승의 목적을 위한 생식의 기능에서 최상의 가치를 인정받게 되고, 혈통의 순수성을 보장하기 위해 순결과 정절이 여성에게 절대적인 의무로 강요된다. 따라서 순결은 여성에게 재산가치의 의미를 지닌다. 반면에 남성은 결혼관계 내에서 주도적인 성관계를 즐길 수 있을 뿐 아니라 가족이나 출산과 관계없이 다양한 성관계를 매춘이라는 형태를 통해 지속될 수 있게 된다.

② 남녀 간의 지위를 불평등하게 규정짓는 가부장제에서 결혼을 통한 성적 결합은 지배와 복종의 관계를 바탕으로 성립된다.

부계와 부권은 남성에게 여성의 성(性)에 대한 소유와 통제의 권한을 부여하기 때문에 여성은 성적 자율권과 결정권을 갖지 못하며 여성의 성은 남성 간 교환의 대상이 되기도 했다. 여성이 정절의 의무를 지키는 것은 그 가장인 남성의 성적 소유권을 지키는 것과 같으며, 남편에 대한 아내의 성적 복종은 결혼의 의무로 규정된다. 성관계는 남녀 간의 권력 불균형을 그대로 반영하는 속성을 지니게 되어 동등한 인격체로서의 남녀 성적 교류가 불가능한 문화를 형성한다. 여성은 자신의 의사와는 관계없이 남편의 성적인 요구에 봉사해야 한다.

③ 성이 절대적으로 억압되는 구조 속에서 여성은 성(性)에 대한 욕망을 가지지 않은 비성적(非性的)인 존재인 반면에 남성은 성적 본능이 강한 존재로 규정하는 신화가 존재한다.

남녀 성의 접근 태도에 있어서 어떤 상황에서 성행위가 이루어지더라도 남성의 성욕은 억제할 수 없다는 개념으로 일반화되고, 여성은 대조적으로 성적 욕구가 없는 존재로 규정되어 최소한 자기 보호, 자기 억제를 해야 할 의무가 있음을 주입당한다. 남성은 아내가 불감증을 가졌더라도 정숙한 여성을 원하기 때문에 결혼 전의 경험으로 성에 대한 지식이 많은 여성보다는 다행스럽게 생각한다. 한국 남성은 성 주도에 있어 자기중심적이고 여성의 성에 대해 소유자로 군림하길 바라면서 동시에 성생활의 주체가 되지 못하고 피동적인 아내에게 답답함을 느끼기도 한다. 일반적으로 부부관계에서 야기되는 남편의 불만은 혼외 성관계로 해소할 수 있지만 아내의 경우는 불만이 있어도 참는 것이 도리라고 생각하는 이중적 성윤리에 젖어 있다.

④ 가부장 사회에서 규정된 성 역할은 남녀 성별에 따라 이중 기준을 적용하는 규범을 탄생시켰다.

남성의 역할과 남성성은 적극적 · 능동적 · 명령적 · 공격적인 반면에 여성의 역할과 여성성은 소극적 · 수동적 · 순종적 · 방어적인 것으로 특징

짓는 이분법적인 속성이 남녀의 성 행태와 성관계에서도 그대로 적용된다.

⑤ 가부장제의 성문화는 성교 중심적이고 남근 숭배적 속성을 가지고 있다. 남성 우월주의의 사회 원리는 남성의 성적 우월성과 남성 본위의 성관계에 근거하는 성관습을 정착시켜 온 것이다. 이러한 남성의 성욕 충족을 위한 성교 행위에 집착하는 문화 속에서 정신적이고 인격적인 교류보다는 생리적이고 신체적인 측면에 초점이 맞추어지는 성관계의 패턴이 중시된다. 여성은 남성 중심의 성 패턴에 수동적으로 적응하여 왔을 뿐 그들 자신의 주체적인 성문화를 추구하는 가능성을 배제당한 것이다.

이러한 성규범의 이중체계는 여성을 경제적 무능력자로 간주하고 남편에게 의존하도록 가족 내에 안주하게 함으로써 여성 억압을 유지하는 기제로 작용함과 동시에 가족 내에서도 부부간의 성적인 면에서의 불평등을 재생산한다.

### (3) 여성예속의 재생산

가부장제도 속에서 권력의 주체는 남성이다. 이성 간의 성관계 역시 남성의 권력에 의해 주도되며 남성에게 우선권이 부여된다. 사랑하는 남녀나 부부관계에 있어 여성의 육체와 내조 그리고 여성이 목숨을 건 고통을 이기고 낳은 자식까지 모두 남성의 재산으로 간주한다. 한 여성의 육체를 소유하는 남성은 그녀의 봉사를 받을 권리까지 소유하고 때로는 단 한 번의 육체적 관계를 구실로 여성의 일생을 구속하기도 한다.

결혼과 동시에 성관계는 여성의 성(性)을 남편과 출산을 위한 것으로 엄격하게 통제하고 여성에게 복종적 성관계를 규범으로 제시하는 것은 여성을 한 가족 내의 남성에게로 통제하려는 하나의 남성 중심적 사회현상에 지나지 않는다. 남성은 성을 통해 여성에게 권력을 행사하고 유지하는 것이며, 남녀 간의 성행위는 기본적으로 여성에 대한 남성의 지배가 직접적이고 가장 사적인 형태로 나타나는 것이라 할 수 있다. 여성해방론자는 이성 간의 성관계에 지배와 예속의 관계가 내재한다는 사실과 성관계는 여성에 대한 남성의 권력과 통제를 더욱 강화하고 여성의 예속을 재생산시키는 계기가 된다는 점을 문제시한다.

여성에게 일방적으로 성을 요구하거나 강제로 소유하고 또 필요한 경우 폭력까지 동반하는 것은 남성의 권력을 과시하는 표현이다. 성적 희롱, 성기 노출, 어린이 추행, 강간 등 온갖 형태의 성 일탈은 한 남성이 한 여성을 지배하기 위한 권력 행사의 개별적인 행동뿐만 아니라 더 나아가 가부장 사회 전체가 여성 전체에 대한 지배력을 행사하는 기제가 되는 것이다.

### (4) 성별 분업

성별에 따라 하는 일의 종류가 다른 것은 인류의 역사에서 끊임없이 지속되어 온 보편적인 현상이다. 우리가 사는 자본주의 사회에서도 남녀의 일은 일반적으로 구분되어 있다. 자본주의적 성별 분업의 일반적인 모습은 남성은 사회와 생산 영역을, 여성은 가정과 소비의 영역을 담당하는 방식으로 구분되어 있는 것이다. 또한 남성은 생계 담당자이고 여성은 가사 담당자라는 역할의 분리도 이루어진다.

① 성별 분업의 양상

이러한 성별 분업의 양상에 대해 기존의 구조 기능적인 입장에서는 남녀 간의 차이에 따른 기능적이면서도 자연적인 분화로 당연시해 왔다. 그러나 여성주의의 입장에서 이 같은 성별 분업은 결코 자연스러운 현상이 아니며 오히려 여성을 억압하는 중요 기제라고 반박한다. 즉 현재 상태의 성별 분업은 양성 간의 평등을 저해할 뿐만 아니라 한 성, 특히 여성을 억압하는 기제로 사용되고 있다는 것이다.

② 성별 분업의 증거

성별 분업이 여성을 억압하고 있다는 기제로 사용되고 있다는 증거는 성별 분업 체계하에서 여성의 위치를 '가정'으로 제한한다는 것이다. 남성은 사회, 공장에서 일하며 가족의 생계를 담당하는 사람, 즉 가장으로 인식되는 반면에, 여성은 사적인 가정을 담당하고, 남편에게 경제적으로 의존하며, 가사를 전담하는 가정주부로만 인식되고 있는 것이다.

이 같은 성별 분업은 그동안 매우 자연스럽고도 당연한 것으로 인식되고 받아들여져 왔으나, 현실에서 여성은 끊임없이 공사의 영역을 넘어서 일하고 활동해 왔다. 최근에는 여성의 취업의사도 더욱 높아지고 있으며 사회 각 분야에서 여성이 다양한 활동에 종사하고 있는 것이다. 그럼에도 불구하고 이미 형성된 '성별 분업'의 논리는 여성의 역할을 제안하고 여성에 대해 불평등한 대우를 조장하는 성차별적 이데올로기로서 기능하고 있다.

③ 성별 분업이 낳은 성차별

성별 분업이 만들어낸 성차별의 현실은 크게 두 가지 측면으로 나누어 설명할 수 있다. 우선 첫 번째는 '여성의 일차적인 위치는 가정'으로 보는 성별 분업의 논리로 여성의 취업이 제한당하는 측면이다. 현대사회가 될수록 여성의 학력이 더욱 높아지고, 능력도 신장되고 있지만 아직도 회사에서는 남성의 고용을 더욱 선호한다.

두 번째는 사회활동에 참여한 경우에도 여성에 대한 불평등하고 차별적인 대우를 조장하는 논리로 성별 분업이 활용되고 있다는 측면이다. 가사노동의 일차적인 전담자인 여성은 노동시장에서는 이차적이고 부수적인 노동력으로 규정된다. 여성은 특정 직종에만 취업되거나, 남성보다 저임금을 받고 낮은 지위에 머무르게 되는 것이 보통이며, 이 모든 불평등은 여성은 '일차적인 생계 담당자가 아니다'라는 규정에 의거하여 합리화된다. 이와 같이 기본적으로 가부장제적인 사회구조하에서 성별 분업의 논리에 따라 여성은 가정 내의 일차적인 가사노동 전담자이며, 동시에 일터에서는 부수적인 이차적 노동력으로 규정되는 불평등한 구조가 일반적인 자본주의 사회의 대표적인 성차별 구조의 모습이라고 정리할 수 있다.

이 같은 성차별 구조하에서 현대사회의 여성은 가족, 노동의 영역뿐만 아니라 성의 영역에서도 끊임없이 차별받고, 불평등한 위치에 계속적으로 놓이게 된다고 할 수 있다.

## 04 여성학의 실천: 여성운동

여성운동은 여성학과 여성주의를 기반으로 여성들이 주체가 되어 성 평등 사회를 실현하기 위하여 벌이는 조직적이고 지속적인 사회운동이다. 우리나라의 여성운동은 개화기에 남녀의 교육기회균등 요구로부터 비롯되었고, 본격적인 여성운동은 1980년대부터 시작되었다. 여성주의를 기반으로 여성억압 기제를 가부장제 사회구조로 상정하여 여성문제의 원인을 명확히 하였고, 1987년에 21개 여성단체가 여성단체연합을 결성하여 본격적인 정치투쟁에 나섰다. 호주제가 폐지되는 등 법·제도 개선에서 눈부신 성과를 거두었고 운동의 주체와 영역도 획기적으로 확대되었다.

성차별적이고 가부장적인 사회에서 발생하는 제반 여성문제를 해결하기 위해, 여성운동은 가부장제의 철폐와 성차별의 타파, 여성의 성적 자율권과 주체성 확보 등을 중심 과제로 삼고 있다. 여성운동은 여성도 남성과 함께 모든 생활 영역에서 동등한 지위와 권리를 갖기 위한 것으로, 계몽운동기 자유·평등·개혁 사상의 대두와 함께 여성의 권리에 대한 관심으로부터 시작되었다.

여성의 권리에 대한 초기 사상을 완성한 자는 메리 울스턴크래프트(Mary Wollstonecraft)로, 그는 1792년 영국에서 출간된 『여성의 권리 옹호(A Vindication of the Rights of Women)』에서 여성도 교육·직업·정치 등의 영역에서 남성과 똑같은 기회를 가져야 한다고 주장하였다. 그녀는 여성이 남성보다 열등한 존재로 여겨지는 것은 좋은 교육을 받을 기회가 똑같이 주어지지 않았기 때문이라고 믿었다. 울스턴크래프트는 "소용돌이치는 여성 형태의 혼합"이라 묘사되는 조각상에서 표현됐듯이 그녀가 강조했던 "나는 여성이 남성에 대한 권력이 아니라 자신

A Sculpture for Mary Wollstonecraft

에 대한 권력을 갖기를 바란다(I do not wish women to have power over men but over themselves)"는 여성 자신이 독립된 유기체로서의 존재를 강조했다.

이런 남녀평등사상은 19세기에 이르러 여성의 참정권획득 운동으로 구체화되었다. 현대 여성운동은 시몬 드 보부아르의 『제2의 성(Le Deuxième sexe)』(1949)의 출간으로부터 비롯되었으며, 베티 프리던(Betty Friedan)은 1963년 『여성의 신비(The Feminine Mystique)』를 출간하여 여성에게 수동적인 역할을 강요하고 남성의 지배에 의존하도록 하는 가정생활을 비판하였다. 그의 이런 활동은 미국과 서유럽 여권운동 단체들의 창립을 영향을 주었고, 현대 여성운동의 발전에 기여하였다.

이러한 맥락에서 현재에 이르기까지 우리나라에서 전개되어온 여성운동의 발자취를 다음과 같이 제시해보고자 한다.

## 1) 해방 이전의 근대 여성운동

### (1) 개화기

우리나라에서의 여성운동은 개화기에 서구문물의 영향을 받고 신교육을 받은 여성들이 여성으로서 자기정체성을 갖고 여성단체를 조직하여 활동한 것으로부터 비롯되었다. 최초 여성단체로는 여성 교육단체인 찬양회와 여우회(女友會)로, 여우회는 최초의 여성교육기관인 순성학교를 설립했고, 최초로 경복궁 앞에서 축첩반대 연좌시위를 하였다. 또한 1907년 '국채보상부인회', '송죽결사대', '혈성단애국부인회', '대한민국애국부인회' 등을 중심으로 국채보상운동도 진행하였다. 이처럼 개화기 여성운동은 여성의 교육권보장과 남녀의 교육기회균등을 요구하는 여성교육운동과 함께 애국운동과 구국운동의 성격을 가지고 있었다.

### (2) 일제강점기

일제강점기 여성운동은 여성들이 인간으로서의 권리를 주장하고 확보하기 위한 여성단체의 이념과 목적에 따라 두 가지 흐름으로 나눠볼 수 있다. 첫째는 여권론적 부르주아 여성운동으로, 남녀의 평등한 권리 확립을 목표로 봉건적 억압의 철폐를 위한 교육 계몽운동이다. 둘째는 프롤레타리아 여성운동으로 프롤레타리아 여성들의 민족적, 계급적 차별에 대항한 자연발생적 투쟁을 촉진하고 지원하기 위한 반제・반봉건 투쟁 여성 계급운동이다.

이 시기 여성운동의 두 흐름은 1927년 근우회(槿友會)의 창립으로 통합되어 전국적으로 운동을 전개하다가 1930년 일제의 탄압으로 근우회가 해산되자 프롤레타리아 여성운동은 지하화되었다. 근우회는 민족주의와 자유주의계 여성단체와 1924년 최초 사회주의 여성단체인 조선여성동우회(女性同友會) 등의 사회주의계 여성단체를 통합한 여성운동조직이다. 근우회는 가부장제의 폐습과 식민지 자본주의 사회구조의 문제를 극복하는 것을 여성운동의 목표로 삼았다. 이에 이 시기의 여성운동은 애국 계몽적 성격과 반제・반봉건적 성격을 지녔다고 할 수 있다.

## 2) 미군정기와 1950년대

일제강점기 두 흐름의 여성운동의 맥은 해방 이후에도 그대로 이어졌다. 여권론적 부르주아 여성운동의 흐름은 남녀 평등한 권리의 확립을 주목표로 하였다. 프롤레타리아 여성운동의 흐름은 독자적인 자주적 독립국가 건설과 여성해방을 목표로 노동여성, 농가부녀, 소시민주부, 인텔리 여성 등의 전국 조직인 조선부녀총동맹을 중심으로 활동을 하였다.

미군정기와 1950년 6・25전쟁을 거치면서 기층 대중여성의 제반 문제를 함께 나누던 프롤레타리아 여성운동의 흐름은 소멸되고, 여권론적 부르주아 여성운동만 유지되었다. 전후 여권론적 부르주아 여성운동단체는 6・25전쟁 피난민, 불우여성, 고아들을 대상으로 구호와 선도 및 보호 사업을 하였다. 또한 이 시기 새로운 전문적인 여성단체들인 여성문제연구원, 대한약사회, 가정법률사무소 등이 조직되어 기존 여성단체와 결합하여 1959년 한국여성단체협의회를 구성하지만, 여성해방과는 거리가 먼 여성단체의 활동으로 여성운동 성격은 약했다.

### 3) 1960년~1970년대 여성운동

제3공화국과 유신시대는 취미나 교양, 직업집단의 여성단체를 중심으로 유신 정권을 지지하는 여권론적 부르주아 여성단체의 활동이 주였고 여성운동의 성격은 약하였다. 하지만 1973년 62개 여성단체가 '범여성 가족법 개정촉진회'를 구성하여 가족법개정운동을 한 결과 성차별조항을 완화하는 범위 내에서 가족법이 개정되는 성과가 있었다. 또한 한국소비자연맹과 소비자보호협의회를 중심으로 소비자보호운동도 하였다. 소비자보호운동은 1960년대 후반 국내 생산업자와 유통업자로부터 소비자를 보호하고, 1965년 한・일국교 정상화에 따른 일본상품의 국내유입 시 국내 소비자를 보호하기 위해 시작된 것이었다.

### 4) 현대 한국의 여성운동

#### (1) 1980년대 여성운동

① 운동의 과제와 내용

침체된 1960년대, 1970년대 여성운동은 1980년대로 넘어가면서 '진보적 여성운동가'들이 형성되어 여성해방을 목표로 한 여성운동이 복원되었다. 1983년 6월 '여성평우회(女性平友會)'의 창립을 계기로 '여성의 전화', 1984년 4월 '민주화운동청년연합의 여성부(민청련여성부라 함)', 동년 12월 '또 하나의 문화', '교회여성운동단체'가 조직되어 1980년대 초반 여성운동을 주도하였다.

특히 여성평우회는 여성주의를 기반으로 여성억압기제를 가부장제 사회구조로 상정하여 여성문제의 원인을 명확히 하였고, 1980년대 이후 여성운동에 기반이 되었다.

② 여성운동의 특성과 의의

1980년대 진보적 여성운동은 빈민, 농민, 생산직과 사무직 여성노동자들이 목적의식적으로 결합하여, 운동의 중심과제로서 민주화, 여성 생존권 쟁취 및 기층여성운동력 강화, 여성권익향상, 남녀고용평등법 및 가족법

개정운동, 탁아입법 제기, 인신매매 및 성매매 방지운동 등의 법과 제도 개선을 목표로 여성운동을 전개하였다. 1980년대 여성운동의 특징과 의의는 다음과 같이 정리해 볼 수 있다. 첫째, 여성주의를 기반으로 운동에 대한 이론적 접근과 체계적 연구가 시작되어, 여성억압의 기원과 본질에 대한 성과 계급 논쟁이 제기되었다. 둘째, 여성운동의 정체성을 기층여성에 두었다. 셋째, 여성운동의 지역적 기반이 마련되었다. 넷째, 여성운동에서의 정치투쟁의 중요성이 부각되어, 1987년에 21개 여성단체가 여성단체연합을 결성하였고, 이를 기반으로 보다 여성운동을 발전적으로 전개할 수 있었다.

### (2) 1990년대 여성운동

① 운동의 과제와 내용

1990년대 여성운동은 성폭력 추방운동, 문화운동, 노동운동, 법·제도개선운동, 정치세력화, 성 주류화 전략 채택, 평화 및 통일 운동 등 2000년대 여성운동의 틀을 마련했다. 1990년대 여성운동을 정리하면 다음과 같다. 첫째, 성폭력 추방운동이 중심이 되어 섹슈얼리티와 관련한 운동영역을 급진적으로 확장시켰다. 특히 한국사회에서 이성애 중심주의를 비판하며 동성애자 인권운동이 공개적으로 전개되었다. 1990년대 여성운동의 대중적인 이슈는 성폭력 문제였다. 다양한 성폭력 문제를 제기함으로써, 일반 여성이 수치심을 딛고 당당하게 피해 여성의 고통과 이중적인 성규범 문제를 드러냄으로써 피해자가 운동의 주체로 나서서 성폭력 문제를 공론화시켰다.

둘째, 여성주의 문화운동은 새로운 단체들의 창립과 출판활동, 교육 활동을 통해 활성화되었다. 여성주의 매체는 『여성과 사회』와 『또 하나의 문화』 같은 동인지에 불과했으나 여성주의적 소설이 등장하면서 페미니즘을 대중화시켰다.

셋째, 여성 관련 법의 개정·제정과 제도의 개선에 눈부신 성과가 있었다. 이는 1995년 베이징 세계여성대회를 계기로 국가정책에 성 주류화 전략을 채택하여 가능했다. 이 시기 여성운동의 성과로 제·개정된 여성 관련 법은 공무원 임용시 여성채용목표제도입(1995), 공무원의 육아휴직제 및 가족 간호제 신설(1995), 양계혈통주의로의 국적법개정(1997), 일본군위안부생활안정지원법 제정(1993), 성폭력 범죄의 처벌 및 피해자 보호 등에 관한 법률(2006), 남녀고용평등법의 개정(1995), 남녀차별금지 및 구제에 관한 법(1999), 윤락행위등방지법의 개정(1995), 여성발전기본법의 제정(1995), 가정폭력방지 및 피해자보호 등에 관한 법률(2006), 호주제 폐지(2005) 등이다.

넷째, 여성운동의 연대활동이 확대되었다. '여성연합'과 '한국여성단체협의회'를 포함해 56개 여성단체가 모여 '할당제 도입을 위한 여성연대'와 일본군 위안부 문제해결을 위한 국제적 연대 이외에 정부의 소수대표와 NGO가 주도적으로 참여한 국제적 연대 활동인 1995년 베이징 세계여성대회이다.

다섯째, 여성의 정치세력화 활동이다. 1995년 지방자치선거를 앞두고 지방자치시대 여성의 정치진출 확산과 활성화를 도모하였고 그 결과 여성의 정치진출이 확대되었다.

여섯째, 여성노동자운동이다. '한국여성노동자회협의회'와 지역여성노동자회, '한국여성민우회' 노동센터 등 2000년 이후 여성노조를 중심으로 여성의 평생평등노동권, 모성보호권 확보 투쟁을 하였다. 또한 여성빈곤문제에 대한 국가의 대책 및 대안을 촉구하고, 여성의 빈곤화를 방지하기 위한 활동을 하였으며, 1998년 저소득 실직 여성 가장 돕기 사업을 수행하였다.

일곱째, IMF이후 빈곤문제와 맞물려 폭력 추방운동을 하였다. 세계화시대에 여성에 대한 폭력문제는 빈곤문제를 동전의 양면으로서 인식하고, 각국에서 '빈곤과 폭력 추방대회'를 열고 이 문제에 대한 국가적 대책을 촉구하는 활동을 하였다.

② 운동의 특성과 의의

여성학 강좌의 대학 개설과 여성주의 소설의 등장으로 페미니즘이 대중화되자 여성운동의 필요성과 정당성을 사회에 널리 홍보하면서, 여성운동의 과제를 사회의 보편적 과제화하는 활동들을 하였다. 베이징 세계여성대회에서 채택된 성 주류화(Gender Mainstreaming) 전략과 여성운동의 궁극적 과정이자 목표로 설정된 여성의 세력화(Empowerment)는 여성운동의 새 패러다임이 되었다. 여성의 세력화는 '끼어들기'가 아니라 정치의 '틀 바꾸기'를 시도하는 것으로, 공사영역을 재정치화하고 일상생활을 정치의 장으로 만드는 비정치적이었던 것을 정치적인 것으로 만드는 새로운 정치를 재창조하는 것을 말한다.

1980년대 여성운동의 결과 운동의 주체역량 강화는 여성적 정체성과 차이의 정치학을 중시하는 여성운동의 새 세대인 영(young) 페미니스트들을 등장시켜 여성운동의 영역이 확대되고 분화·전문화되었다. 이에 1970년대, 1980년대 사회민주화의 이름으로 통합되어 있던 젠더 과제가 성(sex), 섹슈얼리티, 환경, 교육, 문화, 통일과 평화, 노동 등으로 분화되었다. 포스트모던 페미니즘의 유입과 함께 특히 섹슈얼리티와 문화영역에서의 여성운동은 활성화되어, 여성문제에 대한 인식의 차이, 여성운동의 이슈와 실천 방안에 관한 새로운 주장과 담론이 형성되었다.

### (3) 2000년대 이후의 여성운동

#### ① 운동의 과제와 내용

2000년 이후 여성운동은 1990년대 후반의 여성운동의 주체와 영역이 확대와 함께 다양해진 운동의 과제와 내용에 따라 전개되고 있다. 특히 문화운동 영역이 더욱더 다양해졌고, 상대적으로 소외되어 있던 여성장애인, 소수여성, 이주여성이 운동의 주체로 등장하였다. 또한 1990년대 제·개정된 여성 관련 법과 제도 등이 만족할만하지는 않지만, 보다 더 성평등적으로 정비되었다.

여성주의 문화운동은 중앙 중심에서 탈피해 상대적으로 문화에서 소외되어 있던 지역에서의 영화제, 미술제, 음악제, 교육에 있어서 문화운동을 활발하게 전개하였다. '여성문화예술기획'의 주도 아래 '여성의 눈으로 세계를 보자'라는 캐치프레이즈를 걸고, 1999년부터 열린 국제영화제인 서울여성영화제는 아시아지역 여성영화인들과 연대, 교류를 하였다. 그리고 영화관련 문화 영역의 활성화, 국제 네트워크 구축, 영화제를 통해 확보된 자료로 영화 아카이브를 구축하여 지역 여성영화제를 활성화시켰다. 이외 사이버공간을 중심으로 실업, 성폭력 등의 문제를 중심으로 영 페미니스트들은 여성주의 문화운동을 활발히 전개하였다. 이와 함께 여성 관련 법과 제도의 개선에서도 성과가 있었다. 즉 2000년 정당법 내 여성 공천할당제의 신설, 2001년 여성부 신설을 위한 정부조직법의 개정, 2001년 국가인권위원회법 제정, 2002년 여성발전기본법의 개정, 남녀고용평등법의 개정과 근로기준법의 여성보호규정 개정, 공무원임용시험령의 양성채용목표제의 도입, 국가공무원법의 육아휴직제도의 개정, 특히 2005년에는 여성운동의 숙원인 호주제 폐지가 그것이다. 여성의 정치세력화와 관련해서는 2000년 총선시민연대 활동을 주도적으로 이끌어 낙천 낙선운동을 하였으며, 2002년 지방의원 선거에서는 광역의원 비례대표 50%, 지역구 30%를 여성에게 할당 공천을 요구하는 활동을 하였다.

② 운동의 특성과 의의

1997년 외환위기로 인한 실업과 신자유주의 노동정책으로 인해 2000년대 여성운동은 여성실업과 빈곤문제, 여성노동의 비정규직화를 중요 이슈로 하였다. 또한 문민정부 이후 정부와 젠더 거버넌스를 수행하면서 '젠더의 제도화'가 본격적으로 진행되었고, 진보적 여성운동도 제도화되었다. 이는 여성운동이 성인지적인 정책수립을 위한 운동에 치중하면서 법과 제도 개선운동에 적극적으로 개입하고, 여성정책의 수립과 실행의 파트너로서 정부 프로젝트를 수행한 데 기인한다.

특히 진보적 여성운동의 제도화는 1995년 베이징대회에서 여성정책의 전략으로 채택된 성 주류화를 실현하기 위해 여성전담기구의 발전과 정부 각 부처의 중요 정책결정에 영향을 미치는 정부위원회에 30% 여성할당을 요구하고 참여하면서 적극적으로 진행되었다.

### 5) 현대 여성운동의 평가와 앞으로의 과제

1980년대로 들어오면서 진보적 여성 지식인들이 기층여성들과 함께 여성주의를 기반으로 여성해방을 목표로 한 여성운동이 전개되는데, 다음과 같이 평가해 볼 수 있다.

첫째, 여성주의를 기반으로 '성 평등사회 실현'이라는 여성운동의 과제를 사회구성원이 함께 추구해야 하는 공동의 과제로 인식하게 되었다.

둘째, 여성운동의 주체 및 영역이 확장되었다. 운동의 주체는 진보적 여성 지식인에서 소수자인 성매매 피해 여성 및 성적 소수자 여성, 이주 여성들까지 확대되었다. 운동영역도 정치, 사회, 경제 등 공적인 영역에서부터 성폭력, 가정폭력 등 사적인 영역으로 확장되었다.

셋째, 지방자치제의 실시와 함께 여성운동이 지역 풀뿌리 운동과 결합해 지역화, 대중화하였다.

넷째, 호주제가 폐지되는 등 법, 제도 개선에서 눈부신 성과가 있었다. 여성 관련 법률이 제정되거나 개정되었고, 특히 3대 여성인권법인 성폭력특별법, 가정폭력방지법, 성매매방지법이 제정되고 시행되면서 여성에 대한 폭력은 사회적으로 구조화된 폭력으로써 국가의 적극적인 개입이 필요하다는 인식을 하게 되었다.

다섯째, 정부가 각종 정책에 성인지적 관점과 성 주류화 전략을 채택하게 하였다.

이런 성과를 기반으로 앞으로 여성운동의 이념을 모든 사람의 평등, 평화, 인권, 복지로 나가는 이념으로 확장하여 여성들은 남성과 함께 성 평등 사회를 실현해야 한다. 이에 여성운동은 사회 전반의 민주주의 실현, 평화체제의 구축과 통일, 지속가능한 생태사회, 인권과 복지의 실적인 보장 등 사회개혁 과제에 대한 대안적인 패러다임으로써 대안사회의 비전을 제시해야 하는 과제를 수행해야 한다.

CHAPTER 10

# 여성주의의 다양한 패러다임

## 01 여성주의란 무엇인가?

### 1) 여성주의에 대한 물음

여성주의는 '여성됨'에 관한 근원적인 물음에서 시작된다. 여성의 법적 지위가 과거보다 크게 신장된 것은 사실이지만, '여자란 모름지기'라든가 '감히 여자가'하는 관념은 여전히 우리 사회에 깊숙이 뿌리박혀 있다. 이 관념은 여러 가지 관행이나 법과 제도를 통해 여성의 삶에 억압과 구속을 가한다. 여성주의는 이처럼 당연시되는 관념과 상식에 도전한다. 대체로 여성됨은 임신이나 출산 등 여성의 생물학적 속성에서 비롯되는 것으로 여겨져 왔다. 그러나 과연 임신과 출산이라는 조건이 여성의 삶 전체를 운명 지을 만큼 결정적인 것인가 하는 문제이다. 만일 그렇다면 왜 시대나 사회마다, 그리고 동시대의 한 사회에서도 계급·계층마다 여성의 삶이 달라지는 것인가? 이 같은 여성주의에 대한 물음은 여성의 삶이 생물학적 조건 그 자체보다는 사회적·심리적 조건에 더 깊이 연관되어 있음을 일깨운다.

프랑스 철학자 보봐르(Beauvoir)가 "여자는 태어나는 것이 아니라 만들어진다."고 말한 것이나, 요즈음 여성주의에서 생물학적인 성(sex)과 사회적으로 구축된 성별(gender)을 구분하는 취지도 바로 이런 데 있다. 남녀 사이의 차이는 일부 신체 구조적인 특성을 빼놓고는 사실상 역사적·사회적으로 형성된 산물이다. 그리고 남녀 사이의 단순한 구별이 아닌 차별을 자아낸 주범은 성이 아닌 성별이라는 것이다. 이런 생각이 중요한 이유는 여성에 대한 기왕의 온갖 관념과 요구가 자연에 근거를 둔 당연한 것이라는 생각에서 벗어날 때, 우리는 무엇이 잘못되었는지 말할 수도 있고 다른 삶, 다른 세상에 대한 꿈도 꿀 수 있기 때문이다. 여성주의는 이런 관점에서 출발하여 성차별의 원인과 구조를 분석하고 그 극복 전망을 모색함으로써 여성운동에 이론적 기반을 제공한다.

## 2) 여성주의의 전개

여성주의가 의도하는 이러한 대과제를 안고 구체적인 방법론으로 접근하면, 여성주의 안에 여러 가지 다른 입장이 존재한다. 이들 입장의 차이는 무엇보다 여성운동 자체의 역사와 관련이 있기 때문에 여성운동의 발생과 전개를 되짚어 볼 필요가 있다.

여성의 집단적 움직임이 일어난 것은 동서양을 막론하고 근대사회로 접어들면서였다. 18세기 서구에서 시작된 중세 신분사회로부터 근대사회로의 본격적인 전환은 자유 평등 사상을 불러일으켰으며, 그 가운데 여성도 남성과 같은 동등한 인간으로서 권리를 주장하였다. 여성차별적인 교육제도나 법률, 관습에 대한 항의를 중심으로 한 이 같은 자유주의적 흐름은 물론 지금까지 진행 중이지만, 특히 여성의 참정권이 확보되는 20세기 초・중반까지 여성운동의 중요한 한 축을 이루었다. 한편 산업혁명 이후 노동계급의 급성장과 아울러 사회변혁 운동이 활성화하면서, 여성운동에도 마르크스주의를 비롯한 사회주의 운동과 맥을 함께하는 흐름이 생겨난다. 이들은 종전의 자유주의 여성운동과는 달리 남녀 차별만이 아니라 경제적 억압을 포함한 여성의 상황 전반에 관심을 기울이고 사회 구조의 근본적인 변화를 추구하였다. 또한 서구의 산업화와 더불어 시작된 제국주의적 식민지 경영과 식민지 사회에서 일어난 민족 해방 운동 역시 여성운동의 방향에 영향을 미쳤다. 식민지 사회에서 반식민 투쟁과 독립국가 건설이 중심 과제가 되면서, 여성운동은 넓은 의미의 사회주의적인 성격을 띠면서도 특수하게는 민족 해방의 이념과 결합하게 된다. 일제시대 한국 여성운동의 경우만 보아도 식민지 여성운동의 특징을 잘 알 수 있다. 예를 들어 식민지 시기에 대표적 여성조직인 근우회는 조선 여성운동의 과제를 민족 해방, 무산 계급 해방, 여성 해방이라는 세 가지 과제의 동시 수행으로 잡았다.

그렇다면 여성 참정권이 확보되고 대개의 식민지들이 독립한 20세기 후반의 여성운동은 어떻게 전개되었는지 살펴볼 필요가 있겠다. 서구의 경우에는 특히 1960년대 말 미국이나 유럽에서 일어난 학생운동을 비롯한 사회운동을 계기로 여성운동이 급성장한다. 참정권 운동 이후 다시 활성화되었다 하여, 이를 흔히 여성운동의 '제2의 물결'이라고 한다. 다양한 여성운동과 이론이 출현하는 가운데 급진주의라 불리는 새로운 조류들이 생겨난다. 한편 신생 독립국을 포함한 이른바 제3세계 국가에서는 새로이 신식민주의의 극복이 과제로 등장하면서 여성운동도 그것을 염두에 둔 사회운동과 연대하게 되며, 동시에 여성 노동운동도 활발히 전개되었다.

본 장에서 제시하고자 하는 여성주의의 다양한 패러다임들은 바로 이 같은 여성운동의 역사와 긴밀한 관계를 가지고 있다. 물론 여성 해방의 이론 자체가 폭발적으로 성장한 시기는 20세기 후반이지만, 그 뿌리는 운동의 역사에 닿아 있는 것이다. 여성주의이론들 사이의 가장 중요한 입장 차이는 바로 여성문제의 성격을 어떻게 보느냐 하는 데 있다.

본 장에서는 기존의 여성주의이론 가운데 가장 널리 받아들여져 온 자유주의, 마르크스주의, 급진주의, 실존주의, 포스트모던주의, 에코 여성주의이론에서 여성 억압과 여성종속에 대하여 그 원인과 분석, 그리고 대안까지를 어떻게 제시하고 있는가를 살펴보기로 하자.

혹시 아시나요? **페미니스트의 뜻, 여성을 숭배하는 사람?**

페미니스트를 단순하게 보면 여권 신장 또는 남녀평등을 주장하는 사람이나 여성을 숭배하는 사람, 또는 여자에게 친절한 남자를 뜻한다.

그러나 좀 더 학문적으로 바라보게 되면, 페미니스트는 1960년대와 1970년대의 정치 · 사회적 변화와 함께 이론들은 여성과 '성'의 전적인 개념에 도전하기 시작하면서 생겨났다.

페미니스트의 이론적 특징은 '여성의 역사적, 심리적, 성적, 인종적 경험'을 단지 학문적으로서가 아니라 "어떻게 페미니즘이 권력의 근원이 될 수 있는가"의 지표로서 기술하고 있다.

여기서 말하는 페미니즘은 여성 억압의 원인과 상태를 기술하고 여성해방을 궁극적 목표로 하는 운동이나 이론을 말한다. 페미니즘은 '여성의 특질을 갖추고 있는 것'이라는 뜻을 지닌 라틴어 '페미나(femina)'에서 파생된 말이다. 즉, 성차별적이고 남성 중심적인 시각 때문에 여성이 억압받는 현실에 저항하는 여성해방 이데올로기를 뜻한다.

이런 이유로 페미니스트 이론과 사회학 간에 긴장이 있어 왔다. 특히 페미니즘은 많은 사회학이 남성의 관점을 진술하면서 남성의 사회학이 되어 왔다는 사실에 도전했다.

그러나 페미니스트 이론은 그 자체가 항상 사회학의 테두리 안에 있기 때문에 노동사회학, 가족사회학, 계급과 사회계층에 대한 분석을 포함해 많은 영역에서 사회학적 관점의 중요한 재구성에 기여하고 있다.

출처: 여성신문(2019.1.16.).

## 02 자유주의 여성주의이론

### 1) 여성도 동등한 인간이다

자유주의 사상은 서구사회가 봉건제에서 자본제 사회로 이행하는 과정에서 시민권리운동(civil right movement), 예를 들면 프랑스혁명, 미국의 독립혁명 등이 활발히 전개되었던 미국 · 영국 · 프랑스 · 뉴질랜드 등을 중심으로 18세기부터 생겨난 새로운 이념이다. 자유주의는 인간의 본성이 이성에 있으며, 만인은 이성적 존재로서 동등하다는 '평등'이라는 사상이 주요이념으로 대두되었으나 이것은 만인을 위한 평등이 아니었다. 이 전에 시민 계급이었던 남성만이 새로운 평등사상의 수혜자였고 시민권리운동에 똑같이 동참하였던 여성은 제외되었다. 여성 역시 이 같은 자유주의 사상에 힘입어 남성이 그동안 누려 온 특권에 저항하면서 남성과 같은 권리 획득을 주장하였다.

이들은 남성과 같이 투표할 수 있는 참정권을, 남성과 같이 교육받을 수 있는 교육권을, 남성과 같이 일할 수 있는 취직권을, 그리고 남성과 같이 재산을 소유할 수 있는 재산소유권을 주장하였다. 그들은 모든 인간이 평등하다는 자유주의 원칙에도 불구하고 여전히 뿌리 깊이 남아 있는 남성 중심의 관념과 관행에 맞서 이 원칙을 여성에게도 철저히 적용하고자 한 것이다.

또한 자유주의 사상에 스며든 남성 위주의 성차별에서 남성에 의한 여성의 종속은 여성이 공적 세계로의 진출을 제어하는 성 중립적이 아닌, 여성을 차별하는 사회적 관습이나 법제도 등 때문이라는 것이다. 이러한 주장은 1960년대 이후 근간의 자유주의 여성주의에 대한 논쟁의 핵심이기도 하다.

그러므로 성별 공정성(gender justice)을 달성하기 위해서는 여성을 공적 세계에서 배제하는 모든 제도 및 관습 등을 개혁하고, 이러한 개혁을 통해 여성에게도 지금까지 남성이 누려왔던 여러 가지 기회를 균등하게 부여해야 한다고 주장한다.

자유주의에서는 인간의 평등을 이야기하지만, 여기서 말하는 인간은 남성을 가리키는 것일 뿐 여성은 사실상 빠져 있는 셈이었다. 로크(Locke)나 루소(Rousseau) 같은 대표적인 사상가들만 보아도 그렇다. 이들은 여성은 이성적이기보다 감성적인 존재이며, 이성적으로 더 우월한 남성의 통제를 받아야 한다고 믿었다. 당시의 통념을 그대로 반영하는 이런 발상에 맞서 여성 역시 이성적 존재임을 강조하는 것이 자유주의 여권론의 특징이다. 설령 현재 여성이 감성에 치우친다 해도 그것이 타고난 본성 때문은 아니다. 여성을 가정에 묶어 놓고 교육도 사회활동도 제한해 온 사회적 · 문화적 관습이 여성을 그렇게 만든 것이다. 여성에게도 똑같은 교육과 기회만 주어진다면 이성적 존재(즉 인간)로서 잠재력을 얼마든지 구현할 수 있다는 것이다.

그러나 자유주의 여성주의는 서구의 백인, 중산층 중심의 자유주의 사상과 개인주의 사상을 바탕으로 전개되어 왔으므로 계급과 인종이 다른 여성의 억압과 종속에 관한 논의는 활발하게 다루어지지 않는다는 점에서 이들이 모든 여성의 억압과 종속을 설명하는 데에는 한계가 있다.

종합해 보면 자유주의 여성주의이론에서는 여성차별적인 관행이나 제도란 불합리하고 전근대적인 것이라고 본다. 이성의 원칙에 충실할 때 그런 관행은 얼마든지 바꿀 수 있고 또 바뀌야 마땅하다는 것이다. 따라서 이들은 사회구조 자체보다는 관습과 제도의 개선에 초점을 맞추며, 기성사회의 틀 안에서 여성의 지위를 높이는 데 일차적인 관심을 둔다. 바로 이런 점에서 이들의 입장은 '여성주의'보다 '여권론'에 더 가까운 것이다. 실제로 자유주의 여성운동은 주로 교육운동이나 참정권운동 등에서 큰 힘을 발휘해 왔다.

## 2) 남녀평등론의 위력과 한계

자유주의 여성주의이론은 여성문제를 처음으로 공론화하였으며, 여성의 지위를 개선하는 데 결정적인 기여를 하였다. 사회 구조보다는 제도나 관행을 바꾸는 데 주력하기 때문에 개량주의라는 비판도 받았지만, 여성이 사회나 가정에서 거의 무권리 상태였던 20세기 전반까지만 해도 교육이나 정치 및 기타 사회활동에서 여성의 권리를 요구하는 자유주의 여성주의이론의 주장은 가히 혁신적인 것이었다. 실제로 1910년대 미국에서만 해도 여성 참정권운동을 한다는 것은 감옥행까지도 각오해야 하는 과격한 행동이었다.

따라서 자유주의 여성주의이론에 문제가 있다면, 제도 개혁을 주장한다는 사실에 국한되었다는 것이다. 자유주의가 추구하는 남녀 차별의 철폐와 남녀평등의 확보는 그 자체로서 작은 목표도, 이미 다 성취된 목표도 아니다. 그러나 불평등한 사회 구조 자체를 그대로 둔 채 과연 그 목표가 얼마나 제대로 실현될지, 나아가 자유주의가 원하는 남녀평등이 이루어진다고 하더라도 그 여성이 진정 해방되었다고 할 수 있을까 하는 의문이 제기된다. 실제로 노동

계급이나 흑인 혹은 '제3세계'의 여성은 "우리에게 가장 절박한 문제가 남녀 평등인가?" 하고 반문하고 있다.

결국 남녀평등이라는 이상도 좀 더 원대한 꿈과 손잡을 필요가 있다. 흑인 등 주변부 여성이 남녀 차별보다 더 절박하게 느끼는 다른 문제까지 함께 극복하려는 꿈 말이다. 그렇지 못할 때 남녀평등이란 상대적으로 유리한 위치에 놓여 있는 중산층 이상이라든가 다인종 사회에서는 백인 등 일부 여성의 권익 신장에 그친다는 비판을 피하기 어려운 것이다.

## 03 마르크스주의 여성주의이론

### 1) 경제적 억압구조와 여성주의

마르크스주의 여성주의는 19세기 이후 노동 계급 여성이 사회운동에 진출하면서 생겨났다. 노동 계급 여성에게 가장 시급한 문제는 생존권의 확보와 정당한 대우였다. 사실 이들의 삶에서는 여성으로서 받는 차별과 경제적 생존의 문제가 별개가 아니었다. 마르크스주의 여성주의이론은 이 같은 여성의 조건에 기반하여, 여성문제를 경제적 억압 구조와 연결 지어 파악하고자 하였다. 한마디로 마르크스주의 여성주의이론은 계급 모순이 기본적이라는 마르크스주의의 전제를 인정하면서 여성 억압을 낳는 궁극적 요인을 사적 소유제 혹은 그 근대적 형태인 자본주의 체제로 보는 관점이다.

이 이론은 부르주아식 사고에 기초한 자유주의 여성주의와 달리 프롤레타리안 계급의 여성을 중심으로 일어났다. 하류 계급에 속해 있던 그들은 생계를 위해 항상 일해 왔으므로 자유주의 여성주의가 주장하는 여성의 취직권에 대한 관심은 없었다. 그리고 그들은 하루하루를 연명하는 것이 가장 중요한 사안이었으므로 교육을 받을 수 있는 권리나 투표를 할 수 있는 참정권 등에는 관심을 가질 수 없었다. 게다가 그들은 소유할 재산도 없었으므로 중산 계급의 자유주의 여성주의가 주창하는 여성의 재산소유권을 옹호하는 데에도 거리가 멀었다.

그러므로 마르크스주의 여성주의는 여성의 억압과 종속은 계급 불평등에서 기인한다고 주장하였고, 이러한 계급 불평등을 양산하는 자본주의 체제가 여성의 사회적 · 경제적 불평등의 원인이라고 설명한다.

마르크스주의 여성주의는 또한 여성의 억압은 자본주의 사회에서 이윤증대를 위한 생산수단을 전유하고 있는 남성이 여성의 노동을 착취함으로써 가중된다고 보았다. 또한 여성의 억압과 종속을 가정 내에서의 성별 분업과 계급의 상호관련성에서 찾았다.

### 2) 여성의 노동문제와 여성해방의 전망

자본주의하에서 여성은 흔히 가사노동 담당자인 가정주부로 규정되지만, 실제로는 많은 경우 생산노동에도 참여한다. 이 같은 여성의 이중적 역할은 자본주의가 원활하게 굴러가는 데 중요한 기능을 한다. 가사노동은 가족이 사회에 나가 일을 할 수 있도록 뒷받침한다. 그러므로 가사노동은 생산에 기여하지만, 실제로 노동력의 가치를 따질 때는 계산에서 빠진다. 그만큼 자본은 노동력을 싸게 사는 것이다. 생산노동에서 일어나는 여성 노동자 차별도 우연한 것이 아니라 자본주의 존립의 필요조건이다. 자본은 노동력의 수급을 원활히 조정하여 임금 수준을 낮추기 위해서 노동자들 사이의 차이와 차별을 조정하는데, 이때 가장 흔히 활용하는 것이 성이라는 범주다. 여성을 언제든지 필요에 따라 활용하고 버릴 수 있는 저임금 산업 예비군으로 활용하는 것이다. 여성의 본업은 가정이며 직장은 부차적이라는 통념도 여기서 한몫을 한다. 결국 자본은 한편으로는 여성을 생산 영역으로 끌어들이고, 다른 한편으로는 가사 전담자로 규정함으로써 이중의 이득을 본다. 전체 노동력의 가치를 낮추고 노동자 집단 전체를 통제하는 것이다.

그렇다면 억압에 대한 해결도 이 두 측면 모두에서 이루어져야 한다. 우선 가사노동은 대가가 주어지지 않을 뿐 아니라 주부를 사회활동에서 고립시키므로 여성은 가사노동에서 해방되어야 한다. 원래 마르크스주의에서 가사노동의 사회화와 여성의 생산노동 참여를 슬로건으로 내건 것도 이 때문이다. 따라서 노동 현장에서 남녀평등이 중요하지만, 더 크게는 모든 문제의 근원인 사적 소유와 계급제도를 철폐해야 한다. 계급 철폐가 자동적으로 여성의 해방을 보장하는 것은 아니지만, 여성해방을 이루기 위한 필수조건이다.

따라서 마르크스주의 여성주의는 자본주의 체제의 붕괴와 함께 국가가 가사노동을 완전히 떠맡을 때 여성의 억압과 종속이 근절될 수 있다고 주장하였다. 이러한 주장은 역사에서 사라진 구소련과 그 위성 국가인 동유럽 국가들에서 여성의 사회적 지위를 살펴보면 어느 정도 타당한 것이었음을 알 수 있다.

국가가 가사노동과 육아를 책임질 때 여성의 공적 영역으로의 진출은 괄목할 만한 것이었으나 이들 국가가 1990년 이후에 자본주의 체제를 도입한 후 가사노동과 육아를 가정에서 여성이 책임지는 사적 영역으로 재편입시킨 후 여성실업의 증가와 이로 인한 여성의 경제적 종속을 가속화시켰다. 이러한 이론에 기초해서 보면 여성운동은 자본주의에 대한 변혁운동을 겸할 수밖에 없다는 것이 마르크스주의 여성주의이론의 기본 입장인 것이다.

## 04 급진적 여성주의이론

### 1) 여성 억압의 뿌리를 찾아서

1960년대 후반 서구에서 여성운동의 물결이 거세게 일어나면서 여성 억압을 보는 새로운 관점들이 나타났다. 이 가운데 여성 억압이 무엇보다도 근본적이며 독자적인 '체제'를 이룬다고 보는 것이 바로 급진적 여성주의이론이다. '래디컬(radical)'이라는 말에는 두 가지 뜻이 담겨 있다. 제도상의 이런저런 결함을 지적하는 자유주의 여권론과 달리 체제 전체를 문제 삼는다는 의미(급진적)와 여성 억압을 계급 억압의 부산물 정도로 보는 마르크스주의 여성주의 이론과 달리 여성 억압의 뿌리 깊은 근원성을 강조한다는 의미(발본적)이다.

급진적 여성주의이론은 모든 억압들 가운데 여성 억압이 가장 처음 생겨났고, 가장 널리 퍼져 있으며, 가장 뿌리 깊은 것이라고 주장한다. 또한 여성 집단을 지배하며 여성 종속에서 이득을 보는 것은 자본이나 특정 사회 구조가 아니라 바로 남성 집단이라고 본다. 남성에 의한 여성 지배 체제가 바로 이들이 말하는 가부장제(patriarchy)이다. 이처럼 남녀 대립을 강조하는 급진적 여성주의이론은 여성 억압이 나타나는 영역으로 법, 제도나 노동보다는 출산, 섹슈얼리티(sexuality), 문화 등에 주목한다.

## 2) 생물학주의와 문화주의

### (1) 생물학주의

급진적 여성주의는 여성과 남성은 생물학적으로 다르고 이런 다름으로 인해 여성의 경험은 남성의 것과 다르다는 사실에 주목하며 이러한 경험이 가부장제 사회에서 어떻게 해석되는가에 관심을 가진다. 예를 들어 급진적 여성주의는 가부장적 사회에서 여성이 어머니로서 경험하는 임신 및 육아에 대한 설명을 입장에 따라 긍정적 또는 부정적으로 해석한다. 즉 여성이 임신과 출산으로 인해 공적 사회에서 남성과 균등한 기회를 가지지 못하므로 생존을 위해 남성에게 의존할 수밖에 없고 이것은 여성 억압의 중심이라고 주장한다(Firestone, 1970). 그러나 다른 한편으로는 이것은 여성만이 가질 수 있는 경이로운 경험으로 지금까지 가부장적 사회에서 남성, 예를 들면 남성 의사・남성 과학자에 의해 통제되었던 출산기술 및 임신, 육아에 관련된 여성이 가지는 느낌, 감정이 여성이 다시 정의되고 이 모든 것의 주인공이 된다면 이러한 경험은 여성해방의 원천이 될 수 있음을 시사하기도 한다.

이러한 급진주의적 흐름은 미국에서 생겨났고 거기서 가장 강세를 보였는데, 그 대표적인 선두주자로 파이어스톤(Firestone)을 들 수 있다. 미국의 급진적 여성운동단체 ‘Redstockings’의 발기인이었던 그는 다음과 같은 주장을 펼쳤다. 여성은 임신과 출산을 하기 때문에 남성에게 의존할 수밖에 없었으며, 남성은 여성의 성과 출산을 통제함으로써 여성을 지배해 왔다. 다시 말해 남성·여성·자녀로 구성되는 생물학적 가족 자체가 여성 억압을 낳는 핵심 요인이다. 따라서 여성이 해방되려면 생물학적 가족이 철폐되어야 하며, 출산과 성을 여성 스스로 통제하고 나아가 과학 기술을 통해 여성이 출산에서 벗어날 필요가 있다. 파이어스톤처럼 출산 등 여성의 생물학적 특성 자체를 여성 억압의 토대로 보는 태도는 생물학주의라고 한다.

### (2) 문화주의

이에 비해 급진적인 입장의 또 다른 선구자인 밀레(Millet)는 생물학적 사실보다 심리적·문화적 차원을 강조한다. 또한 여성 종속의 근원보다는 종속을 재생산하는 기제를 드러내는 데 주력한다. 그는 남녀 사이의 지배·피지배의 권력관계를 가부장제라고 부름으로써 이 용어를 대중화하는 데 크게 기여하였다. 가부장제 아래서 구축되어 온 성별, 즉 성적 지위·역할·기질 등을 제거해야 하며, 가부장제 이데올로기와의 싸움이 특히 중요하다는 것이 그의 입장이다.

이 같은 차이는 있지만 여성다움 혹은 남성다움 식의 발상이 완전히 사라져야 한다고 여기는 점에서는 파이어스톤이나 밀레나 마찬가지다. 이들에게 여성다움은 여성을 속박하는 올가미이며 바람직한 것은 양성성, 즉 개인이 생물학적 성에 관계없이 바람직한 자질을 자유로이 발전시켜 나가는 경지다. 그러나 이후 급진적 여성주의이론에서는 여성적인 특질을 적극적으로 재평가하자는 주장이 강해진다. 남과 나를 대립시키고 남을 지배하려는 남성적 성향과 달리, 여성은 타인과 더불어 관계 맺고 타인을 돌보아 주는 특성을 지닌다. 따라서 이런 특성을 살리는 것이 여성은 물론 사회 전체로 보아서도 바람직하다는 것이다. 여성적인 특성을 억압의 원천이 아니라 긍정적인 자원으로 보는 이 경향은 따로 '문화적 페미니즘'이라고도 부른다.

## 3) 이성애와 자매애

### (1) 이성애

급진적 여성주의는 가부장제 안에서 남성에 의한 여성의 억압과 종속은 '제도화된 이성애(institutionalized heterosexuality)'에 의해 강화되며 이러한 이성애 안에서 '성애(sexuality)'는 두 성 간의 권력을 가늠케 하는 척도라고 주장한다. 다시 말해 급진적 여성주의는 남성이 여성의 육체를 통해 여성을 억압해 왔음을 주목한다. 예를 들어 이러한 억압은 여성구타, 강간, 성추행, 포르노의 형태로 나타날 수 있는 여성에 대한 폭력과 출산, 피임, 낙태에 관한 법률을 통한 여성의 재생산 능력에 대한 통제로 나타난다. 그러므로 급진적 여성주의에서 성애는 남성의 여성에 대한 억압과 종속이 가능케 하는 권력의 장이다.

따라서 급진적 여성주의이론에서는 성애의 문제를 중시한다. "개인적인 것은 정치적인 것이다."라는 슬로건에서도 드러나듯, 이들은 이제껏 가려져 왔던 각종 '사적'인 문제를 공론화해 왔다. 그 중에서도 남녀 간의 가장 내밀한 관계 맺음인 성애는 각별한 관심의 대상이다. 성애에 숨어 있는 지배관계를 밝혀내는 작업에서 중심 표적은 이성끼리의 사랑만을 정상적인 것으로 여기는 이성애 중심적인 사고와 관행이다. 이성애주의는 남성 중심주의와 긴밀히 연결되어 있다. 그것은 여성으로 하여금 남성에 관심을 집중하도록 만들고 남성 위주의 이성애와 사랑을 강요함으로써 여성을 통제하고 지배한다. 여성을 가장 내밀한 부분에서부터 남성에게 매인 부차적인 존재로 만든다는 것이다. 대안으로는 이성애를 평등한 관계로 변화시키는 것에서부터 이성애 자체를 거부하는 것에 이르기까지 다양한 방안이 나오는데, 바로 여기서 레즈비어니즘과 연계가 맺어진다.

### (2) 자매애

굳이 레즈비어니즘까지는 아니더라도 여성 사이의 자매애를 강조하는 것이 이들의 공통된 특징이다. 우정이나 동지관계는 남성한테나 있는 일이고 여성은 남성을 사이에 두고 서로 반목할 뿐이라는 흔한 생각은 여성의 존재 가치는 결국 남성과의 관계에 있다는 발상이다. 자매애는 여성이 남성의 부차적인 존재라는 생각을 떨쳐 버리고 주체적인 존재로 서게 해준다. 그것은 또한 남성에게 억압당한다는 점에서 같은 처지에 놓인 여성이 대동단결하는 출발점이자 방식이다. 여성 억압의 보편성을 주장하는 급진적 여성주의이론의 입장이 자매애의 강조에서 다시 한번 드러나는 셈이다.

### 4) 보편주의와 남녀 대립

여성이 총체적인 억압 체계 속에 놓여 있다고 보는 급진적 여성주의이론의 주된 공헌은 남성 중심적인 문화가 얼마나 뿌리 깊은 것이며, 얼마나 다양한 국면에서 여성의 삶을 지배하는지를 밝혀낸 점이다. 이는 기왕에 진지한 탐구 대상이 되지 않던 성, 출산, 육아 같은 다양한 '사적인' 문제를 정치적이고 학문적인 영역으로 끌어들였다. 또한 가부장제라는 용어를 일반화시켜 여성 대중을 일깨우고 여성 억압 체계에 대한 분석을 자극하였다. 그러나 가부장제의 강고함과 보편성을 강조하다 보니 어떻게 이를 넘어설지가 막연해진다. 또한 모든 현상을 남녀 대립이라는 틀로 설명함으로써 문제를 단순화한다. 남성과 여성의 특질을 고정화하거나 생물학적 특성을 지나치게 강조하는 등 결정론에 빠지기 쉬우며, 남성과 여성을 각자 동질적인 집단으로 처리함으로써 각 집단 안의 차별도 계급・인종・민족적인 다른 억압 구조들과의 관계도 묻어 버리고 만다. 그래서 급진적 여성주의이론 역시 자유주의 여성주의이론처럼 특정 여성 집단의 이해만 대변한다는 비판을 받는 것이다.

## 05 실존주의 여성주의이론

현대 여성주의이론 중 여성을 타자인 제2의 성으로 보면서, 이러한 위치에 대한 극복을 강조하는 것이 바로 실존주의 여성해방론이다. 이 이론의 대표적인 사람으로는 보봐르가 있다. 보봐르가 제창한 제2의 성의 가장 일반적인 명제는 사르트르(Sartre)가 제창한 20세기의 실존주의에서 이끌어냈다. 실존주의 이념의 초창기 진술들은 유명한 헤겔(Hegel)에서 비롯되어, 후설(Husserl) · 하이데거(Heidegger)로 이어진다.

보봐르가 사르트르의 자아와 타자와의 관계를 남성은 자아, 여성은 타자로 규정한 것이 바로 '제2의 성'이다. 만일 타자가 자아에게 위협적이라면, 여성은 남성에게 위협적인 존재이다. 그리고 만일 남성이 자유롭게 남고자 추구한다면, 남성은 여성을 자신에게 종속시켜야 한다. 물론 역사적으로 볼 때 여성만이 타자는 아니다. 실제 백인의 흑인에 대한 억압, 부자의 가난한 자의 대한 억압이 있었다. 그럼에도 불구하고 맥콜(McCall)은 남성에 대한 여성의 억압은 종족과 계층 간의 억압이라는 역사적 사건과 함께 항시 존재하고 있으며, 여성의 남성에 대한 관점이 남성은 본질적이고, 여성은 비본질적이라는 외부의 관점이 여성에 의해 내재화되어 있는 특징이 있다는 것이다.

보봐르는 여성의 억압이 독특하다는 상황에 대해 자신의 저서인 ≪제2의 성≫에서 생물학적 측면, 정신분석학적인 견해, 유물론적 견해를 통해 설명하고 있다. 먼저 '생물학적 측면'에서 여성과 남성의 차이를 출산과 관련된 남성과 여성의 역할과 남성은 힘이 강하고 여성은 힘이 약하다는 사실만으로 여성이 타자이고 남성이 자아로 표현되기에는 이해가 부족하다.

정신분석학적 견해에 의하면, 프로이트는 여성의 열등감의 원인을 남근의 부재에서 찾았으나 이는 본질적이 아니고, 여성이 남성을 부러워하는 우선적 이유로는 남성에게 주는 물리적 · 심리적 특권을 부러워하는 것이다. 또한 유물론적 관점에서는 남성은 문화가 발전할수록 남성이 여성을 통제할 수 있는 가장 좋은 방법으로 여성에 대한 남성의 신화를 만들어 내어 남성의 여성에 대한 억압을 더욱 강화하게 된다는 것이다. 예를 들어 남성의 여성에 대한 신화는, 첫째는 여성은 부드럽고 포용력이 있는 존재로서 남성에게 부족한 것을 여성으로부터 채울 수 있다는 점이고, 둘째는 여성은 자연적으로 남성을 위한 도구로써 만들어졌다는 점 등이다.

보봐르는 이러한 정신분석학적 견해에 대해 본질적으로 남성의 여성에 대한 지배의 욕망이 없었다면 물질적 조건이 여성 억압의 근원이 되지 않았을 것이라고 주장한다.

따라서 여성의 타자에 대한 설명은 인간은 자신을 주체적이고 자유로운 존재로 확인하는 순간 타자가 발생한다. 또한 출산의 부담이 없는 남성은 그들의 정력과 정성을 바쳐 새로운 도구나 기술을 발명하여 우월한 존재가 되는 동시에 여성은 단지 출산만 하는 존재로 인식되게 된다. 따라서 남성은 자아, 여성은 타자의 위치에 놓이게 된다는 것이다.

오늘날 여성의 삶은 이러한 소극적인 태도, 결혼과 모성에 대한 제도와 관습으로 인하여 타자로서 생활하고 있는데, 이의 극복 방안으로 다음과 같이 몇 가지의 해결방안을 제시하였다.

첫째, 여성도 직업을 가져야 한다는 것이다. 자본주의 사회에서 노동은 억압적 · 착취적이지만, 여성은 직업과 노동을 통하여 자신의 지위를 확인할 수 있다는 것이다.

둘째, 여성은 지성인, 여성의 변화를 위한 선봉대원이 될 수 있다는 것이다. 즉 지적인 행위는 결국 생각되고, 관찰되고, 정의되는 존재가 아닌 생각하고, 관찰하는 행위로서 특히 그녀는 작가 수업을 권했다.

셋째, 여성은 사회적 존재로의 변형을 위하여 노력해야 한다는 것이다. 사르트르는 모든 사람이 적절한 식량과 의복 그리고 안식처를 제공받을 수 있을 때 어느 정도의 심리적 장애를 극복할 수 있다고 믿었던 것과 마찬가지로, 여성해방의 중요한 열쇠로 이러한 것을 생각하였던 것이다.

종합해 보면 보봐르의 제2의 성은 사르트르의 실존주의이론을 의미의 전환 없이 단순히 여성의 특수 상황에 적용하고 있다는 면에서 신화의 이미지 분석에 대한 초점과 여성해방에 대한 실천적 전략이 부족하다는 비판을 받고 있다. 그러나 여성문제를 분석할 때 정치 · 경제 · 교육 · 문화 · 모성 · 성역할 등에 있어 제2의 성의 의미를 부여하는 이론적 근거를 분명히 해준다는 측면에서 의미가 크다 할 수 있다.

## 06 포스트모던 여성주의이론

포스트모던 여성주의의 출발은 여성이 진정으로 자유를 얻으면서 해방되기 위해 기존의 전통적인 가정과 남성 중심적 활동을 거부하고 새로운 여성문화 활동을 주창하려는 데서 비롯되었다. 최근까지 연구자가 프랑스 사람이거나 파리에 살고 있는 사람이 많다는 이유로 '프랑스 여성주의'로 불렸던 포스트모던 여성주의는 지배질서와 지배질서의 양성을 비판하면서 여성적인 것, 타자의 가치를 향상시키고자 한다.

현재 TV, 영상광고, 비디오, 영화, 연극, 무용, 건축 등에 유행처럼 번지고 있는 경향은 모더니즘 이후의 포스트모더니즘이라는 것이다. 여기서 '포스트'는 후기 또는 탈구조주의라는 뜻의 단어이다. 획일성을 거부하고 해체주의적 경향을 띠는 포스트모던 사고는 라캉(Lacan), 데리다(Derrida), 푸코(Foucault) 등의 탈구조주의나 보드리야르(Baudrillard), 리오타르(Lyotard), 로리(Rorty) 등의 이론 틀과 개념에 여성해방론자의 논의가 덧붙여져서 포스트모던 페미니즘이라는 경향으로까지 정립되었다.

포스트모더니즘은 모더니즘, 즉 근대성을 비판하고 넘어서고자 하는데, '근대성'이란 '나'를 중심으로 타자를 대상화하는 이분법적 사고에 기초를 두고 타자를 파악하고 정복함으로써 세계를 경영하려는 것이다. 여성주의이론은 이 근대성 패러다임이 곧 남성 중심의 패러다임이라는 것, 즉 '남근 이성중심주의'라는 것으로 이야기한다. 이런 근대성에서 여성은 늘 '타자'로, '감성'적 존재로, '자연'으로 주변화・대상화되어 왔다고 보는 것이다.

포스트모던 여성주의이론의 출발은 여성이 진정으로 자유를 얻으면서 해방되기 위해서는 기존의 전통적인 가정과 남성 중심적인 활동을 거부하고 새로운 여성문화 활동을 주창하려는 데서 비롯되었다. 실제 실존주의 여성주의이론은 인간의 존재를 '자아'로서 '나'라는 '주체'와 '타자'라는 '타인'으로 이분법적 범주를 설정한다. 즉 남성은 '자아', 여성은 '타자'로 설정하여 여성을 열등한 존재로 규정하여, 여성도 주체성을 가지면서 사회의 변혁을 통해 여성해방을 이룰 것을 제창한다. 이에 대해 포스트모던 여성주의이론은 다양성의 기본틀 안에서 여성이라는 '타자'의 장점을 찾거나 '타자성'을 해체하는 방법으로 문제의 해결 방법에 접근한다. 실제 포스트모던 여성해방론의 문제 해결 방법은 다음과 같다(Tong, 1989).

첫째, 타자로서의 '여성성'에 대한 장점을 찾는 방법이다. 이 접근 방법의 대표적 인물은 이리가레(Irigaray), 식수(Cixous), 크리스테바(Kristeva) 등이다. 이들은 기본적으로 보봐르가 제창한 실존주의 여성해방론과는 달리 여성이라는 '타자성'에서의 장점을 찾는다. 즉 여성이 지니고 있는 장점으로서 부드러움·포용력·모성성 등의 여성성을 긍정적으로 보면서, 남성과 여성의 차이점이라고 할 수 있는 개방성·다양성·다원성 등이 보장되어야 한다는 것이다.

둘째, 남성과 여성이라는 이분법적 사회구조와 이로 인해 파생되는 이념, 언어구조, 사회관습에 대해 비판적인 태도를 취하면서, 남성과 여성이란 두 대립을 원상태로 되돌리기 위하여 여성이란 범주를 해체할 것을 제창하는 방법이다. 이의 대표적 인물로는 라캉(Jacques Lacan), 데리다(Jacques Derrida) 등이다. 다시 말해서 '여성'이란 어디까지나 구성된 범주이지 어떤 특정한 본질이나 주어진 공통점을 지닌 실체를 가리키는 개념이 아니라는 것이다. 따라서 끊임없이 여성 범주를 구성해 내는 사회문화적·언어적 요소에 주목해야 한다. 그렇지 않고서 이 범주를 그대로 사용한다면, 남녀 간 이분법적인 대립은 물론이고, 주체를 내부 균열이 없고 자율적인 것으로 보는 근대적 주체관을 그대로 재연하는 본질주의에 빠진다는 것이다. 따라서 여기서의 맥락은 남성과 대립된 '여성'보다는 '여성들' 내부의 차이, 그리고 여성의 삶이나 정체성을 규정하는 여성의 다양성을 강조하는 편이다(한국여성 연구회, 2006).

Jacques Lacan
(1901~1981)

포스트모던 여성주의이론은 여성이 지닌 계급적·인종적·성애적 차이에 대해 급진주의 여성주의이론보다 더 중요하게 생각하는 면이 있다. 그러나 이들은 계급적인 것이든 인종적인 것이든 어떤 하나의 차이에 특별한 중요성을 부여하는 데 반대한다. 나아가 한 여성의 정체성도 다양한 요소에 의해 규정된다는 것을 강조한다(이창순 외 편역, 1997).

앞서 살펴보았듯이 포스트모던 여성주의이론은 기존의 사회를 재구성하고 다시 보는 새로운 인식론을 이야기하고 여성 내부의 차이에 주목하게 만드는 등의 공헌을 하였다. 그러나 다양한 차이를 이야기하고 주목하는 것에서 이러한 문제가 일어나는 본질적이고 구조적인 문제, 상호 간의 연관성을 다양성이라는 이름으로 간과하는 것은 문제가 있다고 할 것이다. 또한 다양한 면이 심리적・문화적인 것에 집중되어서는 안 될 것이다. 그럼에도 불구하고 여성주의이론의 다양한 패러다임은 여성해방을 앞당기는 데 공헌할 것이다.

## 07 에코 여성주의이론

에코 여성주의이론은 생태학과 여성주의이론이 결합한 것으로 여성해방과 자연해방을 동시에 추구한다. 이 이론은 두 가지 전제에서 출발하고 있다. 그 첫째는 여성과 남성, 그리고 자연과 문화의 관계에서 여성과 자연의 본래 속성이 동일하고 문화와 남성의 본래 속성이 동일하다는 점이다. 또 다른 전제는 여성의 가정과 사회 내 수동적・억압적 대상으로서의 위치와 자연의 인간에 대한 수동적・억압적 대상으로서의 위치가 같다는 점이다.

'에코 페미니즘(Eco Feminism)'이란 용어를 처음 쓴 사람은 도본(Françoise d'Eaubonne)이다. 1974년에 출판된 ≪페미니즘이냐, 죽음이냐≫라는 책에서 도본은 인류가 이 지구상에서 살아남을 수 있는 길을 찾는 데 여성의 잠재력이 아주 크다는 점을 주장한 바 있다. 그러므로 에코 여성주의이론은 1970년대 말과 1980년대 초에 들어와서야 비로소 하나의 여성주의이론으로 자리 잡게 되었고, 다른 여성주의이론과 비교할 때 그 역사도 매우 짧다고 볼 수 있다. 그러므로 에코 여성주의이론은 아직도 형성 중에 있으며 다른 여성주의이론과 비교할 때 이론으로서의 치밀성과 통합성보다는 분화성・다양성・과정성을 그 특징으로 하고 있다.

이 이론에서는 자연과 인간의 관계 맺는 방식과 여성과 남성의 관계 맺는 방식이 비슷하다는 점을 전제로 하고 있다. 즉 자연과 여성은 인간과 남성이 목적을 위한 수단으로 사용하는 대상으로 타자에 대한 유용성을 전제로 하여 맺어진 관계라는 것이다. 또 이 이론에서는 개혁 및 변화의 출발점으로 현재 여성노동이 주로 행해지는 가정 또는 재생산 영역에 주목하고 있다. 다만 여성을 해방시키기 위하여 이 가정 영역을 사회화할 것인지 아니면 사회 영역을 가정화(또는 비공식화)할 것인지에 대해서는 이견을 보이고 있다. 또 에코 여성주의이론에서는 여성과 자연의 파괴를 야기하는 원인이 가부장제적 구조와 밀접한 관계를 가진다고 생각한다. 이때의 가부장제적 구조라 함은 차별적이고 도구주의적인 가치관을 주된 내용으로 하고 있다.

또 이 에코 여성주의이론은 대안적인 세계와도 연결되어 있다. 이러한 세계는 그동안 여성주의 문학작품이 그려낸 여성해방의 유토피아적 대안사회에 그 뿌리를 두고 있다. 그러므로 이 대안적 세계를 건설하는 이념적 원리는 바로 여성성(femininity)이다. 이 여성성은 대안세계에서의 분권화, 비위계성, 직접민주주의 구조, 지역 의존적 경제, 가부장제로부터의 해방 등으로 확대될 수 있다.

사회운동 차원에서 여성운동과 환경운동은 반핵, 반군국주의 운동에서 자연스럽게 결합되었다. 이들 운동에 여성 참여가 환영받은 이유는 자연 및 사회에 대한 여성의 시각이 남성과 다르며 결과적으로 자연 및 사회문제에 대한 여성의 해결방식이 친자연적이고 평화지향적이란 점이다. 현재 에코 여성주의이론에 대해서는 상반된 평가가 내려져 있다. 한편으로는 중요성은 인정하지만, 아직은 여성주의이론 내에서 주변화된 이론이라는 주장이고 또 다른 한편으로는 제3의 여성해방 물결이 될 것이라는 긍정적인 평가이다.

## 08 앞으로의 과제

지금까지 소개한 여성주의이론은 모두 서구를 중심으로 발달한 다양한 이론들이다. 비록 이 이론들이 다른 사회의 경험을 토대로 성차별의 원인을 규명하고 해결책을 제시하고 있는 것은 사실이지만, 우리 사회에서도 공통되게 적용될 수 있는 내용을 담고 있다. 여성의 공적인 지위를 향상시키기 위한 노력이나 가부장제적인 문화적 특성을 줄여나가는 방법이나, 생산관계에 있어서의 여성권력의 확보 등은 모두 우리 사회에서도 여성의 지위를 향상시키기 위한 방안으로 고려될 수 있다.

이와 같이 서구의 여성주의이론들이 한국 여성을 위해서도 시사하는 바가 큼에도 불구하고 우리 사회의 특수성을 고려하여 우리에게 보다 적합한 여성주의이론이나 패러다임의 변화를 도모하게 된다. 한국적 여성주의의 확립을 위해 다음과 같은 점들에 유의하여야 한다.

첫째, 우리 사회에서의 남성과 여성의 구체적 경험을 중시하여야 한다. 한국에서의 가부장적 성격이 서구사회와 크게 다른 점을 강조하여 우리의 역사적 경험을 중시하고 특히 유교적 전통과 관련지어서 남녀의 사회적 관계를 정립해야 할 필요가 있다. 그렇게 함으로써 현재 사회적으로나 경제적으로 한국의 남녀 간에 존재하고 있는 커다란 격차를 최소한으로 줄일 수 있는 구체적인 방안의 모색이 가능해진다.

둘째, 여성에 대한 차별을 줄임과 동시에 양성평등사상을 고취시켜야 한다. 그러기 위해서는 남성과 여성의 공동경험의 장을 마련하여 함께 참여하는 영역을 넓혀가야 한다. 한국의 남성과 여성은 성에 따른 문화적 고정관념에 의해, 남성은 남성답게 여성은 여성답게 살기를 강요당하고 있다는 점에서 매우 어려움을 겪고 있다. 남성과 여성의 세계를 지극히 분리시키고 있는 이상화된 틀 속에 자신을 맞추어 살아가고자 할 때, 각 개인이 맞게 되는 어려움은 너무나 크다고 하겠다. 또한 변화하고 있는 사회에서 본인의 길을 설정하는 데 있어서의 혼란은 여성에게만 주어지는 것이 아니다. 남성도 자신의 능력 이상으로의 과다한 부담과 본인의 적성을 살리는 데 있어서의 문화적 제재를 자주 느끼고 있는 것이 사실이다. 따라서 공동세계의 형성을 위해서는 여성이론에서만 아니라 우리 사회의 절대 부족한 남성학의 연구에도 치중하여 남성과 여성 간의 보다 원만한 사회적 관계를 형성할 수 있는 방법을 연구하여야 한다.

셋째, 여성주의이론이 독립된 이론으로 발전하기 위해서는 한국의 남성과 여성의 사회적 관계를 포괄적으로 설명할 수 있는 이론과 방법론의 모색이 필요하다. 우리의 생활과 직결된 한국적 여성주의이론은 우리 사회의 가부장적 사회구조하에서 여성이 겪고 있는 불이익이나 차별을 줄이고, 남성과의 관계 속에서 보다 대등한 위치에 설 수 있도록 하는 방안을 마련하기 위한 인식론적 및 방법론적 기초를 제공할 수 있어야 한다.

넷째, 독자적 이론으로서뿐 아니라 다학문적으로도 여성주의이론이 발전할 수 있도록 다른 학문과도 더 강한 연계성을 지닐 수 있어야 한다. 남성 위주의 이론을 비판하고 여성의 경험을 중시하여 여타 이론을 재검토함으로써 여성이라는 공통분모를 중심으로 학제 간 연결고리를 마련할 수 있을 것이다. 이러한 접근 방식은 우리 사회에서 일어나고 있는 여러 사회현상을 보다 포괄적으로 이해할 수 있다는 장점을 지니고 있다.

혹시 아시나요? **미 여성계 '나쁜 페미니스트', 새로운 페미니즘인가?**

최근 미국 여성계의 가장 뜨거운 화두는 '나쁜 페미니스트'다. 39세의 신인 작가 록산느 게이가 지난달 출판한 에세이 '나쁜 페미니스트'(Bad Feminist)에서 "자신을 페미니스트라고 생각하면서도 완벽과 한결같음을 요구하는 페미니즘에 익숙하지 않아서 '나쁜 페미니스트'라 부르기 시작하였다"면서 "이 용어로 인해 자신만의 페미니즘을 허락받은 듯한 느낌이 들었다"고 말했다. 또한 어린 시절 페미니즘이 남자에 대한 증오를 의미한다고 생각했던 자신처럼 페미니즘을 오해하는 사람들에게 "자신과 같은 방식으로 많은 사람들이 페미니즘에서 진정 중요한 것이 무엇인지 깨닫고 그 안에서 자신과 관련지을 수 있는 것을 찾게 되길 원했다"고 덧붙였다.

'나쁜 페미니스트'에 대한 여성계의 반응은 대체로 긍정적이지만 이 용어를 면죄부로 사용할 것을 우려하는 시선도 존재한다. 페미니스트 잡지 '비치 매거진'의 설립자인 앤디 자이슬러는 "'나쁜 페미니스트'와 같은 '초이스'(choice) 페미니즘은 우리가 한 수많은 선택에 대한 사후 비판이 될 수 있다"고 경고했다. 극단적인 예로 "매주 지역의 가족계획센터에 가서 '아기 살인자'라는 피켓을 들고 시위를 하니까 저는 '나쁜 페미니스트'인가요?"라는 사례를 들기도 했다. 또한 '나쁜 페미니스트 고백'을 털어놓는 블로거들이 대부분 젊은 세대의 일정 수준 이상의 교육을 받고 경제적으로 안정된 백인 여성에 한정돼 있는 점도 지적했다.

출처: 여성신문(2018.01.16.).

PART 03

# 젠더 안의 남성

제11장 남성학의 이해
제12장 남성학의 다양한 패러다임
제13장 남성에 대한 진실

CHAPTER 11

# 남성학의 이해

## 01 남성학이란 무엇인가?

일찍이 산타야나(George Santayana)는 "자기의 역사를 모르는 자들은 그것을 다시 반복하도록 운명 지어져 있다."는 사실을 상기시킨 바 있다. 그의 이러한 명제는 침잠해 있던 여성에게 여성은 그들의 역사를 배우고 전승하지 않는다면 언제까지나 노예 상태의 해묵은 패턴 속에 갇혀 있게 될 것이고, 피땀 흘려 얻은 자유를 다시 잃어버리게 될 것임을 예언하였다.

그 역사의 중요한 부분들은 수세기에 걸쳐 발전되어온 페미니스트 이론의 광범위한 영역을 형성하고 있다. 여성이 이 이론에 관한 지식을 가지지 않았다면 언제까지나 무지한 상태를 면치 못했을 것이다. 여성과 사회라는 과목에서는 이에 대해 각 분야별, 문제별로 논의를 전개하였고, 남성과 여성 인식의 전환이 이러한 모든 문제들을 해결하는 데 핵심적인 사항이라는 것을 지적하였다. 이처럼 여성학은 남성 중심으로 이루어져 있는 사회에 대하여 이것을 여성의 눈으로 비판적으로 파헤치기 위한 학문으로 탄생하였다.

지금까지 남성의 시각에 의해서 여러 가지 성향을 띤 견해 · 사고방식 등을 포함한 문화구조나 정서에 기초하여 이루어진 사회나 정치 · 경제 구조를 여성 편에서 조정하려고 하는 것이 여성학의 주요 과제라고 하였다. 이것을 우리는 여기에서 '인식의 전환'이라는 과제가 일반적으로 이루어지기 어렵다는 사실을 감안할 때, 과연 '여성해방운동'이 어디까지 이를 수 있고, 어떤 성취를 이룩할 수 있는가에 대한 의심을 가지게 되었다. 더구나 여기서 말하는 '인식의 전환'이라는 문제에 관심을 가지는 사람뿐만 아니라 이 문제를 싫어하는 사람들, 그리고 대부분의 비중을 차지할 무관심한 사람을 대상으로 한다는 것을 생각할 때 그러한 인식의 전환이 과연 어떻게 달성될 수 있을까를 문제 삼지 않을 수 없는 것이다. 그리고 남성학을 여성학에 비추어 말하면 이러한 남성사회를 남성의 눈으로 바로 보기 위한 학문이라고 말할 수 있을 것이다.

남성 역시 이러한 남성사회 속에서 반드시 인간다운 생활을 누려온 것은 아니라는 것이다. 오히려 '남성답게'라고 하는 억압 때문에 불편한 마음으로 생활해 왔다고 해도 과언이 아니다. 즉 남성사회에 대하여 여성학은 여성의 눈으로 이 사회를 비판적으로 해부하는 것으로 조금 과장해서 말한다면 그 성과는 당연한 것으로 그리고 자연스러운 것으로 생각되어 온 여러 사항을 뒤집고 사회적 · 역사적인 전환을 인간에게 제공하였다고 볼 수 있을 것이다. 이 전환은 남성 중심 사회의 재검토를 여성뿐만 아니라 남성에 대해서도 요구하게 되었다. 남성 중심 사회는 여성에게 불리하며 또한 남성에게 있어서도 반드시 바람직한 사회라고 말하기도 어렵다. 이러한 문제의식을 바탕으로 대두되고 있는 남성학을 살펴보는 것으로 논의를 시작하려 한다.

### 1) 남성학의 정의 및 성격

남성학은 흔히 여성학에 맞서 남성의 권리를 강조하는 학문으로 여겨지거나 남성에 대한 학문적 연구 등으로 이해된다. 그러나 남성학을 여성학에 맞서서가 아닌 남성을 진정한 하나의 인격체적 존재로 간주한다면 남성학을 '남성에 의한, 남성에 대한, 남성의 자기성찰'이라고 정의하고자 한다. 여기서 자기성찰을 강조한 것은 제대로 된 남성학을 위해서는 남성의 외현적 행동에 대한 연구만으로는 부족하며 남성 자신의 자기를 드러내는 과정이 있어야 한다고 보기 때문이다. 이것은 여성학이 여성의 이해를 위해 여성 자신의 자기표현에 주목한 것과 같은 맥락이다. 지금까지 여성은 상대적으로 피해자의 위치에 있었기 때문에, 또한 자기를 표현하는 사회화를 받았기 때문에 쉽게 자기를 드러낼 수 있었다. 그러나 역사적으로 가해자였던 남성의 자기 드러내기는 자아비판을 내포할 뿐만 아니라 또한 드러내는 교육을 받지 않았기 때문에 쉬운 과정은 아니다. 하지만 남성 스스로가 자신의 모습을 드러내고 자신을 냉정히 성찰해볼 수 있을 때 올바른 남성학이 성립될 수 있을 것이다.

그러나 남성에 의한 자기성찰의 강조가 남성만이 남성학을 할 수 있다는 것을 의미하는 것은 아니며 남성 연구자에 의한 것이든 여성 연구자에 의한 것이든 남성 자신의 입장과 관점을 충분히 드러내야 올바른 남성학자가 될 수 있음을 의미한다.

또한 남성학은 남성 위주의 사회를 남성의 눈으로 보기 위한 학문으로 남성 편향적 성격의 옛 학문에서 벗어나 학문 체계에서 가식적으로 나타나는 가부장적인 이념을 제거하기 위해 노력하는 학문이라고 정의할 수 있다. 이러한 정의는 남성학이라는 학문의 성격에도 나타나고 있다. 다시 말하면 인간 기준으로서의 보편적 남성에 대한 사고는 과연 남성의 특징은 무엇인가라는 생각에서 벗어나도록 하여 결국 남성의 시각에서 이 남성사회를 비판적으로 파헤침으로써 남성에게 있어서 보다 인간다운 생활을 추구하기 위한, 그것은 여성에게 있어서도 바람직한 실천적인 학문의 성격을 지니고 있다고 하겠다. 또한 남성학은 다양한 학자가 그들 나름대로 전문 영역이라고 할 수 있는 사회학, 역사학, 심리학, 인류학, 역사학, 사회과학, 의학, 문학, 철학, 종교 등의 폭넓고 다양한 분야 속에서 다양한 이론적・비판적 분석 방법을 이용해서 남성과 남성다움을 연구하고 검토하는 학문적 성격을 띠고 있다고 볼 수 있겠다.

## 2) 남성학의 등장배경

### (1) 남성학의 역사

남성학 연구는 미국에서 1960년대에 그 모습을 드러냈고 1970년대 들어서면서 활발히 전개되었으며, 다양한 남성운동을 주도하는 조직이 생성되면서 남성학이라는 학문으로 발전될 수 있었다. 1980년대 들어와서는 캘리포니아대학에서 남성학 강좌가 개설되었고, 이윽고 미국의 다른 대학에서도 남성학 강좌가 확산되었다. 또한 일본에서는 1980년대에 남성 연구가 시작되어서

1990년대 들어와서, 교토대 등과 같은 대학에서 강좌가 개설되었으며, 다양한 남성운동 조직에 의해서 다양한 연구와 행사가 열렸다. 반면에 한국에서는 1990년대 후반에 들어와서 미국과 일본의 남성 연구에 관한 연구서적이 번역되기 시작하였으며, 몇몇 대학에서도 남성학을 주제로 한 강좌가 개설되었다.

최근에 와서는 '평등문화를 가꾸는 남성모임' 등과 같은 다양한 모임과 '아버지운동' 등이 남성운동의 일환으로 다양한 남성운동이 전개되고 있다.

하지만 우리 사회에서 남성학은 여성학에 대립되는 혹은 갈등관계에 있는 학문으로 여기는 경향을 부정할 수는 없을 것이다. 즉 여성학에 대항하기 위한 학문으로서의 남성학, 그러니까 여성학이 있으니까 남성학이 있어야 하지 않겠느냐, 그리고 여성학은 여성을 위한 학문이므로 남성을 위한 남성학이 필요하다는 식의 견해도 있을 수 있다. 이로 인해 여성학에서는 남성학의 등장을 경계적인 시선으로 바라볼 수도 있다. 그러나 남성학과 여성학이 언제나 대립관계에 있지는 않으며 남성학의 태동에 여성학의 기여가 적지 않다.

### (2) 남성학의 등장배경

남성학의 등장배경은 여성학 등장의 영향도 작용하였는데, 여성학은 정치, 경제, 가족생활 속에서의 남녀불평등 실상과 남성의 여성에 대한 지배, 공격 및 억압의 실체가 폭로되고 우리 사회를 남성 중심의 가부장적 사회라고 명명하게 되었다. 나아가 여성학은 남성은 이런 가부장적 문화의 수혜자이며 여성은 피해자라는 인식을 확산시켰으며, 가부장적 문화의 극복을 위해서는 남성의 부당한 특권을 제거해야 한다는 목소리를 내었다.

그 결과 여성은 죄가 없으며 착하고 보호받아야 하는 존재이며, 반면에 남성은 악하고 억압적이며 공격받아야 하는 존재라는 틀을 만들었다. 따라서 여성학은 남성이 여성을 억압하고 지배하는 존재로 보고 남성의 자기혁신과 남성의 이것을 유도하기 위한 여성의 세력화 혹은 연대를 강조하였다. 이런 관점에서 보면 여성학은 여성을 위한 운동일 뿐 남성학의 등장과는 무관한 것처럼 보일지도 모른다.

그러나 여성학은 이런 주장만을 한 것은 아니며 남성도 가부장적 문화의 피해자임을 어느 정도 이해하게 된다. 그래서 흔히 남성 역할은 치사적 역할(lethal role)이라고 불린다. 따라서 이러한 문제의 해결을 위해서는 새로운 여성상과 남성상이 요구되어야 함을 여성학에서 이미 주장하였다. 이런 맥락에서 남성학의 태동이 여성학의 발전에 힘입은 바 크다고 하겠다.

### 3) 남성학의 필요성

지금까지 남성은 인간과 세계를 연구하는 주체로서 역할을 하였을 뿐 자신을 성찰의 대상으로 삼지는 않았다. 그러나 현대사회에서는 다음과 같은 이유로 해서 남성의 자기성찰 계기가 마련되어야 할 것이다.

첫째는 여성학의 이론적 업적이다. 현대사회는 여성에게는 여성성을 그리고 남성에게는 남성성을 강요하는, 즉 남성과 여성 간 엄격한 역할 분리라는 성별 이원 체계로 이루어져 있다. 여권론자들은 이런 이원 체계가 여성과 남성 모두에게 자신의 고유한 정체성 실현을 억압한다고 보았다. 여성은 수동적이고 의존적인 여성성의 강요로 인해 위축된 반면 남성은 폭력성 · 무자비성 · 공격성 · 지배 성향으로 특징지어지는 남성성으로 인해 문제행동을 한다. 따라서 이러한 문제들의 해결을 위해서는 새로운 여성성과 새로운 남성성을 구축해야 한다는 것이 여성학의 주장이다. 이런 여성학의 전개로 인해 남성의 자기성찰 계기가 간접적으로 마련되었다.

둘째는 사회환경의 변화를 들 수 있다. 현대사회에서 남성은 안과 밖에서 큰 시련에 직면하고 있다. 거시적으로는 산업사회의 쇠퇴와 정보화사회 및 포스트모던 사회의 등장으로 인한 일의 성격과 가치관의 변화를 지적할 수 있다. 그 결과 남성만이 능력을 발휘할 수 있는 영역이 점차 감소되고 있다. 한국사회도 자동화와 세계화라는 물결 속에 많은 관리직 중년 남성의 실직이 사회문제가 되고 있다. 미시적으로는 기혼여성의 경제활동 참여 증대와 여권론의 등장으로 가정 내의 남성 역할 변화를 주장하는 여성의 입장을 지적할 수 있다. 이런 변화로 인해 남성의 자기성찰 계기가 마련되었을 뿐만 아니라 거꾸로 남성의 권위를 회복시켜야 한다는 반동적인 입장도 등장하였다.

셋째는 남성 스스로의 변화 욕구를 들 수 있다. 남성 내부에서도 자신의 삶의 방식에 대한 회의가 일어나기 시작하였다. 일본 남성도 장시간 근로시간과 과로에 시달리면서 이제는 '남성은 누구를 위한 노예인가?'라는 질문을 하게 되었다. 서구사회의 남성은 한국과 일본 남성만큼 장시간 노동에 시달리지는 않지만 그들 역시 지금까지의 자신의 정체성에 의문을 품기 시작하였다. 남성동성애 해방운동의 확산도 남성학의 불씨를 제공하였는데 남성의 성적 지향에 대해 지지한 논의, 그리고 남성동성애자에 대한 남성의 차별과 억압에 대한 이론적 탐구 등을 통해 남성에게 가해지고 있는 억압이 드러나기 시작하였다. 물론 이런 현상은 서구사회와 선진국의 현상이다. 하지만 한국 남성의 삶이 문제가 없는 것은 아니다. 가장으로서의 무한 책임, 끊임없는 경쟁적인 삶, 비합리적인 기업문화에의 적응에 시달리면서 때로는 돈 버는 기계로 전락한 한국 남성도 남성에게 주어진 역할이 정말 남성에게 만족을 주는가에 대한 의문을 제기할 수 있다. 따라서 서구에서 1960년대 시작되었던 페미니즘이 1980년대 한국에 상륙했던 것처럼 한국사회에서도 남성학의 필요성을 인식하고 있으며 현재에도 남성 관련 저술이 출판되고 있다.

## 02 남성을 보는 관점

남성의 기질 생김새, 그리고 살아오면서 체험하는 경험과 행위에 대한 연구를 시작하는 데는 여러 관점이 있겠지만 여기서는 크게 두 가지 이론으로 탐색해 보고자 한다. 하나는 성을 이해하는 출발점으로써 생물학적 접근 방법과 또 하나는 성의 특성이 생물학적 요인보다 외적·환경적인 힘에 의해 통제된다고 보는 사회학습이론의 접근 방법으로 볼 수 있다.

### 1) 남성에 대한 생물학적 관점

오랫동안 발달심리학자들은 유아의 심리적인 기질이 서로 다르다고 생각하였다. 어떤 아이는 비교적 조용하고 편안해 보이고 순한 반면, 어떤 아이는 활동성이 높거나 까다롭다. 타고난 기질적인 차이는 유아의 유전자, 호르몬, 또는 다른 생물학적 힘에 따라 결정되며, 평생 살아가는 동안 행동에 영향을 미친다(Vasta, Haith, & Miller, 2002).

물론 전부 다 그렇다는 것은 아니지만 남자아이와 여자아이는 어떤 식으로든지 다른 생물학적 메커니즘을 가진 게 분명하다.

생물학자는 인간 진화의 수백만 년 동안에 생물학적 힘이 계속해서 작용하였고 이성 간의 구애, 공격, 양육 형태 같은 사회적 행위에 강한 영향력을 끼쳤다고 주장하였다. 생물학적 견해에 따르면 행위에 있어서는 성적인 차이는 남성과 여성이 번식하기 위해 서로 다른 방식으로 노력한 결과이며, 이것은 다시 각 성의 번식전략에 영향을 미친다고 하였다. 생물학자가 제시하는 '번식하기 위한 노력'이란 자손을 만들어내기 위해서 사용하는 시간과 자원의 양을 의미하며 '번식전략'이란 누군가의 유전자가 다음 세대로 전달되게 하기 위해 사용하는 행동의 양상을 가리킨다(Daly & Wilson, 1983)고 하였다.

생물학자에 따르면 남성과 여성은 번식하기 위한 노력에 있어서 뚜렷하게 다르며 생리적으로 남성은 단 몇 초면 번식 과정을 이루어낼 수가 있다고 하였다. 수백만 개의 정자를 짧은 시간에 주입할 수 있고, 건강한 젊은 남성은 사정을 몇 번이나 할 수 있으며 사정은 평생에 걸쳐 가능하고, 정자는 무수히 많이 생산된다고 하였다.

그에 반해 여성은 한 달에 한 번 난자 한 개를 만들어 내고, 또한 가임기가 제한되어 있다. 그래서 여성은 남성에 비해서 번식 과정에 더 많은 투자를 한다. 여성은 10개월 동안 태아를 품고 있어야 하며 그 사이에 다른 아이를 임신할 수가 없다. 출산 이후에도 아이의 생존을 위해 상당히 긴 기간 동안 양육하고 보호해 주어야 한다. 그러므로 정자는 흔한 자원인 반면에 난자는 아주 희소하다.

생물학자는 번식을 위한 남성과 여성의 노력에는 이와 같은 차이가 있으므로, 성에 따라 서로 다른 전략을 취하도록 진화한다고 주장하였다.

남성의 경우 자기 유전자를 퍼뜨리기 위해서 가능한 한 많은 여성을 임신시키고, 임신할 수 있는 여성을 다른 남성이 차지하지 못하도록 막는다(공격하거나 지배하는 방식으로). 반면에, 여성은 남성을 선택하는 데 '최고(best)'를 골라야 하며(Daly & Wilson, 1983) 진화론적으로도 적절한 남성이 자기만 보도록 설득할 수 있다면 우수한 최상급 유전자를 공급받을 수 있고, 자녀를 출산했을 때 남성으로부터 보호받기를 기대하고 있다고 하였다.

번식전략에서의 이런 목적 차이는 사회생물학자가 남성과 여성이 다르게 타고난다고 주장하는 근거가 되었다. 사회생물학자가 주장의 증거로 제시하는 것은 주로 동물의 행위와 동물을 대상으로 한 실험 결과이다.

Charles Robert Darwin
(1809~1882)

예를 들어 생물학자는 남성은 여성보다 더 많은 성적 대상을 찾도록 만들어졌기 때문에 기회만 되면 성관계를 맺으려 하고, 눈에 보이는 대로 덤벼든다고 주장한다(Symons, 1987). 이런 경향은 성적 상대를 고를 때 남성이 여성보다 덜 분별적이게 만드는 진화론적인 영향력의 결과라는 것이다. 다윈(Charles Darwin, 1871)은 진화를 '적자생존'이라 하였다. 이런 의미에서, '적자'란 가능하면 많은 파트너와 관계할 수 있는 남성의 능력을 지칭한다.

생물학적 이론은 남성의 성적 지위를 현상 유지하도록 하는 것이므로 많은 사람은 이 이론을 지지하기도 한다. 생물학적 이론은 지금까지도 여성을 지배하고, 무시하고, 여성에게 힘을 휘두르고, 지배하기 위해 다른 남성과 경쟁해 온 전통적인 남성에게는 특히 매력적일 수 있다. 그러나 생물학적 측면만이 남성의 행동을 대표하는 것은 아니라는 점도 고려해 볼 수 있겠다. 남성이 천성적으로 폭력적이고 공격적이라 하는 것은, 키 큰 사람은 농구선수가 되는 것이 운명적이라고 하는 말 만큼이나 논리적으로 성립되지 않는 것과 마찬가지기 때문이다.

## 2) 사회학습이론의 관점

왜 남성은 여성보다 바느질에 서툴고, 여성은 남성만큼 자동차 수리에 능숙하지 못할까? 물론 간단한 답은 많은 여성과 남성이 성장기에 그렇게 행동하도록 학습하였다는 것이다. 그러나 무엇이 그들의 학습에 영향을 미쳤을까? 여러 가지 이유로 그들의 학습에 영향을 미친 것은 부모, 손위 형제, 가족, 친구들이다. 그림책에는 흔히 소년은 차를 수리하고 있는 아버지를 지켜보고 소녀는 어머니가 바느질하는 것을 지켜보는 장면이 나온다. 점진적으로 아동은 그런 기술에 관심을 보이기 시작하고 부모의 격려와 안내를 받으면서 그 기술을 학습하기 시작한다.

사회학습이론의 기본 가정은, 행동에 가장 중요한 영향을 끼치는 것은 학습이라는 것이다. 앞의 예는 많은 학습과정, 즉 강화, 처벌, 관찰, 모방을 보여준다. 사회학습이론은 사람이 가족, 또래, 학교, 문화에 의해서 어떻게 사회화되는지에 관한 설명을 제공해주기도 한다.

### (1) 보상과 처벌

많은 행동방식은 보상과 처벌의 경험을 통해서 습득된다. 손다이크(Thorndike, 1898)는 이것을 효과의 법칙, 즉 행동이 발생한 뒤에 유쾌한 결과가 뒤따르면 그 행동의 발생 빈도가 증가하고, 행동이 발생한 뒤에 불쾌한 결과가 뒤따르면 그 행동의 발생 빈도가 감소한다는 것으로 진술하였다. 이때 우리는 보상 또는 처벌이 가능한지 인식하면서 그에 맞게 행동하도록 동기화된다.

Edward Lee Thorndike
(1874~1949)

우리는 살면서 여러 가지 상황에 처한다. 어떤 상황들은 서로 유사한 반면에 어떤 상황들은 서로 다르고 독특하다. 우리는 여러 가지 환경 속에서 영향을 주고받으며 행동습관을 획득한다. 시간이 지나면서 이 습관은 우리의 일부가 되며, 너무나 깊이 스며들어서 변화시키기 어렵고, 심지어 상당한 노력 없이는 인식하기조차 어렵다. 많은 연구자들은 여러 측면에서 사회화를 촉진시키는 부모, 학교, 또래집단이 제공하는 보상과 처벌의 성 구별적(sex-specific) 적용에 초점을 맞추었다. 남성의 어떤 행동은 전형적으로 처벌받거나 보상받는다. 그리고 이 성 유형화된(gender-typed) 사회화 과정은 남성적 행동은 추구하나 여성적 행동은 기피하는 경향성을 만든다.

## (2) 환경

환경에서 주어지는 보상과 처벌의 경험은 그 환경에 노출되느냐 아니냐에 달려 있다. 때때로 소년은 소녀와 아주 다른 환경에 처해 있다는 것을 알게 된다. 만약 중학교에 다니는 아이의 방을 들여다보았다면, 그 아이의 성을 추측하는 데 별 어려움을 겪지 않았을 것이다. 소녀의 방은 종종 인형들이 있고(Snow, Jacklin, & Maccoby, 1991), 꽃, 레이스(lace), 혹은 통념적으로 여성적이라고 생각되는 무늬로 장식되어 있다. 소년들의 방에는 종종 운동기구와 자동차 장난감이 있다(Pomerieau, Bolduc, Malcuit & Cossette, 2010).

발달심리학자는 종종 놀이와 가족활동을 장래 사회적 역할에 대한 예행연습으로 간주하였다. 예를 들어 함께 조각 맞추기 놀이를 하는 것은 과제 완성과 문제 해결에 대한 연습이다. '소꿉놀이'는 관계 및 가사노동에 대한 연습이다. 게다가 부모는 아동을 대할 때 성정형화를 띠는 경향이 있다. 소년은 건축물을 만들고, 문제 해결을 위하여 새로운 접근 방법을 실험하고, 과제와 수행에 집중하도록 하고, 그 상황을 익히고 학습하도록 한다. 반면, 소녀는 협동적이고 순종하도록 학습한다. 또한 가사에서도 부모는 종종 소년에게는 집 밖에서 할 수 있는 일, 즉 마당일, 동물 돌보기, 음식 찌꺼기 치우기 같은 일을 시키는 반면, 소녀에게는 아기 보기, 요리, 설거지 등을 시킨다(Lytton & Romey, 2001).

블록(Block, 1984)에 따르면, 아동의 놀이와 가사활동의 결과는 소년에게는 이동을 가능하게 해주고 소녀는 정착하게 만든다는 것이다.

### (3) 관찰, 모방, 인지

일반적으로 우리가 학습하는 데는 실제 자신의 행동을 통해서 강화받거나 처벌받아야만 하는 것은 아니다. 상당수의 행동은 다른 사람을 관찰하고 모방하는 것을 통해서 학습된다. 단지 행동적 결과의 수동적인 수혜자가 아니라 상황, 범주, 가치에 대한 판단을 한다. 실제로 어떤 상황에 대하여 생각하는 것은 실제적인 보상 또는 처벌 가능성이 그 상황에서 존재하는 만큼이나 행동을 결정하는 데 중요하다(Rotter, 1954).

고전적인 연구에서 반두라, 로스와 로스(Bandura, Ross & Ross, 1961)는 타인(모델)을 모방할 것인가 아닌가에 대해 영향을 미치는 몇 가지 요인을 기술하였다.

Albert Bandura
(1925~2021)

첫째, 모델에 대한 노출 정도다. 모델과 보낸 시간이 많을수록 모델의 행동을 모방할 가능성이 높다. 우리가 아는 바와 같이 소년이 그들의 아버지와 일상적으로 보내는 시간이 적기 때문에 이는 남성 발달에서 중요한 요인이 된다. 영화와 텔레비전 또한 모델을 제공할 수 있는데, 이런 미디어에 나오는 인물들을 자주 접하는 것은 행동에 중요한 영향력을 끼칠 수 있다. 사실 텔레비전을 보면서 많은 시간을 보내는 아동은 다른 아동에 비해서 좀 더 강하게 수용하는 경향이 있다.

둘째, 모방은 모방하는 사람이 모델과 비교해서 두드러진 특징을 공유하고 있다는 것을 자신이 인식할 때 증가된다. 다시 말하면, 중요한 여러 가지 방식에서 모델과 닮았다고 스스로를 지각한다면 그 누군가를 더 모방할 수 있을 것이다. 성(sex)은 인간이 사용하는 기본 분류이고 종종 문화적인 영향력에 의하여 중요한 것으로 강조되므로 아동이 이성의 모델보다 동성의 모델을 더 기꺼이 모방하며 이런 과정은 3세 정도에 시작된다고 발달심리학자들은 보았다. 남자아이는 여자아이가 남성을 모방하는 것보다 여성을 덜 모방한다(Bussey & Bandura, 1992). 이런 차이는 여러 가지 요인들 때문에 발생한다. 즉 다른 성의 행동을 취하는 것에 대한 차별적인 처벌, 남성 성 역할에서 반여성성이라는 편견, 많은 문화에서 존재하는 남성의 더 높은 사회적 지위 등의 요인이 그것이다.

셋째, 모델이 특정 행동에 대해 강화를 받느냐 아니냐를 관찰하는 것은 그 행동을 모방할 것인지 아닌지에 영향을 미친다. 만약 자동판매기에 돈을 넣어 어떤 상품을 받지 못하는 것을 본다면 자동판매기에 돈을 투입하지 않을 것이다. 성 유형화된 행동에 대하여 보상을 받는 남성을 관찰한 남자아이는 대리 강화의 과정을 통해서 그 행동을 더욱 강하게 모방할 것이다. 텔레비전과 영화에 나오는 남성 등장인물은 문제를 해결하기 위하여 폭력을 사용한 것에 대해 종종 보상을 받는다. 그리고 이와 같이 '정당화된' 폭력을 보는 것은 악당의 폭력을 보는 것보다 심지어 더 위험할 수 있다. 왜냐하면 남자아이는 신체적 공격행동이 '좋은 녀석'들 중의 한 명이 되기 위해 필요하다고 학습하기 때문이다.

마지막으로, 우리는 유형을 추구하는(Pattern-seeking) 세련된 유기체이기 때문에 인지적 과정이 행동의 수행에 영향을 미친다. 사람이 성장할 때, 그들은 점진적으로 모델들 간의 그리고 상황들 간의 유사성과 차이점을 보는 데 숙련된다. 그들은 행동을 어떻게 범주화할 것인지와 이들 범주화를 새로운 상황에 어떻게 적용시킬 것인지를 배운다. 특히, 아동은 남성이 유사한 여러 상황에서 어떤 행동을 여성보다 더 자주 한다는 것을 알아차린다. 그때 그 아동은 남성적인 행동에 대한 막연한 개념을 추출하고, 이 개념을 바탕으로 자신의 행동을 조직화할 수 있다. 만약 그 아동이 남성이라면, 그는 이들 행동을 더욱 모방할 것이다. 그러나 이런 추상 개념 때문에, 여성적인 방식으로 행동한다고 지각되는 남성을 덜 모방할 것이다(Eisenstock, 1984).

종합해보면 생물학적 접근 방법에 대한 본질주의자의 관점과는 대조적으로 사회학습적 접근 방법은 남성적인 특성이란 충분히 변화 가능하고 환경적 영향력의 산물이라는 사회구성주의자의 관점을 강조한다. 본질주의자는 남성적 특성은 그것이 존재하는 방식, 즉 삶과 자연의 본질주의가 남성의 특성이 단순히 '그것이 존재하는 방식'이라고 믿는 것에 대해 반대한다. 왜냐하면 자연이 아니라 사람들이 그것을 만들기 때문이다. 그리고 인간이 가지는 각 성의 특성들이 변화할 수 있고, 변화하고 있다는 많은 증거가 있기 때문이기도 하다.

## 03 남성학의 연구 영역

### 1) 남성의 정체성 형성

개개인의 행동은 상황이 달라지고 역할이 달라지면 다양하게 변화하는데 서로 다른 행동을 하나로 묶어내는 부분, '이것이 바로 그다'라고 하는 부분을 정체성(identity)이라고 한다. 이 정체성이라는 자아의식이 형성되는 것은 유아기에 남아든 여아든 자기가 엄마와 분리되어 있다는 것을 깨달으면서 시작된다.

한 개인이 청년기, 성인기를 통해 계속 성장해 나가면서 관계, 일, 성, 가치, 선호하는 것을 결정할 때 정체성이 드러난다. 남성의 정체성 형성에는 유아기의 경험과 함께 성인기의 경험도 중요하게 영향을 미친다. 따라서 여기서는 남성의 유아기 경험과 성인기 경험 각각 남성의 정체성 형성에 어떤 영향을 미쳤는가를 살펴본다.

#### (1) 유아기의 경험

가정 내에서 남아는 부모 특히 아버지의 행동을 모방하고 부모의 기대에 맞추어 성장하게 된다. 특히 남아선호, 그리고 장남선호사상이 있는 사회에서는 남아는 특별한 대우를 받으며 자라기도 한다. 그러나 남아가 특별대우를 받는다고 이들의 성장 과정이 순탄한 것만은 아니다.

성정체성은 어떤 사람이 어떤 남성, 또는 어떤 여성이 될 것인가를 규정짓는 전체 정체성의 한 부분이다. 자기가 엄마의 한 부분이 아니라는 것을 알게 되면서 남자아이는 자기가 아버지와 유사하게 생겼고, 엄마와 다르게 생겼다는 것을 알게 되고, 여자아이도 역으로 배운다. 3~4세 연령 아이에게 "예쁜 여자아이(남자아이)구나."라고 성을 잘못 지칭하면 부정적 정서를 표출하게 된다. 이런 예는 유아기에 성정체성을 배우고, 성정체성은 정서적으로 아주 강한 요소라는 것을 증명한다. 모든 성정체성과 연관된 정서적 강도가 바로 성정체성이 전체 정체성의 핵심부에 놓여 있다는 것을 증명한다.

물론 중심적인 것이 무엇인가에 대해서는 의문이 많지만, 그럼에도 성별에 따라 다르게 양육되기 때문에 성정체성의 형성은 남녀에 따라 아주 다르게 진행되며, 성인 남녀의 성격에 아주 중요한 의미를 가지고 있다고 볼 수 있다. 성정체성은 주로 자녀가 상호작용하는 부모를 통해 형성되는데, 대부분의 문화에서 자녀를 돌보는 것은 대부분 여성이다. 통상적으로 엄마가 아버지보다 자녀와 함께 보내는 시간이 훨씬 많다. 그래서 어린 시절에 부모-자녀 간 상호작용에서 현저하게 나타나는 차이는 여자아이는 동성의 보살핌을 받는데 남자아이는 이성의 돌봄을 받는다는 점이다.

하틀리(Ruth Hartley, 1959)는 어린 시절 이런 성차의 충격이 상당히 크다는 것을 처음으로 밝힌 사람이다. 성별이 다른 데서 오는 차이가 성정체성을 형성하는데 여자아이는 '나는 엄마다.'라고 배운다. 여자아이는 엄마와의 밀접한 연결을 경험하게 되고 애착관계를 통해 자기 자신을 형성한다. 남자아이는 반대로 '나는 아빠다.'라고 배우는 것이 아니라 '나는 엄마가 아닌 무엇이다.'라고 배우게 된다.

남자아이는 자기 엄마와 다르다는 것을 겪으며 엄마와의 분리 과정을 통해서 자기를 규정짓기 시작한다. 성정체성의 내용이 '나는 엄마가 아닌 것'과 같이 부정의 방식으로 규정되는 것이다. 남자아이의 정체성은 남성적인 것이 아니라 반여성적인 것으로 시작한다.

남자아이든 여자아이든 성적인 차이를 알기 이전에는 엄마와 연결되어 있다고 여기고, 정체성 형성 과정이 이미 시작된다. 여아는 엄마와 동일한 성이기 때문에 정체성 형성 과정이 과정 내내 같은 방향으로 연속적이다. 그러나 남아의 정체성 형성은 형성 방향이 어떻게 바뀌는가가 중요하다. 이런 관점에서 보면 남자아이는 자기와 엄마 사이에서 자기를 남성으로 규정짓기 위해 경계선을 긋는다. 엄마와의 동일시를 통해 정체성 형성 과정이 이미 일부 시작되었지만 남아는 남성으로서의 정체성 형성을 위해 어느 순간부터 엄마와의 동일시를 억압하여야 한다.

프로이트의 정신분석이론에 따르면 이런 현상은 되풀이해서 일어난다고 하였다. 분리 과정의 결과로 남자아이의 성정체성은 자기와 엄마 사이뿐 아니라 자기와 여성적인 것 사이에 심리적 장벽을 쌓는 것에 달려 있다. '여성적인 행동'을 포함하여 여자아이나 성인여자까지 이미 엄마와 동일시하고 있는 상태에서, 남자아이는 정서적인 경험이나 타인과 관계를 맺는 느낌 등에서 여성적인 부분을 억제해야 한다. 여자아이는 이러한 압력이 없다. 또한 여자아이는 자기가 여자라는 것을 정의하기 위해 남성적인 것을 부정할 필요가 없다(Chodorow, 1978). 이런 관점에서 보면 '선머슴'은 봐줄 수 있는데 '계집애 같은 사내아이'는 참을 수 없다는 것이다. 마틴(Martin, 1995)은 선머슴의 전형은 전통적인 남자아이의 전형적인 모습이라고 본다. 그런데 계집애 같다는 것의 전형은 전통적인 여자아이의 모습이 아니라 속이 좁고, 아주 부정적인 성격들과 연관된 것으로 묘사되고 있다.

Sigmund Freud
(1856~1939)

엄마와의 동일시 된 정체성은 남자아이의 자아에 위협이 되기 때문에 무의식 속으로 밀려가 버린다. '여성적(female)'인 욕구, 감상에 빠지거나 누구와 가까이 있고 싶은 욕구가 무의식으로부터 표면으로 떠오를 때면 불안과 갈등을 일으키고 남자아이는 이를 방어해야 한다. 전형적인 시나리오 속에서는 남성이 감상적인 영화를 볼 수도 있고, 거기 나오는 등장인물과 동일시하여 정서적인 것을 느낄 수 있다. 그런 경험에서 남성성에 위협을 느끼게 되면 그런 정서를 떼어 내어 다른 경험을 하려고 하고 결국은 그런 영화를 보러 가지 않게 된다. 분리와 애착이 혼합되어 있는 어린 시절의 성 유형화는 세상에 적응하려고 애쓴 결과라고 여겨진다. 초도로우(Nancy Chodorow, 1978)는 여성을 '관계' 속에서 자기 자신을 경험한다는 의미에서 '친교 속에서의 자아'(selves in communion)로, 남성을 '독립적'이면서 '과업성취'의 존재로 정의되는 '분리 속에서의 자아'(selves in separation)로 묘사한다.

Nancy Julia Chodorow
(1944~ )

이런 관점에서 보면 남성의 반여성적 불안에 대한 직접적인 해결책은 아버지가 아이를 키우는 데 좀 더 적극적으로 참여해야 한다는 것이다.

한편 남성의 정체성 형성의 중요한 부분인 표현을 절제하는 남성의 특성에 대해 초도로우(1978)는 유아기의 부성부재가 남성 무표현성의 원인이라고 주장하였다. 전형적 핵가족 상황에서는 어머니가 집에 있기 때문에 여아는 자신의 감정과 친밀한 감정을 어머니와 나눌 수 있다. 그러나 남아에게 아버지는 자주 접할 수 없는 존재이기 때문에 남아와 아버지 간 대화의 양이 적을 뿐만 아니라 내용도 사무적이고 딱딱한 것으로 채워진다. 이런 유아기의 각기 다른 경험으로 인해 남아는 사무적이고, 냉정하며, 무표현적인 인성을 가지게 되며 여아는 남과의 친밀한 관계를 강조하고 감정적이며 표현적인 인성을 가지게 되는 것이다.

Dorothy Dinnerstein
(1923~1992)

그리고 디너스타인(Dinnerstein)은 유아 성장 과정에서 어머니가 모든 책임을 질 뿐만 아니라 막강한 영향력을 행사한다는 사실을 주목하면서 이것이 남성의 파괴적 성격의 원인이라고 주장한다. 여아는 어머니가 자신의 동일시 대상이기 때문에 어머니의 영향 속에 머무는 것에 반감을 느끼지 않는다. 그러나 남아는 어머니가 자신의 동일시 대상이 아니기 때문에 어머니의 영향 속에서 자랐지만 어머니에 대한 거부감을 무의식적으로 갖게 된다. 남성의 어머니에 대한 이런 무의식적 거부나 저항의식이 성인이 된 후에는 타인의 지배, 특히 여성에 대한 거부나 지배로 반전되어 나타나는 것이다. 또한 이것은 남성의 강한 성적 소유욕, 성행위와 감정의 분리, 타인과의 공생적 관계보다 자신의 주체를 중요시하는 태도 그리고 사회생활 속에서의 성취 강조와 같은 성향을 조장한다.

반면 여성은 어머니와의 동반자관계를 지속할 수 있었기 때문에 타인과의 공생관계를 중요시하고 공적 영역에서의 성취에 큰 비중을 두지 않는다. 그리고 어머니, 즉 동성과의 유대관계가 일차적 근원적 유대였기 때문에 쉽게 이 관계를 끊지 못하므로 이성과의 유대관계를 신중히 맺고 감정 없는 이성과의 성행위에도 쉽게 빠져들지 못한다. 남성의 이런 경향은 여성과의 관계뿐만 아니라 일반 인간관계에서도 나타나는데, 타인과의 감정적이고 인격적인 교류가 부족하며 타인과 나눔을 통한 즐거움도 알지 못한다.

어머니가 자녀양육을 전담하면서 생기는 또 다른 현상은 여아의 성장 과정은 연속적이지만 남아의 성장 과정은 불연속적이라는 점이다. 즉 여아는 계속해서 어머니와의 관계를 지속시키는 반면 남아는 어릴 때는 어머니와 애착을 형성하였지만, 성장하면서 아버지가 동일시의 대상이 된다. 남아는 이런 단절 경험으로 인해 어릴 때에 어머니에게 받아들여졌던 행동이 아버지로부터 받아들여지지 않음을 경험한다. 이렇게 되면 스스로 행동의 기준을 찾지 못하고 사회규범을 내면화하는 데도 어려움을 겪게 되어 좌절 및 불안 그리고 이와 관련된 정서 발달의 장애를 보일 수도 있다. 따라서 유아기 남아의 사회화 과정이 여아의 사회화 과정보다 더 어려운 과정이다.

이런 단절의 문제는 남아 중에서도 특히 어릴 때 어머니와의 동일시가 지나치게 강하거나 아버지와의 접촉이 거의 없는 경우에 더욱 여실히 나타나는 것이다. 이에 대한 연구에서 베이컨(Bacon)은 남아가 어릴 때 성인 남성과의 접촉이 제한되어 있는 사회에서는 다른 사회에서보다도 범죄 발생률이 높다고 하였다. 이것은 산업화, 도시화와 함께 범죄율이 증대되는 현상을 설명하는 데도 적용될 수 있다. 사회가 산업화, 도시화가 되면 가정과 일터의 분리 현상이 나타나므로 유아기에 아버지를 접할 수 있는 기회가 더욱 줄어들고 그 결과 남아의 단절 경험이 더 클 것이다.

물론 같은 남아의 성장 과정이 언제나 부정적인 것만은 아니다. 프로이트는 남아가 오이디푸스 콤플렉스라는 시련과 좌절을 극복함으로써 한 단계 성장함을 강조하였다. 즉 남성은 여성과는 달리 강인하고 도전적인 인성을 습득하게 되는데, 린(Lynn)은 여아는 성 역할을 어머니와의 직접 접촉을 통해서 배우는 반면, 남아는 아버지와의 접촉이 제한적이기 때문에 다양한 방법, 즉 대중매체, 친구, 어머니를 통한 간접적 암시 등을 통해서 배운다는 점을 제시하였다. 이것이 남아의 남성 정체성 형성을 어렵게 만들기도 한다. 하지만 남아는 다양한 정보 제공자가 제공하는 남성상을 추구해야 하므로 그만의 남성성을 정립하기 위한 사고능력을 발달시킴으로써 남성은 상황의존적인 인성보다는 상황독립적인 인성을 갖기도 한다.

### (2) 성인기의 경험

근대 산업사회에서의 성인 남성의 활동은 크게 두 가지 면에서 전통 농경사회의 남성활동과 다르다.

첫째, 농경사회에서는 생산활동이 가정을 중심으로 이루어졌기 때문에 남녀 모두가 경제활동을 공유하였지만 근대사회에서는 여성은 가정, 남성은 사회생활이라는 분리가 고착되면서 남성은 가정 밖의 경제활동, 즉 생계담당자 역할을 전담하게 되었다. 이는 남성에게 경제력을 제공하여 권력의 기반으로 작용하기도 하지만 이를 제대로 수행할 수 없게 되거나 노인이 되어 생계부양자 이외의 역할을 수행해야 될 경우에는 심각한 적응 장애를 경험한다.

둘째, 근대사회 남성의 생산활동은 농경사회의 생산활동과는 달리 타인과의 경쟁관계에 기초하고 있다. 농경사회에서는 생산활동이 자연의 제약에 좌우되기 때문에 인간과 자연 간 경쟁관계가 형성되었을 뿐이다. 하지만 근대자본주의의 등장과 함께 생산활동이 타인과의 경쟁관계 속에서 이루어지므로 생산활동의 담당자인 남성과 남성 간에는 직접적인 경쟁관계가 형성하게 되었다. 따라서 현대사회에서의 남성의 과제는 타인과의 경쟁에서 승리하는 것이다.

그 결과 현대 남성이 사회생활에서 추구하는 과제는 대부분 경쟁적인 것으로 유아기 때의 장난감, 또래집단과의 놀이, 남성들의 스포츠활동, 그리고 성인이 된 후의 직업활동 중 어느 하나 경쟁적이지 않은 것이 없다. 따라서 남성은 타인의 입장에서 보는 감정이입능력을 소홀히 여기거나 설령 이런 부분이 자기에게 있다 하더라도 타인과의 경쟁에서 뒤지지 않기 위해서 그리고 남성답다는 소리를 듣기 위해 이런 부분을 억제하게 된다. 그리고 남성은 아름다움을 여성적인 것으로 간주하고 이로부터 자신을 격리시키는데 이는 여성이 아름다움을 추구하는 과정에서 대상화, 객체화되어 소외되는 것과는 상반된 것이다.

지나친 경쟁의식과 성공에 대한 압박이 때로는 남성 자신을 파멸로 이끌기도 하는데, 그래서 남성의 성 역할을 치사적인 역할(lethal role)이라고도 한다. 실제로 지난 10년간 사고에 의한 사망을 분석한 결과(박경애, 2006) 남성의 사고사망률이 여성의 사고사망률보다 3배 높게 나타났고, 특히 익사, 추락, 교통사고 순으로 남성 사망률의 수치가 높았다. 남성의 사고사망률이 높은 것은 일차적으로 남성의 사회활동과 관련이 있겠지만 지나친 경쟁의식과 남성다움을 과시하려는 욕구도 남성의 높은 사고사망률의 원인이라고 생각된다.

남성을 피의자(지배자), 여성을 피해자(피지배자)로만 간주하는 시각은 산업화로 인해 여성의 역할이 가정에 한정되어 남성의 여성에 대한 지배가 강화되었음만을 주목한다. 그러나 산업사회에서 모든 남성이 경쟁에서 승리하여 생계부양역할을 제대로 잘 수행하고 있는 것은 아니다. 경쟁 상황에서는 승자가 있으면 패자가 있게 마련이므로 남성의 반은 패자가 될 수밖에 없다. 버나드(Bernard)는 그의 연구에서 근대 산업사회 이후부터 남성에게 생계담당자역할이 강조되었지만 이를 수행하지 못한 남성이 역사적으로 많이 실재하였음을 보여주고 있다고 했다.

이런 현실에도 불구하고 생계담당자 역할을 제대로 수행하지 못하는 남성은 실패한 남성이라는 부정적 낙인이 부여되어 그들의 위상이 약화되었고 자신의 문제를 드러내고 상담할 수도 없었다. 그 결과 이들은 알코올중독자가 되기도 하고 남에게 자신의 실패한 모습을 보이기보다는 아예 남성 역할을 포기하기도 하고 심지어 자해행위로까지 이를 수도 있다.

물론 현대사회에서는 여성도 남성처럼 경쟁적 활동에 몰입한다. 하지만 여성은 자신의 실패를 여성에 대한 차별 탓으로 돌릴 수 있지만, 남성은 자신의 무능력을 탓할 수밖에 없다. 그 결과 남성은 경쟁에서의 성공에 극도로 집착한다. 이러한 사회에서의 경험 때문에 남성은 다음과 같은 특성을 갖는다.

첫째, 남성은 자기중심적이다. 남성은 자신에게 주어진 일을 스스로의 힘으로 수행할 수 있음을 남에게 과시하는 것이 자신의 과제라고 생각한다. 따라서 이 과정에서 남성은 자신의 노력을 최대한 동원하지만 이것만으로 충분하지 않을 때는 타인을 이용하거나 지배해서라도 이 과제를 달성하였음을 보여주고자 한다. 그 결과 남성은 자기 중심적이 될 수밖에 없다.

둘째, 남성은 많은 상처를 갖고 있다. 경쟁의 세계에 살고 있기 때문에 승리의 기쁨만 누리는 것이 아니라 패배의 쓰라림도 함께 안고 살아가고 있으며 나아가 실패에 대한 불안감을 늘 갖고 있다. 하지만 강하고 굳건해야 한다는 남성다움 때문에 이런 상처를 잘 드러내지도 못한다.

셋째, 남성은 자기를 감춘다. 자신의 약점을 감추고 언제나 강하고 능력 있는 모습만 보여야 하기 때문에 자기를 쉽게 드러내지 않고 다른 남성과는 어느 정도 거리를 둔다. 이 과정에서 때로는 남성은 자기를 과장하거나 허세를 부리기도 하는데 이것 역시 남성의 자기 감추기의 한 방식이다. 여성은 상대적으로 아름다움, 미적 감각의 향유 과정에서 소외되고 객체화되고 수단화되었다면 남성은 아름다움과 미적 감각 그 자체로부터 소외되었다. 그래서 오히려 이들을 긍정적으로 이해할 필요가 있겠다.

넷째, 남성은 영원한 미숙아라고 할 수 있다. 끝없는 직업적 · 사회적 · 금전적 성공이라는 채울 수 없는 욕망의 숙제를 안고 살아간다. 그 결과 자신의 삶에 스스로 만족해하는 성숙된 남성이 많지 않다. 이러한 자신에 대한 불만 혹은 열등감이 남성의 폭력성과 공격성 혹은 권위주의의 원인이 되기도 한다.

남성의 이러한 유아기, 그리고 성인기의 경험이 남성학의 등장과 함께 가식 없이 드러나고 분석된다면 이것이 남성 삶의 질에 긍정적이기보다는 오히려 부정적으로 작용하였음이 지적될 수 있다. 그리고 여성에 대한 남성의 지배와 같은 공격적 행동 양식들도 한 개인 남성의 결함에 기인한 개인 문제라기보다는 가부장적 남성성이라는 문화의 산물로서 이해될 수 있을 것이다.

이렇게 남성 스스로의 자신에 대한 성찰의 확산으로 남성에 대한 이해가 증진된다면 남성문제 해결을 위한 토대가 마련될 뿐만 아니라 바람직한 새로운 남성상도 제시될 수 있을 것이다. 이러한 남성학이 등장하여 남성 역시 가부장적 남성성의 희생자이며 따라서 남성도 스스로 이로부터 해방되고자 한다면 남성을 가부장적 문화와 폭력의 창출자로만 보는 여성학적 시각이 수정될 것이다. 나아가 이는 모든 남성이 가부장적 남성성을 원하지 않으며 남성 스스로의 노력으로 가부장적 남성성이 해소될 수 있음을 의미하기도 한다.

## 2) 남성의 일과 가정

남성과 여성 간의 관계를 권력관계로 보는 여성학적 관점에서는 남성의 가사활동 참여를 회의적으로 본다. 그 이유는 두 가지로 설명할 수 있다.

첫째는 남성이 가사활동에 적극 참여하게 되면 그만큼 경제활동에 쓰는 시간과 수입이 감소될 수 있는데, 이는 가정 내에서 권위의 상실을 가져올 수 있다. 따라서 이를 우려한 남성은 가사활동에 적극 참여하지 않는 것이다.

둘째는 가사활동의 성격과 관련이 있다. 가사활동은 성격상 허드렛일이므로 이는 남성의 권위와 어울리지 않는다고 생각하기 때문이다. 현대자본주의사회에서는 남성의 권위 유지를 위해서는 경제적 능력이 요구되는데 현대 자본주의사회에서 경제력 약화를 초래할지도 모르는 가사활동 참여를 남성들이 원치 않는다는 것이다(Polatnick, 2010).

그러나 최근에는 남성 스스로 가사활동의 소중함과 중요성을 인식하는 경향이 나타나고 있다. 그 예로서 우리 사회에서도 부성의 중요성이 강조되고 있다. 그래서 '좋은 아버지가 되기 위한 시민의 모임' '아버지와 가정'이라는 월간지가 등장하고 있으며 부성에 대한 학문적 연구도 이루어지고 있다.

이와 같은 사회적 분위기는 아버지의 자녀양육 참여가 자녀의 발달에 중요하다는 사실을 의미한다. 특히 아버지는 남아의 동일시 대상이므로 부성부재는 남아의 성장에 큰 장애요인이 되고 있다. 초도로우는 유아기의 부성부재가 남성 무표현성의 원인이라고 설명하였다.

앞서 지적한 것처럼 남아와 아버지 간의 접촉 횟수가 적기 때문에 부자간의 대화가 적을 뿐만 아니라 내용도 사무적이고 딱딱한 것으로 채워진다. 그 결과 남아는 사무적이고, 냉정하며, 무표현적인 인성을 가지게 된다. 그리고 아버지가 자녀와 함께하는 시간의 양과 자녀의 학업성취가 관련이 있다는 연구(Cooksey, Fondell)도 있다. 따라서 아버지의 자녀양육 참여가 절실히 요구되며 어떤 조건에서 부성 참여가 확대되는지, 그리고 그 저해요인이 무엇인지를 밝히는 연구가 필요하다고 본다.

우드워스(Woodworth), 벨스키(Belsky)에 의하면 사회적 지위가 높고 직장생활

갈등이 적으며 이웃, 친구, 친척과의 유대관계가 좋은 아버지, 그리고 낙천적이며 유쾌하고 불안감이나 적개심이 낮은 아버지가 자녀양육에 깊이 참여한다고 한다. 또한 한 연구에 의하면, 한국사회의 직장 남성이 직장 일을 가정에서 아내와 상의하지 않는 이유를 몇 가지로 제시하였다.

첫째, 아내가 직장상황을 잘 모르기 때문에,

둘째, 아내에게 근심거리를 제공하지 않기 위해서,

셋째, 남성의 권위를 세우기 위해서라고 하였다.

따라서 이러한 원인을 극복할 수 있는 대책이 마련되어야 할 것이다. 사회적 차원에서는 부성 확대를 위해서는 근로시간 감축, 융통성 있는 근무시간, 가족지향적 회사정책, 그리고 부모교육의 확대 등이 실시되어야 할 것이다. 그러나 융통성 있는 근무시간과 변형 근로시간제의 확대 실시가 가정 내의 역할 공유로 이어지지 않고 남편의 여가시간만을 늘인다는 비판도 있으나 점진적으로는 이런 정책을 통해 남편의 가사 참여 시간이 증대될 수 있을 것이다. 그러나 무엇보다 중요한 것은 남성 스스로가 부성의 중요성을 인식하고 이를 요구하는 분위기가 필요하다고 본다.

## 3) 남성과 성

성은 남성에게 특히 민감한 부분으로 남성의 성에 대한 두 가지 상반된 시각이 존재하는 것으로 나타났다.

첫째, 남성의 성을 본능으로서 이해하는 시각으로 남성은 여성과는 달리 억제하기 어려운 성적 욕구를 갖고 있다고 주장한다. 많은 남성의 성인식은 이런 관점에 기초하고 있는데 이로 인해 남성은 매춘을 필요악으로 본다. 이런 시각은 일본의 종군위안부 문제를 '공중변소'라는 표현으로 해석하는 일본 남성의 발언에서도 잘 드러나고 있다.

둘째, 남성의 성을 사회적 산물로써 보는 시각이다. 남성의 성은 생물학적으로 주어진 것이 아니라 사회적으로 만들어진다고 보았다. 군인이 여성을 필요로 하는 이유는 단순히 생리적 욕구 때문이라기보다 전투에서 오는 긴장감을 해소하고 적군에 대한 공격 욕구를 대리 충족하기 위한 수단 때문이라고 할 수 있다. 또한 남성은 성을 여성과의 관계에서 자신이 권력적 위치에 있음을 나타내기 위한 수단으로 사용하기도 하며 남성집단에서는 발기능력과 사정능력이 남성의 능력과 동일시되고 자랑거리가 되기도 한다. 이 과정에서 여성은 남성을 위한 성적 존재로 왜곡되기도 하는 것이다.

여권론적 시각에서 이루어진 많은 성 연구는 전자보다는 후자의 관점에 기초하고 있다. 남성의 성인식이 사회문화적으로 구조화된 것이기는 하지만 남성과 여성 간에 전혀 생물학적 차이가 없는 것은 아니다. 따라서 남성 중심의 왜곡된 성문화를 지적함과 동시에 남성만의 독특한 성경험을 이해하는 시각도 필요할 것이다. 나아가 왜곡된 성문화가 여성에게만 피해를 주는 것이 아니라 남성에게서 억압이 되는 부분도 살펴볼 필요가 있겠다.

### (1) 남성의 성경험

남성은 여성과는 다른 성적 경험을 갖는다. 여성은 사춘기가 되면 월경을 경험하는 반면, 남성은 사정을 경험한다. 여성이 사춘기에 경험하는 월경은 단순한 생리적 현상일 뿐 성활동이나 성적 쾌감은 아니다. 하지만 남성이 사춘기에 경험하는 사정은 남성 성활동의 중요한 한 부분이며 동시에 쾌감을 수반한다. 따라서 남성은 사춘기가 되면서 자연스럽게 성을 알게 되고 성적 쾌감을 느낀다. 이 때문에 남성은 이성에 대한 친밀감 혹은 사랑의 감정을 알기 이전부터 성적 경험을 하게 되는 것이다.

이는 남성의 지나친 성적 관심과 욕구충족의 한 원인이 된다. 따라서 사춘기 소년의 성에 대한 관심을 파괴적이고 불건전한 것으로 볼 것이 아니라 자연스러운 하나의 현상으로 이해할 필요가 있다.

### (2) 남성의 성 고민

지금까지는 남성의 성은 주로 비난의 대상이 되었을 뿐 성을 둘러싼 남성의 고민은 간과되고 있다. 특히 미혼 남성에게는 사정활동이 쾌감뿐만 아니라 고민거리를 제공하기도 한다. 여성의 월경은 주기적 현상일 뿐만 아니라 공개되어 있고 이를 해결하기 위한 상품까지도 나와 있다. 하지만 미혼 남성의 사정은 감추어져 있어 은밀히 이루어질 뿐만 아니라 주기적이지 않기 때문에 어느 정도 해야 하는지를 고민한다.

남성의 성은 정액의 방출이라는 사정을 내포하고 있기 때문에 과도한 성활동에 대한 불안이 있다. 그래서 남성은 성에 대한 다음과 같은 잘못된 믿음을 갖기도 한다. 남성이 일생을 통해 생산할 수 있는 정액의 양이 정해져 있기 때문에 너무 빈번히 성활동을 하다 보면 성활동이 조기에 끝날 수도 있다는 것이다. 그리고 운동선수는 시합을 앞두고 성활동을 억제해야 한다는 믿음도 있다. 물론 이러한 우려는 사실이 아니다. 남성이 일생 동안 생성할 수 있는 정액의 양이 정해져 있는 것은 아니며, 성활동이 피로를 동반하는 것은 사정 그 자체보다는 성활동에 수반된 음주, 수면 부족이다.

지나친 성활동은 남성과 여성 모두의 건강에 유익하지 못한 것은 사실이지만 이에 대한 남성의 우려가 큰 것 역시 현실이다.

남성의 성에 대한 불안은 고대 철학에서도 잘 나타났듯이, 이들은 성을 단순한 욕망 혹은 불안의 대상으로 이해하였다. 그래서 고대 그리스와 중국에서는 성을 격렬함, 에너지의 소모, 죽음과 연결하여 생각하는 경향이 있었다. 따라서 성은 악은 아니라 하더라도 절제해야 하는 것으로 생각했었다.

이처럼 남성이 성을 욕망과 절제라는 두 가지 측면에서만 이해하는 것은 성을 단순한 육체적 관계로만 파악하기 때문이라는 비판이 가능하다. 그래서 교감, 일체감, 상호작용 혹은 의사소통과 같은 성 속에 내재된 감정교류의 의미를 발견하려는 남성의 노력이 필요하다. 하지만 남성 성활동의 생리적 측면이 여성과는 다르기 때문에 고대 그리스 철학자의 성 인식이 남성의 성 의식에서 쉽게 사라지지는 않을 것이다.

### (3) 남성과 강간, 매춘 그리고 포르노

여성학적 입장을 토대로 한 지금까지의 성 연구는 왜곡된 성문화 특히 성활동에 내재되어 있는 남성의 여성에 대한 권력욕과 지배욕을 드러내는 데 초점을 맞추었다. 그 결과 남성은 자신의 권력욕, 지배욕, 소유욕, 때로는 분노의 표현 그리고 스트레스 해소 및 생리적 욕구해소의 수단으로 여성과의 성을 사용하고 있음을 드러냈다. 남성은 성행위 시에도 여성 앞에서 자신의 권위나 능력을 과시하고자 하는 경향이 있으며, 사춘기의 친구집단에서 발기능력과 사정능력이 남성의 능력과 동일시되고 친구들 사이의 자랑거리가 된다. 이런 남성의 왜곡된 성인식으로 인해 남성은 여성을 자신의 발기와 사정을 위한 대상으로까지 묘사하기도 한다.

따라서 여성학적 입장에서 성 연구는 남성의 이러한 왜곡된 성인식을 폭로하고 남성의 왜곡된 성인식의 산물인 강간, 매춘, 포르노 그리고 이로 인한 여성 피해자들에 대한 연구를 진행시켰다. 매춘과 포르노에서 여성은 남성의 사정에 의해 굴종적 자세를 취하며 남성의 욕구에 전적으로 순종하고 있음이 지적되었다. 매춘과 포르노를 통해서 여성은 성적 대상으로 전락하면서 존엄성, 고결, 위엄, 권위 등으로부터 멀어져서 영원히 남성의 통제 아래 놓이게 된다는 것이다.

그러나 이제는 남성의 입장에서 본 성행위, 매춘, 포르노, 성폭력에 대한 남성 자신의 성경험과 이에 대한 남성의 평가를 연구해야 할 것이다. 매춘여성을 찾는 남성 고객은 주로 비정상이거나 가해자, 성적으로 문란한 사람, 변태, 혹은 여성 매춘부를 학대하는 사람으로 인식되는 경향이 있다. 하지만 이러한 막연한 추측보다는 매춘여성을 찾는 남성의 특성, 동기, 내면적 심리 등에 대한 체계적 연구의 필요성이 제시되어야 할 것이다.

남성들은 과연 매춘여성을 어떻게 생각하는가, 매춘여성을 인격을 가진 인간으로 간주하는가, 남성이 매춘여성을 찾을 때 여성에 대한 공격, 훼손, 지배, 소유의 의지를 갖고 있는지, 아니면 단순한 성적 쾌락 혹은 오락의 차원에 머물러 있는지, 그리고 매춘을 통해서 어떤 변화가 생겼는가? 결혼생활 혹은 이후의 여성관에 변화가 생겼는지 등을 연구할 필요가 있다. 포르노 시청의 경우에도 이의 시청을 통해서 여성관에 어떤 변화가 있었는지를 남성의 시각에서 본 포르노, 즉 남성이 포르노를 본 후의 느낌이 어땠는가를 들어볼 필요가 있다.

특히 이런 점들을 제대로 이해하기 위해서는 남성의 성경험을 드러내는 차원에서 머물지 않고 이에 대한 남성의 평가 혹은 남성의 논쟁을 이끌어내야 할 것이다. 남성이 자신의 목소리로 자신의 성을 솔직히 이야기할 때 성을 둘러싼 왜곡과 오해가 사라질 수 있다. 아울러 남성의 고민도 이제는 함께 연구해야 할 것이다.

종합해보면 생리적 측면에서의 남성의 고민, 성을 경쟁과 자기과시를 위한 수단으로 인식하기 때문에 나타나는 남성의 성에 내재된 욕구좌절, 그리고 성과 관련된 남성의 무의식적 불안 등도 연구해야 할 것이다.

가부장적 성윤리는 모든 남성의 특권과 권위를 보장하는 문화체계라기보다는 성인남성의 특권과 권위만을 보장하는 문화체계였다. 그 결과 사춘기 남성의 고통과 어려움이 간과되었는데 이에 대한 관심 역시 눈여겨볼 필요가 있겠다.

## 4) 다양한 남성들

여성운동의 성과 중 하나는 모든 여성이 하나의 모습으로 살아가고 있지 않다는 점이다. 특히 이런 주장은 기존의 여권론이 중산층 중심의 여권론이란 비판이 제기되면서 유색인종, 저소득층, 그리고 제3세계 여성의 목소리를 담아야 한다는 주장과 같은 맥락을 가지고 있다. 남성학을 통해서도 모든 남성이 하나가 아니라는 점이 드러나고 있다.

모든 남성이 가부장적 문화의 수혜자는 아니며 오히려 여성 이상으로 이 문화의 피해자일 수도 있다. 특히 동성애자, 가부장적 문화에 적응하지 못하거나 경쟁에서 낙오한 남성, 일반 남성과 다른 삶을 살아가는 남성, 말하자면 독신남성, 편부가정, 혹은 여성취향적인 남성이 가부장적 문화의 피해자일 수 있고, 또한 이들이 적극적으로 남성해방을 외치는 집단이 될 수도 있다. 따라서 남성학은 이들의 입장을 대변하는 데 관심을 가져야 할 것이다.

**혹시 아시나요?** **"왜 남자만 야간 숙직?" 블라인드 앱서 퍼지는 '남성 역차별' 불만**

직장인 익명 커뮤니티 앱 '블라인드'에 올라온 게시글 가운데 회사생활과 관련된 게시물 2672개를 분석한 결과, 성차별 문제를 두고 '남성 역차별'에 대한 불만을 토로하는 글이 많았던 것으로 조사됐다.

게시글을 일·생활 균형, 성차별, 성희롱, 기타 조직문화 영역 등 4개 영역으로 분류해 자료를 수집했다. 그 결과 게시글을 쓴 노동자들은 조직문화 이슈 가운데 상사와 관련된 어려움, 일·생활 균형, 성희롱 문제를 많이 언급한 것으로 조사됐다. 특히 성차별 영역에서는 남성에 대한 역차별을 호소하는 글들이 많았다고 보고서는 전했다. 남성 직원에게만 당직과 야간 숙직을 전담시킨다는 내용이 주로 언급됐다는 것이다.

일·생활 균형 관련 영역에서는 장시간 근무(야근, 주말 출근, 주 52시간제 무의미성) 및 비자율적 연차에 대한 불만 글들이 많았다. 성희롱과 관련해서는 직장 상사에 의해 원치 않는 신체접촉과 성추행, 동료 사이의 성적인 발언에 대해 고충을 토로하는 글이 주를 이뤘다고 한다.

출처: 조선일보(2023.01.03.).

CHAPTER 12

# 남성학의 다양한 패러다임

일반적으로 남성은 생계부양자 역할을 담당하며, 감정표현을 억제하고 공격적이고 경쟁적일 뿐만 아니라 여성에게는 권위적이라고 생각하고 있다. 그러나 남성성(masculinity) 혹은 남성의 성 역할(masculine gender role)은 시대와 사회에 따라 조금씩 다를 뿐만 아니라 개인차도 있다. 이러한 차이를 극명하게 보여주는 연구인 미드(Mead, 1988)의 먼더구머, 아라페쉬, 챔불리라는 뉴기니아의 세 원시 부족사회에 대한 연구에 의하면, 거칠고 공격적이고 지배적인 남성상은 먼더구머 사회에서만 발견될 뿐 아라페쉬와 챔불리의 남성은 다른 모습이라고 한다. 그리고 현대사회에서도 여권론의 등장과 기혼여성의 경제활동 참여 증대로 남성 역할의 변화가 요구되고 있다. 이런 변화의 과정에서 현대 남성의 모습, 그리고 바람직한 남성상을 둘러싸고 있는 여러 가지 다양한 관점이 제기되고 있는데, 클래터바우(Clatterbaugh, 1990)는 남성학의 이론을 다음 6가지로 요약하였다.

## 01 보수주의적 관점

### 1) 기본적 입장

보수주의적 관점은 남성과 여성 간의 전통적인 역할 구분을 옹호하는 입장이다. 그래서 현대사회에서도 여전히 남성은 거칠고 경쟁적인 공적활동을 통해 생계부양자 역할을, 그리고 여성은 가정 내에서 자녀양육과 보살핌에 관련된 일을 맡아야 한다고 주장하였다. 보수주의적 관점은 자신들이 내놓는 논리적 근거에 따라 다시 도덕적 보수주의와 생리적 보수주의로 나뉜다.

### (1) 도덕적 보수주의자

도덕적 보수주의자는 남성은 근원적으로 야만인(barbarian)이라고 가정하면서 공격적이고 경쟁적이기는 하지만 사회에 해가 되지 않는 활동, 예를 들어 스포츠, 직업세계에서의 경쟁, 여성에 대한 통제를 통해 이런 야만성을 방출해야 한다고 주장하였다. 그러나 만약 전통적인 남성 역할이 남성에게서 박탈된다면 남성은 공격적이면서도 반사회적인 활동을 할 것이기 때문에 남성에게 전통적인 남성 역할이 주어져야 한다고 하였다. 그리고 남성이 생계부양자 역할이나 보호자 역할을 맡는 것은 여성을 지배하기 위한 것이 아니라 자연적 순리임을 강조하였다.

### (2) 생리적 보수주의자

Steven Goldberg (1941~ )

생리적 보수주의자는 자신들 주장의 근거로 생리적으로 남성은 여성과는 다름을 제시하였다. 이 입장을 대표하는 학자는 ≪가부장제의 불가피성(The Inevitability of Patriarchy)≫이라는 책을 쓴 Goldberg인데, 그는 남성은 테스토스테론 같은 남성호르몬 분비 때문에 여성보다는 더 공격적이 된다는 점과 남성과 여성 간의 신체구조의 차이를 들어 남성의 전통적 성 역할을 옹호하였다.

이 관점은 또한 가족주의 가치를 옹호하면서 남성은 가족과 사회를 위해서 일을 하는 반면 여성은 가정을 관리하면서 남성을 가정에 묶어 두는 노력을 해야 함을 강조하였다.

따라서 이 입장은 독신여성, 여성 간의 동성애 등에 대하여 비판적이어서 이런 여성 때문에 가정에 묶이지 않는 남성이 증가하고 이것이 폭력, 마약, 범죄 등의 원인이 된다고 주장하였다. 즉 여성이 할 일은 남성의 공격적이고 불안정한 기질을 통제하고 가정에 묶어 두는 것이라는 것이다. 이렇게 함으로써 남성은 공공 영역에서 권력을 행사하지만 가정과 성적 영역에서는 오히려 여성이 권력을 행사할 수 있게 된다고 하였다.

이 관점은 여성의 경제활동 참여에 대해서도 역시 부정적이다. 여성의 경제활동 참여의 효과는 가족의 계급적 위치에 따라 달라진다. 여성의 경제활동 참여는 교육수준이 높아 전문직에 진출할 수 있는 중산층 여성에게는 도움이 되지만 교육수준이 낮은 저소득층 여성에게는 큰 의미가 없다. 오히려 여성의 경제활동 참여로 인해 남성의 실직이라는 사회문제만 초래될 뿐이며 남성의 수입에만 의존해야 하는 교육수준이 낮은 여성에게는 결코 도움이 되지 못한다고 본다. 결국 여성의 경제활동 참여는 맞벌이를 통해 고소득을 누릴 수 있는 중산층 가족에게만 도움이 될 뿐 맞벌이를 하더라도 생계유지 수준의 소득밖에 얻지 못하는 저소득층가족에는 도움이 되지 않는다는 입장이 보수주의 관점이다.

### 2) 비판적 시각

Margaret Mead
(1901~1978)

이 관점의 비판적 시각은 거칠고 공격적이며 지배적인 남성의 기질이 시간과 공간을 초월하여 보편적으로 존재한다는 다소 받아들일 수 없는 가정에 기초하고 있다. 그러나 남성성과 남성의 성 역할이 고정된 것이 아니라 사회와 문화에 따라 다르게 나타난다. 먼더구머, 아라페쉬, 챔불리라는 뉴기니아의 세 원시 부족사회를 연구한 미드에 의하면, 거칠고 공격적이고 지배적인 남성상은 먼더구머 사회에서만 나타날 뿐 아라페쉬 사회의 남성은 협동적이고 온순하고 비경쟁적이라고 한다. 그리고 테스토스테론이라는 남성호르몬 분비량과 공격성 간에 관련이 있다는 연구가 있기는 하지만 그 관련성은 그다지 크지 않으며, 관련성이 있다고 해도 인과관계가 아니라는 지적이 있다. 즉 테스토스테론 때문에 남성의 공격성이 증대되었는지 아니면 다른 환경적 요인에 의해 공격성도 길러지고 그 결과 테스토스테론 분비량도 증대되었는지 알 수 없다는 것이다.

물론 대부분의 현대 자본주의사회에서 남성이 거칠고 경쟁적인 생활을 하는 것은 사실이다. 하지만 이는 전투적인 경쟁이 일상화된 자본주의에서 남성을 그렇게 양육했기 때문이지 남성의 본질적 기질 때문은 아니다. 그리고 여성의 경제참여를 비판하는 것은 보수주의자가 흔히 내세우는 시장경쟁의 원리와도 맞지 않는다. 진정한 시장경쟁의 원리가 적용되려면 남성이라고 모두 경제활동에 참여하는 것은 아니며 능력 있는 여성이 오히려 능력 없는 남성보다 더 많은 경제활동에 참여할 것이다.

## 02 친여권론적 관점

### 1) 기본적 입장

보수주의자가 가부장적 문화를 남성의 파괴적인 경향을 적절히 통제하기 위해 만들어진, 그래서 필요한 것으로 보는 것과는 달리 이 관점은 가부장적 문화는 남성의 집단이기주의의 산물이거나 정치권력 혹은 사회의 필요에 의해 억지로 만들어진 것으로 본다. 그러므로 가부장적 문화는 남성에게 궁극적인 도움이 되지 않으며, 따라서 당연히 파기되어야 한다고 주장하였다. 또한 보수주의자처럼 남성성과 여성성이라는 남녀 간의 본질적 기질 차이는 없다고 보았다. 따라서 남성은 경제활동, 여성은 집안일이라는 성 역할 구분은 인위적인 것이므로 역할분담은 개인의 능력과 소질에 따라 이루어져야 함을 강조하였다.

이 관점은 다시 급진적 친여권론적 관점과 자유주의적 친여권론적 관점으로 나눌 수 있다.

### (1) 급진적 친여권론적 관점

급진적 친여권론적 관점은 현대사회의 문화를 남성 중심의 가부장적 문화라고 규정하고 이를 극복하기 위해서는 남성성을 멀리하고 여성적 가치 및 행동양식을 습득할 필요가 있음을 강조하였다. 이 관점은 남성성의 폭력성을 인정한다는 점에서 도덕적 보수주의자와 유사하다. 하지만 이런 남성성을 남성의 본질로 보고 적절히 해소할 수 있도록 도와주어야 한다고 보지 않고 오히려 이를 버려야 한다고 보는 점에서 다르다. 또한 이 관점은 남성이 이런 남성성을 유지하는 것은 이것이 자신에게 이익이 되었기 때문임을 강조한다. 따라서 이 관점은 남성에게 자신의 특권을 포기하고 자기비판을 요구하도록 하였다.

### (2) 자유주의적 친여권론적 관점

급진주의적 관점이 가부장적 문화 속에서 남성이 누리는 특권을 강조한 반면 자유주의적 친여권적 관점은 전통적인 남성다움이 남성의 자기실현에 장애가 되었음을 주목하였다. 전통적인 성 역할 때문에 남성은 '강해야 한다', '감정을 드러내어서도 안 된다', '가족의 생계를 책임져야 한다' 그리고 '성공해야 한다' 등과 같은 것에 집착하여 압박감과 긴장감에서 벗어날 수가 없었고, 또한 부드러움과 친절함을 억제하고 추상적이고 공격적인 면만을 발달시켜야 하는 반쪽 인간이 될 수밖에 없었다.

많은 남성은 실직 혹은 아내나 자녀로부터의 불만에 직면하기 전에는 자신의 이런 생활에 의문을 갖지 않고 잘 살아간다. 하지만 일단 실업 혹은 가족 갈등과 같은 위기에 직면하면 헤어날 수 없는 좌절과 절망에 빠지게 된다.

따라서 자유주의자는 이에 대한 대안으로 남성에게 전통적인 남성상에만 집착하지 말고 남성성과 여성성이 조화를 이룬 양성성을 권장하였다. 이런 자유주의에 대하여 급진주의적 친여권론은 현재 남성과 여성이 대등한 위치에 있지 못하기 때문에 남성성과 여성성의 어설픈 조화는 근원적인 해결책이 되지 못하며 여성성이 전면에 내세워져야 함을 주장하였다. 즉 자유주의자의 주장대로 남성과 여성 모두가 가부장적 문화의 피해자라고 봄으로써 남성의 여성에 대한 억압이 간과된다고 비판하였다.

### 2) 비판적 시각

이 관점의 비판적 시각은 지나치게 남성성의 부정적인 면만을 강조한다는 비판을 받을 수 있다. 특히 이런 경향은 급진주의적 친여권론적 입장에서 현저하다. 현재 미국에는 NOCM(National Organization for Changing Men) 같이 이 입장을 지지하는 단체가 결성되어 있으나 대중적 지지는 받지 못하고 지식인이 선호하는 관점이다.

일반인이 이 관점에 적극적으로 호응하지 못하는 이유는, 이런 운동으로 인해 남성의 권위가 더욱 실추될 것이라는 우려와 일반 여성이 이렇게 변화된 남성을 얼마나 환영할까 하는 불안 때문일 것이다. 거기다가 이 관점의 이론의 틀은 대부분 페미니즘에서 차용한 것인데 일반인들은 페미니즘은 여성을 위한 이론이라고 생각하고 있기 때문에 이 입장을 적극적으로 지지하지 못한다는 의견도 적지 않다.

## 03 남성권리 회복 관점

### 1) 기본적 입장

이 관점은 현대사회에서 여권론의 확산으로 여성보다는 오히려 남성이 더 큰 고통 속에 있음을 강조한다. 현대사회에서도 여전히 남성에게는 가장으로서의 책임이 주어지지만 여성의 경제활동 참여 증대, 국가 간의 치열한 경쟁과 자동화로 인한 고용불안으로 남성의 가장역할 수행은 어렵게 되었다. 또한 가정 내에서는 부드럽고 온화하고 자상한 남편과 아버지이면서 동시에 사회에서는 단호하고 냉정한 그리고 성공한 남성이라는 모순된 기대가 남성에게 주어진다. 현대사회의 많은 남성은 이런 모순적 기대들을 채울 수 없고 이런 상황에서 남성은 위로를 받기보다는 오히려 여성으로부터 비난을 받는다. 여성은 애정 혹은 성의 철회를 통해 간접적으로 그리고 남성에 의해 쉽게 상처받는 모습을 보여줌으로써 남성의 죄책감을 유발시켜 남성에게 권력을 행사한다. 이렇게 죄책감을 느끼게 된 남성은 자기학대 혹은 죄책감에 시달리게 되고 나아가 타인 욕구에 대해 무관심하거나 타인에 대한 공격행위를 하기도 한다.

또한 이 관점은 페미니즘이 여성만을 위한 운동이라고 비판하며 남성은 새로운 성차별주의 희생자가 되고 있다고 주장하였다. 그래서 현대사회에서 남성의 20대는 생기가 있지만 30대가 되면 기계가 되고 40대가 되면 소진된다고 한다. 이런 현실을 남성은 일벌에 비유하고 여성은 여왕벌에 비유하기도 한다. 그리고 대부분의 현대사회에서 남성의 평균 수명이 여성보다 낮으며 또한 많은 남성이 자살, 질병, 범죄, 사고, 정서장애, 알코올중독, 마약 등으로 시달리고 있다.

이 관점은 남성에 대한 부정적인 이미지로 인해 배우자와의 이혼 과정에서 부당한 양육비 청구에 시달리며, 이혼재판에서 아버지의 자녀양육권은 쉽게 박탈되고, 여성 피해자의 진술에만 의존함으로써 남성은 성폭력가해자로 몰리게 되며, 아내에 의한 남편구타는 도외시하고 남편만이 일방적 피의자로 취급되는 사례를 발견할 수 있다. 최근 미국에서는 이 입장을 대변하는 단체로 National Congress for Men(NCM)이 있다. 한국에도 이와 유사한 관점이 ≪남편 기 살리기≫라는 저서에 제시되어 있는데, 이 책에서 남편을 억압하는 아내를 '신칠거지악'이라는 이름으로 돈돈부인, 비교부인, 달달부인, 멸시부인, 군림부인, 자유부인, 그리고 꼬치부인으로 분류하여 설명하고 있다.

## 2) 비판적 시각

이 관점의 비판적 시각은 현대사회에서 남성에게 부과된 과중한 책임과 이로 인한 억압을 지적하고 이의 해소를 강조하는 점에서 자유주의적 친여권론과 유사한 것처럼 보인다. 하지만 이 관점은 남성의 이런 처지를 여권론 혹은 여성의 이기심 탓으로 돌릴 뿐 우리 사회가 구축해 놓은 가부장적 문화의 산물임을 이해하지 못했다. 물론 일부 여성은 자신의 이기심 때문에 남편에게 자상한 아버지와 성공한 남편을 동시에 요구하고 이를 제대로 수행하지 못하는 남편에게 죄책감을 느끼게 하기도 한다. 하지만 대부분의 여성은 이런 요구가 모순된 것임을 알고 있으며 설령 여성이 이런 요구를 한다 하더라도 이는 남성에게 의존할 것을 여성에게 요구하는 가부장적 문화 탓이라고 인정하고 있다. 따라서 현대사회에서는 남성 억압을 극복하기 위해서는 남성과 여성이 함께 노력해야 할 것이다. 또한 이 관점은 여전히 남성이 받고 있는 특권이 더 많은 상황에서 남성의 수난을 강조한다는 비판을 받고 있다.

## 04 정신주의적 관점(남성성 회복 관점)

### 1) 기본적 입장

정신주의적 관점 역시 남성권리 회복 관점처럼 현대사회에서 남성이 무의식적으로 억압받고 있음을 강조하였다. 그러나 남성권리 회복 관점과는 달리 현실적인 권리 쟁취 대신 정신적인 측면에서의 진정한 남성성의 회복과 실현을 강조하였다. 여권론의 등장으로 진정한 여성성에 논의는 깊이 진행되었으나 남성성에 대한 진지한 논의는 거의 없고 대부분이 비판 일색이다.

또한 산업사회의 도래로 남성은 가정 밖에서 오랜 시간을 보내게 되는데, 이로 인해 남아는 가정에서 어머니에 의해 양육되고 학교에서도 여교사에 의해 양육되면서 진정한 남성 역할 모델을 접하기가 어렵게 되었다. 그래서 정신주의적 관점에서는 참된 남성성이 무엇인가를 찾고 이를 제시하고자 한다.

블라이(Bly, 1987)는 진정한 남성성으로 야성적인 남성(wild man) 혹은 전사적 자아(warrior-self)라는 개념을 제시하면서 이것이 남성 자신의 내부적 본성에 부합하는 것임을 주장하였다. 이런 자신의 본성을 찾기 위한 수단으로 숲속에서 옷 벗은 모습으로 북을 치거나, 춤을 추며 자신을 드러내는 행위를 한 예로 제시하기도 하였다. 그리고 울기(crying)와 같은 감정적 표출을 통해서 남성은 자신의 내면에 있는 참된 전사적 자아를 발견하고 이를 통해 일상생활에서 자신 내면으로부터 힘을 끌어낼 수 있다고 보았다.

아놀드(Arnold, 1991)는 남성성의 원형으로 순례자, 전사, 마법사, 왕, 야생의 남성(wild man), 영적 치료자, 책략가(trickster), 연인(lover) 등을 제시하면서 이것들이 남성 속에 깨어나지 못하고 잠들어 있으므로 이를 일깨워야 함을 강조하였다. 그리고 남성이 드러내는 문제행동, 즉 타인에 대한 공격, 무관심, 역기능적 가족생활, 약물중독 등은 초남성성(hypermasculinity)의 산물이 아니라 남성 에너지의 상실, 남성 정체성의 위기, 느낄 수 있는 능력의 결핍, 그리고 상처받은 남성성(wounded masculinity)의 탓으로 돌린다. 그러므로 남성의 문제를 해결하기 위해서는 남성성을 비판할 것이 아니라 상처받은 남성성을 회복시켜 주어야 한다고 보았다. 그리고 이러한 처방은 사회문제를 해소하는 소극적인 이익뿐만 아니라 남성의 에너지가 사회건설에 적극 활용될 수 있는 적극적인 이익도 가져다준다고 보았다.

로(Rohr, 1992)에 의하면 진정한 남성성은 다음의 과정을 통해 발달이 이루어진다고 하였다. 진정한 남성성을 위해 우선 여성적인 것을 수용하는 과정이다. 이 과정에서 남성은 일상적 여성성(common femininity)으로 남성적인 것을 닦아내고 그 결과 수용적 · 양육적 그리고 남의 말에 귀를 기울이며 감정적으로 민감하게 되는 과정이다. 다음으로 이런 과정을 통해서 깊은 남성성(deep masculinity)을 획득하게 된다. 이것은 야성적 남성의 과정으로 남성성과 여성성을 통합하여 에너지를 외부로 발산하여 사회적으로 그가 가진 특정 분야의 능력을 발휘하는 것이다.

## 2) 비판적 시각

정신주의적 관점의 비판적 시각은 남성성과 여성성은 근원적으로 다르다고 본다는 점에서 친여권론적 입장과는 다르다. 친여권론이 전통적 남성성의 한계를 극복하고 새로운 대안으로 양성적인 남성 혹은 여성적 가치를 수용한 남성성을 강조하는 데 반해 이 관점은 근원적인 남성성을 찾기를 요구하였다.

정신주의적 관점이 이렇게 주장하는 것은 남성이 추구해야 하는 남성성과 여성이 추구해야 하는 여성성은 근원적으로 다르다고 생각하기 때문이다. 그러나 이 관점이 제시하는 남성성이 정말 모든 남성에게 근원적으로 내재된 본질적인 남성성인지 아니면 남성 우월주의적 문화의 산물인지는 알 수 없다. 그래서 남성성 회복 관점은 남성우월주의를 유지하려는 새로운 시도에 불과하다는 여권론의 비판이 있을 수 있다.

이 관점은 '상처받은 남성성'을 강조하면서 상처를 입히는 주체로 여권론, 특히 남성에게 여성성을 강요하는 현대사회의 분위기를 지목하였다. 그러나 현대사회에서 여성이 남성으로부터 받고 있는 고통은 강간이나 가정폭력처럼 목숨을 위협하는 것인 반면, 남성이 여성으로부터 받는 고통은 자존심 위협 혹은 조롱 등이 대부분이다. 따라서 이 관점이 내세우는 남성성의 회복이 남성의 정신적 안락함과 편안함의 추구일 수 있다. 또한 이 관점은 남성의 문제를 지나치게 영적 혹은 내적인 각성 차원에서만 해결하려고 할 뿐 현대사회에서 남성문제를 둘러싸고 있는 사회문화적 환경을 전혀 고려하지 않는다는 비판을 받고 있다.

## 05 사회주의적 관점

### 1) 기본적 입장

사회주의적 관점은 경쟁적이고 지배적이며 공격적인 현대사회의 남성성을 자본주의적 생산방식의 산물로 본다. 우선 현대 자본주의사회에서 노동계급이 처한 상황을 살펴보면, 이들은 자동화, 노동인구의 과잉공급, 젊은 세대의 등장 등으로 실직에 대한 불안 상태에 있다. 그리고 강요된 작업스케줄 때문에 가정을 돌볼 시간이 없으며 따라서 자신을 돌보아 줄 보조를 가정 내에 두어야 한다고 주장하고 있다. 이런 상황에서 노동계급의 남성은 스스로 고귀함이나 심리적 안정감을 지닐 수 없다. 또한 이들은 조장, 관리자, 감독관 등의 일방적인 통제하의 상황에서 남성은 동료와 함께 암묵적 혹은 비공식적으로 권위에 저항하는 연대를 형성하고 이것이 남성성의 한 단면이 된다고 생각한다. 이런 지배와 통제에 대한 반작용으로 여성을 희생양으로 삼아 억압하거나 타인에게는 무심한 남성성을 지니게 된다.

현대 자본주의사회에서 관리직 남성이라고 예외는 아니다. 이들은 타인을 통제하고 관리하는 기술을 익혀야 하고 자신의 승진을 위해서 타인을 의심의 눈으로 보아야 한다. 즉 정글 속의 야수처럼 어깨너머로 감시의 눈을 번뜩여야 하고 누가 따라오고 있지 않은지 주시해야 하며 자신의 성공을 위해서는 타인의 희생에 대해 둔감해질 필요가 있다. 관리직 남성은 이런 생활에 오랫동안 적응한 결과 공격적이고 경쟁적인 남성성을 지닌다.

이처럼 현대 자본주의사회에서 사회적 차원의 물질적 부는 창출되었지만 개인 각자의 삶은 더욱 가난해지고 있다고 볼 수 있다. 이 관점은 새로운 남성상을 정립하기 위한 전략으로 일차적으로 작업현장에서 노동자의 자율권과 통제권의 증대를, 그리고 그 다음 단계로는 기존의 생산방식을 대체할 수 있는 새로운 생산방식 혹은 경제제도를 찾아야 함을 주장한다.

이런 변화가 정착된다면 남성에게뿐만 아니라 여성에게도 도움이 될 것이다. 따라서 이 관점은 남성과 여성의 공동 노력을 통해서 남성문제와 여성문제를 동시에 해결할 수 있음을 강조하였다.

## 2) 비판적 시각

사회주의적 관점의 비판적 시각은 남성문제의 원인 제공자로서 여성을 지목하는 남성권리 회복 관점처럼 여성을 비난하는 대신 자본주의적 생산방식의 변화를 통해서 남성문제와 여성문제가 동시에 해결될 수 있음을 강조함으로써 긍정적인 것처럼 보인다. 그러나 이 관점에는 남성성에 대한 깊이 있는 통찰이 결핍되어 있다. 경쟁적이고 지배적인 남성성을 단순히 자본주의적 경제활동의 산물로만 볼 수 없으며 남성들 스스로가 의식적이든 무의식적이든 이런 남성성을 만들어내는 심리기제가 있을 것이고, 이를 분석하는 작업이 필요할 것이다.

예를 들어 남성의 동료 남성에 대한 억압은 자본주의적 생산방식의 결과로 충분히 설명이 되지만 여성에 대한 억압은 이것만으로는 충분한 설명이 되지 않으며 여성에 대한 남성의 우월의식이 영향을 끼쳤을 것이다. 따라서 남성에게 잠재된 자연과 인간을 포함한 대상에 대한 지배 혹은 정복심리, 특히 여성에 대한 우월의식 등의 근원은 무엇이며 이것을 어떻게 극복할 수 있을 것인가를 논의해야 할 것이다. 이런 맥락에서 이 관점은 남성 스스로의 변화 노력은 강조하지 않고 모든 책임을 남성 외부의 사회에서 찾는다는 비판을 받을 수 있다.

## 06 다양한 남성성의 관점

### 1) 기본적 입장

다양한 남성성의 관점이라고 하면 남성 세계에서의 주변부 남성, 즉 남성동성애자와 흑인의 시각이다. 우선 남성동성애자의 입장을 다음과 같이 살펴볼 수 있다.

대부분의 현대사회는 남성은 남성다워야 하고 여성은 여성다워야 한다는 믿음이 지켜지고 있는 성별이원체계(gender system) 사회이다. 하지만 이 성별이원체계는 여성의 이익보다는 남성의 이익을 더 많이 보장해주는 체계일 뿐만 아니라 때로는 남성 우월주의적 관행을 정당화시켜 주기도 한다. 따라서 여성은 이 성별이원체계의 변화를 그리고 남성은 이를 지키려는 경향을 보인다. 이런 성별이원체계를 지키려는 남성은 이것이 남성과 여성 간의 생물학적 차이에 기초한 자연적인 체계임을 강조한다.

그런데 남성동성애자의 존재는 성별이원체계의 자연성을 훼손하는 사례이므로 남성은 남성동성애자를 핍박하게 된다. 따라서 여성보다 남성이 동성애에 더 부정적이며 특히 남성은 여성동성애자보다 남성동성애자를 더 억압한다(Price & Dalecki, 1998). 이는 남성의 완고하고 엄격하며 규율적인, 그래서 덜 관용적인 특성과도 관련이 있겠지만 이보다는 남성의 남성다움에 대한 집착이 더 큰 이유가 될 수 있다.

즉 여성은 남성동성애든 여성동성애든 모든 동성애를 단지 성적 지향(sexual orientation)의 문제로 보고 이를 심각하게 보지 않는 반면, 남성은 남성의 동성애는 남성의 위상을 추락시키는 행위, 즉 성별이원체계에 도전하는 행위로 여기기 때문에 남성동성애에 대하여 강한 혐오감을 드러내는 것이다(Price & Dalecki, 1998). 이런 현실에 대하여 남성동성애자는 자신에 대한 핍박은 정당하지 못하며 남성은 남성다워야 한다는 신념의 유지를 위하여 자신에 대한 편견과 핍박이 이용되었음을 강조하였다.

이 때문에 남성은 자신이 동성애자라는 낙인을 받지 않기 위해 자신 속의 여성적 기질을 억제할 뿐만 아니라 과장된 남성다움을 과시하며 때로는 여성을 지배하기까지 한다. 따라서 이 관점은 남성동성애자에 대한 편견의 극복을 강조할 뿐만 아니라 남성은 언제나 남성다워야 한다는 신념에 대하여도 비판적이다.

한편 인종 간의 차이에서도 남성에 대한 관점은 다르게 나타나고 있다. 흑인 남성은 백인 남성과는 달리 생계부양자로서 가족을 책임지는 것이 자신의 역할이 아니었다. 과거 노예시대에는 주인을 위해 일하는 일꾼에 불과하였으며 현대사회에서도 인종차별로 인해 생계부양자 역할을 제대로 수행하지 못하고 있다. 따라서 남성은 오래전부터 늘 생계부양자 역할을 해왔음을 가정하고 이의 유지를 강조하는 보수주의나 이의 변화를 요구하는 친여권론적 입장은 흑인 남성과는 무관한 입장이다.

이들은 남성다움의 유지 혹은 변화보다는 자신의 지위 향상이라는 당면과제에 더 몰두한다. 따라서 이들은 남성학 혹은 남성해방이 아니라 흑인 남성에 대한 편견, 즉 게으르며, 지나치게 성적이고, 무책임한 흑인 남성이라는 편견의 해소에 더 많은 관심을 갖고 있다. 한국사회에는 인종과 이에 따른 인종차별은 없었지만 봉건적인 신분제사회의 흔적이 아직 남아 있다. 그 결과 남성이지만 소외계층에 속한 남성은 남성으로서의 특권을 누리지 못한다. 따라서 이들에게는 남성학이나 남성해방보다는 자신의 지위 향상이 더 중요한 과제일 수 있다. 동성애자와 흑인 남성의 삶을 이해함으로써 모든 남성이 남성으로서 특권을 누린 것은 아니며 남성 중에도 소외집단이 있음을 알 수 있다.

### 2) 비판적 시각

이 관점의 비판적 시각은 한국사회에는 상대적으로 동성애자가 아직은 소수이기 때문에 동성애에 대한 이슈가 남성문제의 전면에 부각되기는 어렵다는 것이다. 하지만 음지에 숨어 있던 남성동성애자가 자신의 존재를 드러내고 자신의 목소리를 내기 시작한다면 사정은 달라질 것이다. 이렇게 되면 한국사회에도 동성애 비판론자와 동성애자 간의 논쟁이 격화될 것이고 동성애문제가 사회적 쟁점이 될 수 있다.

지금까지 살펴본 여섯 가지 외에도 기독교적 관점이 있다. 이 관점은 남편과 아내와의 관계를 하나님과 인간 간의 관계에 비유하면서 남편은 아내를 사랑하고 아내는 남편에게 순종할 것을 요구한다. 아내의 순종과 남편의 권위를 인정한다고 해서 남편 중심의 생활을 의미하지는 않는다. 오히려 남성에게 가정을 경제적으로 이끌어갈 뿐만 아니라 가정생활에서도 자녀에게 모범이 되고 이들을 정신적으로 인도할 것을 요구하고 있다.

앞서 설명한 정신주의적 관점, 즉 남성성 회복 관점도 남성양육(male mothering)을 내세우지만 정신주의적 관점이 남성성 회복을 위한 양육이었다면 기독교적 관점은 좋은 아버지로서의 양육을 강조하고 있다. 이 관점 또한 보수주의 관점처럼 남성의 할 일과 여성의 할 일을 구분하고 남성의 권위를 인정하지만 보수주의 관점이 가정과 자녀양육을 여성의 영역으로 보는 것과는 달리 이 관점은 가정 내에서 남성의 역할을 요구한다. 남성의 양육 참여를 요구한다는 점에서 여권론적 관점과 유사한 것처럼 보이나 여권론적 관점과는 달리 아내의 남편에 대한 순종을 강조하고 있다.

이러한 관점은 남성의 권위를 살려주면서 여성에게 남편의 사랑을 보장한다는 점에서 이상적인 것처럼 보이기도 하지만 실제 이러한 책임과 의무를 다할 수 있는 남성은 많지 않으며 현실적으로도 남성의 권리만을 옹호하는 관점으로 변질되기 쉬울 것이다.

CHAPTER 13

# 남성에 대한 진실

모든 남성은 두 가지 세상에 살고 있다. 하나는 그가 상호작용하는 물리적·공적·외적 세상이며, 다른 하나는 그가 느끼고 생각하고 자각하고 해석하고 자신의 삶에 의미를 부여하는 독특하고 사적인 내적 세상이다. 이 두 세상이 공존하는 속에서 그는 자기 자신을 경험하고, 자신의 현실을 구축해 간다. 그 세상 속에는 그들만의 진실이 있다는 사실이다.

## 01 남성과 감정

감정은 가장 기본적이고 보편적인 인간 경험이다. 사람은 누구나 내적이거나 환경적인 사건에 어느 정도 감정적인 반응을 하며 긍정적 정서를 경험하고자 한다. 이것은 삶에 있어 가장 중요한 동기 중 하나일 것이다. 왜냐하면 사람들은 돈, 사랑, 지식, 신체적 쾌락, 관계를 추구하는데, 그것들이 어느 정도 감정적인 만족을 가져다줄 거라고 믿기 때문이다.

뇌에서 감정과 관련된 부분이 뇌의 중심인 것처럼 감정은 인간 경험의 중심이다. 흔히 우리는 감정과 정서라는 용어를 구별 없이 혼합된 의미로 사용하기도 한다.

그러나 감정과 정서의 차이를 정의한다면 감정이란 한 개인이 특정 상황이나 사물을 보고 느낀 상태를 의미한다면, 정서란 개인의 마음속에서 우러나올 수 있는 모든 생각 혹은 느낌을 뜻하는 것이다. 말하자면 감정은 정서의 일부분이라 할 수 있는 협의의 개념이며, 정서는 감정을 포함하고 있는 광의의 포괄적인 개념이 되는 것이다.

"감정은 잠들지 않는다."라는 프로이트(Freud)의 오래된 정신분석적 격언에도 있듯이 감정은 직접적으로든 간접적으로든 표출되려는 속성이 있다. 강한 감정은 그 자체의 생명을 가진 듯하다. 감정 경험이 감정 표현을 더 강하게 고무한다는 전제에 따르면 감정 표출을 억압하는 데는 더 강한 힘이 필요할 것이다. 남성의 사회화 과정, 남성 이데올로기, 연약한 감정의 표현을 피하길 바라는 남성에 대한 상황적 기대에서 이런 강한 영향력을 발견할 수 있다.

우리는 많은 남성이 감정을 이해하고 다루고, 표현하는 데 어려움을 겪는다는 것을 일상생활을 통해 알 수 있다. 정서표현에서 억압은 남성 연구에 있어 가장 빈번히 거론되는 주제 중 하나이며, 대인관계의 어려움, 신체적 질병, 정신건강문제, 공격성을 포함한 다양한 남성문제의 잠재적인 원인으로 여겨진다. 남성이 상처받거나 두렵고 슬픈 것과 같은 연약함이나 통제력의 상실을 의미하는 감정을 느낄 때, 남성은 이런 감정 인식에 저항하고, 연약한 감정을 피하고, 감정을 가장하도록 격려받는다.

## 1) 정서표현

정서를 표현하는 방식에 있어서는 평균적인 성차가 있다. 여성은 표정과 다른 비언어적 표현, 수다를 통해 그들의 감정을 전달하는 경향이 있다. 그에 반해 남성은 그들의 감정을 무의식적으로 행동화하는 특성을 지니고 있다(Brody & Hall, 2000). 여성은 또한 표정, 신체, 목소리 신호를 통해 타인의 감정을 더 잘 인식하는 경향이 있다. 이런 발견들은 일반적으로 감정이 간접적으로 표현되었을 때조차도 여성이 남성보다 다른 사람의 감정에 더 예민하다는 것을 나타낸다.

정서표현에 있어 핵심적 요인은 맥락이라는 것을 명심해야 한다(Shields, 2010). 남성다운 남성도 게임에서 이겼을 때는 동료와 서로 껴안으며, 장례식이나 전우와 재회하였을 때 같이 울기도 하는 등 사회적 상황이 그런 표현을

유교문화권 속의 남성을 속박한 '남성답다'는 문제와 감정표현의 서투름은 긴밀한 관계가 있다.

허용할 때는 문화적으로 남성답지 않다고 정의되는 감정을 나타내기도 한다. 사회적 힘은 즉각적인 맥락과 상위 문화의 배경 모두에서 사람에게 영향을 미친다(Deaux, 2000).

요약하면 남성은 여성보다 감정을 덜 표현하고 덜 개방하며, 느낌보다는 생각을 개방하는 경향이 있음을 많은 연구 결과에서 엿볼 수 있다(Kilmartin, 2009). 이론가는 이런 차이의 기원에 대해 다음과 같이 제시하였다.

## 2) 정서 억압의 기원: 사회적 역할이론

정서의 억압은 전통적 남성성 특징의 하나다. 대개 남성은 어릴 때부터 감정을 부정하고 억압하도록 사회화하였다. 강인함, 자기신뢰, 과업 지향, 논리성, 대담함, 확신은 특히 연약함과 연관된 감정의 표현에 대한 반대 개념으로 지각되었다.

남성의 무표현에 대한 심리분석적 해석은 엄마와의 심리적 동일시에 대한 초기 아동기의 거부에서 찾을 수 있다. 남자아이는 대개 이성인 엄마에 의해 양육되므로, 그 자신을 남성으로 정의하기 위해 자신과 엄마 사이에 확실한 경계를 두어야만 했다. 만일 남자아이의 엄마가 정서적 표현이 강하고 아빠가 그렇지 않다면, 정서는 '여성다움'이며 그래서 남성다움의 정체성을 위협받는 경험을 할 것이다. 이론적으로 여자아이의 성정체성은 엄마와의 애착에 근거하는 반면 남자아이의 성정체성은 엄마와의 분리에 근거를 둔다(Chodorow, 1978). 결과적으로, 여자아이는 더 관계 지향적으로 되고 남자아이는 과업 지향적으로 되는 경향이 있다.

관계는 그 자체로서 실제적인 결과를 가져오는 것이 아니며 감정과 마찬가지로 경험이며 애착의 유지이고, 친밀한 관계의 유지는 정서적 자기개방을 요구했다.

또한 가족 내에서의 관계형성이 남성을 정서 세계로부터 멀어지게 한다는 관련 연구도 있다. 부모는 분노와 경멸을 제외한 감정을 아들보다는 딸과 더 많은 표현을 한다. 아이가 기분이 나쁠 때, 엄마는 딸에게는 직접적으로 감정에 대해 표출하고, 아들에게는 감정의 원인과 결과에 대해 표출하고자 한다. 전자는 표현을, 후자는 통제를 격려한다. 경험의 특정 측면을 부각시키는 이런 경험에서 행동양식을 찾던 아동은 어느 것이 집중할 가치가 있는가를 알게 된다. 여성에게 이것은 대개 정서의 세계이고, 남성에게는 과업, 통제, 초연한 분석의 세계일 것이다.

이러한 억압된 정서성은 인간의 사회적 역할에서 엿볼 수 있다. 인간에게서 사회적 역할은 행동의 강력한 결정요인이다. 이것은 남성의 무표현성에 관한 가장 확실한 설명 중 하나를 찾을 수 있는 이론적 영역이다. 사람들은 행동할 때 역할을 가정하고, 역할 밖의 행동을 피하는 경향이 있다. 이미 알고 있듯이 남성과 여성의 역할은 다양한 사회적 행동에 영향을 미치는 기능을 하는 사회적 역할로 일반화된다고 볼 수 있다.

남성의 무표현성에 대해 새틀(Sattle, 2008)은 남성은 단지 권위를 유지하기 위해 무표현적으로 행동한다고 주장한다. 감정을 억제하고 있음으로써 남성은 여성이 남성들을 설득해서 표현하게 하고, 상호작용에서 감정과 관련된 일을 하도록 떠맡긴다고 한다. 새틀(2006)은 대개 남성이 관계의 초기에는 여성을 유혹하기 위해 의도적으로 표현할 것을 제시하였다. 후에 그들은 통제권을 주장하는 방식으로 무표현적으로 행동하게 되는데, 이것은 남성다움과 남성의 특권인 지배성을 요구하기 때문이다.

더 나아가 새틀은 무표현성이 개인에게 부여된 역할의 권위와 직접 관련되어 있다고 주장하였다. 이러한 상황은 결혼생활에 갈등이 있을 때 남편들은 부인들에 비해 얼굴 표정과 눈맞춤을 최소화하고 듣기만 하는 '완고함'으로 반응하려는 모습에서 발견할 수 있다.

라코프(Lakoff, 2010)는 남성과 여성의 전형적인 대화 패턴이 지배자와 피지배자, 감독관과 노동자, 백인과 유색인, 간수와 죄수 간에 형성되는 것과 유사한 형태라고 주장하였다.

권위 있는 위치에 있을 때는 남성과 여성 모두 권위적이고, 주장적인 언어를 사용하고 그들의 감정을 덜 드러내며 유사한 비언어적 행동으로 표현한다(Tavris, 1992). 사회적 지위와 권위는 정서적인 표현을 연구하는 데 있어 극히 중요한 변인으로서(Deaux, 2000), 성은 자주 일반적인 권위 변인으로 작용하게 된다.

종합해 보면, 우리 주변의 환경에는 남성을 무표현적으로 행동하게 하는 다양한 사회적·문화적·대인 관계적 압력이 있으며, 이런 압력은 감정을 드러내고 표현하고자 하는 자연스럽고 건강한 성향을 억압하는 작용을 하고 있다는 것이다.

### 3) 정서 억압의 결과: 정서결핍증

무표현성은 사회적 역할의 일부로서 시작하지만 장기간에 걸쳐 계속적으로 그 역할을 맡는 것은 그 사람에게 지속적인 영향을 줄 수 있다. 장기간에 걸쳐 같은 역할을 맡는 배우들은 역할의 특정 측면이 자신의 인성에 통합되었다고 보고하였다(Brannon, 2005). 오랜 세월 계속 감정이 없는 것처럼 행동하는 남성은 감정을 경험하는 능력을 실제로 잃게 된다고 하였다.

시프너스(Sifneos, 1972)는 습관적으로 무뚝뚝한 유형을 기술하기 위해 'alexithymia(정서결핍증)'라는 용어를 제시하였다. 이는 그리스어에서 유래된 용어로서(a=결핍, lexis=말, 단어, thymos=정서)는 '감정에 대해 표현할 수 없음'을 의미한다. 정서결핍증인 사람은 감정을 표현하기는커녕 그것을 인지하지도 못하는 정서가 메마른 생활을 하고 있다. 메미아, 프라이버거 그리고 시프너스(Memiah, Fryberger & Sifneos, 1976)는 정서결핍증의 특징을 다음과 같이 제시하였다.

첫째, 감정을 인식하고 기술하기가 어렵다는 것이다. 둘째, 신체적 감각과 감정을 구별하기 어렵다는 것이다. 셋째, 상징적 사고(상상력)의 감소나 부재의 특성을 지녔다는 것이다. 넷째, 외적이고 조작적인 인지 스타일 등 네 가지 특징을 꼽았다.

정서결핍증의 차원 중 감정에 대한 빈약한 인지와 표현은 의과 대학원생(Hendryx, Haviland, & Shaw, 1991)과 대학생(Bagby, Taylor, & Ryan, 1996)의 불안이나 우울 증상과 높은 상관이 있는 것으로 나타났다. 하빌랜드, 쇼, 커밍스 그리고 맥머레이(Haviland, Shaw, Cummings & MacMurray, 1988)는 금주를 시작한 알코올중독자 집단에서 우울증과 정서결핍증 간에 상관이 있음을 발견하였다.

과업 지향적이고 무표현적인 성 역할 특성을 가진 남성은 인간을 마치 사물처럼 지각하고 인간 복리보다 과업을 더 중요시하는 경향을 띨 것이다. 이러한 남성이 권력을 잡으면 파괴의 가능성이 더 커질 수밖에 없을 것이다. 남성은 인간이 저지르는 모든 사건의 가해자는 아니지만 여성보다 더 많은 죄를 범하는 것은 사실이다. 각각의 남성에게 부여된 권력이 불균형한 상태에서, 그들에게 감정이 없는 기계가 되라고 사회적으로 격려하는 것은 이런 사태에 대해 어느 정도 책임이 있다고 하겠다.

### 4) 깨어 있는 감정을 위하여

정서의 억압은 우리에게 많은 심리적 · 신체적 · 대인관계적 · 사회적 결함을 가져오고 있다. 그러나 그것은 남성의 운명이 아니며, 그들의 감정 표현을 돕기 위한 다양한 이론적 · 교육적 · 사회적 개입이 있어야 할 것이다.

그러므로 남성들의 폐쇄성, 무표현성이라는 사회적 규범을 깨도록 허용하는 환경을 조성하여 감정을 표현하고자 하는 자연스러운 인간 성향이 표출되도록 하기 위한 몇몇 이론가와 연구자의 개입 방법을 제시하고자 한다.

무어와 하버캠프(Moore & Haverkamp, 2009)는 30~50세 남성의 정서표현을 증진하기 위한 구조화된 집단적 접근법을 설계하였다. 집단활동에는 듣기훈련, 읽기과제 등의 훈련과 경쟁, 힘, 관계와 같은 남성 성 역할 주제와 관련된 일반적 토론이 진행되었다.

많은 남성이 집단 상황에서 강한 정서 반응을 보였고, 다양한 측정을 통해 정서표현에서 유의미한 성과를 보였다. 비록 그 변화가 얼마나 계속될지, 또는 다른 상황에도 일반화될지는 확실하지 않지만 남성이 그렇게 하도록 동기화되면 적어도 단기간이라도 효과적으로 변화될 수 있다는 증거는 명확하다. 무어와 하버캠프는 일부 집단구성원들이 공식적인 훈련이 끝난 후에도 6개월간 그들의 새로운 기술이 결혼, 직장, 가족, 건강관리에 도움이 됐다고 보고하였다.

오닐(James O'Neil, 1996)은 성 역할과 그것이 참가자 삶에 미치는 영향을 탐색하는 6일간의 남녀 혼성 '성 역할 여행 워크숍(The gender role Journey workshop)'을 구상하였다. 그 결과 남성 참가자의 워크숍 경험이 정서표현의 수준을 높이는 데 도움이 되었다는 연구결과를 제시하였다. 1년과 2년 후의 추후 조사에서도 대부분의 참가자는 워크숍 경험이 그들의 삶에 긍정적인 영향을 미쳤다고 하였다.

레반트(Ronald Levant, 2007; 2008)는 남성 특유의 정상적인 정서결핍증을 보이는 남성의 개별적 처치를 위한 5단계 처치 근거 모델을 개발하였다.

첫 번째 단계로 치료자는 내담자에게 남성의 사회화와 무표현성의 관련성을 교육하고 정서를 관대히 다루는 능력을 개발하도록 돕는다. 두 번째 단계는 정서적 어휘의 개발이다. 레반트는 며칠간의 과정을 통해 그가 일깨울 수 있는 감정을 위한 내담자 명단을 확보한다. 세 번째 단계는 다른 사람의 얼굴 표정, 목소리 톤, 신체 언어를 읽는 법을 배워 다른 사람의 감정을 인식하는 실습이다. 대화 중에 혹은 영화나 텔레비전을 보면서도 이것을 할 수 있는데 그는 이를 통해 성격에 대한 조망을 갖게 하려 했다. 네 번째 단계에서 내담자는 자신의 정서적 반응, 동반되는 신체 감각, 감정이 생기는 맥락을 추적하는 일기를 쓴다. 마지막 단계에는 배운 정서적 기술을 강화하기 위한 실습이 포함된다. 레반트(2008)는 이 새로운 정서적 인식은 많은 남성을 흥분시키고 힘을 북돋아 준다고 보고하였다.

최근 우리 사회에서는 여성의 경제활동이 증가하면서, 가족에 대한 표현적인 활동이 강조되는 남성의 참여가 느린 속도이긴 하지만 증가하고 있다. 전통적인 가족구조 내에서 여성은 경제적으로 남성에게 의존하고, 남성은 정서적으로 여성에게 의존하는 경향이 있다. 여성이 경제적 독립을 획득하기 시작한 것처럼, 남성도 정서적 독립을 향해 서서히 노력하기 시작하였다. 이런 종류의 자기 충만은 분리나 금욕주의가 아니라 관계와 자기인식의 맥락 속에서 남성이 감정 표현을 개선하고 있음을 의미하는 것이다.

## 02 남성과 일

역사적으로 남성과 일은 불가분의 관계에 놓여 있다고 해도 과언이 아니다. 일을 통해 남성사회화 과정에서 빼놓을 수 없는 부분은 남성이 직업을 가지도록 준비시키는 것이다. 그러나 지난 수십 년 동안 직업세계가 크게 변화하였기 때문에 일과 성에 대해 생각하는 방식에서도 변화가 있어 왔다.

많은 여성이 임금 노동시장에 참여하였고, 이로 인해 여성과 함께 일해야 하는 남성의 현실 적응에 어려움을 호소하며 육체적 힘을 요구하는 노동환경이 점점 줄어들면서 작업환경의 경쟁은 점차 치열해졌다. 그 결과 대부분의 남성 가치체제는 좋은 직업인이 되는 것을 강조하고 있지만 그것은 많은 대가를 치르는 일이다.

### 1) 일을 위한 사회화

일을 위한 사회화는 주로 유년 시절의 남자아이에게 직업(work)을 준비시키는 것이다. 남자아이는 어린 시절 종종 '넌 커서 무엇이 될래?'라는 질문을 받는다. 그들은 '남편, 아버지, 친구' 등은 질문한 사람이 원하는 답이 아니며 어떤 종류의 직업을 가질 것인가가 정답임을 알게 된다.

남성은 아동기에 직업적 '꿈'을 발달시키고 성인기에 그것을 성취하기 위해 노력한다. 남자아이는 유년기부터 수입이 좋은 직업을 갖는 것이 남성다운 것이라는 생각을 갖게 된다. 경쟁, 과업성취, 독립이라는 남성적 가치는 다양한 장면의 직업 환경에서 잘 기능하기 위해 적합한 태도를 준비시킨다.

스포츠와 놀이는 직업세계를 준비시키는 기회가 된다. 남자아이의 스포츠는 대개 규칙을 잘 지키고, 점수를 획득하고, 승자와 패자를 분명히 가르는 양식을 보인다(Pasick, 1990). 스포츠의 결과는 선수와 팀 간의 비교를 통해 승자와 패자, 타율, 혹은 관련된 다른 통계를 제공함으로써 수량화된다. 성공적인 선수가 됨으로써 받는 찬사의 양은 직업적 성공을 통해 남성이 받는 찬사와 비슷하다. 우리는 직업세계에서 사용되는 다음과 같은 말들을 통해 일과 스포츠가 서로 연결되어 있음을 알 수 있다.

사실 다수의 남성이 정의하는 남성적 가치란 바로 직업적 지위에 달려 있다. 이에 대해 패식(Pasick, 1990)은 "우리 문화에서 남성은 단지 사춘기를 통과하였다고 하여 어른이 되는 것은 아니라 남성적(경제적) 힘이 없다면 남성이 될 수 없다"고 하였다. 중요한 요인은 과정이 아니라 결과이며 남성의 성공은 승진, 좋은 직업, 많은 수입에 의해 '더 나아지는 것'으로 정의되곤 한다. 비록 남성집단과 여성집단 각각에서 직업의 가치와 관련된 상당한 다양성이 있지만, 여성은 서비스를 제공하는 방향으로 사회화되는 경향이 있다고 하였다.

가족 부양자로서의 남성이 직업과 돈에 매이는 현상을 부정하기는 어렵다. 일을 하는 누구나 일이란 이익과 불이익을 모두 주는 양날의 칼임을 알고 있다. 전통적으로 직업을 가져야 한다는 사실은 긍정적·부정적 의미 모두에서 남성을 현재의 입장에 처하게 만들었다.

### (1) 긍정적 사회화와 일

남성의 사회화에 대해 하틀리(Ruth Hartley)는 그의 연구(1959)에서 "긍정적 측면에서 대다수의 남성은 그들이 원하는 중요한 무엇인가를 한다."고 진술하였다. 남성은 집단의식으로 일하기 때문에 그가 향유하는 사회적 지위와 경제적 힘은 명확하다. 또한 남성이 여성보다는 직업적 차별에서 자유롭기 때문에 많은 남성은 자신이 원하는 것을 할 기회를 가져 왔다. 많은 여성을 높은 관리직으로의 진입을 방해하는 보이지 않는 장벽의 '유리 천장'에 비유한 윌리엄스(Williams, 2001)는 이에 반해 다수의 남성을 '유리 승강기'에 의해 이득을 보아왔다고 남성 직업 영역에서의 상대적 우월성을 주장하였다.

일은 삶에 만족을 줄 수 있다. 오직 경제적으로 살아남기 위해 행해지는 노동으로서의 직업(job)이 아닌 자신의 중요한 측면을 표현하는 만족스러운 수단인 '경력(career)'을 가질 수 있을 만큼 충분히 운이 좋은 남성은 도전과 만족을 제공하는 일이 자신의 삶을 가장 잘 충족시키는 것임을 알게 된다. 돈이 삶을 편리하게 하고 더 즐길 만한 것으로 만든다는 것은 자명하다. 전통적으로 남성이 성취 지향적이고 자기의존적인 것은 많은 남성에게 경제적 · 직업적 성공의 가능성을 크게 하였다. 승자는 삶이 줄 수 있는 최고의 것, 말하자면 지위 · 물질적 부 · 보통사람과는 다른 삶을 가질 기회를 가질 수 있다.

만족스런 직업을 향유하지 못하는 남성이라 할지라도 남성적 사랑의 전통적 표현양식인 가족 부양자로서의 역할을 수행함으로써 자부심을 가져 왔다. 역사적으로 많은 남성은 분명한 사회적 가치를 지닌 이 역할에 대해 정서적으로 깊이 연관되어 있음을 지각해 왔다(Stearns, 2001).

### (2) 부정적 사회화와 일

직업에서의 성공에는 커다란 보상이 따라오지만 그 이면에는 좌절 · 포기 · 희생해야 하는 것들도 있다. 타인과의 관계 · 가족과의 관계 · 여가생활 · 건강 등이 희생되기도 한다. 그러므로 그러한 성공은 진정한 성공으로 느끼지 못하고 성공과 남성성 사이에서 자신의 부족함을 인식하게 된다. 남성의 일의 세계와 관련된 잠재된 부정적인 남성 역할에 대한 목록을 제시하면 다음과 같다.

① 승리의 대가

경쟁적이며 압력에 질식할 듯한 남성의 직업적 사투는 심장질환, 종양, 허리 통증, 알코올중독, 자살 등의 원인이 되며, 신체적 · 정신적 건강에 나쁜 영향을 미친다(Harris, 1992). 남성은 여성보다 위험한 환경에서 일하는 경우가 많기 때문에 작업장의 사상자 중에는 남성의 비율이 압도적이다.

② 입증의 무게

관습에 따라 성 사회화된 남성은 일에서 성공하고 승자가 됨으로써 그의 남성성을 입증한다. 그러나 한 번의 성공은 그것이 아무리 중요한 것이라 해도 그 효과가 길게 지속되지 않는다. 언제나 설정하고 성취해야 할 또 다른 목표가 있다. 비록 운 좋게 한 영역에서 최고가 된다 하여도 그는 끝없이 경쟁하고 경쟁자들을 이겨내야 최고의 자리를 유지할 수 있다. 남성성을 증명한다는 것은 본질적으로 증명할 수 없는 어떤 것을 증명하려는 시도이다.

③ 일중독 · 성공중독

직업인으로서의 역할을 지나치게 강조하는 남성은 흔히 일중독 혹은 성공중독이라 불리는 것의 희생양이 되곤 한다. 일중독자는 일 이외의 어느 것에서도 자기 가치감을 찾을 수 없기 때문에 일만 하는 사람이다. 패식(Pasick, 2000)은 일중독의 두 가지 부정적 결과를 기술하였다. 첫째, 가족과 다른 사람들과의 관계가 어려워지는데, 이는 개인적 접촉을 위한 시간이 부족하기 때문이다. 둘째, 일중독자들이 자신의 업무 수행과 관련하여 경험하는 계속되는 긴장과 불안이다.

④ 외로운 사냥꾼

단지 성공을 위한 노력은 종종 관계형성과는 양립할 수 없다. 성공과 남성성의 결합이 가족에게 부정적 영향을 미친다는 것은 이미 지적되었다. 이 결합은 다른 남성과의 친밀한 관계형성도 방해한다.

오츠버그(Ochberg, 1988)는 조직에서 성공한 남성의 흥미로운 두 가지 역할에 대해 기술하였는데 이 남성은 다른 남성 동료와의 관계형성에서 서로 사적으로 가까우면서도 동시에 서로 상당한 거리를 유지하고 있다는 특성을 가진다고 하였다. 친밀감은 필요하지만 너무 가까운 관계는 자신의 환경에 대한 통제력을 잃게 한다는 것이다. 오츠버그가 만난 대부분의 남성은 동료와의 사적 관계를 바란다고 보고하였지만, 그들이 일에 몰두하면 이러한 관계는 다시 어느 정도의 거리감을 두게 되는데 이것은 오늘의 동료가 내일은 부하 직원이 될 수도 있기 때문이며 친구를 훈련시키거나 친구에게 지시를 내리는 것은 어렵다고 생각하기 때문이다. 오츠버그는 그의 연구를 통해 '성공적인 리더는 승진 사다리에서 자신보다 앞선 사람들과 우정을 형성하고 한때 동료였지만 이제는 뒤처진 사람과의 관계는 끊을 수 있는 특별한 능력을 가지고 있음을 보여 준다.'는 것을 제시하였다.

## 2) 현대사회에서의 남성과 일

최근 수년간 후기 산업사회에서 직업세계는 많은 변화를 겪었다. 임금 노동시장의 거의 모든 영역에서 여성의 참여가 증가하였고 이것은 다소나마 남성 참여의 감소를 가져왔다. 몇 가지 남성문제는 이런 변화에 의해 발생하기도 하였다.

'남성성'에 대한 현대적 시각을 다룬 잡지의 표지

일의 영역에서 남성과 관련된 가장 중요한 변화는 아마도 부양자로서의 역할이 더 이상 남성의 것이 아닐 수 있다는 점이다. 이는 현대사회에서 남성은 일 자체를 통해 만족을 추구하지 못한다는 것이다. 지금까지 그들은 일의 결과, 즉 돈과 부양을 통해 그들의 남성성을 증명해 왔다.

여성의 수입이 증가함에 따라 반여성주의 이념을 가진 남성은 다른 영역에서 남성성을 증명할 방법을 찾아야만 할 것이다. 더구나 부양자로서의 역할 요구를 만족시킬 수 없는 남성의 경우는 더욱 그러할 것이다. 최초 여성의 노동시장 진입은 예전보다 남성이 부담해야 하는 부양자 역할에 대한 압박이 정도의 차이는 있겠지만 예전과는 줄어든 것만은 사실이다. 그 결과 남성의 성평등 신념을 위한 작지만 긍정적인 움직임이 있음을 알 수 있다.

## 3) 맞벌이 가정의 남과 여

임금 노동시장으로 여성이 계속적으로 진입하는 것은 전통적인 가족 역할의 분담도 변화시켰다. 경제적으로 동등한 기여를 하는 여성 배우자는 대개 자신의 배우자가 가사를 동등하게 분담하기를 기대한다. 아내가 가족을 부양하기 위해 돈벌이를 한다면 남편도 더 많은 가사분담을 하는 것이 공정하다고 생각하는 것으로 해석될 수 있겠다.

패식(2010)은 이와 관련하여 맞벌이가정의 많은 남성이 부딪히는 몇 가지 문제를 지적하였다.

첫째, 가사 기술이 부족하다. 많은 남성은 세탁, 요리, 아이 돌보기에 대한 훈련을 거의 받지 못하였다.

둘째, 성 정형화된 남성은 이런 기술을 배우는 것에 저항하는데 이는 그것을 남성답지 않다고 여기기 때문이다.

셋째, 아내들은 전통적으로 여성의 영역이었던 것에 대한 권한을 잃고 싶어 하지 않는다. 이때 남성은 자신이 딜레마적 상황에 빠졌다고 느낀다. 그는 기여하라는 요구를 받지만, 일을 '제대로' 하지 않았거나 잘하지 못한다는 잦은 비판을 받는다.

마지막으로 많은 고용자는 비전통적 역할을 수용하려 애쓰는 남성을 별로 지지하지 않는다. 예를 들어 아픈 아이를 돌보기 위해 직장을 그만두는 남성은 동일한 행동을 하는 여성에 비해 수용되기 어렵기 때문이다.

이런 어려움의 결과로 부부가 오랜 시간을 똑같이 일해도, 여성은 남성보다 가사와 자녀 돌보기를 더 많이 하는 경향이 있다. 대부분의 사람들은 이 일이 주로 여성의 책임이라고 여기는데 이것은 남성이 자신의 가사를 도우며 자신의 자녀들을 과외로 보살핀다고 표현하는 것에서 드러난다. 모든 아내가 가사에 기여하는 데 비해 남성의 경우는 상대적으로 그렇지 않다는 것이다.

맞벌이 가정의 전통적 남성들은 아내들이 자신보다 더 많은 수입을 벌어들이면 위협감을 느끼는 경향이 있다. 이러한 남성의 가치관 속에는 돈이 곧 권력이며, 부인의 수입보다 다소 떨어진다고 느낄 때 남성들에게는 갈등이 엄습해오곤 한다. 성 역할의 영향력은 아내의 승진에 대해서도 민감한 반응을 드러내곤 한다.

여성의 임금 노동시장으로의 유입이 가정과 직장 모두에서 남성의 삶을 혼란스럽게 하지만, 이런 변화는 가정경제에 보탬이 되고 있는 것도 사실이다. 이러한 상황과 함께 여성임금 획득에 대한 공헌도를 다음과 같이 열거할 수 있겠다.

첫째, 남성은 가족 부양의 압박을 배우자와 나눌 수 있다.

둘째, 결과(수입)는 더 이상 전통적 남성성으로 정의되지 않기 때문에 남성은 과정, 즉 직장에서 매일 매일의 경험에 더 많은 관심을 기울일 수 있고, 일 자체에서 만족을 추구할 수 있다.

셋째, 일과 가정에서의 역할 평등은 여성을 한 인간으로서 인정하고 여성과 남성 간 관계의 질을 향상시킬 것이다. 전통적 남녀관계 모형에서처럼 서로 다른 영역에서의 삶을 사는 것보다는 부부가 일과 가정에서의 공통분모를 찾는 것을 요구할 수 있게 되었다.

넷째, 남성은 자신을 기능적으로 일하는 기계라고 보기보다는 자신에 대한 더 넓은 성찰을 가지게 됨에 따라 새로운 삶의 영역에서 풍부한 경험을 할 수 있는 기회를 가지게 되었다.

종합해 보면, 사람들이 전통적이라고 생각하는 이성애 관계에서 여성은 남성을 통해 대리 성공을 경험하였고 남성은 여성을 통해 정서와 친밀감을 간접적으로 경험하였다. 이제 여성이 스스로 성공하고 있기 때문에 남성은 자신의 정서적 삶을 재발견하는 중요한 기회를 가지게 되었고 가족과 친구의 삶에 자신을 관여시키게 되었다.

## 03 남성과 관계형성

남성에게 관계형성이란 용어를 결합한다는 것은 여성에게보다는 생소한 개념일지도 모른다. 어쩌면 관계형성이라는 개념보다 오히려 독립성이라는 용어가 낯설지 않게 여겨질 수도 있겠다. 독립성은 전통적 남성성의 핵심 덕목이라 할 수 있다. 어떻게 보면 독립해 있는 것처럼 보이도록 요구된다고 말하는 것이 맞을지도 모른다. 다양한 사회체제의 구성원으로서 남성은 정보, 자원, 지지, 인간적 접촉을 위해 타인에게 의지한다. 지나친 독립성에 대한 남성적 강조는 많은 남성에게 관계 갈등을 안겨 주기도 하였다.

일반적으로 한 개인은 초기 아동기의 상호작용으로부터 다른 사람과의 관계형성의 방식을 개발한다. 말하자면 부모와의 상호작용과는 다른 모습으로 친구들과 상호작용을 하게 되는, 이른바 사회적 환경은 상호작용을 강화시키기도 좌절시키기도 하는 것이다. 몇몇 연구에 의하면 남성과 여성 모두가 각자 고유하고 독특한 방식으로 상호작용해야 한다는 사회적 압력이 가해진다고 보고 하였다. 과연 남성의 관계형성은 어떻게 전개되는지를 살펴보면 다음과 같다.

## 1) 남성의 사회적 발달

발달심리학자인 맥코비(Eleanor Maccoby, 1998)는 생의 초기에 나타나는 특유의 성 유형화된 상호작용 방식을 연구하면서 아동들은 6세 반이 될 때까지 그들의 시간 중 90% 이상을 다른 성보다는 같은 성의 아이들과 보낸다고 한다.

이런 분할은 그들의 놀이문화 속에서도 발견할 수 있는데, 또래집단 속에서 자신을 발견하면서 그 속에서 남성적인 타인과의 관계를 맺는 방식을 발달시킨다(Martin & Fabes, 2001)고 한다. 이들이 선호하는 특성은 지배성, 경쟁, 그리고 다소 친밀도가 낮고, 대규모적이며, 더 공적으로 보이는 경향을 띠고 있다.

맥코비(1998)의 관점에 의하면 전형적으로 여성의 대화기법은 협동과 자기주장이라는 두 가지 목적을 가지지만, 남성의 대화에서는 주로 자기주장의 목적만 추구한다는 것을 언급하였다. 이렇게 타인과 관계를 맺는 방식은 아동기에 시작되는데, 여자아이의 대화는 개인적인 주요 사건을 중심으로 시작되는 반면, 남자아이의 대화는 집단적 활동 중심적 사건으로 시작된다고 한다. 개인 간의 상호작용은 관계를 형성하고 유지하는 데 기여하므로 오랫동안 확립된 남성의 대화유형은 남성 주변의 여성, 그리고 다른 남성과의 사회적 관계의 성격에 영향을 준다.

### 2) 남성과 남성의 관계

여성이 그들의 경험에 대한 느낌에 대해 자주 이야기하는 것과는 달리 남성은 대개 활동을 함께 나누는 것에 중점을 둔다(Lips, 2005). 그래서 남성은 '동료는 많으나 진정한 친구는 드물다'고 한다. 동료란 목적이나 활동, 즉 운동·일·음주 등을 중심으로 관계를 맺은 사람들이며 친구란 정서적으로 유대를 맺어온 친밀한 사람을 의미한다. 남성 간의 따스한 느낌의 형성은 정서적 자기개방이라는 직접적인 과정보다는 공통의 일이나 활동에서 시간을 보내는 간접적 과정의 결과다. 남성의 친밀한 표현은 "널 좋아해." "네가 내 친구여서 좋아." 혹은 "너와 친밀하다고 생각해."라고 말하는 등의 직접적 표현보다는 대개 계속적으로 함께 시간을 보내거나 과업에서 서로를 돕는 형식을 취한다.

말하자면 일과 의식과 같은 사회적 구조 속에서 남성은 서로 협력적으로 연대하면서 다른 남성과 정서적으로 가까워지고 싶어 하는 반면에 여성은 일과 의식에서 덜 구조적이기를 요구하는데, 그들은 관계 그 자체를 위한 관계에 더 잘 적응하기 때문이다. 이러한 사회구조 가설은 남성의 삶에서도 엿볼 수 있는데 운동경기에 참여하거나 관람하는 것으로서, 또한 음주나 갖가지 취미생활을 통해 그들의 고독을 완화시키기는 하지만 그들의 진정한 모습은 남성성의 껍질 뒤에 자신을 감춤으로써 여성보다 더 외로움을 느끼기도 한다(Brody & Hall, 2010).

남성의 이러한 심리는 남성 성 역할의 몇 가지 측면들이 남성 간의 친밀한 관계형성을 방해하고 있다. 경쟁과 과업 완수를 지향하는 성향이 그러한 측면 중 하나다. 남성은 다른 남성이 그들의 경쟁자라고 믿도록 사회화되었다. 친밀감의 형성은 부분적으로 자신의 약점과 취약성을 타인에게 드러내는 것에 달려 있다. 경쟁자로 여겨지는 사람에게 이를 드러내는 것은 상대가 그 약점을 이용할 수 있기 때문으로 믿고 있다. 다른 남성과 경쟁심을 갖는 남성은 수면 아래 흐르는 불신에 의해 우정을 자제하는 경향이 있는데, 이러한 예로서 남자청소년은 여자청소년보다 친구를 덜 신뢰하는 경향이 있다고 한다

(Bemdt, 1992). 진정한 남성은 자신의 힘으로 문제를 해결할 수 있다고 믿고 있으며, 과도한 독립성과 인내에 대한 기대는 도움을 요청하거나 약함을 드러냄으로써 남성을 평가절하하는 결과를 낳게 된다고 스스로를 생각하고 있다.

따라서 남성은 자신을 드러내는 것에 대하여 부정적인 사회적 결과에 직면할 수 있다고 믿고 있다.

또한 전통적 남성성에 높은 가치를 두는 남성은 자기노출을 피하는 경향이 있는데 그들은 문제에 직면해 있을 때조차도 곁에서 기꺼이 도우려 하는데도 단지 스스로의 능력에만 의존하려 한다는 것이다. 이런 예로서 길을 잃은 남성이 길을 묻지 않는 익숙한 장면은 연약한 남성성을 방어하기 위해 문제를 얼마나 비효율적으로 풀어 가는가에 대한 좋은 예다.

친밀감을 방해하는 또 다른 측면에는 단지 남성 개인의 아동기 사회화뿐 아니라 사회적 상황에서의 대인 간 압력도 여기에 해당한다. 성 기대 행동과 일치하지 않는 방식으로 행동하는 소년들은 친구들로부터 수용되지 못하는 경험을 할 가능성이 높기 때문에 의사소통에 있어 또래집단의 규준을 따르는 것은 소년들이 사회적 거부를 피하는 데 도움이 된다(Burn, 2006)고 생각한다.

그러므로 사회 규준은 행동을 제한하는 의미 있는 방법으로 여기고 있다. 여성과 남성은 모두 사적 영역에서보다 공적 영역에서 더 성 정형적 방식으로 행동하며(Bem, 1996) 남성은 특히 이 정형성을 더 드러내려는 욕구를 나타내는데(Reisman, 2010), 이것은 우정에 대한 남성적·여성적 양식이 부분적으로는 남성과 여성이 다른 사람들과의 상호작용에 적용하려는 사회적 기대의 영향임을 나타내 주는 것이기도 하다.

### 3) 여성과 함께하는 남성

앞에서 진술한 바와 같이 남자아이는 동성집단과 많은 시간을 보내며, 남아집단과 여아집단은 서로 다른 대인 양식과 사회규준을 갖는다는 사실을 유추해 볼 수 있다. 사람들은 다른 성의 사람과 상호작용할 때 모두 다른 성을 이해하기 어렵다고 불평한다(Tannen, 1990). 이런 혼란은 대부분 사회화에 있어서 성차 그리고 성에 따라 다른 사회환경적 특성 때문이다. 이 차이의 영향은 다른 성과 상호작용할 때 가장 명확해진다.

### (1) 남성과 여성의 우정

남성과 여성 간의 우정은 동성 간의 우정보다 보편적이지 않지만 점점 일반화되어 가고 있다. 1970년대 말, 미국 청년을 대상으로 한 통계조사 결과에 의하면 청년 중 단 18%만이 친한 이성 친구가 있다고 보고하였다. 이 통계치는 1980년대 중반 25~40%까지 증가하였는데(Basow, 1992; Wright & Scanlon, 1991) 이것은 직장에서 이성 간 접촉이 많이 증가하였고 성(gender)과 관련한 사회적 기대가 대단히 유연해졌음을 반영했다고 볼 수 있겠다.

그러나 몇 가지 요인이 남성과 여성 간 우정에 장애가 될 수 있다고 보는데 그 이유를 다음과 같이 설명할 수 있겠다.

첫째, 우리는 남성과 여성이 다르기보다는 유사한 점이 훨씬 많음에도 불구하고 양성 간 차이를 강조하는 성 유형화된 문화 속에서 살고 있다. 우정이란 종종 공통점이 있다는 것에 기초를 두므로 사람은 유사하지 않다고 생각되는 사람과의 우정을 꺼린다.

둘째, 상호관계의 관계형성 질의 다름에 영향을 미친다(Youniss & Haynie, 1992). 예를 들면 남성의 아동기 또래문화에서는 직접적인 요구를 통해서 영향력이 발휘되며, 여성은 정중한 요청을 더 많이 한다. 여자아이의 방식이 어른과의 관계에서는 효과적이지만 남자아이와는 그리 효과적이지 않다. 따라서 여아는 요청을 통해 영향을 미치려는 시도에 반응하지 않는 남아와 상호작용하는 것이 실망스럽고 불쾌하다는 것을 알게 된다.

남자아이의 상호작용 양식의 불쾌한 성향이 여자아이를 남자아이로부터 멀어지게 하는 것에 반하여, 남자아이는 반 여성주의를 주장하는 사회적 규준 때문에 여자아이를 회피한다. 한편으로 남자아이가 여자아이를 멀리하는 이유는 여자아이와 친구가 되는 것을 포함하여 어떤 방식으로든 여자아이처럼 행동하는 남자아이는 남성 지배적 위계에서 자신의 지위를 잃을 위험에 빠질지도 모른다는 생각 때문이다. 이 위계에서 남자아이가 낮은 위치로 떨어지게 될 때 그는 또래 남자아이들에게 어떤 영향력도 끼치기 어렵다는 것을 알게 된다. 그 결과 남자아이들과의 상호작용 또한 불쾌한 것이 된다.

셋째, 이러한 남성 지배적 문화는 여성과의 평등한 관계를 방해하며, 남성은 여성이 열등하다는 수많은 메시지 속에 빠지고 여성을 단지 성적 대상물로 여기는 관점을 가진다는 것이다. 그 결과, 여성은 전혀 성적 관심이 없는 데도 불구하고 그 여성에게서 성적 관심을 감지하는 경향성이 남성들 사이에 존재한다는 사실을 인식하게 된다.

남성과 여성 간 우정에 대한 장벽에도 불구하고 어떤 사람은 그 우정을 형성하고 만족하는 경우도 있다(Swain, 2002). 이러한 사례는 성 유형화된 사람보다 양성적인 남성과 여성 사이에서 흔히 볼 수 있는 경우이다.

이성 간 우정이 발달하는 가장 보편적인 시기는 성인 초기다. 이때는 많은 사람에게 이성 간 상호작용이 증가하는 시기이기도 하다. 성인기 후반, 특히 결혼 후는 이성애자들이 이런 유형의 관계를 형성하기가 어렵다. 결혼한 사람들 사이의 이성 간 우정은 종종 부부들 사이의 우정이라는 맥락 안에 한정된다. 많은 사람이 남녀 간의 정신적 관계에서 성적 문제를 의심하기 때문에 때때로 이성 간 우정을 가진 사람들은 연인에게 자신들의 우정이 성적인 것이 아님을 확신시키기 어렵다.

### (2) 연인관계

대부분의 남성은 사춘기 초기에 여성에게 접근하려는 강한 충동을 느낀다. 그들이 친밀한 관계를 형성하려는 시도를 할 때 성적 요구(gender demands)는 그들의 행동에 상당한 영향을 미친다. 많은 남성은 반여성주의, 감정 드러내지 않기, 독립성의 남성적 가치와 다른 한편의 여성을 향한 매력, 본성적인 친밀감에 대한 욕구, 관계지향적 행동에 대한 욕구 간의 갈등에 빠진다.

남성은 생의 초기에는 자신들을 남성으로 규정하기 위해 여성과의 엄격한 경계를 세우라는 문화적 요구를 받아왔다. 그러나 성장하면서 여성과 결합하고 친근해지도록 기대하고 있다. 대부분의 남성은 친근한 관계를 형성하는 데 요구되는 기술들, 즉 정서적으로 자신을 표현하는 것과 타인에 대한 공감 등에 익숙하지 못하다.

그러나 한 연구 결과에 의하면 남성이 여성보다 더 빨리 '사랑에 빠진다'고 하는데(Huston & Ashmore, 2016), 이는 여성이 더 감성적이며 사랑을 갈구한다는 일반적 믿음과는 반대다. 사랑에 빠지려는 남성의 경향성을 다음과 같이 제시 할수 있다.

첫째, 남성은 여성보다 상대의 외적 매력에 더 많은 가치를 두는 경향이 있다. 따라서 그들은 대개 이런 매력에 근거하여 사랑에 빠졌다고 털어놓는 경우가 많으며 이것은 물론 이런 관계의 초기에 일어날 수 있다.

둘째, 남성은 억압으로서 그들의 정서적 삶을 관리하고 이해하도록 사회화되었다. 한 연구에 의하면 남녀의 이별은 80%가 여성에 의해 시작된다는 것 또한 흥미로운 발견이다. 따라서 남성은 단지 빠르게 사랑에 빠질 뿐 아니라 더 느리게 사랑으로부터 벗어난다는 것을 알 수 있다.

셋째, 연인관계에서 친밀감의 수준은 다른 관계에서의 친밀감과는 매우 다르다. 연인관계에서의 친밀감 수준은 주로 감성과 자기개방에 초점이 맞추어져 있는 여성의 다른 관계에서의 친밀감 수준과 유사하다. 친밀감에 대한 남성의 갈구는 더 절박하다. 왜냐하면 그들은 이런 욕구를 만족시킬 다른 영역을 거의 가지고 있지 못하였기 때문에 이성 관계는 독립성과 자기개방 자제라는 남성 성 역할로부터의 단 하나의 피난처, 즉 자신의 연약한 측면을 내보일 수 있는 유일한 장소가 된다.

친밀한 관계를 형성하고 지속하기 위해 필요한 기술들은 전통적으로 여성적인 것임을 보여주는 많은 증거가 있다. 오랫동안 지속되고 가장 행복한 관계를 가지는 연인들은 남녀 모두 양성적이거나 여성적인 연인들이다. 이것은 이성애 커플뿐 아니라 남성 그리고 여성 동성애 커플도 마찬가지이다. 남성의 경우, 돌봄과 정서적으로 표현하는 능력은 그들의 관계 지속기간과 높은 상관이 있다.

전통적으로 남성성의 어떤 측면은 관계에서의 문제와 관련되어 있다. 여성은 높은 정도의 친밀감을 원하는 경향이 있지만, 전통적인 남성은 정서적 표현을 가능한 한 절제하고 공감적이지 않은 경향이 있다. 이러한 관계 유형의 차이에서 남녀관계의 평등한 관계는 방해를 받을 수밖에 없으며, 남성은 정중하게 제안하는 방식으로 영향력을 미치려는 전형적인 여성적 유형에 잘 반응하지 않는다. 관계 맥락에서 이런 무반응이 일상적이라면 여성은 어느 정도 무력함을 느낀다. 남성은 직접 요구하는 것을 관계에서 자연스러운 방식의 타협으로 여기지만, 이런 방식은 여성에게는 혐오스럽고 억압적으로 여겨질 수도 있기 때문이다.

관계에서 남성이 항상 권력을 가진 쪽이 되는 것은 아니다. 사실 권력을 가지는 쪽은 더 매력적이거나 상대를 덜 사랑하거나 연인과의 관계를 적게 원하는 쪽이다(Lips, 2005).

그러나 연인관계를 경쟁적인 권력투쟁으로 생각할 때, 그 관계는 오래 지속되지도 않으며 어느 한쪽 혹은 양쪽 모두에게 곧 불만족스러운 것이 된다고 말하는 것이 맞을 것이다. 이러한 연인 혹은 부부관계의 힘겨루기에서 관계를 순탄하게 유지해가는 성공적인 부부에 대해 맥코비(1990)는 “성공적인 부부란 거래를 주고받기보다는 조화에 기반을 둔 관계를 발달시킨다. 즉 공통된 목적을 가지고 그것을 성취하기 위해 함께 작업하며, 같은 목표를 가졌기에 목표에 대한 논쟁을 할 필요가 없다.”라고 설명하였다.

## 4) 아버지되기

전통적 성 역할은 아버지의 역할이 집 밖에서 일하는 부양자(provider)이자 보호자(protector)임을 강조하였다. 어머니의 역할은 아이와 함께하고 집안을 돌보는 것이다. 이 역할은 시대별로 문화에 따라 개개의 가족이 구성된 과정에 따라 매우 다양하다. 그러나 어떤 경우이든 어머니와 비교하면 아버지가 자녀와 함께 보내는 시간은 적다(Marsiglio & Pleck, 2005). 어머니는 아버지보다 기본적인 자녀양육활동(먹이기, 입히기, 빨래, 씻기기)에 더 많이 관여하며 아버지는 아이와 놀아 주는 일에 주로 시간을 보낸다(Lips, 2005).

조셉 플렉(Joseph Pleck, 1997)에 의하면, 많은 연구들이 심리적 양성성과 아버지의 자녀양육 참여 사이의 관계를 설명해 주었다고 했다. 말하자면 높은 자존감, 임신기간 중의 적응, 양성평등에 대한 신념, 아버지 역할의 중요성에 대한 신념, 아이와 부모－자녀 관계에 대한 성숙한 이해 등은 아버지의 자녀양육 참여에 긍정적인 관련이 있다고 보이는 것에 주목하였다. 이외에도 아버지 역할에의 참여와 긍정적 영향을 주는 것으로 알려진 다른 변인들은 아버지 교육수준, 어머니 교육수준, 어머니 수입, 어머니 고용 상태 등이다. 반면에 아버지의 수입과 일로 보내는 시간은 아버지 역할 참여에 부정적인 영향을 준 것으로 나타났다(Hofferth & Anderson, 2003).

열심히 일하는 것과 희생은 남성이 자신의 사랑을 표현하는 전통적인 방법이다. 이것은 사랑의 표현으로서 가족에게 대단한 의미가 있음에도 불구하고 매우 간접적이다. 아버지가 그들을 사랑하기 때문에 이른 아침 사라지고 종일 보이지 않는다는 것을 어린 아동이 이해하고 받아들이기는 어렵다. 먹이고 입히고 안정시켜 주고 "나는 너를 사랑한단다."라고 말하는 사람에게 사랑을 느끼는 것이 훨씬 쉽다.

많은 남성은 그들의 아버지에 대해 토로하기를 "그가 나를 사랑한다는 것을 알지만 그는 그것을 거의 보여 주지 않았다." 그리고 "나는 아버지와 더 친밀해지기를 원했다." 아버지에 대한 따뜻하고 애정적인 감정이 대부분의 남성에게 일반적이지만 또한 아버지와 시간을 보내지 못하고, 사랑이나 인정을 받지 못했다는 깊은 실망감이 존재한다. 이런 감정은 때로 '아버지 갈망'으로 표현되고, '상처'로 표현되기까지 한다. 그것은 남성의 삶에서 중요한 부분임에는 틀림없다.

분명히 자녀의 모든 발달단계에서 아버지가 자녀와 보내는 시간의 양을 늘려 가는 것은 중요하다. 자녀와의 잦은 접촉은 아버지의 심리적 관여를 촉진시킬 것이다. 아버지가 자녀의 신체적·정서적 요구를 충족시켜 줄 '충분한 시간'을 갖지 못하는 한 자녀와 '질적으로 좋은 시간'을 보내는 것은 불가능하다.

아버지는 가정 밖에서의 역할, 어머니는 가정 안에서의 역할을 한다는 믿음은 산업화에 따른 경제적 필요의 결과였다. 그러나 경제가 계속 변화하면서 부양자와 가사 전담자는 점점 이분법적으로 유지될 수 없게 되었고 우리가 지난 40여 년간 보아 왔듯이 아동 양육과 관련된 새로운 방식이 등장하였다. 사회적 · 역사적 · 문화적 관점들 보호자, 즉 부양자 역할이 삶과 가족을 꾸려가려는 보통 사람의 필요에 의해 만들어진 역사적 유물임을 보여주고 있다. 이런 관점에서 가정에서의 남성과 여성의 천부적 역할에 대한 현재의 논쟁은 사회적 변화에 따른 성장통인 것이다.

남성 욕구의 일반적 특성은 좋은 부모가 되는 많은 종류의 행동을 방해한다. 그러므로 더 좋은 아버지가 되는 것은 남성이 그들의 완고한 역할을 깨나가는 과정과 연계되어 있다. 많은 남성이 양육자라는 비전통적인 역할을 시도한 결과로 성유형화에서 벗어나고 있으며, 또한 세상에 대한 성 정형적인 관점을 축소시켜감으로써 이런 역할을 수용하는 것이 더 자유롭게 여기게 되었다.

# 참고문헌

강진철(2002). 남성이 쓴 여성학. 서울: 학문사.

공미혜 외 역(1992). 여성해방론과 인간본성. 서울: 이론과 실천. Jaggar, Alison(1983). Feminist Politics and Human Nature. Hemel Hempstead: Harvester Press.

교학사출판부(2004). ≪새국어사전≫ 18판. 교학사.

김경희(1998). "여성운동의 제도화와 국가의 자율성: 국가, 여성주의관료, 여성운동". 한국여성학회 추계학술자료집.

김모란(2002). 성, 사랑, 혼인. 여성한국사회연구회 편. 가족과 한국사회. 서울: 경문사.

김영경(2001a). 여성과 예술. 서울: 학문사.

김영경(2001b). 여성과 문화. 서울: 학문사.

김영화 외(2002). 현대사회와 여성복지. 서울: 양서원.

김재인 외(2001). 여성교육개론. 서울: 교육과학사.

김정일 외(1996). 「남편 기 살리기」 베스트셀러.

김정자(1986). 초등학교 교과서에 나타난 성 역할 연구. 여성 연구, 4(1).

김주섭(2002). 직업훈련 참가결정에 관한 연구. 노동정책연구, 제2권 제3호.

김지현 외 공역(2009). 우리안의 남성. Christopher T. Kilmartin(2007). The Masculine Self. New York: Solan Publishing.

김진욱(2005). "근로기혼여성의 이중노동부담에 관한 실증연구: 가사노동분담에 관한 협조적 적응, 이중부담, 적응지체 가설의 검증". 한국사회복지학.

김행자 역(1996). 여성의 신비. 서울: 평민사. Friedan, Betty(1965). The Femine Mystique. Harmondsworth: Penguin Books.

김혜경 외 역(1990). 여성해방이론의 쟁점: 사회주의 여성해방론과 마르크스주의 여성해방론. 서울: 태암. Hartmann, Heidi(1981). The Unhappy Marriage of Marxism and Feminism in Lydia Sargent ed.. Women and Revolution. London: Pluto Press.

김혜영(2008). "신자유주의와 다양한 가족", 한국사회 9(2): 55-94.

김혜영(2008). "한국가족의 다양성 증가와 그 이중적 함의." 아시아여성연구 47(2): 7-37.

나미수(2021). 젠더와 미디어. 서울:커뮤니케이션북스

남인숙(2003). 왜 여성학인가. 서울: 학문사.

노명래(2002). 인간과 성심리. 서울: 학지사.

동덕여대(2002). 「여성과 문화」. 동덕여자 대학교 한국여성 연구소 사회문화 연구소.

드워킨 안드레아(1996). 포르노그래피. 유혜련 (역). 서울: 동문선.

로버, 주디스(2005). ≪젠더 불평등≫. 최은정 외 옮김. 경기: 일신사.

로즈마리 통(1995). 페미니즘 사상. 이소영 (역). 서울: 한신 문화사. pp.78-90.

문소정(2008). "한국가족 다양화담론의 다양성에 대한 비판적 고찰", 아시아여성연구 47(2):73-107.

미드, 마가렛(Mead, Margaret). (1988). 세부족사회의 성과 기질. 조혜정 (역). 서울 : 이화여대출판부.

민진영(2002). 지배이데올로기로서 '가정성'의 형성, 재현, 전유. 영미문학 교육, 제6장 2호, 한국 영미문학 교육학회.

벡-게른샤임, 엘리자베스(Beck-Gernsheim, Elisabeth). 2005. 가족 이후에 무엇이 오는가. 박은주 역. 새물결 출판사.

박정기, 김연, 김인유 공저(2001). 여성과 법률. 서울 : 법문사.

박인숙(2020). 연애와 결혼. 서울: 동문사

박진숙(2001). 서구 여성운동과 한국 여성운동의 비교 연구.

박찬길 역(2000). 낭만적 사랑과 사회. 서울 : 민음사.

버틀러, 주디스(2008). 젠더트러블. 조현준 옮김. 다해

보부아르, 시몬 드(2009). 제 2의 성. 이희영 옮김. 서울: 동서문화사.

사사키 마사노리(2007). 남성학과 남성운동. 정채기 외 (역). 서울 : 원미사.

심영희.(2011). "'21세기형 공동체 가족' 모델의 모색과 지원방안: 2차 근대성과 개인화 이론의 관점에서." 아시아여성연구 50(2): 7-44.

윤가현(2003). 성문화와 심리. 서울 : 학지사.

윤근섭 외 공저(1995). 여성과 사회. 서울 : 문음사.

이규은(2023). 가족과 젠더. 동문사.

이수자(2004). 디지털문화와 여성주체의 이미지정치학. 한국여성학, 제20권 1호.

이재경(편저). 2015. 조국근대화의 젠더정치. 아르케.

이재경. 2015. "가부장제 이후의 한국가족: 정상성에서 유연성으로." 한국문화연구 29: 283-310.

임옥희(2006). 주디스 버틀러 읽기, 여성문화이론연구소

임인숙, 윤조원(2007). 사회 변동과 여성 주체의 도전- 성불평등을 야기하는 사회구조적 조건들에 대한 비판. 서울 : 굿인포메이션.

장미경(2005). 새 여성학 강의 - 한국 여성운동의 어제와 오늘. 서울: 동녘 출판사.

장미경(2006). "한국 여성운동과 젠더 정치". 전남대학교 출판부.

재거 앨리슨(1992). 여성해방론과 인간본성. 공미혜, 이한옥 (역). 서울 : 이론과 실천.

전지희(2000). "텔레비전 스포츠뉴스의 영웅화기법과 스포츠영웅의 심층적 의미". 이화여자대학교 대학원 석사학위논문.

정부효(2001). 서서 오줌누는 여자 치마입는 남자. 경기 : 무한.

정의숙 외 역(2007). 성의 정치학. 서울 : 현대사상사. Millett, Kate(1971). Sexual Politics. London : Virago.

정채기(1997). 남자도 사람이다. 서울 : 집현전.

정현백(2006). 한국의 여성운동 60년 - 분단과 근대성 사이에서. 여성과 역사 출판사.

정현백(2014). 젠더와 사회 '15개시선으로 읽는 여성과 남성'. 한국여성 연구소.

정희선(2002). 여성을 위한 경영학. 서울 : 법문사.

조금안 역(1987). 클라라체트킨 선집. 서울 : 동녘. Zetkin, Clara(1984). Selected Writings, Ed. Philip s. Foner. New York : International.

조이한(2006). "그림에 갇힌 남자". 경기 : 웅진지식하우스.

조정문 외(2000). "남성학과 남성운동". 서울 : 동문사.

존 쉘비 스퐁(2002). 성경을 해방시켜라. 한국기독교연구소.

존 스토리. 문화연구와 문화이론. 현실문화연구.

지은희 외(1988). 한국여성 연구의 자성적 평가. 80년대 인문사회과학의 현단계와 전망. 서울 : 역사비평사.

진동선(2004). 정보화 사회에서는 무슨 일이 일어나고 있는가?. 서울 : 진한도서.

채규만(2009). 성행동심리학. 서울 : 학지사.

채로, 이기영(2004). "맞벌이부부의 가사노동시간과 생활만족도에 관한 연구"

콜린스, 패트리샤 힐(2009). 흑인 패미니즘 사상, 박미선 · 주해연 옮김, 일신사

통계청(각년도). 「사회통계사보고서」.

푸코(2010). 성의 역사 2 쾌락의 활용. 서울 : 나남출판사.

푸코, 미셸(1979). 성은 억압되었는가. 박정자 (역). 서울 : 도서출판 인간.

하트 아취볼드(2006). 남자의 성. 유선명 (역). 서울 : 홍익사.

한국교육개발원(2010). 한국교육의 지표. 한국교육개발원.

한국노동연구원(2012). 한국노동패널조사. 한국노동연구원.

한국노동조합총연맹 강연모음(1991). 여성노동과 평등.

한국성폭력상담소(2012). 일그러진 성문화 새로 보는 성. 서울 : 동아일보사.

한국여성 연구소(2014). 여성과 사회. 서울 : 창작과 비평사.

한국여성 연구회(2019). 여성학 강의. 서울 : 동녘.

한국여성개발원(각 년도). 교육통계연보.

한국여성단체연합 성폭력 특별법 제정 추진 특별위원회(1992). "현행 성폭력 관련법 무엇이 문제인가!". 공개 토론회 자료집.

한국여성민우회(2010). 국정감사모니터 시민연대 노동위원회 정책과제 자료집.

한국여성민우회(2010). 한국여성민우회 2000년. 한국여성민우회.

한국여성학(2013). 군가산점제 논쟁과 젠더 정치 : 가능성 접근법의 관점에서. 한국 여성학, 제19권 1호.

한국직업능력개발원(2002c). "고등교육단계의 여성의 직업교육 강화 방안 연구". 한국직업능력개발원.

허혜경, 김혜수, 박인숙(2011). 현대사회의 가정. 서울 : 문음사.

허혜경, 박인숙(2005). 현대사회와 여성의 이해. 서울 : 문음사.

허혜경, 박인숙(2012). 사회변동과 성 역할. 서울 : 문음사.

현택수(2004). 현대인의 성과 사랑. 서울 : 동문선 현대신서.

홍순정 외(2001). 여성심리학. 서울 : 교육과학사.

G. Duby, M. Perrot(2008). 여성의 역사. 권기론, 정나원 (공역). 서울 : 새물결.

J. 레이첼즈(2006). 도덕철학의 기초. 서울 : 나눔의 집.

Merry E Wiesner Hanks(2011). 젠더의 역사. 노영순 옮김, 창작과 비평사

Wood, J. T. 한의정 역(2016). 젠더에 갇힌 삶. 서울 : 커뮤니케이션 북스.

Acker, S.(1994). Gendered Education. Open University Press.

Adams, S., Kuebli, J., Boyle, P. A., & Fivush, R.(1995). Gender differences in parent-child conversations about past emotions : A longitudinal investigation.

Ann Taylor Allex(1996). The March through the Institution : Women's Studies in the Unite States and West and East Germany. 1980-1995. SIGNS. Vol.22, no.1.

Antill, J. K.(1983). Sex role complementarity vs. similarity in married couples. Journal of Personality and Social Psychology.

Basow, S.(1992). Gender : Stereotypes and roles (3rd ed.). Monterey. CA : Brooks/Cole.

Beechey, V., & Perkins, T.(1982). Women's Part-Time Employment in Coventry : A study in the sexual division of labour. report submitled to the EOC-SSRC. Joint Panal. May.

Beechey, V., & Perkins, T.(1998). A Matter of Hours: An investigation of women's part-time employment. Cambridge : Policy.

Bem, S. L.(1974). The measurement of psychological androgyny. Journal of Consulting and Clinical Psycholgy.

Bem, S. L.(1981a). Bem Sex-Role Inventory : Professional manual. Palo Alto, CA : Consulting Psychologists Press.

Benard, C., & Schlaffer, E.(1997). he man in the street : Why he harasses. In L. Richardson, V. Taylor and N. Whittier (Eds.), Feminist frontiers IV. Boston : McGraw-Hill.

Beneke, T.(1982) Men on Rape. New York : St. Martin's.

Bernard, J.(1981). The good-provider role : Its rise and fall. American Psychologist, 36. 1-12.

Bernard, Jessie.(1984). The Good-Provider Role : Its Rise and Fall. 43-60.

Berndt, T. J(1992). Friendship and friends' influence in adolescence. Current Directions in Psychological Science, 1, 156-159.

Blumstein, P., & Schwartz, P.(2003). American couples. New York : Willam Morrow.

Bly, R.(1991). Father hunger in men. In K. Thompson (Ed.). To be a man : In search of the deep masculine (pp.189-192). Los Angeles : Tarcher.

Bly, Robert.(2007). The Pillow and the Key : Commentary on the Fairy Tale of Iron John, Part One. St. Paul, Minn. : Ally Press.

Brannon, R.(2005). Dimensions of the male sex role in America. In A. G. Sargent (Ed.), Beyond sex roles (2nd ed., pp.296-316). New York : West.

Brody, L. R., & Hall, J. A.(1993). Gender and emotion. In M. Lewis and J. M. Haviland (Eds.), Handbook of emotions. New York : Guilford.

Brody, L. R., & Hall, J. A.(2000). Gender and emotion. In M. Lewis and J. M. Haniland (Eds.), Handbook of emotions (2nd ed.). New York : Guilford.

Bum, S. M.(1996). The social psychology of gender. Boston : McGraw-Hill.

Chung, J. S.(1994). Womens unequal access to education in South Korea. Comparative

Educational Review, 38(4).

Clarricoates, K.(1980). The Importance of Being Ernest ... Emma ... Tom ... Jane. In R. Deem (Ed.), Schooling for Women's Work. London : Routledge Kegan Paul.

Clatterbaugh, Kenneth.(1990). Contemporary Perspectives on Masculinity. Boulder: Westview Press.

Cohen, T. F.(1998). What do fathers provide? Reconsidering the economic and nurturant dimensions of men as parents. In D. L. Anselmi and A. L. Law (Eds.), Questions of gender : perspectives and paradoxes (pp.569-581). Boston : McGraw-Hill.

Cooksey, Elizabeth C., Michelle M. Fondell.(1966). Spending time with his kids : Effects of family structure on fathers' and children's lives. Journal of Marriage and the Family, 58(Aug), 693-707.

Crenshaw, Kimberle Q.(1991) Mapping the margins: Intersectionality, identity politics and violence against women of color. Stanford Law Review, 43(6), 1241-1299.

Darwin, C.(1871). The descent of man and selection in relaiton to sex. New york : Appleton & Co.

Deaux, K.(2000). Gender and emotion : Motes from a grateful tourist. In A. H. Fischer (Ed.). Gender and emotion : Social psychological perspectives. Cambridge, UK : Cambridge University Press.

Dinnerstein, Dorothy(1977). The Mermaid and the Minotaur : Sexual Arrangements and Human Malaise. N.Y : Harper Colophon Books.

Donnerstein, Edward, Daniel Linz.(1987). Mass-Media Sexual Violence and Male Viewers : Current Theory and Research. In Kimmel, M. S. (Ed.), Changing Men : New Directions in Research on Men and Masculinity (pp.198-216). Newbury Park: Sage.

Douvan, E., & Adelson, J.(2006). The adolescent experience. NY : Wiley.

Duck, S.(1991). Understanding relationships. New York : Guilford.

Erikson, E. H.(1968). Identity : Youth and crisis. New York : Norton.

Furstenberg, Frank F. (2014). “Fifty Years of Family Change: From Consensus to Complexity.” The Annals of the American Academy of Political and Social Science. 654(1): 12-30.

Gerson, Kathleen. (2010). The Unfinished Revolution: Coming of Age in a New Era of Gender, Work, and Family. Oxford University Press.

Gerson and Torres(2015). “Changing Family Patterns and Family Life in Emerging Trends.” The Social and Behavioral Sciences

Goode, W. J. (1963). World Revolution and Family Patterns. New York: Free Press.

Gornick, Janet C. and Meyers Marcia K. (2009). “Gender Equality: Transforming Family Divisions of Labor.” Perspectives on Politics 8(1): 316-317.

Harris, I.(1992). Media myths and the reality of men's work. In M. S. Kimmel and M. A. Messner (Eds.), Men's lies (2nd ed., pp.275-231). New York : Macmillan.

Hoffertgm S. L., & Anderson, K. G.(2003). Are all dads equal? Biology versus marriages as a basis for paternal investment. Journal of Marriage and the Family, 65(1), 213-232.

Hyde, Janet Shibley, Marilyn J. Essex, Francine Horton.(1993). Fathers and Parental Leave : Attitudes and Experiences. Journal of Family Issues, 14(4), 616-641.

Ji, Y.(2015) "Asian families at the crossroads: a Meeting of east, West, tradition, Modernity, and Gender", Journal of Marriage and Family, 77(October), pp.1031-1038.

Jorgensen, Stephen R.(2016). Marriage and the Family : Development and Change. New York : Macmillan Publishing Company.

Kim, Kyounghee(1998). "Gender politics in Korea: The contemporary women's movements and gender policies, 1980-1996", University of Wisconsin-Madison, Ph. D. Dissertation.

Knudsen, Susanne(2007). "Intersectionality-A Theoretical Inspiration in the Analysis of Minority Cultures and Identities in Textbooks", Caught in the Web or Lost in the Textbook?, 61-76.

Kohlberg, L. A.(1976). Moral Stages and moralization : The cognitive development approach. In T. Likona (Ed.). Moral development and behavior : Theory, research and social issues. New York : Holt, Rinehart & Winstion.

Kohlberg, L. A.(1975). The cognitive-developmental approach to moral education. Phi Delta Kappan.

Krull, Catherine, Frank Trovato.(1994). The Quiet Revolution and the Sex Differential in Quebec's Suicide Rates :1931-1986. Social Forces, 72(4), 1121-1147.

Kurdek, L.(1995). Lesbian and gay couples. In A. D. Augelli and C. Patterson (Eds.), Lesbian, gay, and bisexual identities over the lifespan. New York: Oxford University Press.

Lakoff, R. T.(1990). Talking power : The politics of language. New York : Basis Books.

Lee, J.(1991). Ay my father's wedding : Reclaiming our true masculinity. New York : Bantam.

Lesthaeghe, Ron. (2010). "The Unfolding Story of the Second Demographic Transition." Population and Development Review 36(2): 211-251.

Levant, R. F.(1997). Nonrelational sex. In R. F. Levant and G. R. Brooks (Eds.), Men and sex (pp.9-27). New York : Wiley.

Levant, R. F.(1998). Desperately seeking language : Understanding, assessing, and treating normative male alexithymia. In W. S. Pollack and R. F. Leavant (Eds.), New Psychotherapy for men (pp.35-56). New York : Wiley.

Levenson, R., Carstensen, L., & Gottman, J.(1994). The influence of age and gender on affect, Physiology, and their interrelations : A study of long-term marriages. Journal of personality and Social Psychology, 67, 56-68.

Lips, H.(2005). Sex and gender : An introduction (5th ed.). Boston : McGraw-Hill.

Louie, Miriam Ching Yoon.(1995). Minjung Feminism : Korean Women's Movement for Gender and Class Liberation. Women's Studies International Forum, 18(4).

Lync, J.(2004). When anger scares you : How to overcome your fear of conflict and express your anger in healthy ways. Oakland, CA : New Harbinger.

Lynch, J., & Kilmartin, C. T.(1999). The pain behind the mask. Overcoming masculine depression. Binghamton, NY : Haworth.

Lynn, D. B.(1969). Parental and Sex-Role Identification. Berkeley. Calif : McCutchan.

Maccoby, E. E., & Jacklin, C. N.(1974). The psychology of sex differences. Stanford Palo Alto, CA : Standford University Press.

Maccoby, E. E.(1988b). Gender as a social construct. Paper presented at the Annual Meeting of the Eastern Psychological Association, Buffalo, NY.

Maccoby, E. E.(1990). Gender and relationships : A developmental account. American Psychologist, 45, 513-520.

Marsiglio, W., & Pleck, J. H.(2005). Fatherhood and masculinities, In M. S. Kimmel, J. Hearn and R. W. Connell (Eds.), Handbook of studies on men and masculinities. Thousand Oaks, CA : Sage.

Martin, C. L., & Fabes, R. A.(2001). The stability and consequences of young children's same-sex peer interactions. Developmental Psychology, 3, 431-446.

Martin, J., & Roberts, C.(1995). Women and Employment : A lifetime perspective. London : HMSO.

Masters, W. H., Johnson, V., Kolodny, R.C.(1995). Human sexuality. HarperCollins College Publishers.

Masters, W. H., V. Johnson.(1966). Human Sexual Response. Boston : Little Brown.

McAdams, D. P., Lester, R. M., Brand, P. A., McNamara, W. J., & Lensky, D. B. (1988). Sex and the TaT : Are women more intimate than men? Do men fear intimacy? Journal of Personalilty Assessment, 52, 397-409.

Murdock, George P. (1949). Social Structure. New York: The MacMillan Company.

Nicholson, Linda (Ed.)(1990). Feminism/Postmodernism. London : Routledge.

O'Neil, J. M.(1981a). Patterns of gender role conflict and strain : Sexism and fear of femininity in men's lives. Personnel and Guidance Journal, 60, 203-210.

Oetzel, R. M.(1996). Anttotated bibliography, In E. E. Maccoby (Ed.), The Development of sex differences. Stanford : Standford University Press.

Parsons, T., & Bales, R. F.(1955). Family socialization and interaction process. New York : Free Press.

Pennebaker, J. W.(1995). Emotion, disclosure, and health : An overview. In J. W. Pennebaker (Ed.), Emotion, disclosure, and health. Washington, DC : American Psychological Association.

Pleck, J. H.(1981). The myth of masculinity. Cambridge, MA : MIT Press.

Pleck, Joseph H.(1993). Are 'Family-Supportive' Employer Policies Relevant to Men?. In Hood, J. C. (Ed.), Men, Work, and Family (pp.217-237). Newbury Park : Sage.

Pollack, W.(1998). Real boys : Rescuing our sons from the myths of boyhood. New York : Random House.

Rahim, M. A.(2010). Managing conflict in organizations(4th ed.). New Brunswick, NJ :Transaction.

Rakow, L., & Kranich, K.(1991). Women as sign in television news. Journal of Communication, 41. Winter.

Rakow, L.(1986). Rethinking gender research in communication. Journal of Communication. Autumn.

Redstocking (Eds.)(1978). Feminist Revolution. New york : Random House.

Reinelt, Claire(1995). onto the Terrain of the State : The Battered Women's Movement and the Politics of Engagement's Ferree and Martin (Ed.). Feminist OrganAlex Warwick & Rosemary Auchunty(1995). Women's Studies as Feminist Activism in Feminist Activism in the 1990s edited by Gabriel Griffin London : Taylor & Francis.

Reisman, J. M.(1990). Intimacy in same-sex friendships. Sex Roles, 23, 65-82.

Sattel, J.(1998). Men, inexpressiveness, and power. In B. M. Clinchy and J. K. Norem (Eds.), The gender and psychology reader (pp.498-504). New York : New York University Press.

Saurer, M. K., & Eisler, R. M.(1990). The role of masculine gender role stress in expressivity and social support network.

Schneer, J. A., & Reitman, F.(1993). Effects of alternate family structures on managerial career paths. Academy of Management Journal, 36, 830-843.

Shields, S. A.(2000). Thinking about gender, thinking about theory : Gender and the emotional experience. In A. H. Fischer (Ed.), Gender and emotion : Social psychological perspectives.

Shorrock, Tim(1986). "The Struggle for Democracy in South Korea in the 1980s and the Rise of Anti-Americanism" Third World Quarterly.

Sifneos, P. E.(1972). Short-term psychotherapy and emotional crisis. Cambridge, MA : Harvard University Press.

Snell, Jr. W. E.(1989). Development and validation of the Masculine Behavior Scale : A measure of behaviors stereotypically attributed to males vs. feamales. Sex Roles, 21, 749-767.

Snow, David A., & Robert D. Benford(1992). "Master Frames and Cycles of Protest" Aldon Morris and Carol M. Mueller Eds. Frontiers in Social Movement Theory. New Haven, Conn. :Yale University Press.

Snow, David A., & Robert D. Benford(1988). "Ideology, Frame Resonance, and Participant Mobilization." International Social Movement Research.

Snow, David A., E. Burke Rochford Jr., Steven K. Worden, & Robert D. Benford(1986). Frame Alignment Processes, Micro mobilization, and Movement Participation. American Sociological Review, 51.

South, S. J., & Spitze, G.(1994). Housework in marital and non-marital households. Amerian Sociological Review, 59, 327-347.

Spence, J. T., Helmreich, R., & Stapp, J.(1995). Ratings of self and peers on sex role attributes and their relation to self-esteem and conceptions of masculinity and femininity. Journal of Personality and Social Psychology.

Stack, S., & Gundlach, J.(2002). Divorce and sex. ASB, 21.

Stapely, J. C., & Haviland, J. M.(1989). Beyond depression : Gender difference in. normal adolescents' emotional experiences. Sex Roles, 31, 473-491.

Starrels, M. E.(1994). Husbands' involvement in female gender-typed household chores. Sex Roles, 31, 473-491.

Sternberg, R.(1999). A Triangular theory of love. Psychological Review, 93, 119-135.

Swain, S. O.(1992). Men's friendships with women : Intimacy, sexual boundaries, and the informant role. In P. M. Nardi (Ed.), Men's friendships (pp.153-171). Newbury Park, CA : Sage.

Tannen, D.(1990). You just don't understand : Women and men in conversation. New York : Morrow.

Tavris, Carol(1992). Mismeasure of Women. NewYork : Touchstone.

Thorndike, E. L.(1898). Animal intelligence : An experimental study of the associative processes in animals. Psychological Review Monograph Supplement, 2(Whole no. 8).

Tiefer, Leonore.(1987). In Pursuit of the Perfect Penis :The Medicalization of Male Sexuality. In Kimmel, M. S.(Ed.), Changing men : New directions in research on men and masculinity (pp.165-184). Newbury Park : Sage.

Traeen, B., & Kvalem, I.(1996). Sexual socialization and motives for intercourse among Norwegian adolescents. ASB, 25.

van Zoonen, L.(1988). Rethinking women and news. European Journal of Communication, 3.

van Zoonen, L.(1991). A tyranny of intimacy? : women, feminity and television news. In P. Dahlgren and C. Sparks (Ed.), Communication and citizenship. London and New York : Routledge.

Vasta, R., Haith, M. M., & Miller, S. A.(1992). Child psychology : The modern science. New York : Wiley.

Voydanoff, P.(Ed). Work and Family : Changing Roles of Men and Women. Mayfield Pub. Com.

Walby, S.(1988). Gender, Politics and Social theory. Sociology, 22.

White, K. R.(1982). The relation between socioeconomic status and academic achievement. Psychological Bulletin, 91(3).

Willams, C. L.(2001). The glass escalator : Hidden advantages for men in the "female" professions. In M. S. Kimmel and M. A. Messner (Eds.), Men's lives (5th ed). Boston : Allyn and Bacon.

Wilson-Schaef, A., & Fassel, D.(1988). The addictive organization. New York : Harper organization. New York : Harper Religious Books.

Winstead, B. A., & Derlega, V. J., & Wong, P. T. P.(1984). Effects of sex-role orientation on behavioral self-disclosure. Journal of Research in personality, 38, 541-553.

Wolf, N.(1991). The beauty myth : How images of beauty are used against women. NY. Anchor

Wollstonecraft, Mary(1988) Vindication of the rights of women. New York : W. W. Norton & Company.

Woodworth, Sharon, Jay Belsky, & Keith Crnic.(1996). The Determinants of Fathering During the Child's Second and Third Years of Life: A Developmental Analysis. Journal of Marriage and the Family, 58(Aug), 679-692.

Wright, P. H., & Scanlon, M. B.(1991). Gender role orientations and friendship: Some attenuation, but gender differences abound. Sex Roles, 24, 551-566.

Youniss, J., & Haynie, D. L.(1992). Friendship in adolescence. Developmental and Behavioral Pediatrics, 13, 59-66.

■ 참고 인터넷 사이트

경향신문(2021.06.23.). [플랫팀 여성 서사 아카이브]. 청소 · 빨래 · 요리, 여성 '무급 가사노동'의 가치는 연간 1380만 원.
https://m.khan.co.kr/national/national-general/article/202106231447001

경향신문(2023.05.19.). [책과 삶] '아빠'가 임신을 했다…젠더 경계를 허무는 '논바이너리'의 삶. https://m.khan.co.kr/culture/book/article/202305191527001#c2b

국민일보(2020.07.13). 차세대를 위한 성경적 성교육 <18>. 남녀 차이 인정하는 건 차별 아닌 합리적 분별. https://m.kmib.co.kr/view.asp?arcid=0924147040

나무위키. 벡델 테스트.
https://namu.wiki/w/%EB%B2%A1%EB%8D%B8%20%ED%85%8C%EC%8A%A4%ED%8A%B8

뉴스핌(2018.03.09). 남성성 · 여성성은 선천적?…전문가들 "사회적 영향 커".
https://www.newspim.com/news/view/20180308000254

똑스. 소비 트렌드 선도하는 '1코노미족'. https://www.dokdok.co/brief/1conomy

브레인미디어(2012.2.22.). 사랑에 빠진 뇌, 마약 복용했을 때와 같다.
https://www.brainmedia.co.kr/BrainScience/8433

신동아(2018.10.10.). [행복한 性] 신이 남녀에게 다른 호르몬을 준 이유.
http://shindonga.donga.com/3/all/13/1486287/1

여성신문(2018.01.16.). 미 여성계 '나쁜 페미니스트', 새로운 페미니즘인가.
https://www.womennews.co.kr/news/articleView.html?idxno=75274

여성신문(2019.1.16.). '페미니스트' 뜻이 '여자에게 친절한 남자'?. https://www.womennews.co.kr/news/articleView.html?idxno=184598

조선일보(2023.01.03.). "왜 남자만 야간 숙직?" 블라인드 앱서 퍼지는 '남성 역차별' 불만. https://www.chosun.com/national/national_general/2023/01/03/MRD2PMZKJZGG7BESTJATARK3SU/

한겨레. 칼럼 [삶의 창] 젠더 프리와 문화다양성. https://www.hani.co.kr/arti/opinion/column/1034378.html.

한겨레21(2018.07.02.). [레드 기획 1219호] 모성애라는 코르셋. https://h21.hani.co.kr/arti/society/society_general/45583.html

likedream(2021.3.29.). 여자뇌 남자뇌 각각의 사고방식과 행동성향으로 알아보는 6가지 차이. https://showroom81.tistory.com/58

http://acejh555.com.ne.kr/onre/onre.htm

http://cosmos.changwon.ac.kr/%7Epureman/pds/female/female.html

http://www.iwomen.or.kr

http://www.women21.or.kr

http://win.joongang.co.kr/199711/p176_5.html

http://hanbat.chungnam.ac.kr/~boun/4loun/art9706.htm

http://dalara.jinbo.net/webzine3/translate1.html

http://my.netian.com/~99chw/여성학.htm

http://www.tgedu.net/student/go_sa/socialculture/socialculture_data/soci_data_3.htm

http://www.manmovement.com/

http://www.kormenass.co.kr/

http://www.moleg.go.kr/

http://www.police.go.kr/

http://evergreen.skhu.ac.kr/

https://m.khan.co.kr/culture/culture-general/article/201609192033005#c2b

https://www.joongang.co.kr/article/25053990#ho

https://www.pinterest.com/pin/589690144981328454/

저자소개

■ **박인숙(朴仁淑)**

건국대학교 및 동대학원 졸업(교육학 박사)
중국 북경사범대학(Beijing Normal University) 객원연구원
現 가천대학교 유아교육학과 강사
저서 중국전통교육사상의 이해
교육심리학
유아교육개론
현대사회와 여성의 이해
현대사회와 가정
논문 교사효율성 및 학습전략이 학구적 학습시간에 미치는 효과분석연구
국외문과교육의 현상과 대책(중국교육부와 공동연구 수행)
현대교육심리사상의 근원이 된 중국고대교육심리사상 외 다수

## 현대사회와 젠더

**초판 1쇄 인쇄** / 2023년 8월 21일
**초판 1쇄 발행** / 2023년 8월 25일

**저 자** / 박 인 숙
**발행인** / 이 중 수
**발행처** / **동 문 사**

서울특별시 서대문구 홍제원 1길 12
(홍제동 137-8)
Tel: 02)736-3718(대), 736-3710, 3720
Fax: 02)736-3719
**등록번호:** 1974.04.27 제9-17호
**가격:** 22,000원

ISBN: 979-11-6328-535-9(93330)
E-mail: dong736@naver.com
www.dongmunsa.com